钱颖一

清华大学经济管理学院教授、院长（2006—2018）

清华大学文科资深教授

西湖大学校董会主席

生于北京，祖籍浙江。1977级清华大学数学专业本科毕业。毕业后留学美国，先后获哥伦比亚大学统计学硕士学位、耶鲁大学运筹学/管理科学硕士学位、哈佛大学经济学博士学位。之后任教于斯坦福大学、马里兰大学、伯克利加州大学。

学术荣誉包括：2012 年当选为世界计量经济学会（The Econometric Society）会士（Fellow），2018年当选为清华大学首批文科资深教授；获得2009年度孙冶方经济科学奖，获得2016年度首届中国经济学奖。研究领域包括：比较经济学、制度经济学、转轨经济学、中国经济、中国教育。中文书著包括：《现代经济学与中国经济改革》、《现代经济学与中国经济》等。

图书在版编目（CIP）数据

大学的改革. 第三卷，学府篇 / 钱颖一著. -- 北京：
中信出版社，2020.6（2023．4 重印）
ISBN 978-7-5217-1500-2

Ⅰ. ①大… Ⅱ. ①钱… Ⅲ. ①高等教育－教育改革－
研究－中国 Ⅳ. ①G649.21

中国版本图书馆CIP数据核字（2020）第034723号

大学的改革（第三卷 · 学府篇）

著　　者：钱颖一
出版发行：中信出版集团股份有限公司
（北京市朝阳区东三环北路 27 号嘉铭中心　邮编　100020）
承 印 者：北京通州皇家印刷厂

开　　本：787mm × 1092mm　1/16　　印　　张：33.5　　字　　数：493千字
版　　次：2020年6月第 1 版　　印　　次：2023年4月第 2 次印刷
书　　号：ISBN 978-7-5217-1500-2
定　　价：98.00元

目　录

第二编　学院行政管理

第三编　学院发展规划

第四编　学院发展历程

引　言

《大学的改革》第一卷和第二卷于2016年9月出版。这是一本关于高等教育的书，在社会上引起很大关注，超出了高等教育，甚至超出了教育领域。这说明教育在当今中国是一个极受关注的话题。的确，教育现代化不仅直接推动中国的创新和经济转型发展，也关系到国家现代化、人的文明现代化的最终价值。

我在2018年8月卸任清华经管学院院长一职。从2006年9月担任院长开始，历经四届整整12年。出版《大学的改革》第一、二卷的时候正值我担任清华大学经济管理学院院长10年，那两卷书中收集的是截至2016年8月我的部分讲话和文章。在卸任院长职务之后的一年来，我不仅整理了从2016年9月到2018年8月期间的讲话和文章，同时也系统地整理了从2006年到2018年这12年间更多的内容。其部分结果收录在《大学的改革》第三卷中。第三卷的主题与前两卷完全一致，所以不再赘述。我在这里介绍第三卷的结构和内容。

《大学的改革》第三卷是"学府篇"。之所以称为"学府篇"，是想强调大学不同于企业、政府等其他机构之处就在于它是学府，学府有着丰富的含义，而这在当今往往被忽视或混淆。第三卷包括五编12章共100篇。这五编分别是"学院的工作（2016—2018年）"、"学院行政管理"、"学院发展规划"、"学院发展历程"和"回顾与反思"。第一编和第五编中的文章均写于2016—2018年的两年间，而第二编、第三编和第四编中的文章写于2006—2018年的12年间。

第一编"学院的工作（2016—2018年）"中收录的是我在担任院长最后两年间的讲话和文章，按照主题分为三章："批判性思维与创造性思维教育"

“学生与校友”“治理与管理”。我把批判性思维与创造性思维单独拿出来作为全书第一章，表明这是我在清华经管学院教育改革中力推的重要方面。其实这项改革早已开始：在2009年本科教育改革方案中，批判性思维教育是三个重点之一；在2013年创立清华x-lab（清华x-空间），就把创造性思维教育放在创意、创新、创业教育的核心位置。到了2016年，社会上对具有创造力人才的急迫需求与日俱增，批判性思维与创造性思维教育受到越来越大的关注。所以在我担任院长的最后两年间，推动批判性思维与创造性思维教育到一个更高的层次，不仅仅是能力的训练，更在于价值观、心智模式的转变。第一章中的文章记录了这项改革在2016—2018年的进程。

第二编“学院行政管理”原来计划收录在第二卷“学院篇”中，但由于篇幅所限没有收录。学府不同于企业和政府，首先反映在使命、学术和教师方面，但在行政管理方面有相似之处，这是现代大学的共同点。这一编分为三章：“职员管理”“信息化管理”“沟通管理”。对于经济管理学院来说，搞好学院管理还有另一层含义。因为管理本来就是经济管理学院两大学科门类之一，教师的研究方向中就有管理。尽管如此，所有的商学院自身的管理问题仍然突出，都存在着从传统的管理方式向规范的、职业的、现代的管理方式转变的过程。不仅是经济管理学院，行政管理现代化是大学管理中的一般性问题。清华经管学院在行政管理改革上起步早，走在全校的前面。这三章记录了在我担任院长的早期对学院行政管理改革的推动。

第三编“学院发展规划”由两章组成，其中的文章是在我主导之下集体讨论完成的。这里的文章或是学院对未来工作的设想，或是在实施这些设想之初的阶段性工作评估。第七章“学院三年战略规划”中展现了学院制定的2010—2012年、2013—2015年、2016—2018年三个三年战略规划。战略规划不是指令性计划，而是指导性的工作方向。制定规划的过程是一个发现问题、度量院情、评估环境、聚焦目标的过程。规划制定之后，还要制订行动计划，要使规划成为学院教职员工可操作的方案。从这些规划中，可以看到学院发展全方位的诉求和愿望。

清华经管学院顾问委员会在学院战略制定、修正、实施过程中发挥着重要的和特殊的作用。每年的顾问委员会会议都是一次向顾问委员会报告工作进展、听取委员建议、修订发展路径的过程。除了我作为院长在顾问委员会会议上做过去一年工作进展报告外，每一年的会议都聚焦一两个准备进行或开始进行的具体工作。第八章“顾问委员会的作用”就收集了为聚焦这些问题以案例形式写的背景报告。顾问委员会委员在会上认真讨论这些案例中提出的问题，给予积极的建议，并通过各种渠道帮助学院为实现这些目标贡献他们的智慧，发挥他们的独特作用。我们从中可以看到顾问委员会委员关注的问题和他们的用力点。

第四编“学院发展历程”从两个不同角度记录了我担任院长的12年间学院发展的历程。为了让学院的校友及时了解学院的发展，从2007年春季学期起每一个学期学院出版“学院简讯”，在2010年时改版为每一个学年出版“学院年报”。在每一期“简讯”和“年报”的开头，我都会简要概括这一学期或学年中学院重大的工作进展。第九章收录了向校友报告学院工作的“院长致辞”。这些致辞简短扼要，是了解每一学期或学年大事梗概的窗口。

清华经管学院备受社会关注。学院积极构建与媒体的关系，通过媒体让社会更好地了解学院改革发展的思路和举措。学院自2010年起每年借新年之际召开“新年媒体茶话会”，在我担任院长期间共召开了10次，其中有一次是外媒专场。在每一次茶话会上，我会向媒体朋友沟通介绍过去一年学院的主要发展情况。媒体茶话会不是采访，而是学院与媒体的沟通，使媒体对学院的采访有更好的把握。第十章中收录了其中8次新年媒体茶话会中我的讲话。

第五编“回顾与反思”中的两章收录的是我在担任院长的最后两年（2016年至2018年）间对大学改革整体性思考的文章和讲话。第十一章中的文章和讲话是我在这两年间对经管学院改革之路的整体回顾。2016年秋季《大学的改革》第一卷和第二卷出版，我在不同场合举办的读书会上解读我在这两卷中的教育理念和改革实践，这为回顾与反思提供了一个平台。第十二章中的四篇是我在 2018 年担任院长期间的最后几篇讲话，既有回首往事，又有继往开来。

与本书前两卷一样，本卷中有些文章和讲话中的一些内容重合或相似，由于它们是在不同场合并针对不同受众发表的，为了保持完整性，在收录时保持原样。

最后，我在此重新引用我在第一、二卷引言结尾处的一段话：

> 这本书最重要的特点可用下面两句话概括：
>
> - 大学改革的一个主题是“大学为学生”；大学改革的两项内容是“实践现代教育理念”和“建立现代大学制度”。
> - 这本书在阐述教育改革思想的同时，真实记述教育改革行动，重点体现“思行合一”。所以，它不仅是一本理念上“为何改革”的书，更是一本实践中“如何改革”的书。

钱颖一

2019 年 10 月于清华园

第一编　学院的工作

（2016—2018年）

第一章
批判性思维与创造性思维教育

国际视角下的批判性思维教育

（2016 年 11 月 25 日）

今天参会的老师和同学都是学院批判性思维教育的参与者和推动者，包括在批判性思维课程上做过小课授课的同学。今天也有几位我们特别熟悉的媒体朋友，他们对我们学院的教育改革一直非常关注。

我先做一个开场发言，报告一下学院现在的思考和改革历程。我讲六个方面的内容。

一、对批判性思维概念的思考

对批判性思维（critical thinking）的思考包含三方面的内容：一是它的含义，二是它有两个层次，三是它对应着思维模式的三个阶段。

首先是批判性思维的含义。批判性思维可以找出各种不同定义，这没关系。我之所以用下面这一段，是因为这么多年来我一直按照这段话的内容来做。它摘自我在 2011 年 2 月在《清华大学教育研究》上发表的论文《论大学本科教育改革》。原文如下：

> 批判性思维是人的思维能力发展的高级阶段，它有两大特征。第一，批判性思维是善于对通常被接受的结论提出疑问和挑战。无条件地接受专家和权威的意见不是批判性思维。第二，批判性思维又是用分析性、创造性、建设性的方式对疑问和挑战提出新解释、做出新判断。所以，批判性思维不是对一切命题都持否定态度。进一步说，批判性思维也不

* 在清华大学经济管理学院批判性思维教育研讨会上的讲话。

是认为所有命题都同样有道理，它能够判断哪个更有说服力。

这里有一些关键词。第一，批判性思维是人的思维能力发展的高级阶段。人的思维发展有不同阶段，而批判性思维这个高级阶段有两个特征：一是善于对通常被接受的结论提出疑问和挑战，并不是无条件接受；二是又不是一切都否定，而是用一种分析性、创造性、建设性的方式对问题和挑战提出新解释，做出新判断。后面这第二条是说，并不是认为所有命题都同样有道理，而是能够判断，在给定证据的条件下，哪一个命题更具说服力。

第二，批判性思维有两个层次。这是我这些年来不断思考得出的体会。刚开始提出批判性思维的时候，我特别强调把批判性思维当作一种能力，有别于知识。之所以这样提出，是因为有这么一个背景，就是我们过去的教育中过于强调知识传授、知识获取，这似乎就是我们对教育的主要理解。但是我觉得这是很不够的，教育除了知识之外还有能力，其中一项就是批判性思维能力。国际上也经常这么讲。

但是，我逐渐意识到批判性思维还有第二个层次，比能力层次更高的层次。用英文词来描述就是 mindset 或者 habit of mind，就是一种心态，一种习惯，一种价值。为什么要做这种区分？这是因为作为能力的批判性思维是容易训练的，学生可以通过做题得到训练。而作为高层次的批判性思维就不是那么容易训练，它是一种心态和习惯，它不是靠简单的训练就能形成的。所以我现在把批判性思维分为两个层次，我觉得第二个层次也是教育的一部分。

第三，对思维的三个阶段的认识，这对我影响很大。我从 2007 年开始考虑批判性思维教育这个问题，当时读了我在哈佛大学读博士时的校长博克（Derek Bok）的一本书，中文书名为“回归大学之道”，但英文书名更好，更具有批判性：*Our Underachieving Colleges: A Candid Look at How Much Students Learn and Why They Should Be Learning More*。这里讲的“colleges”是指本科生院。这本书对我最大的启发是，博克把批判性思维放在人的认知的三个阶段中，并对应大学生进入大学后通常经历的不同阶段。

博克认为，人的思维有三个阶段。第一阶段叫“无知的确定”（ignorant certainty）。在这个阶段，专家说什么，老师说什么，学生都相信。这通常是学生在上中学时的思维阶段。第二阶段叫“有知的混乱”（intelligent confusion）。这通常是大学一二年级本科生的思维阶段。进入大学，学生学了不少知识，所以是有知识了，但思维是混乱不清的，无法判断哪个更有道理。很多学生的思维就永远停留在这个阶段了。这里关键还有一个词，与中国情况特别相关，叫作“相对主义”，就是我们平常说的“公说公有理，婆说婆有理”，谁都对，谁也都错。这跟我们的文化有特别紧密的联系。在此之后的第三阶段是批判性思维阶段，这是思想成熟的阶段。在这个思维阶段，根据已有的证据，你能判断出哪个道理比另一些道理更令人信服。这就是批判性思维。博克认为即使在哈佛，也只是少数学生到了高年级以后才进入这个阶段。他的书给我最大的启发是把批判性思维放到人的思维发展的不同阶段，再对应到学生群体中。我觉得这对我们特别有启发。特别是有关相对主义的分析，很符合中国的现实。在中国的大学中，相对主义盛行，你说什么我都觉得有道理。

这里有一点说明，那就是批判性思维与创造性思维的关系。国内大学中有一个研究会，叫作“批判性思维与创新教育研究会”。首先，创造性的英文是 creativity，不同于创新（innovation），后者较窄，多指新的产品和新的生产过程。创造性思维与批判性思维之间有交叉，但不是一回事，创造性的特征是新，是前人没有提出过的。我们把重点先放在批判性思维。

二、清华经管学院批判性思维教育的思路与历程

批判性思维教育在大学本科的位置是什么？这里有两个重要的思路：一是批判性思维教育是本科教育改革的重要内容，它贯穿于整个本科教育；二是批判性思维教育又是通识教育的重要组成。

我们提出本科教育既是通识教育又是个性发展，既有通识教育又有专业教育，那么如何连接前者和后者呢？我现在觉得批判性思维可以起到连接通

识教育和个性发展，并且融合通识教育和专业教育的作用。2014 年 6 月 29 日我在教育部组织的国家成果一等奖答辩上提出这个想法。半年之后在 11 月 6 日清华大学学生会“时代论坛”，我又强调了批判性思维是通识教育与个性发展相结合的桥梁，批判性思维也是通识教育与专业教育相融合的黏合剂。之前这两方面是分割开的，现在通过批判性思维把这两方面结合起来。这个提法之前没有人提过，更没有人去实践。

近十年来，我们学院的本科教育改革历经多个阶段。在 2006—2007 学年，我们主要做本科招生改革。2006 年 10 月到 12 月，我们先在三个省市做了调研，之后就在 2007 年招生时推出新的招生办法。在 2007—2008 学年，我们重点抓专业课用英文授课，这是在朱镕基老院长推动下做的。我们并不是全部课程都用英文授课，而是 50% 多一点的课程用英文授课。同时我们大大扩大了海外交换，从原来很少的比例扩大到一半以上。在 2008—2009 学年，我们花很大力气调研并讨论本科教育改革方案，并从 2009—2010 学年在 2009 级本科新生中开始实施。新的本科培养方案的核心理念是通识教育与个性发展相结合，通识教育与专业教育相融合，而批判性思维教育就是其中的重要部分。

今天给大家印发了我刚刚出版的《大学的改革》中的 10 篇与批判性思维教育相关的文章，从这些文章中可以看到我们学院的改革历程。有记录的第一次我在学院范围内讲批判性思维是 2009 年 8 月 27 日，在 2009 级本科生开学典礼上。在 2009 年 10 月 15 日清华大学第 23 次教育研讨会上，学校让我做一个发言。这个发言后来登在《新清华》上，这是第一次公开发表。在这个发言中我强调好奇心、想象力和批判性思维，其中花很长篇幅解释批判性思维。这是第一、第二篇，在 2009 年。

2010 年 8 月 26 日那天我有两次开学典礼讲话，一次是在上午，在清华大学本科生开学典礼上作为全校教师代表讲话，我提出好奇心、想象力和批判性思维这三大要素。另一次是在下午，在学院的 2010 级本科生开学典礼上讲话，解读学院新的本科培养方案和通识教育课程表。这是第三、第四篇，在 2010 年。

2011 年，我在《清华大学教育研究》上发表了关于本科教育改革的比较系统性的论文，题目是“论大学本科教育改革”。在2011年2月15日，我在黑龙江亚布力中国企业家论坛上，面向企业家，讲好奇心、想象力和批判性思维。我们在2011年春季学期第一次开设全院必修课“批判性思维与道德推理”，在2011年5月18日我专门邀请哈佛大学讲授类似课程“正义”（Justice）的桑德尔教授（Michael Sandel）来为我们的这门课讲授一堂课。我在他讲课之前有一个致辞。这门课从一开始就非常国际化。以上是第五至第七篇，在2011年。

2014年6月29日我们申报的成果《通识教育与个性发展相结合——经济管理本科教育改革的理念与实践》参加国家教学成果一等奖的答辩，后来我们获得了一等奖。同年11月6日在清华大学学生会组织的“时代论坛”上我再次介绍学院的本科教育改革。最后一篇是我在2015级本科生入学导向上对经管学院本科培养方案的介绍，这时我们已经形成了成熟的课程体系，而批判性思维教育是其中的重要部分。

以上是给大家印发的有关批判性思维教育的10篇文章。这些都是历史记录，大家从中可以简略地看到我们学院在这方面的改革历程。

三、ETS批判性思维考题举例

ETS（美国教育考试服务中心）一个多星期前到清华来，举办关于批判性思维测试的讲座。我给大家发了ETS批判性思维测试题目举例。ETS花了很长时间研究，现在已经开发出测试题目。批判性思维分为两个层次，第一层作为技能是可以测试的，就像测试数学和物理一样，基本上是测试判断、推理和归纳演绎的能力。

看看第一道题目。这是两个人的对话。其中一个人说，某人写了一首诗，用桉树脱皮来形容自己的多种经历。该人在1960年之前从未离开过阿拉斯加，只是到了1960年才去过澳大利亚，而只有澳大利亚才有这种树。所以这首诗一定是在他访问澳大利亚期间或之后写的。另一个人反驳说，一个人不一定非要去澳大利亚才能了解桉树脱皮的情况，所以这首诗可以是在1960年之前写的。测试的问题是：下面四种情况中哪一种最准确地反映了反驳的依据。正确的答案是：他做了一个没有说出的假设，这个假设是只有当你去澳大利亚，才能看到并知道桉树脱皮的情况。当然，这个假设并不成立。

下面这道题比上面一道稍微难一点。对某社区居民的调查显示，修文学课的人数比修艺术课的人数多。而从课程注册情况看，注册艺术课的人数超过注册文学课的人数。所以一定是该社区居民中有人修了多门艺术课。测试题目是问以上推断取决于哪个假设。正确的答案是没有太多该社区以外的人来上课。这是上述推断依赖的一个隐含假设。

这些题目大家有兴趣可以做一做。我想告诉大家，现在国际上已经有这类测试题了。我们要了解这些情况。

四、中俄美三国大学生测试比较

今年 7 月 30 日，《纽约时报》有一篇报道，标题是“研究发现中国学生批判性思维测试很好——直到上大学前”（Study Finds Chinese Students Excel in Critical Thinking Until College）。为什么这篇文章引人注目？首先，我们平常认为中国的中小学教育是应试教育，所以这些学生没有批判性思维。结果研究发现，中国高中毕业生的批判性思维能力在中俄美三国比较中是最高的，这颠覆了传统看法。其次，研究又发现，中国学生上大学后批判性思维能力反而下降了。这样两个结果的文章就很吸引读者。

这篇报道基于的研究是如何开展的呢？我找到了该文作者普莱暹特·罗亚尔卡（Prashant Loyalka），他给我发来原始的 PPT。他调查了中国、俄罗斯和美国三个国家，比较了计算机科学和电子工程这两个专业的大一和大三学生。用的测试题就是刚才发的这类题，得出的结论是，大一学生中，中国学生在三国中是表现最好的；但是中国的大三学生的表现不如大一学生，而其他两国大三学生的表现都好于大一学生。也就是说，我们的大学对学生的批判性思维不但没有贡献，反而有所扼杀。

这项研究存在很多问题，我作为经济学者可以发现如下问题。第一个问题是这是横截面数据，而不是纵向追踪，因此并非追踪同一个人在一年级和三年级时的测试情况。第二个问题是样本偏差。中国大学生基本没有退学的，一年级和三年级是同一个群体，但是美国和俄罗斯情况不同，特别是美国，大学三年级有不少学生退学，而且大多是差生退学，这样剩余样本中自然会表现更好。第三个问题，我认为是很严重的问题，就是这套测试题虽然是在测试批判性思维能力，但是其中也有相当多的是一般考试技能。如果一般考试技能占很大成分的话，中国的大一学生考得最好是一点也不奇怪的，因为中国学生的考试能力绝对是高考之后达到最高峰，之后逐年下降。尽管这些研究仍很初步，尚未有正式论文发表，而且存在这些技术性问题，但它还是提出了一个重要的值得深思的问题，这比什么都重要。

五、清华经管学院批判性思维与道德推理课程建设

下面我讲一下经管学院的批判性思维与道德推理课程。前面讲了我们的思考，我们的历程，也讲了国际考试机构的测试题目，以及利用这些题目正在做的研究的阶段性结果。虽然这项研究存在很多问题，但是我觉得它提出了一个非常好的问题，即到底中学和大学相比，经过大学是进步还是退步了。

我们学院是从 2009 级本科生开始实施新的培养方案，方案中有一门必修课“批判性思维与道德推理”，放在大二，也就是在 2010—2011 学年。开始时这门课放在春季学期，所以第一次开设是 2011 年春季。它不是单纯的批判性思维，而是批判性思维加道德推理。桑德尔在哈佛大学开的课是纯粹的道德推理课。但是我们要根据中国的情况，就是道德推理要基于批判性思维，不然根本就没法推理。而批判性思维又是我们以前教育中非常缺少的，所以我们把批判性思维与道德推理结合在一起，这也是我们的一个创新。

批判性思维与道德推理，英文叫 Critical Thinking and Moral Reasoning，学生自发地把这个英文缩写成 CTMR。后来我听到学生说：今天你 CTMR 了吗？你对这个问题有没有 CTMR 过？我听到后觉得非常震惊和高兴。为什么？第一，学生把 CTMR 当作动词用了。把一个名词变成动词用，这绝对是巨大的成就。35 年前我从清华毕业后到美国留学，1981 年秋季学期到美国哥伦比亚

大学，刚到那里，系秘书给我一份文件，让我 xerox 一下，我就听不懂，什么叫 xerox？后来才知道 xerox 就是复印，因为是 Xerox（施乐）这家公司发明的复印机，所以公司的名字就变成了动词，我印象非常深刻。就像你现在说 google（谷歌）了吗，百度了吗一样。我们的同学很伟大，把 CTMR 变成动词了。

CTMR 这门课程建设的头五年，2010—2011 学年至 2014—2015 学年，由杨斌老师授大课，250～300 个学生的课堂，同时小课是由学院优秀人才领导力培养计划的 15 个学生讲授，在座的一些同学就来自这个计划。这些同学在大三或大四的时候担任这门课的助教，严格说是 teaching fellow（教员），是 co-teacher（联合教员），因为他们要独立组织讨论，讲案例，讲补充材料。大课和小课结合是从美国学来的。我在 2010 年专门到哈佛大学与桑德尔在其办公室谈了两个小时。他跟我说他这门课有 70 多个助教。他给我看了他的所有教材。他的这门课就是大课和小课结合，因为这门课很重要的部分是讨论和辩论，只能在小课上进行。我们也是这么做的。这门课放在哪个学期是很有讲究的：晚一些学生更容易理解，但是学生受益也晚；放得早受益得早，但理解程度有限。所以我们要找出最优的一点，刚开始是放在大二下学期，后来放到大二上学期。放在大二上学期，有的学生说听不懂，希望往后挪一挪。但也有学生希望早点上，这样思维会早变化。

后来，杨斌调任清华副校长以后，就不在学院讲授这门课了。现在是三位老师教，包括一位外请老师。我知道大学教务处计划要在学校开这门课，杨斌要给清华新雅书院开类似的课。这是个好消息，说明大学也要推批判性思维教育。

六、校内外资源

今天参加研讨会的有教务处的老师，有新雅书院的老师，还有教育研究院的老师，有三个校内机构。我真心希望从你们那里学到东西，大家一起把这个课做得更好。

校外也有很多资源，包括海内外的高校。下面两个机构都是曹莉老师介绍的，一个是教育部高等学校文化素质教育指导委员会批判性思维与创新教育分指委秘书处，负责人是刘玉老师；一个是批判性思维与创造性思维小组，设在中山大学逻辑与认知研究所，负责人是熊明辉老师。在中国，讲授批判性思维的老师不少是哲学系研究逻辑学的，这是一条线；还有哲学系研究伦理道德的，这是另一条线。还有一条线是素质教育，周远清老师最先提倡素质教育，他是素质教育研究会会长。

今天到场的还有郭兆凡女士，她是我们学院 2002 级本科生，会计专业的，现在专门从事批判性思维教育，创业搞了一个“C 计划”，C 就是 critical thinking 里面的这个“C”。

我的这个开场介绍希望给大家一些启发。研讨会接下来的内容有两个方面：一是探讨批判性思维教育中的一般性问题，二是听取对经管学院“批判性思维与道德推理”课程建设的具体意见。

我们学院对这件事情的重视程度毋庸置疑，不光是在理念上重视，关键是看行动。我今天请了这么多学生助教来，也希望听听他们的体会和建议。目前批判性思维教育在国际上是大趋势，这是毫无疑问的。虽然批判性思维测试有很多问题，但还是可以用的。最后，“批判性思维与道德推理”这门课的建设，还是要落在实处，要不断提高。

人的创造性从哪里来?

（2017 年 2 月 8 日）

我很高兴再一次来到亚布力参加中国企业家论坛。这个论坛关注创新，关注未来。全世界可能没有任何一个国家比中国更加热衷于创新了。国家把建立“创新型国家”定为战略目标；企业把创新作为转型升级的重要途径；大众创新创业的热情空前高涨，《从 0 到 1》这本书在中国的销量超过全球其余国家的总和。但我的一个判断是，中国要成为创新型国家，不缺创新的意志、创新的热情，也不缺创新的市场，甚至不缺创新的资金，最缺的是大量具有创造力的人才。

中国是世界上人口最多的国家，也是世界上在校学生最多的国家。中国高等教育在学规模 3 600 万，高校在校生 2 700 万，高校每年录取本科专科学生 700 多万，这些数字都是全球第一。中国经济 GDP 总量是全球第二，占世界经济总量的 1/7。不过，相对于巨大的人口规模和潜在的人才规模，相对于巨大的经济总量，具有创造性的人才，无论是在科学技术成就、人文艺术贡献，还是新产品新品牌新商业模式方面，都显得很不相称，不令国人满意。

缺少创造性人才，教育首先受到诟病。这让我想到“钱学森之问”：为什么我们的学校总是培养不出杰出人才？虽然钱学森当时是针对学术研究而言，但这个问题可以推广到各个领域。更一般的问题是：相对于我们对教育的投入，相对于我们的人口规模，相对于我们的经济总量，从我们的教育体制中走出来的具有创造力的人才为什么这么少？

---

* 在黑龙江亚布力举行的第十七届中国企业家论坛上的开幕主题演讲。

过去10年，我在清华大学经济管理学院担任院长。这10年的经历让我确信，我们的教育体制，有它的长处，所以才有迄今为止的经济增长，但也有它致命的短处，尤其不利于杰出人才成长，不利于创新。其中的一个问题，就是我们对教育的认识，过于局限在“知识”上，教师传授知识，学生获取知识，好像就是教育的全部内容。“知识就是力量”这句话深入人心，不能说是不对的。但是，创造知识的力量又是什么？仅靠知识就能创造新知识吗，就能产生创造力吗？我看不一定。创造力需要有知识，但是不仅仅是知识。

人的创造性或创造力从哪里来？我有一个假说，就是创造力等于知识乘以好奇心和想象力：

$$创造力 = 知识 \times 好奇心和想象力$$

这个公式告诉我们，知识越多，未必创造力越大；所以，创造力并非随受教育时间的增加而增加。知识通常是随着受教育时间的增多而增多。经济学家度量“人力资本”的通常做法，就是计算受教育的年限。但是，好奇心和想象力与受教育年限的关系就没那么简单了，而取决于教育环境和方法。

我们有理由相信，儿童时期的好奇心和想象力特别高。但是随着受教育越多，好奇心和想象力很有可能递减。这是因为知识体系都是有框架、有假定的，好奇心和想象力往往会挑战这些假定，突破现有框架，这在很多情况下并不正确，所以会遭到批评，而这在客观上就容易产生压制好奇心和想象力的效果。在我们国家的应试教育制度下，情况会更糟，当学生学习的目的是为了好成绩，教师教书的目标是传授标准答案，那么教育越投入，教师和学生越努力，好奇心和想象力就被扼杀得越系统化、彻底化，好奇心和想象力的减少程度就越大。

如果创造力是知识与好奇心的乘积，那么随着受教育时间的增加，前者在增加，而后者在减少，结果创造力就并非随教育增多而单纯上升。这就形成了创新型人才培养上的一个悖论：更多教育一方面有助于增加知识而提高创造力，另一方面又因减少好奇心和想象力而降低创造力。

所以，我对“钱学森之问”有一个简单的回答：不是我们的学校培养不出杰出人才，而是我们的学校在增加学生知识的同时，有意无意地减少了创造力必要的其他元素，就是好奇心和想象力。如果这是对的话，它对大学教育改革有重要的含义：大学除了教授学生知识外，还要创造一种环境，尽力保护和鼓励学生的好奇心和想象力。我对“钱学森之问”的回应是，创造力的产生不仅仅是培养问题，更是环境是否宽松的问题。这是我这些年来一直试图在推动的大学的改革。

我下面把上述想法进一步扩展。比好奇心和想象力更一般、更深层的因素，英文有一个词叫作“mindset”，中文翻译成心智模式或心态。好奇心和想象力是心智模式或心态中的一种。所以，我的更为一般性的假说是，创造力等于知识乘以心智模式：

$$创造力 = 知识 \times 心智模式$$

斯坦福大学心理学家德韦克（Carol Dweck）写过一本书，英文标题是 *Mindset: The New Psychology of Success*，中译本标题是“看见成长的自己”，没有翻译“mindset”这个关键词。“mindset”这个词很重要，心智模式或心态更是一种价值取向。创造性心态是一种永不满足于现状，总想与众不同的渴望。

我下面举四个人的例子从不同角度说明具有创造性心智模式有何特征。

第一个是爱因斯坦和他的“简洁思维”。爱因斯坦的心智模式是相信世界可以被简洁的理论理解，并可以用简洁的公式表述。他说过，“如果你无法简单地解释，就说明你没有理解透彻”。在他看来，科学研究不是为了智力上的快感，不是为了纯粹功利的目的，而是想以最适当的方式画出一幅简化的和易领悟的世界图像。所以，推动他的创造性的动力并非来自深思熟虑的意向或计划，而是来自激情。

第二个是乔布斯和他“不同思维”。在面对 IBM 这样的大公司在计算机领域的霸主地位时，乔布斯的心智模式是我要与你不同。长期以来，IBM 的座右铭是创始人沃森提出的“Think”（思考），这就是 ThinkPad 名称的来源。1997 年，当乔布斯重返苹果时，公司正处于低谷。他花重金为苹果设计了一个划时代的广告，在展示出包括爱因斯坦、爱迪生、毕加索等杰出人物之后，推出的最后广告词是“Think different”，就是“不同思维”。

第三个是马斯克（Elon Musk）和他的“反直觉思维”。马斯克的心智模式受到物理学的影响。他从量子力学中受到启发，发现在量子层面的物理规律与我们在宏观层面的物理学直觉往往是相反的，却是正确的。他从中悟到，不能跟着在通常世界中形成的直觉走。马斯克还推崇用“物理学第一性原理”，也就是一种追究最原始假设的方式思考，而不是人们通常用的“类比”方式思考。他运用此逻辑打造可回收的火箭，这就是原始创新与边际创新的差别。

第四个是《从0到1》作者彼得·蒂尔（Peter Thiel）和他的“逆向思维”。蒂尔的心智模式是“逆向思维”，但并不是在多数人想法的前面加一个“负号”，而是要想别人没有思考过的维度，要思考别人还没有想到的领域。比如，当别人都在讨论技术问题时，他要提出商业模式问题；当别人都在商业模式上纠缠的时候，他的思维更多集中于技术创新。他的逆向思维不仅使他在2004年成为Facebook的第一个天使投资人，也使他在去年美国大选中成为硅谷唯一支持特朗普的企业家和风险投资人。

在我看来，上面描述的“简洁思维”“不同思维”“反直觉思维”“逆向思维”，都是具有创造力的心智模式。它们不完全相同，也不应该相同。我想强调的是，它们绝不仅仅是思维技能或技巧，而是一种心态，一种习惯。心智模式虽然在学校很难讲授，但是我相信学生自己可以在感悟中塑造。同好奇心和想象力类似，改变心智模式和思维方式需要我们的大学尽力创造条件，培育出一种宽松、宽容的环境和氛围，让学生自己“悟”出来，让人才自己“冒”出来。这是我对具有创造力的人才产生规律的一个基本判断。

最后我想说，创新取决于创造性人才，创造性人才取决于教育。在这个意义上，教育决定未来。科学探索，技术突破，商业创新，仅靠知识是不够的，还需要好奇心和想象力，还需要一种开放的、多样的心智模式。

所以教育，不仅是教，更是育。

新型民办大学的创新

（2017 年 2 月 15 日）

我很高兴第一次参加创新人才教育研究会的年会。作为中国民办高等教育的参与者，我想介绍一些近期创新人才教育来自民间的努力。

创新人才的教育，需要来自全社会的努力。我国的民间力量对教育发展发挥了重大作用，不过迄今为止，民间力量还主要体现在大众教育方面。近年来，民间力量在高端创新人才教育方面起步，虽然只是开始，但是具有历史性的意义。下面我通过两个例子来说明民间对创新人才教育的投入正在成为中国教育改革中的亮点。民办学校的优势体现在可以建立新体制，探索新模式，创造更加宽松、自由的教育环境，这些正是创新人才得以产生的重要因素。

第一个例子是 2015 年马云创办的“湖畔大学”。它是以培养具有创新能力的企业家为目标的教育机构，目前还只是举办培训班。但是不可小觑。从 2015 年 3 月 27 日第一届开学典礼开始，至今已经录取三届学生，每届 40 人左右。从第一届数百人报名，到第三届就超过 2 000 人报名，录取率不到 2%，还低于新开办的清华大学苏世民全球学者项目创纪录的 3% 的录取率。

湖畔大学的名称源于 1999 年阿里巴巴创业所在地杭州湖畔花园小区，2003 年淘宝也在湖畔花园诞生，所以湖畔这一名称就代表了一种创业精神。湖畔大学是商业管理教育，但是在培养目标定位、招生录取方式、培养教育模式三个方面都不同于传统的商学院或管理学院。在培养目标定位上，它不是培养传统的职业经理人，而是培养新一代企业家。在录取方式上，湖畔大

* 摘自在中国人民大学附属中学举行的创新人才教育研究会 2017 年年会上的演讲。

学采取保荐人推荐制度，通过小组面试，小组成员间互评，综合考察录取。保荐人大多是创业者、投资者等实战经验丰富的企业家。在培养教育模式上，它不是办 MBA 项目，而是集中精力搞创新创业教育和企业家精神教育。湖畔大学邀请标志性企业家授课，马云本人也亲自授课。讲授的案例多是企业家的亲身经历。与商学院通常只讲成功案例不同，湖畔大学讲的案例大多是失败案例，因为创业与管理不同的是，失败是常态，只有懂得失败，才能更好创业。

马云大学毕业后的第一份工作是教师，所以他对教育情有独钟。他的梦想，不仅仅是阿里巴巴。他最珍惜的头衔，既不是马总，也不是马老板，而是马老师，马校长。他对阿里巴巴公司的期望是至少延续 102 年，从 1999 年开始，至少到 2101 年，这样就可以跨越三个世纪。但是他对湖畔大学的期望是至少延续 300 年，从 2015 年到 2315 年。我是湖畔大学的校董，参加过招生面试，参加过开学典礼，我感受到湖畔大学的激情活力，就像阿里巴巴一样。

第二个例子是 2016 年 12 月 10 日成立的“西湖高等研究院”。这一天，恰巧是每年诺贝尔奖颁奖的日子。西湖高等研究院是为正在酝酿成立的“西湖大学”做准备的依托主体，由清华大学副校长施一公兼任首任院长。我是西湖大学筹办委员会委员。

西湖大学是一所受到国家领导人肯定，获得政府教育部门支持，并由浙江省和杭州市大力投入的民办研究型高等教育机构。西湖大学将是一所小而精、高起点、高水平、国际化的大学，力争在较短时间内成为世界一流。

目前，作为西湖大学依托主体的西湖高等研究院已经开始运行。研究院下设四个研究所，包括生物学研究所、基础医学研究所、理学研究所以及前沿技术研究所，分别由施一公、饶毅、潘建伟、陈十一担任负责人。这四位教授目前分别在清华大学、北京大学、中国科学技术大学、南方科技大学担任领导工作，他们同时参加西湖高等研究院的建设。这本身就是一个创新：西湖高等研究院的起步是在教育部的大力支持下，由清华大学、北京大学、中国科学技术大学、南方科技大学与浙江省合作共建的一个民办研究机构，这是它能够顺利举办的重要原因。

西湖高等研究院目前有如下进展。第一，研究院正在面向海内外招聘学术人才，预计到今年秋季将有十余名优秀青年学者和资深科学家正式入职。第二，西湖区为研究院提供了近10万平方米的科研、教学、办公用房及研究生公寓；杭州市对研究院的四个研究所分别给予亿元级经费支持；浙江省正在考虑为研究院出台配套政策，帮助高端人才落地和聚集杭州。第三，为支持西湖大学和西湖高等研究院成立了“西湖教育基金会”和“千人教育基金会”，并获得多位国内知名企业家和众多国家“千人计划”专家的慷慨资助，提供需要的财务保障。

施一公、饶毅、潘建伟、陈十一这四位科学家都是具有海外长期教学研究经历，世界著名的华人科学家，其中三位是中国科学院院士。多年前他们放弃海外教职，回国任教，都在国内顶尖大学中担任行政职务。他们不仅取得过重要的科学研究成果，而且也都积极推动国内大学的改革，取得了不凡成就。在所有人看来，他们都已功成名就。但是，他们一直都有在中国办世界一流大学的梦想，办民办大学的梦想，这两者的结合就是办西湖大学的梦想。他们希望把西湖大学作为国家高等教育和创新人才教育的一个改革试点，探索在中国民办国际化高水平研究型大学之路。

我在这里介绍的两个例子——湖畔大学和西湖大学，似乎是两个极端：湖畔大学是由企业家，而且都是本土企业家创办的，而西湖大学是由科学家，且均有海外执教背景的科学家创办的，一个很“土”，一个很“洋”，一个很“商业”，一个很“科技”。虽然这两所大学非常不同，但它们都是民办的，目前都还不是教育部定义下的“大学”，但都致力于创新人才的教育。如果说湖畔大学是为了培养具有世界级创新精神的企业家，那么西湖大学是为了培养具有世界级创新水平的科学家。这两所刚刚起步的民办学校都是教育领域的创新，都是寻求以创立新的教育机构的方式，探索创新人才教育的新途径。

我参与并推动这两所大学的建设，是因为我认为它们都是中国需要的，都是对中国发展有利的，都是代表了时代方向的。创新人才是多种多样的，中国既需要大量的施一公类的人才，也需要大量的马云类的人才。创新人才教育模式和教育机构也应该多样化，中国既需要清华北大，也需要西湖湖畔。从目前的情况来看，中国需要更多的民办大学，既需要普及性的，也需要高端性的。

也许人们对民办高校，特别是民办精英高校的前程还看不清楚。这里面确实充满挑战和风险。不过回顾我国改革开放初期，民营企业刚刚诞生时，它们也只是作为补充短缺经济带来的供给不足。但是，又有谁能想到，在1987 年创立的民营企业华为，在 30 年后的今天，年收入 5 200 亿元，企业研发投入名列全球第八、中国第一，成为中国企业科技创新领域在全球的一个响亮品牌？所以，30 年后中国高等教育的格局，也是很难预测的。

民间对创新人才教育的热情还不仅体现在办学上，也体现在民间设立的鼓励科技创新的奖项上。我在过去两个月就参加了两次这样的活动。去年 12 月 18 日，我在清华大学参加了东润丘成桐科学奖颁奖，这是由陈东升和孔东梅夫妇创立的东润基金会支持，由著名数学家丘成桐组织，专为鼓励青少年科学研究而设立的奖项。我还在上个月的 1 月 15 日参加了首届“未来科学大奖”的颁奖典礼。这个奖设立了“物质科学”“生命科学”“数学与计算机”三个奖项，每个奖项奖金 100 万美元，由四位企业家共同赞助。这是一个鼓励在中国本土原创性科学研究的民间大奖。这两个奖项的设立都说明了民间对科技创新的热衷和支持。

中国比以往任何时候都更加注重创新，也比以往任何时候都更加注重创新人才教育。我们缺乏的不是重视，也不是投入，而是一些不同的思路，不同的做法。创新人才教育，公办大学非常重要，但不能只靠公办大学，也应该有民办大学。而民办大学，也应该是各种各样的，不能是单一模式的。不同的思路和不同的做法两者的结合，就是创新人才教育的新探索。

中国需要大量的、各种各样的创新人才，并不局限于科学家和企业家。这些人才不能依赖同一种教育模式，也不能从同一类教育机构中走出。

创新人才的教育，需要创新的人才教育。

创新人才教育

（2017 年 6 月 9 日）

今天我担任参事讲堂第一讲的主讲人，感到非常荣幸。今天我讲的题目是“创新人才教育”。这个标题里面有两层意思：一层是把它理解为“创新人才的教育”（Educating Creative Talents），讲创新人才教育中的问题。另一层是把它理解为“创新的人才教育”（Innovating the Education of Talents），讲对人才教育要有所创新。我会讲这两个层次。

首先要说明的是，今天我讲的是我过去 11 年在清华大学经济管理学院担任院长和教授，从教育实践中的一些感悟。一方面，我是基于实践的观察和行动，是有的放矢的。经济管理是热门专业，清华经管学院的学生，按照高考分数这个指标，是全清华乃至全中国最为突出的。这些年来，我在清华教过数千学生，与数百名同学有比较深入的交往。所以，对我今天要讨论的问题有接近最新实际的感悟。

同时要说明的是，我并非教育学专家，没有这方面的理论训练。我的思维受经济学的视角、方法影响比较大。用经济学的方法研究教育问题，我并非第一人，在此之前，包括诺贝尔经济学奖获得者都有研究教育的，并且其结果在教育界有重大影响。但我并不是用计量经济学的模型研究教育问题，而是更多地针对中国教育的现实问题，用经济学的视角来分析。我希望这种跨界研究有所帮助。

一、创新人才教育问题的提出

明年就是中国经济改革开放 40 周年。改革开放以来，我们经历了从 1978

---

* 在首次新华网国务院参事讲堂上的演讲。

年的人均几百美元的低收入，到人均接近 9 000 美元的中等收入，到总量超过 11 万亿美元的世界第二大经济体。站在这个时间节点上，在我们向高收入、中等发达国家迈进的新阶段，创新驱动发展是关键。这已经形成共识。

创新有很多因素，技术、商业模式、资金、市场等，也有运气等偶然因素，但是在我看来，创新的核心是具有创造力的人才；具有创造力的人才的核心，是人的创造性思维；培育创造性思维，教育是最重要的推动力。

12 年前的 2005 年，钱学森提出了一个问题：为什么我们的学校总是培养不出杰出人才？虽然他当时只是针对科学研究而言，但这个问题可以推广到各个领域，也就是从我们的教育体制中走出来的具有创造力的人才，为什么这么少？

为什么这是一个有意义的问题？中国是世界上人口最多的国家，也是世界上在校学生最多的国家。前天和昨天是全国高考，今年 940 万人参加高考，将有 700 多万被本科或专科录取。中国高校在校生有 2 700 万，高等教育在学规模 3 600 多万，这些数字都是全球第一。相对于这样巨大的人口规模和受教育群体规模，无论是科学技术成就、人文艺术贡献，还是新产品新品牌新商业模式，我们的创新人才不是没有，但是太少。

近年来，我们的进步还是不小的。据《自然》杂志引用的数据，中国发表的研究论文的数量在 2005 年占全球总量的 13%，在 2015 年增加到占全球总量的 20%，仅次于美国。虽然论文数量已居世界第二，但是科学研究突出成果仍不够高、不够多。比如，中国到目前为止，只有一人获诺贝尔科学奖，还没有一个人获得菲尔兹奖。当然我们不能以诺贝尔奖或菲尔兹奖为唯一指标，但是它们说明一些问题。

二、创新人才缺乏的根源和后果

中国的教育有它的特点，也是长处。首先是对教育的投入，来自个人、家庭、政府、社会，并不少。其次是对知识的重视，是全社会的。知识点的传授、掌握，不仅多，而且早，面广。这是我所说的基本知识的“均值高”

的原因。

认清这个长处很重要。第一，它能解释为什么中国能有迄今为止的经济增长。第二，帮助我们理解为什么现在世界上一些国家，包括发达国家，在这个方面想学习我们。

正是在理解中国教育的长处的基础上，我们来反思中国教育中存在的问题。当然，问题很多，我想其中有一个关键问题，就是我们对教育，从认知到实践，存在一种系统性的偏差，这个偏差就是我们把教育等同于知识，所以把教育局限在知识上。教师传授知识，学生获取知识，高考也是考知识，知识就成了教育的全部内容。“知识就是力量”这句话深入人心，不能说不对。知识当然重要，但是，我们要问：创新人才的教育，仅靠知识积累就可以吗？我的回答是否定的。

教育必须超越知识，这是我对中国教育问题观察的核心，也是教育改革的出发点。爱因斯坦的下面这句话，我印象很深。他在1921年获得诺贝尔奖后，首次访问美国。当被记者问到声音的速度是多少时，他拒绝回答。他说，你可以在任何一本物理书中查到答案。然后他说了一句名言：“大学教育的价值，不在于了解多少事实，而在于训练大脑去思考。”在当时，很多事实可以从书中查到。在今天，上网也可以查到。在未来，机器会帮你查到。

这个问题在今天比在以往任何时候的后果都越来越严重。所谓越来越严重，有两个原因。第一，中国经济的发展阶段发生了重大变化。简单说，今后经济增长需要更多依靠创新驱动，而创新驱动就要依靠创造性人才。然而，创造性人才就不是通常从我们的教育体制中走出来的“好学生”。这是我们关心的问题。

第二，技术的发展和进步，特别是最近很热的关于“人工智能”（AI）的发展。尽管目前我们还看不清楚“人工智能”的准确影响，但是已经清楚的是，“人工智能”通过“机器学习”和“深度学习”，也就是“图像识别”来工作。因此它完全可以替代甚至超越人通过死记硬背、大量做题来掌握知识的能力。所以，可能发生的情况是，“人工智能”更可能替代那些在我们的教育制度下培养出来的学生的长处，即对已有知识的积累。据报道，6月7日，也就是高考那天，人工智能机器参加了高考数学，满分150分，两台机器分别考到了134分和105分，而且分别只用了10分钟和22分钟。这只是开始。

正是由于以上这两点，让我们对现有的教育体制和方法，更应该具有改革的迫切性。这是在肯定现有教育的长处，特别是对经济发展的正面作用的基础上的判断，是基于经济发展未来、科技发展未来的判断。

创造性思维从哪里来？这直接关系到我们如何创新教育问题。我在下面提出两个重要因素。

三、创造性思维的来源之一：好奇心和想象力

创造力确实需要有知识，但是不仅仅是知识。关于创造力，心理学、教育学、管理学都有很多系统的研究。我并非从学术角度来谈，而是从教育实践，特别是我在中美七所大学中学习、任教、担任管理工作的经历中的观察来谈。

爱因斯坦还有两句话一直对我影响很深，一句是“我没有特殊的才能，我只是激情般地好奇”，另一句是“想象力比知识更重要”。他在这里都没有讲知识本身，而是超出知识以外的东西，特别是好奇心和想象力。这正是我们忽视的。

从这两句话中受到启发，我提出一个假说，就是创造性思维等于知识乘以好奇心和想象力：

$$\text{创造性思维} = \text{知识} \times \text{好奇心和想象力}$$

根据这个公式，知识越多，未必创造力越大，也就是说，创造力并非随受教育时间的增加而增加。知识通常是随着受教育时间的增多而增多。但是，好奇心和想象力与受教育年限的关系就没有那么简单了，而取决于教育环境和教育方法。

心理学家观察到，儿童时期的好奇心和想象力特别强。但是，随着受教

育时间的增多，好奇心和想象力很有可能递减。在我们的应试教育下，情况会更糟。当学生学习的唯一目的是为了好成绩，当教师教书的唯一目标是传授标准答案，那么很可能的结果就是，教育投入越多，教师和学生越努力，好奇心和想象力的减少程度就越大。虽然知识增长了，知识点掌握了，但是好奇心和想象力却被扼杀得越来越系统、越来越彻底。

所以我对“钱学森之问”的回答是：不是我们的学校培养不出杰出人才，而是我们的学校在增加学生知识的同时，减少了产生创造力必要的好奇心和想象力。

四、创造性思维的来源之二：有更高追求的价值取向

创造性思维不仅取决于好奇心和想象力，还与价值取向有关。所以，当我们讨论创新人才教育时，不仅仅是一个知识和能力的问题，也是价值观的问题。我们面临的一个具体的困难是急功近利，更一般地说，是短期功利主义的价值取向。这对创造性思维是有害的。

两周前的5月25日，扎克伯格在哈佛大学2017年毕业典礼上的演讲，主题是人要有“purpose”和“higher purpose”。“purpose”有多种翻译，翻译成“目的、目标”太功利，翻译成“使命”又太抽象，在这里翻译成“追求”可能更合适。所以“higher purpose”就是“更高的追求”，这是价值取向，是超越短期功利主义，甚至功利主义的价值取向。扎克伯格讲要有“更高的追求”有广泛的意义，我在这里想强调的是，“更高的追求”也是创造性思维背后的动力。

让我再次引用爱因斯坦的话。爱因斯坦在1918年4月在柏林物理学会举办的普朗克60岁生日庆祝会上说，在科学的殿堂里有各式各样的人，他们探索科学的动机各不相同。有的是为了智力上的快感，有的是为了纯粹功利的目的，他们对建设科学殿堂有过很大的甚至是主要的贡献。但是科学殿堂的根基是靠另一种人而存在的。他们总想以最适当的方式来画出一幅简化的和易领悟的世界图像，他们每天的努力并非来自深思熟虑的意向或计划，而是

直接来自激情。

科学探索是创新的一个例子。更一般性地说，我认为创新的动机有三个层次，分别代表了三种价值取向：短期功利主义、长期功利主义、内在价值的非功利主义，后者比前者有更高的追求。对短期功利主义者而言，创新是为了发论文、申请专利、公司上市；对长期功利主义者而言，创新是为了填补空白、争国内一流、创世界一流；对内在价值的非功利主义者而言，创新是为了追求真理、改变世界、让人更幸福。

我们的现实情况是，具备第一类动机的人很多，具备第二类动机的人也有，但具备第三类动机的人就寥寥无几了。我们之所以缺乏创新人才，除了前面说的缺乏好奇心和想象力之外，就是在价值取向上，太急功近利，太功利主义。急于求成的心态，成王败寇的价值观，导致的是抄袭、复制，而不大可能出现真正的创新，更不可能出现颠覆性创新、革命性创新。因此，创造性思维还取决于价值取向。

五、教育改革应该做什么

如果以上的反思是对的话，那么它就意味着创新人才的教育需要创新的人才教育。我根据上面的分析提出三条建议，教育除了传授知识之外：

第一，教育应该创造更加宽松的、有利于学生个性发展的空间和时间。

第二，在教育中要更好地保护、更多地激发学生的好奇心和想象力。

第三，在教育中要引导学生在价值取向上有更高的追求，避免短期功利主义。

这对教育改革提出了新的要求。我们目前的学生培养方案的设计，都是以学生掌握知识的深度、广度为出发点和考核点的。总觉得学生学得不够多、不够深，学得不实用、不够前沿。但是，如果我们更关心学生的好奇心和想象力，更关注学生的价值取向，那么我们的教育模式就应该做大幅度的改变。

教育改革，我们都在路上。

商学教育创新的思与行

（2018 年 6 月 16 日）

刚才三位院长（北大光华管理学院、上海交大安泰管理学院、浙江大学管理学院）对今天的主题“商学院面临的转型挑战”做了非常有高度、有深度的演讲，他们都提出一些非常相关并且有紧迫危机感的问题。我的演讲是通过一个案例来介绍过去这几年我的思考，特别是做出的尝试，试图来回答这些问题。网络大学、独立的商学院、企业办的商学院等有很多做法我们无法学习，那么大学中的商学院能否也有些做法让这些商学院无法学习呢？

“商学教育创新的思与行”，其中“思”和“行”是两个分不开的部分。我先讲一讲“思”。说到“思”，就要追溯到 2011 年，中国 MBA 教育起步 20 周年时。美国 MBA 教育是在 1908 年从哈佛开始，而中国招收第一批 MBA 学生是 1991 年，全国只有 94 人。2011 年 5 月 11 日，我们在清华经管学院召开了一个比较大的研讨会，全国有 200 多所管理学院参加。我在研讨会上有一个发言，主题是“中国 MBA 教育的新方向”，我强调了三个新方向：“领导力”、“企业家精神”和“体验式学习”。这不仅适用于 MBA 教育，也适用于所有商学教育。

随后的七年，就是把该想法变成现实的过程。在我看来，商学教育创新面临两类问题，就是“what”和“how”的问题：一类是教什么（what to teach），一类是如何教（how to teach）。关于“what”的问题，反映了教育内容的演变，从“商”（business）和“管理”（management）演变到“领导力”（leadership）和“企业家精神”（entrepreneurship）。如果说管理是正确地做

---

* 在武汉大学举行的第八届中国管理研究国际学会（IACMR）2018 年会议上的演讲。

事，那么领导就是做正确的事，而企业家精神就是做新的事。关于“how”的问题，就是商学教育方法的演变，也即从课堂讲授（lectures）学习和通过案例教学（cases）学习演变到体验式学习（experiential learning）和行动中学习（action learning）。

在“行”的方面，我与大家分享的案例是清华 x-lab 的五年历程。当然，这只是一个尝试，还不能说是经验。

2013 年 4 月 25 日，清华经管学院联合清华 12 个院系发起成立了一个新型的创意创新创业的教育平台——清华 x-lab。那天时任清华大学党委书记胡和平到场致辞。2014 年 5 月 25 日，在清华 x-lab 成立一周年之际，首届清华大学“校长杯”创新挑战赛举办，时任清华大学校长陈吉宁致辞。到了 2018 年 5 月 26 日，我们举办了清华 x-lab 成立五周年大会，同时清华大学“校长杯”创新挑战赛也举办到了第五届。这五年的历程，完全是一个行动和实践的历程。

清华 x-lab 成立以来，社会媒体较为关注。比如英国的《金融时报》在 2014 年就发表了专题新闻。五年来，我们一直坚持初心。这是五年来的一些数字：截至 2017 年底，近 3 万人参加过清华 x-lab 各类课程和活动，共有 1 200余支项目团队在清华 x-lab 的创意创新创业不同阶段，其中，近 500 个项目团队成立公司，159 个项目团队获得投资。五年来，在参加清华 x-lab 各类课程及活动的学生当中，本科生、硕士生、博士生、MBA 各占约四分之一，在校生和校友都有。共建院系从最开始 12 个发展到现在的 15 个。这其实就是大学中的商学院的资源优势，我们共建院系中有文科、理科和工科。清华大学美术学院中四分之三的教师是设计领域的。这 15 个清华大学的共建院系都在实质性地参与清华 x-lab。这是清华 x-lab 能够辐射全校的重要原因。

清华 x-lab 的另一个特点是聚集清华大学的多种资源及战略合作伙伴，聚集了“三创空间”场地（清华科技园）、投资基金（清华控股）和导师（清华企业家协会）等资源，这也是我们现在说的“生态”。在中国，我们特别强调生态圈，现在的商学院已经不是过去商学院的概念了，是一个生态圈。

为什么叫清华“x-lab”？x有两个含义：一个是未知数，我们探索未知。同时，x又是交叉的意思，我们推动学科交叉。lab代表体验式学习和团队合作。

清华x-lab的战略定位很清晰，就是围绕人才培养。我们不搞孵化器，我们是以育人为中心，而不是以项目为中心，关键是培养学生的创造力。那么具体怎么做？我们实施了“三个平台”：第一个是学生的教育平台，第二个是团队的培育平台，第三个是资源聚集和学科交叉的生态平台。

第一个是学生的教育平台。我们做了如下几件事：第一，清华经管学院自2009年开始，每年选15名清华经管学院的本科生参加优秀创业人才培养项目。自清华x-lab建立以后，就依托清华x-lab进行培养。第二，面向全校非经管学院本科生的第二学位项目，每年管理学招收300人，我们开设了创新创业领导力方向，这些学生大多是理工科学生，由清华x-lab为他们专门设置课程。第三，为研究生设立创新力提升证书项目，自2015年1月推出，已经有500多人参加，计划三年内参与者超过1 000人。这个项目有三个模块：思想与技能、跨界学习、实践交流。不设立期限，只要在校期间达到培养要求，即可获得证书。最后还有一个就是丰富的国际交换项目，我们跟慕尼黑工业大学合作了学生交换计划，我们同“欧洲创新学院夏令营”“亚洲创新创业夏令营”合作，学生会走访瑞士、以色列、新加坡、美国硅谷等几个地方。

第二个是团队的培育平台。为什么叫创意、创新、创业的教育平台？创意是我坚持加进去的，必须是三创。“双创”是从国家层面说的，而教育层面就得从创意开始。在体验式学习方面，我们有工作坊、学习营、加速器的训练营等各种形式。清华大学非常支持体验式学习，于是就有了清华大学首个由校长冠名并面向学生、校友的真实创新项目比赛——清华大学“校长杯”创新挑战赛。这些都是团队培育的途径。

第三个是生态平台。建立生态圈是现在一些中国企业的做法。作为一个大学中的商学院，我们的优势是便于聚集资源，包括投资机构、天使投资人、企业家等。清华 x-lab 现在邀请了 60 多位驻校天使投资人和驻校企业家。同时，我们成立了 6 个功能服务中心，比如知识产权中心、投融资服务中心等。我们还成立了 9 个按照行业划分的垂直创新中心，如生态环保、健康医疗、金融科技等。

清华 x-lab 经过了五年的历程。我们也借此机会进行了反思。这里要提及杨斌教授，他之前是在清华经管学院跟我搭档了 8 年的党委书记，现在是清华大学主管本科生教育和研究生教育的副校长，也是全国 MBA 教育指导委员会秘书长。在 5 月 26 日清华 x-lab 五周年大会上他做了主题发言，分享了四点启发，包括四个“不”和四个“解决之道”：第一，创新人才培养，以单纯知识传授的形式是行不通的，清华 x-lab 的解决之道，是把知识逻辑和行动逻辑有机结合，形成强有力的“双螺旋”结构——“真的是拧麻花的高手”；第二，创新人才培养，单一学科专业的模式走不远，清华 x-lab 的解决之道，是采取跨界学习、多元交融、开放联动的综合育人模式；第三，创新人才培养，单纯由学术型专家执教做不实，清华 x-lab 的解决之道，是充分发挥来自产业界的学术教练、实践导师、驻校天使投资人的作用，即“教师 +”的做法；第四，创新人才培养，光是沉浸在事务里忘了育人要不得，清华 x-lab 的解决之道，是紧抓育人这个创新创业教育的本质，项目是载体，活动是手段，贯穿其中的是领导力教育，甚至是创造力教育、思想力教育和执行力教育。

以上就是我跟大家介绍的一个案例，试图回答一些大家提出的问题。最后我想说，今年正是中国改革开放 40 周年，未来中国需要什么样的商业人才，新时代有新的要求。我认为，商学教育创新的方向，就是致力于培养具有企业家精神和领导力的人才，这也是顺应新时代的新要求。而清华 x-lab 就是我们在致力于培养这一类人才方面的一个尝试，这个尝试中既有思考，也有行动，当然最重要的是行动。

基因和价值

（2018 年 7 月 5 日）

首先，我衷心祝贺同学们毕业。虽然我也毕业于清华，不过你们能把施一公称为院友，而我，只能称他为校友。

十天前，生命科学的饶毅教授到北京大学国家发展研究院做毕业典礼演讲。我感谢王宏伟院长邀请经济学的我来清华大学生命科学学院做毕业典礼演讲，给了我一个机会，让我能够在清华听到比在北大更热烈的掌声。更重要的是，它也让我可以展现清华与北大的各自风格：饶毅的讲话，我很难超过他的诗意；我的讲话，只能志在胜出逻辑。不过，我的讲话长度一定会超过他讲的 3 分钟。

经管学院与生命学院，一个位于校园东南，一个位于校园西北，在清华园里面，都是有趣故事比较多的学院。我们两个学院都很年轻。在我入学进校时，清华园里不但没有这两个学院，甚至连经管系和生物系都没有。如今，这两个学院都已桃李满天下。我和施一公教授先后在美国大学执教多年后回国。两个清华本科毕业生回到母校，分别担任经济管理学院和生命科学学院院长，这在工科传统见长的清华，成为文科和理科建设的一道特殊风景线，应该就是你们说的“C 位出道”吧。我们两个学院都锐意改革，遥相呼应，尤其在教师人事制度改革上，都成为学校的试点学院，在清华教育体制改革历史上留下了痕迹。

我的生命科学知识十分有限，因为我是在“文革”中念的中学，那时物理课叫作“工业基础”，化学课叫作“农业基础”，生物课叫作“生理卫生”。

---

* 在清华大学生命科学学院 2018 毕业典礼上的演讲。

今年是我走进清华，成为“文革”后第一届大学生——1977 级本科生的 40 周年。我当时读的是数学专业，没有上过一门生物学课。我现在的一点点生命科学知识是被饶毅教授科普的，所以如果讲错了，也是北大教授的问题。我从他那里知道，在 19 世纪，一个神父在修道院里种豌豆，成为遗传学的开山鼻祖。在 20 世纪，一个博士生和一个博士后，在剑桥大学卡文迪许实验室，写了一篇不到 1 000 个英文单词的论文，用的还是别人的实验数据，做出了生命科学在过去一个世纪中最伟大的发现。

别小看这点科普，它对我在经管学院推动教育改革富有启迪。这个学期，我推动邀请了你们学院的杨扬老师，为经管学院本科一年级学生新开设“生命科学简史”课，深受同学欢迎。我去听过她的课。那次她讲免疫，不仅讲了从接种牛痘到发现青霉素的历史，还讲了疫苗引发的副作用，副作用引起的疫苗抵制，抵制造成疾病的死灰复燃，以及由此产生的一系列社会问题和伦理道德问题。在 21 世纪此类问题会越来越多，值得经济管理专业学生学习探讨。除这门课外，这学期经管学院还新开设了“物理学简史”课。三天后是经管学院的毕业典礼，我邀请了物理学家潘建伟教授做毕业典礼演讲。这些都是经管学院通识教育的重要范例。

学科融合是双向的。生命学院也有一些同学，到经管学院学习经济学或管理学本科第二学位，参加清华 x-lab 的创意创新创业活动。其中有的同学选择了经济、金融或管理作为下一步的发展方向，但更多同学还是继续留在生命科学领域探索。在这学期的“院长下午茶”第二学位专场上，我就遇到你们本科毕业生中的一位，他在学习经济学第二学位金融方向后，继续坚定地准备去美国攻读生命科学博士。所以，一公教授，对于两个学院之间的“竞争”，你不必太焦虑。

生命科学是自然科学，经济学和管理学是社会科学，两者都是科学，必然有共同性。科学的目的是为了追求真理，而大学是探索真理的地方。无论什么学科，追求真理的学者必须具备批判性思维（critical thinking）能力。批判性（critical）不是批判（criticism）。批判性思维是以提出疑问为起点，以获取证据、分析推理为过程，以提出有说服力的、有创造性的解答为结果。对这个结果又会提出新的疑问，导致新的发现。这就是科学探索的逻辑，而科学家的批判性思维，则是促成科学发现的基因。

在生命科学领域，你们都熟知，在沃森（James Watson）和克里克（Francis Crick）探索 DNA 结构的同时，比他们更资深的鲍林（Linus Pauling）率先提出过 DNA 的三螺旋结构。可是，这两位年轻人敢于挑战权威，最终发现了双螺旋而非三螺旋才是 DNA 的真实结构。沃森在后来的自传中大赞他本科就读的芝加哥大学鼓励批判性思维的氛围对他的影响。在经济学领域，去年的诺贝尔经济学奖授予了芝加哥大学的塞勒（Richard Thaler）教授。他对传统经济学中的理性人假设提出疑问，并结合心理学研究了在“有限理性”条件下，人的行为如何系统地影响个人决策以及市场，获得了在传统假设下无法得出的结果。他挑战理性人假说，在经济学上是离经叛道的，以至于一些经济学家至今都无法接受。无论是自然科学还是社会科学，科学发现的逻辑是共同的，科学家的批判性思维的基因也是共同的。

这些年来，经管学院致力于培养学生的批判性思维能力。每年这个时候，我都会问经管学院本科毕业生一个问题：四年中经管学院的哪门课对你们影响最大？我听到最多的回答是“批判性思维与道德推理”。这门课是经管学院在九年前开始推动通识教育时开设的一门课，英文名称是“Critical Thinking and Moral Reasoning”，同学们把它简称为“CTMR”。现在，CTMR 成了经管学院的一张名片，以至于经管学生会下意识地问：你对这个问题 CTMR 过了吗？在这门课上，同学们学习经典著作，辩论热点问题，从提出疑问到收集证据，从逻辑推理到考察其他可能的解释，这个批判性思维的过程，与你们在实验室里的研究过程是一致的。CT（计算机断层扫描）和 MR（磁共振成像）都是你们常用来做生命科学研究的物质检验工具，而 CTMR 则是经管学生用来探讨社会科学问题的思维检验工具。巧合的是，施一公教授每年都在生命科学学院开设“生命科学的逻辑与思维”这门课，真是有异曲同工之妙。

经济管理学院和生命科学学院有着共同的改革理念，也有着相通的改革实践。大学改革的追求，是成为一所伟大的大学。一所伟大的大学之所以伟大，是因为大学中的学者具有探索真理的基因。这个基因，就是批判性思维，就是善于提出疑问，并创造性地解答疑问。正是这个基因，成就了大学的价值。所以，批判性思维是学者的基因，是大学的价值。基因和价值，生命科学和经济学，在我看来是如此连接的。这是我，一个在东西方七所大学连续学习和工作40年的学长的感悟，一个经济学学者与生命科学毕业生的分享。

提高大学培养创新型人才的能力

（2018 年 7 月 10 日）

中国经济由高速增长转向高质量发展的重要驱动力是创新，而创新最关键的要素是创新型人才。

我在过去 12 年担任清华大学经济管理学院院长，在高校基层一线从事教育管理和改革工作。我在教育实践中发现，我们的教育优势突出表现在学生对基本知识点的掌握较好，学生的整体水平较高。而我们的弱点是突出人才较少，尤其与我们的人口基数和教育规模相比。我用一个统计学术语来刻画这个特征，叫作“均值高”“方差小”，就是说学生的平均水平较高，但是其中的拔尖人才太少。

为什么拔尖人才太少？原因当然很多，但我的观察是，在创新型人才培养上我们存在三类比较突出的问题，分别涉及知识、能力和价值三个层面。

第一，在知识层面，学生多局限于对单一学科中“知识点”的掌握，而跨学科的知识很薄弱。《乔布斯传》作者把乔布斯描写为“站在科学与艺术之间”的企业家。马斯克的本科专业是商科，同时修物理学第二学位，而物理学对他的创新创业有很大影响。创造力多产生于学科交叉和融合。清华大学素有“文理会通”“古今会通”“中西会通”的传统，但是现在这样的学生不多。

第二，比知识更重要的是能力，尤其是创新能力。批判性思维与创造性思维是创新能力的基本要素，这是科学界和企业界的共识。批判性思维是善于提出疑问，并能够给出有说服力的判断。批判性（critical）不是批判（criticism），

---

* 在全国政协“发展实体经济 提高供给体系质量”专题协商会上的发言。

是分析性、建设性的推理方式，它是创造性的起点。创造性思维则是新的、与众不同的想法。我们的学生缺乏批判性思维与创造性思维能力，也缺乏与之相关的写作与沟通能力，写不好的根源是想不清。

第三，比能力还重要的是价值取向，也就是追求创新的动机。当前影响创新型人才培养的突出问题是普遍的短期功利主义，具体表现为急功近利，追求短期利益。各种评价机制往往奖励可度量、可量化的成果，而有创造性和长远的成果难度量，难量化。创业中的“羊群效应”，创新中的“同质性”，都与短期功利主义有关。

造成以上问题的原因，既有大学人才培养的问题，也有教育体制的问题。为了提高大学培养创新型人才的能力，我提出三条建议：

第一，在知识层面，应该增加学生跨学科领域的知识。学生学习知识，不仅要学习“知识点”，更要融会贯通不同学科的知识。目前，本科生在第一学位外可修第二学位，但是研究生无法跨学科修第二学位。比如工商管理硕士（MBA）学生无法修计算机工程硕士，反之亦然。建议教育部门允许研究生跨学科修双学位，以利于培养复合型创新人才。同时，在各地吸引人才落户时，公安部门依据的是一级学科目录，但其中没有交叉学科，所以影响了交叉学科人才的引进。建议公安部门采取更加灵活的政策。

第二，要更加注重对学生的能力培养，特别是培养学生的批判性思维和创造性思维。为此，大学要创造宽松、宽容、有利于学生个性发展的空间和条件，教育部门也要给大学创造宽松的环境。当前教育部门对大学的各种考核越来越量化，并用同一个标准。虽然这便于操作和管理，但是高度量化和一刀切的考核机制不利于创新型人才的培养。

第三，全社会都要克服急功近利的短期功利主义，在价值取向上要有更高追求。目前学科评估已经成为高校的指挥棒，容易导致追求短期成果，导致学科畸形发展。学科评估过程中产生的信息对办学是很有帮助的，但是目前的学科排名方式和使用方式不利于大学的多元发展、有机发展和长远发展，应该改变。

最后，我想指出，当前有两个因素使得提高培养创新型人才能力的工作更加紧迫：

一是新的技术进步，特别是人工智能带来的冲击。我们的学生多靠死记硬背和大量做题获得知识，但这正是机器学习的原理，而且机器有绝对优势。人要做机器不能做的事，那就是跨学科的、创造性的工作。

二是新的国际环境，可能使国际交流受到更多限制。这就要求国内教育体制加速改革，在我们的大学中开创有利于创造性教育的氛围和空间。

批判性思维与创造性思维教育：理念与实践

（2018 年 8 月）

2018 年是中国改革开放 40 周年，于 1978 年 12 月 18—22 日召开的中共十一届三中全会开启了中国改革开放时代。2018 年也是“文革”后恢复高考第一届大学生入校 40 周年。邓小平在 1977 年夏天果断决策恢复中断 12 年之久的全国高考。各省在 1977 年 12 月组织考试，这是唯一一次在 12 月举行的高考。这次高考在 570 多万名考生中录取 27 万，录取率只有 4.7%，为历年来最低。1977 级大学生在 1978 年春节后陆续入校。从时间节点上看，教育改革先于经济改革。正是由于高考制度改革以及后来的教育改革，才为中国经济 40 年的发展提供了人才资源。在评选 1976 年之后的重大改革措施时，恢复高考被排在几乎所有经济改革举措之前，是有道理的。

在纪念改革开放 40 年的今天，我们同样应该把教育改革放到重要位置。新的发展阶段对教育有新的要求和期望。本文探讨教育如何适应社会发展的一个重要方面，即教育应该更多聚焦在学生的思维发展而非知识掌握上，这其中的核心是批判性思维与创造性思维教育。这个问题不仅与培养创造性人才有直接关系，而且也是有关育人的一般性问题。

本文分为理念与实践两个部分。在理念部分，根据我在大学基层教学单位参与教学和管理工作的观察，提出关于批判性思维与创造性思维教育的一些新想法。第一节讨论教育内容从知识到思维转变的必要性，第二节聚焦批判性思维教育，第三节聚焦创造性思维教育。在实践部分，通过清华大学经济管理学院（简称清华经管学院）的两个案例，说明批判性思维与创造性思

---

* 原载于《清华大学教育研究》2018 年第 39 卷第 4 期。

维教育是如何落地的。第四节介绍清华经管学院本科批判性思维教育的九年历程；第五节介绍清华经管学院创建清华 x-lab 在本科和研究生阶段推动创意创新创业教育的五年探索；第六节评述技术进步的影响，并对在中国推动批判性思维与创造性思维教育提出若干建议。

第一部分　理念

一、教育的价值：从知识到思维

长期以来，我们对教育的重视，主要体现在对教育价值的认知是知识获取（从学生角度）和知识传授（从教师角度）。目前的应试教育，更是一个以知识为中心的教育，因为考试的基本目的就是测试学生对知识的掌握。学生的职责是学习知识，教师的职责是传授知识，这些似乎都是天经地义的。中国小孩回到家里，家长通常问的问题的是：今天你学了什么新知识？具有工作经验的人再回到学校学习，目的是为了更新知识。

知识有各种各样，包括基础知识、专业知识、前沿知识，即使是在通识教育中，关注的也是通识知识。在现代科学出现之前，知识主要是人文知识和实用知识。在现代科学出现之后，知识更多体现为自然科学和社会科学知识以及各类应用知识。在应试教育中，知识被浓缩为“知识点”，就是那些关键概念和公式，那些在考题中会出现，在评卷中评审人会去努力寻找的关键词或关键内容。

事实上，知识是现代性的重要特征。培根的“知识就是力量”这句名言，说明了在现代社会中，知识是改变世界的力量。在中国，知识又与人的命运联系在一起。中国历史上没有像其他一些国家那样的社会等级制度，而是在科举制度面前人人平等。中国现在的高考制度就是通过学习知识改变命运的重要渠道。“知识改变命运”就是这样把知识与个人发展前途联系在一起。

在当今中国，以知识为中心的教育观念派生出一系列学生学习知识的特点和方法。首先是学生学习知识投入的时间多。研究发现，中国学生比美国学生用在学习上的时间平均每天多两个小时。当然，这会产生挤出效应，由于用在学习知识上的时间多了，投入到其他方面的时间就少了。

学生投入学习时间多，不仅反映在校内学业负担重，而且反映在课外辅导多。最近教育部门试图减少学生校内学业负担，但随之而来的是各种校外辅导班的增多。这在客观上推动了教育辅导产业，一些这类公司上市了，并且有很高的市值。这都说明了市场对课外辅导的需求。

在以知识为中心的教育观念下，学生为掌握知识点而形成了一系列行之有效的学习方法。对于文科题目，“死记硬背”是传统方式。而理科题目，当然可以死记硬背公式和概念，但是解题就不容易了。不过，学生们也开发出一种方法，就是通过“大量做题”识别题型，记住解题技巧，最终达到解题的目的。俗话说熟能生巧，题目做得足够多，以至于“刷题”，把能够找到的题目都做一遍，这样在考试中遇上做过的类似题目或题型的可能性就大。

在培养拔尖创新人才上，一种经常使用的方法是“因材施教”。因材施教通常也是以知识为核心的，表现在对成绩好的学生给予特殊培养，主要体现在“学早一点”“学多一点”“学深一点”。这里仍然是对知识而言的。我在美国大学任教经历中发现，中国留学生往往在硕士和博士头两年的考试中领先全班，因为他们学得早、学得多、学得深。但是在此之后，当到达了知识前沿时，在需要自己探索新知识的时候，中国学生的通常优势就没有了。这似乎同时印证了“因材施教”方法的长处和短处。

这种对知识点掌握的重视不是完全没有意义的。事实上，“知识就是力量”本身是有道理的。知识确实可以转化为生产力，这正是现代社会的特征。在经济增长理论中，人力资本对经济增长有重要作用，而教育就是人力资本的决定性因素。中国的中学生在国际测评 PISA 中表现优秀，以至于近期一些发达国家聘请中国中学教师去教课。大量中国留学生去发达国家大学攻读硕士和博士学位。所有这些都说明中国教育有它的长处。而在一些发达国家（比如美国），在近期被人诟病的教育中的一个问题，正是学生学习的知识不够，这里的知识就是指各种学科的知识。

不过，中国教育的长处和短处可能正好与美国教育的长处和短处相反。虽然我们重视知识，但是我们存在另外的严重问题，那就是我们简单地把教育等同于知识。

教育除了知识之外还有什么呢？爱因斯坦是20世纪最伟大的科学家，同时他对教育也有很多深刻见解。我最常引用的爱因斯坦关于教育的一句话是："大学教育的价值，不在于了解多少事实，而在于训练大脑去思考。"他讲这句话的背景是这样的。1921年，爱因斯坦获得诺贝尔物理学奖后第一次访问美国。当他到达波士顿后，一个记者问他"声音的速度是多少"。他当然知道，但是他拒绝回答。他说你可以在任何一本物理学教科书上找到答案，没有必要记住。随后就讲了上述这句名言。

爱因斯坦这里说的事实就是知识。知识当然重要，但是知识不是教育的全部内容。他在这里提出了有关教育价值的一个新命题，就是教育的价值不在于记住很多知识，而在于训练大脑的思维。这就提出了教育价值超越知识的另一个维度——思维。而恰恰在这个维度上，中国教育是薄弱的。学生的思维发展正是我们教育中的短板。

思维或思考（thinking）通常被称为能力。能力有别于知识，这样便于区分两者。但是在本文中，思维或思考不仅是一种能力，也是一种价值取向。所以，本文不局限于讨论思维能力，因为它包含超越能力的部分。

本文将集中讨论两种重要的思维——批判性思维和创造性思维。批判性思维与创造性思维有交集，但并不完全相同。批判性思维（critical thinking）教育是一个目前在世界范围的大学教育中普遍受到重视的话题，而创造性思维（creative thinking）教育则是一个在关注创新驱动发展的国家内更加受到重视的话题。在大学中，致力于本科通识教育的人更加关注批判性思维教育。在研究型大学、研究机构、企业、政府中，关注创新的人则更加关注创造性思维教育。我的看法是，这两者之间有密切关联，放在一起讨论是有意义的，特别是对于研究型大学而言。

二、批判性思维教育

哈佛大学原校长博克（Derek Bok）在2006年出版《回归大学之道：对美国大学本科教育的反思与展望》。这本书基于他对哈佛大学本科教育的观察和反思，对美国大学本科教育提出诸多批评和改革建议。在我看来，他在书中对美国大学生的批评也同样适用于中国大学生。

根据对哈佛学生的观察并且根据心理学的研究，博克在书中把大学本科生的思维模式分为三个阶段。

第一阶段是“Ignorant Certainty”，即“无知的确定”。这是一个盲目相信的阶段。刚从高中毕业进入大学的新生，往往都处于这个阶段。在中学，学生认为学到的知识是千真万确的，这个确定性来源于学生知识的有限性，因此是一种无知下的确定性。

第二阶段是“Intelligent Confusion”，即“有知的混乱”。这是一个相对主义阶段。学生上了大学之后，接触到各种各样的知识，包括各种对立的学派。虽然学生的知识增加了，但是他们往往感到各种说法似乎都有道理，“公说公有理，婆说婆有理”，而无法判断哪种说法更有道理。这就是一种相对主义。

第三阶段是“Critical Thinking”，即“批判性思维”，这是思维成熟阶段。博克观察到大多数本科生的思维水平都停留在第二阶段，只有少数学生的思维水平能够进入第三阶段。在这个阶段，学生可以在各种不同说法之间，通过分析、取证、推理等方式，做出判断，论说哪一种说法更有说服力。

批判性思维是人的思维发展的高级阶段，它有两个特征①：第一，批判性思维首先善于对通常被接受的结论提出疑问和挑战，而不是无条件地接受专家和权威的结论；第二，批判性思维又是用分析性和建设性的论理方式对疑问和挑战提出解释并做出判断，而不是同样接受不同解释和判断。这两个特征正是分别针对“无知的确定”和“有知的混乱”的，因此批判性思维不同

---

①　钱颖一. 论大学本科教育改革[J]. 清华大学教育研究，2011(1)：1－8.

于这两种思维方式。

在这两个特征中，第一条是会质疑，即提出疑问。能够提出问题并且善于提出问题是批判性思维的起点。据说犹太家庭的孩子放学回到家里，家长不是问“你今天学了什么新知识”，而是问“你今天提了什么新问题”，甚至还要接着问“你提出的问题中有没有老师回答不出来的”。这就是批判性思维的起点。第二条是在提出疑问之后，能够用有说服力的论证和推理给出解释和判断，包括新的、与众不同的解释和判断。把这两个特征结合在一起，批判性思维就是以提出疑问为起点，以获取证据、分析推理为过程，以提出有说服力的解答为结果。在这个意义上，“批判性”（critical）不是“批判”（criticism），因为“批判”总是否定的，而“批判性”则是指审辩式、思辨式的评判，多是建设性的。

从教育的角度来看，批判性思维可以分为两个层次。第一个层次是“能力”，学生应该获取批判性思维的能力（skillsets）。第二个层次是“心智模式”，学生应该获取批判性思维的心智模式（mindsets）。

首先，批判性思维的第一层次是一种能力，有别于知识。批判性思维能力不是指学科知识，而是一种超越学科，或是说适用于所有学科的思维能力，也称为可迁徙能力（transferable skills）。这种能力与形式逻辑和非形式逻辑以及统计推断有关。

批判性思维的能力层次是可训练的。在国内，讲授批判性思维课程教师的学科背景不少是逻辑学。批判性思维的教科书也大多围绕形式逻辑和非形式逻辑展开，也包括统计学内容。①

与此相伴的是，批判性思维能力是可测试的。比如，ETS（美国教育考试

---

① 国内教科书有董毓．批判性思维原理和方法——走向新的认知和实践[M]．北京：高等教育出版社，2010。国外教科书中译本有摩尔，帕克．批判性思维——带你走出思维的误区[M]．北京：机械工业出版社，2012；布朗，基利．学会提问[M]．北京：机械工业出版社，2013。

服务中心）开发的 HEIghten 批判性思维测试题目就是一种测试。① 这套考题与 ETS 的 GRE 考题中的部分内容有类似之处，它们并不是考学科知识本身，而是测试学生的推理、判断能力。

ETS HEIghten 测试题范例中有这样两道题，我们从中可以看到它们是如何测试批判性思维能力的。

题目一：下面是网上论坛中两人的一段对话：

凯特：塞蒂的诗《桉树》比较了桉树周期性脱皮与作者自己生活中的各种经历。这首诗不可能是在 1960 年之前写的。在 1960 年之前，作者从未离开过她的故乡阿拉斯加，那里太冷，不可能有桉树生长。在 1960 年，塞蒂访问了澳大利亚，那里桉树十分普遍。所以，这首诗一定是在她访问澳大利亚期间或以后写的。

米里亚姆：但是塞蒂完全有可能不需要亲自观察到桉树脱皮的过程，也能够了解桉树的这种现象。所以，她有可能在职业生涯中的任何时间写这首诗，她的职业生涯开始于 1960 年之前。

问题：下面的哪种情况最准确地刻画了米里亚姆对凯特的反驳？

（A）他说明了凯特的论据假设了她要试图说明的观点。

（B）他从凯特在论说时提供的证据中推出了相反的结论。

（C）他拒绝了凯特的一个没有说出的假定，从而反驳了凯特的说法。

（D）他对凯特用以支持她的结论的一个论点提出了疑问。

正确答案是 C。这是因为支持凯特推理的一个没有说出的假定是一个人只有亲身访问澳大利亚后才能观察到桉树脱皮这种现象，才能对它有所了解。当然这个假定不一定成立。

题目二：对 Longport 镇居民的调查发现，在过去的 12 个月中，在参加继

① Ou Lydia Liu et al.,"Assessing Critical Thinking in Higher Education: Current State and Directions for Next Generation Assessment", *ETS Research Report Series*, no. 1 (June 2014): 1 – 23.

续教育的人中，修文学课的人数比修艺术课的人数要多。而课程注册的数据显示，注册艺术课的人数超过注册文学课的人数。所以一定是该镇居民中有人修了多门艺术课。

问题：以上的推理取决于下列哪一个假定？

（A）非 Longport 镇的居民中没有很多人注册艺术课。

（B）文学课堂数不多于艺术课堂数。

（C）在过去的 12 个月中，很少 Longport 镇的居民既选了艺术课又选了文学课。

（D）在过去的 12 个月中，多数 Longport 镇的居民选了至少一门艺术课。

正确答案是 A。这是因为在没有太多从 Longport 镇以外来的人注册艺术课的条件下，从 Longport 镇上修文学课的人数比修艺术课的人数多，而注册艺术课的人数超过注册文学课的人数这个事实出发，可以推出一些人修了多门艺术课。

以上两道题目旨在发现隐含的未说出的假定和找出推理成立的必要条件，这些逻辑相关问题都是批判性思维过程中必不可少的环节。这种测试对于提高学生的批判性思维能力有所帮助。但是，这种测试也有问题：因为它是可训练的，所以测试成绩好可能是因为学生会考试。在以往的测试中发现，批判性思维的测试成绩与数学、物理等学科的测试成绩有相关性，就说明了这个问题。

2018 年中国高考全国 II 卷中的作文题，也是一个测试批判性思维能力的题目。

题目：根据以下材料写一篇作文。二战期间，为了加强对战机的防护，英美军方调查了作战后幸存飞机上弹痕的分布，决定哪里弹痕多就加强哪里。然而统计学家沃德力排众议，指出更应该注意弹痕少的部位，因为这些部位受到重创的战机，很难有机会返航，而这部分数据被忽略了。事实证明，沃德是正确的。

这是一个真实的故事。沃德（Abraham Wald）是哥伦比亚大学统计学教授，之前也是经济学教授。他是统计决策理论（statistical decision theory）和序贯分析（sequential analysis）的创始人之一。上面的故事是他在二战期间帮助美军分析的一个例子，它说明了统计分析中的“幸存者偏差”（survival bias）问题。那就是我们只看到了那些能够飞回来的飞机，而看不到那些被击落而没能飞回来的飞机。所以，只是根据“幸存者”的数据做出的判断是不正确的。这是基于统计推断的思维，也是一种批判性思维能力。这种测试题超越传统的知识范围，应该说是有意义的。

批判性思维能力是可训练、可测试的。但是如果认为批判性思维只是这些内容，那就错了。批判性思维除了在能力层次之外还有一个更重要的层次，它是一种思维心态或思维习惯，我们称之为心智模式。这个层次超越能力，是一个价值观或价值取向的层次。批判性思维不仅是一种能力，也是一种价值取向。

如果说批判性思维作为一种能力更多的是关于“如何思考”（how to think），那么批判性思维作为一种思维心态或思维习惯更多的是关于“思考什么”（what to think）和“问为什么”（ask the why question）。批判性思维的这个层次是引导人们有意识地打破思维“禁区”，走出思维“误区”，走进思维“盲区”。有关“how”（如何）方面的问题，多是技术层面，包括形式逻辑、非形式逻辑和统计推断的能力，是可以通过训练获取，也可以通过诸如ETS的考题来测试的。而有关“what”（什么）和“why”（为什么）方面的问题，则很难通过类似的方法学习。但是它也是可学习的，可以通过被感悟、被启发等方式学习。

心理学家德韦克（Carol Dweck）的畅销书《看见成长的自己》（*Mindset: The New Psychology of Success*）描述了两种心智模式——“成长型心智模式”（growth mindsets）和“不变型心智模式”（fixed mindsets）。所谓不变型心智模式就是用固定的、守旧的思维习惯去思考问题。而成长型心智模式就是一种开放式的思维习惯，不断拓宽思维范围，想以前没有想过的问题，问之前没有怀疑过的命题。这就不是“how”（如何）的范畴了，而是进入“what”

（什么）和“why”（为什么）的范畴。

应该说，中国的文化传统和教育传统在训练学生“how”（如何）方面见长。中国学生提出的问题，几乎都是关于“how”（如何）的，但很少是关于“why”（为什么）的。我们往往满足于知其然而不知其所以然的一知半解，但不求甚解。批判性思维除了要求在逻辑上、统计上不犯错误之外，更重要的是要想别人没有想过的问题，问别人没有问过的问题，并且要刨根问底，探究深层次、根本性的原因。在批判性思维教育上，从能力层次入手是自然的，也是需要的。不过，这不是全部。批判性思维教育不仅要提高学生的思维能力，也要塑造学生的价值观和人生态度。

三、创造性思维教育

批判性思维教育是一个普遍的教育问题，而创造性思维教育更多地为研究型大学、科研机构和经济发展到一定阶段的国家所关注。

经过改革开放40年，中国经济已经由高增长进入高质量发展阶段。高质量发展的供给侧要依靠创新驱动，而创新最重要的要素是具有创造力的人才，即创造性人才。中国教育的优势表现在学生整体水平比较高，但是中国教育的弱点是突出人才太少。我曾经用统计学术语刻画这个特征，即“均值高”“方差小”，含义是，学生的平均水平较高，但是其中的拔尖人才较少。①

这个教育特征对经济发展有双重含义：在经济发展初期的模仿追赶阶段，它并不是坏事，甚至是优势，因为比较整齐、平均水平比较高的人力资源有利于在已有技术条件下的执行和管理。但是，在经济发展的创新驱动阶段，缺少突出的、有创造力的人才，对经济发展会很不利。这就是培养创造性人才在今日的中国受到前所未有重视的基本原因。

创新的核心是创造性人才，而创造性人才的核心是人的创造性思维。人

---

① 钱颖一．中国教育问题中的“均值”与“方差”［A］. 大学的改革 · 学校篇［M］. 北京：中信出版社，2016，第27—30页．

的创造性思维是指新的思维、与众不同的思维，它是产生创造力的源泉。创造性思维与批判性思维相关，但不完全相同，因为创造力的核心是“新”，发现新规律，发明新产品，运用新方法，解释或解决新问题。

2005 年，钱学森向温家宝总理提出一个问题，后来被称为“钱学森之问”：为什么我们的学校总是培养不出杰出人才？虽然他当时只是针对科学研究而言，但这个问题可以推广到很多领域。比“钱学森之问”更为一般、更具准确性的问题是：相对于我们的人口规模，相对于我们的经济总量，相对于我们的教育投入，从我们的教育体制中走出来的具有创造力的人才，不是没有，为什么这么少？

中国是世界上人口最多的国家，占全球人口的 1/5，是美国人口的 4.5 倍，日本人口的 11 倍。中国的 GDP 占全球总量的 1/7，是美国 GDP 的 60%，日本 GDP 的 2.5 倍。中国也是世界上在校学生最多的国家。2016 年，中国高等教育在学规模有 3 600 多万，高校在校生 2 700 多万，高校每年录取本科专科学生 700 多万，均为全球第一。相对于这样巨大的人口规模、经济规模和受教育者规模，无论是科学技术成就、人文艺术贡献，还是新产品、新品牌、新商业模式，在中国产生的创新不是没有，但是太少。

近年来，我们也有不小进步。以自然科学研究为例。据《自然》杂志引用的数据，中国发表的研究论文的数量在 2005 年占全球总量的 13%，到 2015 年增加到占全球总量的 20%，仅次于美国。虽然论文数量已居世界第二，但是科学研究的突出成果仍然不多。

日本从 2000 年到 2016 年间，共有 17 人获得诺贝尔自然科学奖，平均每年 1 个。当然，中国按照人均 GDP 的发展水平目前还只相当于日本的 20 世纪 70 年代。不过日本在 1980 年之前已有 3 人获诺贝尔科学奖，80 年代和 90 年代也有 3 人获奖。而中国到目前为止只有 1 人获诺贝尔科学奖，况且中国的人口是日本人口的 11 倍。所以，即使拿我们的现在与日本的 70 年代比，并考虑到我们的人口规模，从诺贝尔科学奖这个指标来看，我们的差距也是明显的。

数学的菲尔兹奖是另一个指标。中国内地至今还没有产生过获得菲尔兹奖的数学家。中国香港、越南、伊朗都产生过获得菲尔兹奖的数学家。我们当然不能以诺贝尔奖或菲尔兹奖为唯一指标，但是它们有标志性。“钱学森之问”是一个值得重视和思考的问题。

值得探讨的问题是，我们缺乏创造性人才的原因是什么？具有创造性思维的人才通常具有哪些要素？我在这里提出一个关于创造性思维的三因素假说：创造性思维由知识、好奇心和想象力、价值取向三个因素决定。

创造性思维的第一个来源是知识。这似乎没有争议。不过，对知识的界定需要更多思考。我们说的知识通常指学科和领域的专业知识。但是，知识也应该包括跨学科知识、跨领域知识、跨界知识，而这些正是我们的薄弱环节。

创造力多产生于学科交叉和融合。《史蒂夫·乔布斯传》的作者艾萨克森（Walter Isaacson）把乔布斯（Steve Jobs）描写为“站在科学与艺术之间”的企业家，是指科学与艺术的跨界。马斯克（Elon Musk）的本科专业是商业管理，同时修物理学第二学位，而物理学对他的创新创业有很大影响，这是科学与商业的跨界。所以，即使是在知识层面，我们也需要改革，要超越狭隘的专业知识的范围，更多地强调跨学科和跨界知识。

所以我对“钱学森之问”的第一个回答是：我们的教育体制中培养的学生缺乏创造力的第一个原因是学生的知识结构有问题。我们的学生过多局限于专业知识，而缺乏跨学科、跨领域、跨界知识，而这些往往是具有创造力的人才的特征。

创造性思维的第二个来源是好奇心和想象力。十几年前，清华大学物理系邀请了四位诺贝尔奖获得者来访。在探讨他们为什么取得科学成就时，清华学生提出的词是基础好、数学好、动手能力强、勤奋、努力等。然而，这四个人的回答是一样的，不是这几个词中的任何一个，而是说好奇心最重要。

爱因斯坦说过，“我没有特殊的才能，我只是激情般地好奇。”他还说过：“想象力比知识更重要。因为知识是局限于我们已经知道和理解的，而想象力覆盖整个世界，包括那些将会知道和理解的。”他在这里讲的好奇心和想象力，是超出知识以外的因素，这正是在我们以知识为中心的教育中不受重视的方面。

知识通常随着受教育时间的增多而增多。经济学家都用劳动者受教育年限来度量“人力资本”，并以此测算它对经济增长的贡献。但是，好奇心和想象力与受教育年限的关系就不像知识与受教育年限的关系那么简单了，而取决于教育环境和教育方法。

我们有理由相信，儿童时期的好奇心和想象力特别强。但是随着受教育时间的增多，好奇心和想象力很有可能递减。这是因为，知识体系都是有框架、有假定的，好奇心和想象力往往会挑战这些假定，批评现有框架。当然，这些批评在绝大多数情况下并不正确，所以会被否定，但是这在客观上就产生了压制和否定好奇心和想象力的效果。难怪爱因斯坦感叹过：“好奇心能够在正规教育中幸存下来，简直就是一个奇迹。”

在我们的应试教育下，情况会更糟。当学生学习的唯一目的是获得好成绩，当教师教书的唯一目标是传授标准答案，那么很可能的结果就是，受教育年限越长，教师和学生越努力，知识点掌握得越多，他们的好奇心和想象力却被扼杀得越系统、越彻底，结果是好奇心和想象力保留得越少。

如果创造性思维是知识与好奇心和想象力的乘积：创造性思维 = 知识 × 好奇心和想象力，那么，随着受教育时间的增加，前者在增加，而后者在减少，作为两者乘积的创造性思维就有可能随着受教育时间的增加先是增加，到了一定程度之后再减少，形成一个倒 U 形状，而非单纯上升的形状，如图 1 所示。

这就形成了创造性人才教育上的一个悖论：更多的教育一方面有助于增加知识而提高创造力，另一方面又因减少好奇心和想象力而减少创造力。这两种力量的合力使得判断教育对创造性人才产生的作用变得不那么确定，但为解释一些辍学大学生很有创造力提供了空间。

如果上述分析正确，那么我对“钱学森之问”的第二个回答是：不是我们的学校培养不出杰出人才，而是我们的学校在增加学生知识的同时，有意

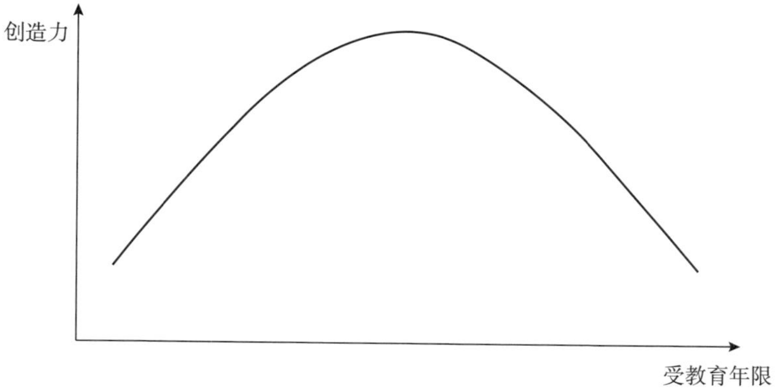

图 1　人的受教育年限与人的创造力之间的倒 U 形曲线关系

无意地减少了创造性人才的必要因素——好奇心和想象力。

创造性思维的第三个来源与价值取向有关，也就是与追求创新的动机和动力有关。当前影响创造性人才培养的一个突出问题是普遍的短期功利主义，具体表现为急功近利、追求短期效果的浮躁心态和浮夸环境。个人和社会都想在创新上有“立竿见影”的效果。各种评价机制多奖励可度量、可量化的成果，但是有创造性和长远的成果往往难度量、难量化。短期功利主义也是创新中的“同质性”和创业中的“羊群效应”的深层次原因。

讲到创新的动机，还是需要引用爱因斯坦的话。爱因斯坦在 100 年前的 1918 年 4 月在柏林物理学会举办的普朗克 60 岁生日庆祝会上有一篇著名的讲话。在这篇题为“探索的动机”的讲话中，爱因斯坦说：在科学的殿堂里有各式各样的人，他们探索科学的动机各不相同。有的是为了智力上的快感，有的是为了纯粹功利的目的，他们对建设科学殿堂有过很大的甚至是主要的贡献。但是科学殿堂的根基是靠另一种人而存在的。他们总想以最适当的方式来画出一幅简化的和易领悟的世界图像，他们每天的努力并非来自深思熟虑的意向或计划，而是直接来自激情。

爱因斯坦说普朗克就是这样的人。爱因斯坦自己也是这样的人。爱因斯坦的信念是“简洁思维”，他相信世界可以被简洁的理论解释，并可以用简洁的公式表述。他说过，“如果你无法简单地解释，就说明你知道得还不够多。”

在他看来，科学研究不是为了智力上的快感，不是为了功利的目的，而是想以最适当的方式来画出一幅简化的和易领悟的世界图像。所以，他的创造性的动力并非来自深思熟虑的意向或计划，而是来自向往“简洁思维”的激情。

乔布斯的创新也是来自一种激情，他的信念是“不同思维”。面对 IBM 这样的大公司在计算机领域的霸主地位，乔布斯相信我要与你不同。长期以来，IBM 的座右铭是其创始人沃森（Thomas Watson）提出的“Think”（思维），这就是 ThinkPad 名称的来源。1997 年，当乔布斯重返苹果时，公司正处于低谷。他为苹果公司精心设计了一个划时代的广告“献给疯狂的人”（To the Crazy Ones）。在展示出包括爱因斯坦、爱迪生、毕加索等杰出人物（“疯狂的人”）之后，广告推出的主题是苹果公司向这些人致意，与他们为伍，并针对 IBM 的“Think”推出苹果公司与这些“疯狂的人”的一个共同理念，就是“Think different”，即“不同思维”。正是这个“不同思维”，成就了苹果公司贡献给世界的一系列革命性的新产品。

一般来说，创新的动机有三个层次，分别代表三种价值取向：短期功利主义、长期功利主义、内在价值的非功利主义，每一个后者都比前者有更高的追求。具体到当前情况，对短期功利主义者而言，创新是为了发论文、申请专利、公司上市，这些能够在短期带来奖励的结果。对长期功利主义者而言，创新是为了填补空白、争国内一流、创世界一流，这些需要长期才能见到成效的结果。而对内在价值的非功利主义者而言，创新是由于一种内在动力，而不是为了个人的回报和社会的奖赏，是为了追求真理、改变世界、让人更幸福。这种内在价值是一种心态，一种永不满足于现状的渴望，一种发自内心、不可抑制的激情。

如果创造性思维是知识、好奇心和想象力、价值取向三者的乘积：创造性思维 = 知识 × 好奇心和想象力 × 价值取向，那么，在这三种价值取向下人的创新动机不同，所产生的创造力也不同，如图 2 所示。

我们的现实情况是，具备第一类动机的人很多，具备第二类动机的人也有，但具备第三类动机的人就寥寥无几了。具备第一类动机的人，虽然也能

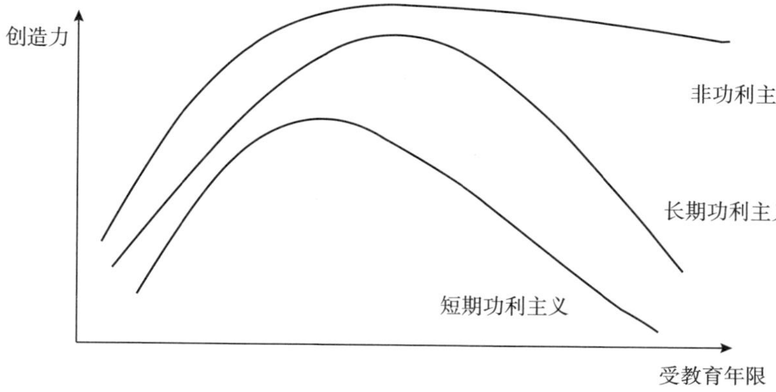

图2　在三种价值取向下人的受教育年限与人的创造力之间的关系

出创新成果，但是不一定有太多创造性，因为太急功近利。具备第二类动机的人比第一类具有更加长远的目标，可以做出创造性贡献，甚至开创性贡献。但是，这还不是创新动机的最高境界。诸如普朗克、爱因斯坦、乔布斯这样的科学家和企业家，他们具有第三类动机，是最高的境界。科学和社会的殿堂中如果没有他们，就不成其为殿堂。

我们之所以缺乏创造性人才，除了知识结构问题和缺乏好奇心和想象力之外，就是在价值取向上太急功近利，太功利主义。急于求成的心态，成王败寇的价值观，导致的是抄袭、复制，而不大可能出现真正的创新，更不可能出现颠覆性创新、革命性创新。

所以我对“钱学森之问”的第三个回答是我们的价值取向出了问题：不仅是学校，而且整个社会都太急功近利。与此形成鲜明对比的另一个极端是科学的发源地古希腊。古希腊哲学和科学的产生是最为纯粹地基于人们对自然现象和社会现象所表现出来的困惑和好奇，以及感受到自己的无知。在古希腊，求知并非为了实用的目的，而是为了摆脱无知，为求知识而求知识。正是古希腊的那种对智慧的纯粹的热爱，那种完全的非功利主义，不追求任何有用的回报的价值取向，才成就了它辉煌的哲学和科学。当然，现代社会的情况不同于古希腊，但是我们仍然可以从历史中受到启发。

第二部分　实践

四、批判性思维教育：清华经管学院本科教育改革九年历程

清华经管学院是清华大学的一个学院，学科覆盖 2 个学科门类下的 4 个一级学科：经济学门类下的理论经济学和应用经济学、管理学门类下的工商管理和管理科学与工程。清华大学每年招收 3 300 名左右本科生，其中经管学院招收 200 名左右，文理兼招。学院本科共有 3 个专业：经济与金融（国际班）、会计学、信息管理与信息系统。按照高考成绩衡量，清华经管学院可以说是集中了全国最优秀的生源。

在 10 年前的 2008—2009 学年，学院针对本科教育改革进行了一年的调研和讨论。清华大学积极支持学院的改革，分管校领导在 2009 年春季学期把经管学院列为全校本科教育改革试点学院，先行尝试本科教育改革。我在 2011 年《清华大学教育研究》上发表的《论大学本科教育改革》一文对清华经管学院当时的本科教育改革思路有系统介绍。

经管学院从 2009 年秋季学期开始在 2009 级本科生中实施新的本科培养方案。这个方案的突出点就是把本科教育从知识层面扩大到能力层面和价值层面。为此，学院提出了“价值塑造、能力培养、知识获取”的“三位一体”的教育理念。① 清华大学在 2014 年提出的教育 40 条中，把这个“三位一体”作为整个清华大学的教育理念。

新的本科培养方案有三项具体改革措施。除了实施作为本科教育基础的通识教育和促进个性发展的三个方向（学术、创业、领导力）的“优秀人才培养计划”两项之外，就是推动批判性思维教育。学院把批判性思维教育作为本科教育改革的重要抓手和通识教育的重要组成，将批判性思维教育贯穿

① 钱颖一. 论大学本科教育改革[J]. 清华大学教育研究，2011(1)：1-8.

于本科教育的全过程。

学院的本科教育改革以批判性思维教育为抓手是有深刻思考的。本科教育既有通识教育与专业教育两个方面，也有通识教育和个性发展两个维度。如何把这两个方面和两个维度结合起来呢？学院的思路是通过批判性思维教育。批判性思维教育是融合通识教育与专业教育的黏合剂，也是连接通识教育与个性发展的桥梁。批判性思维教育具有跨通识教育、专业教育、个性发展的一般性特征。学院把批判性思维教育上升到这样的一个高度来认识。这是一个新认识。

从2009年秋季学期开始到2018年春季学期结束，新的本科培养方案，特别是批判性思维教育，在清华经管学院已经实践9年。在此期间，学院从未停止过总结和反思批判性思维教育的进展情况。2014年春季学期，在新的培养方案实施5年之际，学院总结本科教育改革的阶段性成果，并以“通识教育与个性发展相结合——经济管理本科教育改革的理念与实践”为题申请教育成果奖。该申请在同年秋季学期获得每四年评选一次的国家级教育成果一等奖。在2016年秋季学期，在新的培养方案实施7年之际，学院组织了若干场回顾与反思研讨会。

在2018年春季学期，在批判性思维教育实施9年之际，学院再次进行总结和反思。这期间，我作为清华大学第25次教育研讨会通识教育组联席组长，在讨论会上介绍经管学院的情况，并在学校层面推动批判性思维教育。

在这些总结和反思中，很重要的一次是学院在2016年11月25日组织的批判性思维教育专场研讨会。这次研讨会由学院院长、分管副院长、教学办公室老师、授课教师、学生和校友参加，也邀请了来自大学教务处、教育研究院、新雅书院的老师参加。研讨会对相关课程进行评审，并根据发现的问题提出整改意见。那时正值我的《大学的改革》两卷本出版，所以在这次会上印发了收入其中的我的10次讲话，从2009年8月27日在2009级本科生开学典礼上的讲话中第一次谈到批判性思维教育，到2015年8月20日在2015

级本科生入学导向上的讲话。[①] 在研讨会上，我结合这10次讲话系统梳理了经管学院推动批判性思维教育的思路与历程，在肯定成绩的同时，不回避问题并直面挑战。

在这次研讨会上，学院决定与ETS（美国教育考试服务中心）合作，使用ETS HEIghten批判性思维测试。学院希望通过这个测试来评估各年级学生批判性思维能力在校期间的变化，特别是用来评估一些核心课程的直接影响，包括比较不同授课教师之间的差别。学院分别在2017年9月（秋季学期开始）和2018年1月（秋季学期结束）举行了两次测试。第一次测试共有393人参加，主要覆盖学院大一、大二学生。第二次测试共有151人参加，覆盖学院大二学生。从两次测试的比较中可以看出大二学生在2017年秋季学期学习有关批判性思维课程的效果以及不同授课教师的差别。[②]

学院在推动批判性思维教育方面有两项具体行动，就是重点建设通识教育中的两门课程：中文写作和批判性思维与道德推理。

写作课，这是一门目前在国际高校，包括顶尖学府哈佛大学、普林斯顿大学开设的大一新生必修课。在哈佛大学，英文写作（Expository Writing）是对本科生要求的唯一必修课。按照哈佛的要求，写作课作为通识教育的一个重要内容，是培养学生批判性思维的重要方式之一。这门课旨在训练学生就一个主题正确地提出问题，找到强有力的论据，清晰有效地表达出自己的观点，并能客观评估他人观点的能力，最终培养的是学生的理性思维和书面表达能力。这是从高中阶段的作文写作过渡到大学阶段的论说写作的必要训练。一手研究、文本细读、批判性思维是贯穿其中的教学方式。要达到训练目的，以哈佛大学为例，12人一个小班，一个学期要开设70多个课堂，两个学期方

---

① 钱颖一．大学的改革·学校篇[M]．北京：中信出版社，2016，第21—25、132—147、248—249、422—427页；钱颖一．大学的改革·学院篇[M]．北京：中信出版社，2016，第116—120、121—123、124—126、130、168—175、176—195页．

② 这两次测试的数据正在分析研究中。

可覆盖每年入校的 1 600 名学生。

清华经管学院从 2009 级本科生开始，把 2 学分的中文写作列为一年级必修课，学生可在大一的秋季学期或春季学期修。这是学院把批判性思维教育落地的第一门课程。中文写作课程内容重点是论说文写作，强调写作的说理性，把写作与批判性思维结合起来。写作为什么与批判性思维相关？原因是，写不好往往是因为想不清。同学们发现，中文写作课不单是技术性的写作技巧，而更加是批判性思维的书面呈现。一篇不佳的文章，或者是由于材料搜集不充分，或者是由于逻辑论述不严谨，或者是由于理论应用不恰当。写作的目的是使作者的论说有说服力，最终是要使读者读后信服。

中文写作的授课方式采取课堂讲授、小组讨论和“面批”三种形式。受师资所限，课堂在 30 人左右，与国外大学相比仍然偏大。小组讨论通常是 5 人左右的小组。“面批”环节是老师与学生一对一，老师当面批改学生写的文章并讲解其中的道理。学生写作的主题方向由老师确定，具体内容由学生根据自己兴趣自由选择。实现小班授课，特别是个别指导，是相当花费时间的。仅“面批”一个环节，教师每次与每个学生 30 分钟沟通，如果每学期“面批”两次，仅一个课堂 30 人就需要 30 个小时工作量。

学生对中文写作课有不同程度的认可，取决于教师的授课效果和同学的投入程度。一位 2017 级本科生是某省文科状元，她的高考作文获得 58 分（满分 60 分），她在中文写作课上投入很多，她的期末文章是关于袖子形成中折射出的汉满蒙三族服饰文化的交融。为此她投入很多精力，做了细致的研究，才完成了写作。她感叹道：“高考写作是应试，不是为了探索、为了了解自己，不是自己与天地与古今中外的对话。现在，通过中文写作与中文沟通的学习，学习批判性思维，是一个内省的学习，是对自身的否定之否定，给自己的是一种修养。学到了不同沟通风格没有好坏，而是要认识自己，要将自己风格的发挥与情景进行匹配。无论是从对自己人生审视的角度还是从对自己职业发展的角度，这两门课都是必备的。”

中文写作课在清华经管学院开设至今已经9年。2018年5月17日，在首场“清华名师教学讲坛”上，清华大学校长邱勇宣布，清华大学将在2018级新生中开设写作与沟通必修课程，计划到2020年，该课程将覆盖清华所有本科生。这说明了经管学院坚持9年的中文写作（以及中文沟通课）获得了学校的认可。由学校开设写作与沟通课也将缓解学院聘用相关教师的压力。

批判性思维与道德推理课是学院批判性思维教育落地的第二门课。它从2009级本科生开始成为一门3学分的必修课程，作为必修课它已经连续开设8年。在2011年5月18日，学院邀请了哈佛大学讲授正义课程的桑德尔（Michael Sandel）教授为首次成为必修课的这门课讲了一课。哈佛的正义课是单纯的道德推理课程，而批判性思维与道德推理则把批判性思维与伦理道德结合起来，是考虑到中国学生特点而设计的课程。如果没有批判性思维的基础，对道德相关问题只能做肤浅的判断，无法做有深度的道德推理。开始时这门课安排在大二的春季学期，后来放到大二的秋季学期。从下一学年开始，这门课将放到大二的秋季和春季学期，学生可以选择。这门课程目前有3位教师，平均大约30人一个课堂。除了课堂讲授之外，还有小班讨论，大约15人一个小班。小班讨论由高年级曾经上过该课的学生担任“教员”（teaching fellow），独立讲授辅助材料并组织讨论。担任该课教员的学生普遍反映，担任教员的过程比之前的被动学习收获更大。

批判性思维与道德推理这门课是清华经管学院通识教育课程中最创新，也是同学们评价最高的一门课。在这门课上，同学们学习经典著作，辩论热点问题，从提出疑问到收集证据，从推理论证到考察其他可能的解释。这门课的英文名称是“Critical Thinking and Moral Reasoning”，简称CTMR。经管学院学生的一个口头禅是：你对这个问题CTMR过了吗？意思是你对这个问题是否做过不同的分析思考。CT（计算机断层扫描）和MR（磁共振成像）是两种医疗诊断设备。在清华经管学院，CTMR就是一种思维诊断方法或思维心态。现在，CTMR已经成为清华经管学院的一张名片。

在每年的毕业季，我作为院长都会问经管学院本科毕业生一个问题：四年中经管学院的哪门课对你们影响最大？我听到最多的回答是批判性思维与道德推理。同学们对这门课有很多正面评价。比如，2010 级的一位同学说："有的课能授人以知识，让人具备某种完成特定任务的能力。这种课给人的影响，只是局限在特定的领域。但更有一些课，它能够改变一个人的思维方式，提升一个人的思想能力。这样的课程，对人的影响便是一种全方位的提升。而这门批判性思维与道德推理便是这样一种课。"2012 级的一位同学说："经管学院很培养人的批判性思维，正如很多人说经管上得最有意思和最难忘的课是 CTMR。这课对求职、未来发展看不出什么影响，但对于我却是潜移默化的。它让我对自己身上发生的事情有比较理性的看法：完善权衡各种事情，做出最好的决定。这种思维和决策方式会帮助我在未来走得更顺和更安心。"

批判性思维教育不仅是这两门通识教育课程，还体现在学院的其他课程中。如果说中文写作和批判性思维与道德推理是人文类课程，那么大一必修的新生研讨课和经济学原理这两门课则是社会科学类课程，它们也是批判性思维教育的重要载体。在清华大学，新生研讨课是一门大一学生的选修课。经管学院则把新生研讨课列为大一学生的必修课。每年学院开设 10 多个不同课堂，15 个人左右小班上课，学生根据自己的兴趣选择不同主题的课堂，课程以批判性讨论为主。这是用批判性思维来连接通识教育与个性发展的一个例子。经济学原理课是经管学院的一门共同专业基础课，是用经济学的思维方式来分析经济问题以及更一般性的社会问题的导论课。我从 2002 年秋季学期开始与学院其他教师一起讲授经济学原理课，至今已经 16 年。这门课不用数学公式，特别强调经济学的基本思想和分析方法、对现实的观察以及经济学直觉，也就是有意识地用批判性思维来讲授。这是用批判性思维来融合通识教育与专业教育的一个例子。

批判性思维教育也同样体现在自然科学类课程中。2018 年春季学期，学院在通识教育课程的"物质科学"课程组中新增加了物理学简史，在"生命科学”课程组中新增加了生命科学简史。传统的物理学导论和生命科学导论课的重点是传授知识点，公式和实验细节是知识点的重要内容。知识点是科学发现的结果。但是这两门科学史课程重点介绍重要科学发现的历史脉络，让同学们理解科学发现的过程，而科学发现的过程就是一个批判性思维的过程。比如生命科学简史课中讲免疫，不仅讲了从接种牛痘到发现青霉素的历史过程，还讲了疫苗引发的副作用，副作用引起的疫苗抵制，抵制造成疾病的死灰复燃，以及由此产生的一系列社会问题和伦理道德问题。这其中就不乏批判性思维教育。这是学院在自然科学课程中融入批判性思维教育的尝试。

批判性思维教育还体现在其他教育环节中。举两个例子。学院在 2016 年春季学期邀请《从 0 到 1》的作者蒂尔（Peter Thiel）先生讲授一门选修课“创办新企业”。事实上，他在课中并没有讲创办新企业的细节，而是特别强调“逆向思维”（contrarian thinking）在创办新企业中的重要性。他解释说，“逆向思维”并不是在多数人的想法前面加一个“负号”，而是要想别人没有思考过的维度，要思考别人还没有想到的领域。比如，当别人都在讨论技术问题时，他就要提出商业模式问题；而当别人都在商业模式上纠缠的时候，他更多思考技术的可行性。这正是批判性思维。“逆向思维”可以说是蒂尔的心智模式。他的这种“逆向思维”不仅使他在 2004 年成为 Facebook 的第一个天使投资人，也使他在 2016 年美国大选中成为硅谷唯一支持特朗普的企业家和风险投资人。

另一个例子是我与特斯拉和 SpaceX 创始人、学院顾问委员会委员马斯克于 2015 年 10 月 22 日在清华经管学院的一场对话。马斯克在对话中反复强调“反直觉思维”（counter-intuitive thinking）和物理学“第一性原理”（first principles）对他的影响。他从量子力学中受到启发，在量子层面的物理规律与我们从宏观层面物理学中形成的直觉往往相反，却是正确的，因而悟出“反直觉思维”有意义。他又进一步推崇物理学“第一性原理思维”，就是一种刨根问底、追究最原始假设和最根本性规律的思维习惯，并以此对比人们通常使用的“类比”式思维习惯，在他看来这是一种“走捷径”的思维方式。这就是他的批判性思维。他说这种“反直觉思维”和“第一性原理思维”是他想建造可回收火箭这一想法的起点。

无论是蒂尔的“逆向思维”，还是马斯克的“反直觉思维”和“第一性原理思维”，都是批判性思维，而且更多体现的是批判性思维的第二层次，即批判性思维的“心智模式”。显然，批判性思维的这个层次很难从通常的课程中学到，或用 ETS 的考题来测试。学院所做的是创造条件，邀请像蒂尔和马斯克这样的人来讲课和对话，让学生有机会从中获得感悟，并尝试去调整或改变自己的思维习惯和心智模式。这两个例子还启示我们，批判性思维与创造性思维有着密切关联。蒂尔的“逆向思维”和马斯克的“反直觉思维”和“第一性原理思维”，既是他们的批判性思维，也是他们的创造性思维，由此引发他们的创新创业。所以批判性思维教育与创造性思维教育可以，也应该结合在一起。

五、创意创新创业教育：清华 x-lab 五年探索

在经济管理学科领域，如何培养具有创造力的人才，这是所有经济管理学院（或管理学院和商学院）面临的挑战。在学术人才培养上，经济管理学科与自然科学、其他社会科学、人文学科面临的问题类似，已经有比较成熟的模式。但是，经济管理学院如何在本科和研究生（包括专业硕士）阶段培养在商界具有创造力的人才，并没有现成模式可循。

2011 年 5 月 11 日，借中国 MBA 教育 20 周年之际，清华经管学院召开了一个由国内 200 多所管理学院和商学院院长参加的论坛，探讨管理教育的新方向。我在讲话中提出了三个新方向，即“领导力”、“企业家精神”和“体验式学习”。① 这三条涵盖了两类问题，一类是教什么（what to teach），一类

① 钱颖一．中国 MBA 教育的新征程[A]．大学的改革・学校篇[M]．北京：中信出版社，2016，第 372—379 页．

是如何教（how to teach）。“what”（什么）的问题是指教育内容的变化，我提出从过去的“商”（business）和“管理”（management）向今后的“领导力”（leadership）和“企业家精神”（entrepreneurship）的转变。而“how”（如何）的问题是指教育方法的变化，即从过去的通过课堂讲授学习、案例教学学习，转变到今后的体验式学习、行动中学习。这两个转变的目的都是为了培养在商界具有创造力的人才。

这些年来，这个思路在清华经管学院逐渐变成了教育实践，其中一个标志性举措就是清华 x-lab。经过近两年的筹备，在 2013 年 4 月 25 日清华经管学院联合清华大学十几个院系发起成立清华 x-lab——一个创意创新创业的教育平台。它服务于清华全校的学生、校友、教师，并以学生的创造力教育为中心。

清华 x-lab 从一开始就得到清华大学领导的有力支持。在 2013 年 4 月 25 日清华 x-lab 的启动仪式上，时任清华大学党委书记胡和平到场致辞。在 2014 年 5 月 25 日清华 x-lab 成立一周年暨首届清华大学“校长杯”创新挑战赛举办之际，时任清华大学校长陈吉宁到场点评并为获奖者颁奖。

清华 x-lab 的五年历程是一个探索创意创新创业教育新模式的过程。它打破了传统的商学院和管理学院的教育模式，围绕培养具有创造力的人才精心建设了三个平台：学生的教育平台、团队的培育平台、资源聚集和学科交叉的生态平台。

作为学生的教育平台，清华 x-lab 做了三件事：一是实施面向清华经管学院本科生的“优秀创业人才培养计划”，每年录取 15 人；二是实施面向清华非经管学院本科生管理学第二学位的“创新创业领导力”方向，2018 年有 56 人毕业；三是举办面向清华所有研究生的创新力提升证书项目，自 2015 年 1 月推出后已有 556 人参与。5 年来，共有近 3 万人次清华学生和校友参加了清华 x-lab 组织的各类课程、讲座、训练营和实践活动。

作为团队的培育平台，清华 x-lab 注重体验式学习和早期创新创业团队的组成和培育。清华大学首个由校长冠名的、面向学生和校友的真实创新项目比赛——清华大学“校长杯”创新挑战赛在清华 x-lab 创建之初启动，到

2018 年已经举办到了第五届。5 年来，在清华 x-lab 诞生了一批出众的创新创业团队。截至 2017 年底，共有 1 212 个入驻创新创业团队，其中创办公司的有 494 个，获得融资的有 159 个，融资总额达到 27 亿元人民币。清华 x-lab 培育的创新创业团队还在国内外大赛中多次获奖。

作为资源聚集和学科交叉的生态平台，在清华 x-lab 创办之初，一批清华校友率先成为驻校天使投资人（AiR）和驻校创业导师（EiR）。如今，驻校天使投资人有 32 位，驻校创业导师有 24 位，驻场服务机构从银行扩展到律师事务所、会计师事务所、知识产权事务所等共有 13 家，与清华 x-lab 合作的投资机构有 600 多个。此外，清华 x-lab 还有创新中心与功能服务中心 15 个。这些都是清华 x-lab 利用自身优势搭建的生态平台。

清华 x-lab 旨在培养创意创新创业的人才，它是如何在创造力教育上融入知识、好奇心和想象力、价值取向这三个要素的呢?

第一，在知识方面，积极推动学科交叉和跨界资源整合。清华 x-lab 由经管学院发起，由清华校内 15 个院系共建，包括理学院、环境学院、机械工程系、建筑学院、材料学院、信息科学技术学院、航天航空学院、工程物理系、法学院、公共管理学院、新闻与传播学院、教育学院、医学院、美术学院。这些学院的学科覆盖理科、工科、文科、医科和艺术。

清华 x-lab 引导学生把艺术和科学结合起来，把工程和商业结合起来，把技术和生产结合起来，让学生在掌握专业知识的基础上，学习管理思维、创业思维，以及相关的技能和方法，从而建立复合型知识体系。另外，通过驻校天使投资人和驻校创业导师指导学生的活动，清华 x-lab 创造一种环境，有利于学生的跨界学习。

举一例说明。清华 x-lab 在 2017 年春季学期联合 Facebook 开设 2 学分的全校选修课“创新与创业：硅谷洞察”。在这门课上，Facebook 派出 7 位高管来清华讲课。来自清华 21 个院系的近 200 名学生选修该课，其中本科生占 23%，硕士研究生占 41%，MBA 和 EMBA 学生占 23%，博士研究生占 13%，国际学生占到 1/4，这是清华课程中学生构成最为多元化的一个课堂。这些学生组成了 37 个实践团队，平均每个团队 5 ~6 人。该课责任教师有意识地把不同院系的同学组织到一个团队，使得每个团队都有来自多个院系和学科的学生，从而有利于学生跨学科的交流与合作。比如，在课程最后的团队比赛中获得第一名的是 AiHrt，一个基于人工智能技术的心脏疾病影像智能诊断平台，其团队由来自医学院、经管学院、机械工程学院的学生组成。

第二，在好奇心和想象力方面，从创意入手，保护和激发学生的好奇心和想象力。从 2013 年成立开始，学院给清华 x-lab 的定位就是“三创”而不是“双创”。我们执意从创意入手，并把创意放在创新和创业的前面，就是为了激发学生的好奇心和想象力。2015 年在国家提出“大众创业、万众创新”的“双创”之后，我们没有一窝蜂搞“双创”。因为我们认为，创意是起点，创意取决于好奇心和想象力，在教育领域，创意教育应该优先于创新和创业教育。

学院通过多种途径向学生讲述好奇心的重要性，学院举办的“院长对话”系列就是其中的一个渠道。近年来，这个对话多次邀请海内外知名创业者，我每次在与这些创业者的对话中，都有意识地挖掘他们的求学经历并发现他们的共同思维特质，让学生亲耳聆听创业者的心路历程。在这些对话中，无论是马斯克还是马化腾，无论是今日头条的张一鸣还是红杉资本的沈南鹏，当我追问他们哪些是推动自己创新创业最重要的特质时，他们都不约而同地把好奇心放在了首位。

事实上，这四人的教育背景很不同。马斯克本科学习商业管理和物理学，马化腾本科专业是计算机，张一鸣本科先学习电子工程后来转到软件工程，而沈南鹏本科毕业于数学专业，研究生学习管理。不管学科专业背景，在创新创业中，如同在科学探索中一样，好奇心都是重要源泉。清华 x-lab 学生从这些“院长对话”交流中受到的启迪是：保持好奇心和想象力是创新创业重要的推动力，与专业无关。

第三，在价值取向方面，坚持以育人而不是育项目为中心，在育人方面着眼于长远。短期功利主义在学校的一个反映是急于培育项目和产品，急于看到学生的创业成果。但是清华 x-lab 顶住各种诱惑，坚持把育人放在中心位置。我们不以学生创业为目标，而以培养具有创造力的人才为目标。

学院的本科管理学第二学位项目创新创业领导力方向吸引了清华各院系的优秀学生，其中很多学生并不是为了转专业，也不是为了创业。我们的研究生创新力提升证书项目也是为了提高学生的创造力，而不是为了创业而设计的。参加这些项目的学生在清华 x-lab 学习之后，多数并没有马上创业的打算。也许他们在 10 年、20 年或者更长时间之后想创业或想做不同的事，如果我们今天的教育对那时的他们有所帮助，那就是我们教育的成效。

对学生价值取向的教育来自多个方面。清华经管学院每年借顾问委员会会议之际举行“顾问委员走进课堂”活动。2015 年 10 月 24 日，Facebook 创始人兼 CEO（首席执行官）、学院顾问委员扎克伯格（Mark Zuckerberg）用中文为清华学生上了一课。有趣的是他讲的主题不是“如何创业”，而是“为什么创业”。他结合自己创建 Facebook 的经历，讲述了关于“使命”“用心”“向前看”的三个故事。他说从一开始他就很明确，他的使命不是创建公司，而是使人连接。他鼓励清华学生创新，但告诫同学们在做事之前，一定要先问“为什么去做”。扎克伯格的这堂课对学生的启示是：想清楚“为什么去做”比学会“如何去做”更重要。这就是价值取向的意义，而这正是我们的创新创业教育中最为需要的。

从上可以看出，清华 x-lab 五年探索本身就是一个创意、创新、创业的过程。可以说，清华经管学院是用创业者的心态和激情打造清华 x-lab 这样一个创意创新创业的教育平台。但这只是开始，探索创意创新创业教育的路还很漫长。

六、技术进步的影响和对教育改革的建议

技术进步，特别是人工智能的发展，对人在经济中的作用将产生重要影响。从经济学分析角度看，人工智能既可以帮助人提高生产力——这是互补关系，也可以代替人的工作——这是替代关系。具体是哪种情况，取决于人的工作特点。我的一个基本判断是，人的工作特点与教育有关，在人工智能时代，批判性思维和创造性思维教育比任何时候都更加重要。

虽然我们目前还看不太清楚人工智能的准确影响，但是比较清楚的是，人工智能是通过“机器学习”和“深度学习”，即通过“图像识别”来完成智能化工作的。因此，从逻辑上看，人工智能最有可能替代甚至超越人通过死记硬背、大量做题而获得知识的能力，并且机器在这方面有绝对优势：机器能够学习的知识量超过人，机器的记忆力也超过人。这就是替代作用。苹果公司 CEO 库克（Tim Cook）在 2017 年麻省理工学院毕业典礼上说，“我不担心机器像人，我更担心人像机器”。他就是在警告，人如果像机器一样思考的话，将来就很容易被替代。

人工智能机器的这种学习能力已经初见端倪。有报道说，2017 年 6 月 7 日有两台人工智能机器参加了全国高考的数学考试，满分是 150 分，它们分别得 134 分和 105 分，而且只用了 10 分钟和 22 分钟完成。据说到 2020 年人工智能机器将参加高考的全部科目，不仅是数学。

可是另一方面，人的创造性工作是人工智能还不能取代的。在这方面，人工智能却可以辅助人，帮助人提高效率，这就是互补作用。所以，面对人工智能的快速发展，我们的教育必须要有调整，努力的方向很明确，就是我们教育出来的人要做机器不能做的事，那就是具有创造性的事。

技术进步，特别是人工智能的发展，给我们的教育改革增加了紧迫感。这是因为人工智能更可能替代那些在我们的教育中培养出来的学生的长处，即对已有知识的掌握。我在 2017 年 6 月 9 日举行的国务院参事讲堂首讲中提出了这个警告，受到媒体的关注。一些媒体用了更加醒目的标题来报道我的这个演讲，比如“仅靠死记硬背和大量做题，教育很可能被人工智能拿下”“人工智能将使中国教育优势荡然无存”。虽然这些标题有些夸张，但是它们说明了大众认同这样的观点，就是我们过去的教育优势更容易被人工智能替代。而能够成为与人工智能互补的那些工作，恰恰需要依赖于批判性思维和创造性思维，而这正是我们目前教育的短板。在这个意义上，推动批判性思维与创造性思维教育有其紧迫性。

在这种压力之下，教育改革应该把推动批判性思维与创造性思维教育放在重要位置。针对批判性思维教育，我提出三条改革建议：

第一，要把培养学生的批判性思维能力作为大学教育的必要环节。批判性思维教育首先要体现在重点建设若干门课程上，比如写作、沟通、逻辑、统计、伦理、道德等课程，但也要体现在所有课程和培养环节中。

第二，要把培养学生的批判性思维心态和习惯即心智模式作为更高的教育目标。这就要求不仅要教学生如何思考，更要启发学生思考什么，并鼓励学生为追究深层次原因多问为什么。

第三，批判性思维教育需要宽松和宽容的氛围。大学和社会都要创造有利于学生自由发展、个性发展的空间和条件。要允许学生犯错、失败，允许学生与众不同的发展路径和成长方式。

针对创造性思维教育，我也提出三条改革建议：

第一，要改变学生的知识结构，增加学生跨学科、跨领域知识，并使学生能够融会贯通不同学科和领域的知识。鼓励本科生在第一学位之外学习第二学位，鼓励研究生获得不同学科的双硕士或双博士，鼓励学生融合文、理、工、医、艺。

第二，要有意识地保护学生的好奇心，激发学生的想象力。好奇心是比物质激励和精神激励更强的创新驱动力。要给学生充分的想象空间，不要轻易打击不符合当前规范的“胡思乱想”。

第三，全社会都要克服急功近利的短期功利主义，在价值取向上要有更高追求。不能低估推动创新的内在动力。创新可以驱动经济发展，但不只是为了驱动经济发展，经济发展也不是社会发展的唯一目的。创造力最终使人更自由、更幸福。

推动以上改革的前提是转变教育观念，要从过去以知识为中心的观念转变为重视学生思维发展的观念。批判性思维和创造性思维是人的思维发展的高级阶段，它是人类文明高级阶段的基石。中国要为人类文明做出贡献，批判性思维与创造性思维教育不可或缺。

第二章　学生与校友

改革开放的重要文献，经管学院的宝贵财富

（2016 年 8 月 28 日）

今天我们举行一场有意义的赠书仪式，为每一位新生赠送一套四卷本的《朱镕基讲话实录》。清华经管学院成立于 1984 年，朱镕基担任学院的首任院长，从 1984 年至 2001 年，共 17 年。在此期间，他从 1991 年至 2003 年担任国务院副总理、总理 12 年，是中国经济改革开放发展的主要领导人之一。《朱镕基讲话实录》是他在担任国务院副总理、总理期间重要讲话和文章的实录。中文版在五年前的 2011 年 9 月出版，之后外文出版社与美国布鲁金斯学会出版社联合出版英文版并在全球发行。

《朱镕基讲话实录》是有关中国改革开放的重要文献，更是清华经管学院的宝贵财富。五年前《朱镕基讲话实录》出版之际，朱镕基老院长向清华经管学院师生赠送了 500 套，学院师生为之振奋。今天我们向学院 2016 级 MBA 新生赠送《朱镕基讲话实录》，就是希望你们自进入清华经管学院之时起，就能够认真学习和领会我们学院老院长的经济管理思想和实践，从而深入理解中国经济改革发展的历程，更好地结合国情学习经济管理知识，这对提高学院教学水平具有重要意义。对于外国学生来说，这套书对于了解中国经济发展道路并为在中国从事经济管理工作做准备，都极具意义。无论是对中国学生还是外国学生，这套书都是极好的教材。

这套书中还包括五篇与清华大学，特别是清华经管学院直接相关的文章。这其中就有朱镕基老院长提出的要“办成世界第一流的经管学院”“为人重于

---

* 在清华大学经济管理学院 MBA 开学典礼中《朱镕基讲话实录》赠书仪式上的讲话。

为学”“追求完美”等教诲。我们学院现在把“成为世界一流经济管理学院”作为学院的愿望，把“为人重于为学”和“育人重于育才”作为教育理念，把“追求完美”“追求卓越”作为努力工作和奋斗的激励。

我希望同学们从《朱镕基讲话实录》这套书中获得在清华经管学院学习的方向和鞭策。

科学、创新与投资*

（2016 年 9 月 22 日）

今天晚上由清华 x-lab 组织一场讲座，邀请到斯坦福大学教授张首晟先生。上个月我在硅谷访问期间见到张教授，当时就邀请他下次来清华时，到经管学院、到清华 x-lab 来，与同学们分享他的思考与经历。

张教授早年就读复旦大学，后来在欧洲的大学获得本科学位，在美国的大学获得博士学位，师从杨振宁先生。张教授目前是斯坦福大学物理系、电子工程系和应用物理系终身教授、美国国家科学院院士、美国艺术与科学学院院士、中国科学院外籍院士。他是当今世界上顶尖的物理学家，主要研究领域是凝聚态物理，重点是拓扑绝缘体。他在高温超导、量子霍尔效应、自旋电子学、强关联电子系统等研究方向上取得突破性成果。

张教授因对量子自旋霍尔效应和拓扑绝缘体的开创性研究，于 2010 年获得欧洲物理奖（Europhysics Prize）；2012 年获美国物理学会巴克利奖（Oliver Buckley）；2012 年荣获联合国教科文组织下属的国际理论物理学中心狄拉克奖（Dirac Medal and Prize）；2013 年获物理前沿奖（Physics Frontier Prize），并与著名物理学家霍金一起登台领奖；2014 年荣获富兰克林奖（Benjamin Franklin Medal）：该奖历届得主有科学巨人如爱因斯坦、居里夫人、霍金、杨振宁等 116 位诺奖得主，还有发明大师爱迪生、特斯拉、贝尔、莱特等。顺便说，本周公布的首次中国未来科学大奖的物质科学大奖获得者、清华教授薛其坤的获奖工作，就是基于张教授的前期研究。

除了科学研究，张教授近年来涉足创新和投资。2013 年，张首晟教授创

* 在斯坦福大学物理学教授张首晟讲座上的开场介绍词。

办了丹华资本，专注于投资在美国，特别是与斯坦福大学教授相关联的具有颠覆性的创新科技和商业模式，并且努力推进中美两国的科技交流。以前沿物理学的高度，以北京中关村和美国硅谷的地域优势，以及中美大学教师、学生和校友的人脉关系，丹华资本不仅投资，而且培养年青一代的创业者。我在访问丹华资本期间就遇到若干位来自中国大陆，目前在美国一流大学就读的本科生、研究生在那里实习。张教授也愿意为清华 x-lab 的学生提供到位于斯坦福大学附近的丹华资本进行实习的机会。

这次讲座由清华 x-lab 举办。清华 x-lab 是由清华 14 个院系合作共建，致力于创意、创新和创业的教育平台，特别关注探索未知、学科交叉、体验式学习和团队合作。我们希望越来越多的清华学子能够掌握创新的思维和方法，不管是否走上创业的道路，创意和创新的意识应该始终深植于每个人的头脑中，这对一个人未来的职业发展和人生道路的选择都有深刻的影响。

完善学院东南亚校友会

（2016 年 10 月 25 日）

感谢大家齐聚东京，共同见证清华经管学院日本校友会的成立。两天后，我们将在韩国首尔成立清华经管学院韩国校友会。日本和韩国两个校友会的成立，标志着清华经管学院在东亚地区校友组织的完善。

日本校友会是清华经管学院校友会的一部分。截至目前，清华经管学院已经按照教学项目成立了六个校友会，按照时间先后分别是 MBA 校友会、EMBA 校友会、博士校友会、本科校友会、硕士校友会和高管教育校友会，覆盖了学院所有学位和非学位教学项目。学院还在国内和海外按照地区成立校友会。今天成立的日本校友会是继 2013 年 5 月成立香港校友会、2014 年 11 月成立东南亚校友会、2015 年 4 月成立北美校友会、2015 年 11 月成立欧洲校友会之后，学院在东亚地区成立的校友会，这标志着清华经管学院校友会的海外组织建设已经覆盖到东亚地区。

清华经管学院建院 32 年来，学院学位项目校友超过 27 000 人，非学位项目校友超过 7 万人。这些校友是活跃在各行各业的精英，其中一些校友或在日本生活工作，或投资经营，或考察访问。他们希望借助学院平台联络校友、发展事业，同时也帮助学院在日本发展。校友的需求和学院全球战略的结合，是促成学院日本校友会成立的动因。

日本校友会的筹办经过了近半年的时间，清华经管学院的中日校友们共同参与了筹备工作。我在此要特别感谢辛勤筹备本次成立大会的各位校友以及参与大量筹备工作的秘书处成员。同时，我代表学院感谢专程赶来东京祝

---

* 在清华大学经济管理学院日本校友会成立仪式上的讲话。

贺的包括8位海内外校友会会长、秘书长在内共计60多位清华校友，感谢你们齐心协力为学院校友会做出的突出贡献。

今天前来参会的除了清华经管学院的校友代表，还有常驻日本的清华大学各院系的校友代表 、日本各界嘉宾友人，我们对他们的到来表示热烈欢迎。我们还要特别感谢中国驻日本国大使馆郭燕公使代表程永华大使出席大会并致辞。

我在此要特别介绍我们学院顾问委员会委员出井伸之先生。他在四天前刚刚在清华参加了学院顾问委员会会议，今天专程到会并致辞。出井伸之先生是Quantum Leaps公司创始人兼CEO、索尼集团原董事长兼CEO。出井伸之先生是著名的日本企业家，是学院顾问委员会在2000年成立时的创始委员。多年来，出井伸之先生不仅为清华经管学院的发展，而且为中日友谊做出了卓越贡献。我们对出井伸之先生前来参加学院日本校友会的成立深感荣耀。

国有企业管理培训的新阶段

（2016 年 11 月 14 日）

首先我代表清华大学经济管理学院对“中央企业领导人员经营管理培训班”的开学表示诚挚的祝贺！对各位中央企业领导人员来到清华经管学院学习表示热烈的欢迎！

本次培训班共有 59 位同学，平均年龄 47 岁，80% 以上拥有硕士以上学位，其中 10 位拥有博士学位。此次培训是具体落实中共中央组织部、财政部和教育部 2016 年 9 月 30 日联合印发的《关于进一步规范和加强中央企业中长期经营管理培训工作的通知》文件精神，由中共中央组织部和国务院国有资产监督管理委员会统一调训和精心组织、委托清华大学经济管理学院举办的首期针对中央企业领导人员开展的、非学历学位教育中长期经营管理培训（Executive Management Training，简称 EMT）。这个培训班的举办对国有企业经营管理培训方面具有权威示范作用，意义深远。

清华经管学院作为第一家（目前也是唯一一家）承办 EMT 项目的单位，任务光荣而艰巨，责任重大。从国务院稽查特派员到中央企业监事会主席、董事会成员培训，20 年来清华经管学院多次为国家承担对中央企业领导人员培训的重要任务。首次 EMT 培训班的举办，开启了清华经管学院服务国有企业改革发展的新篇章，必将进一步加深清华经管学院与中组部、国资委的长期、密切的联系与合作，共同为中央企业的经营管理进步和管理骨干队伍建设做出更大贡献。

清华经管学院高管教育培训有着一段非常精彩的历史。16 年前的 2000 年

---

* 在清华大学经济管理学院举办的“中央企业领导人员经营管理培训班”首期班开班仪式上的讲话。

10 月，清华经管学院顾问委员会在时任院长朱镕基的大力推动下成立。顾问委员会自成立之日起，为学院发展提供战略规划建议，他们提出的第一个重要建议，就是推动学院开展高管培训。在顾问委员会的积极推动下，学院于 2001 年 12 月成立了高层管理人员培训中心，今年正式更名为高管教育中心。而这次的 EMT 项目，也与顾问委员会有着直接的关系。在一年前举行的第 16 次学院顾问委员会会议上，顾问委员对国企高管培训给予了极大关注，并提出积极的建议。国家领导人对这一建议高度重视，有关部门及时出台了相关政策，今天就是落实这些政策的开始。

清华经管学院高度重视此次培训工作，为本培训班精心安排了最优秀的教授团队，由清华经管学院创新创业与战略系教授、清华大学公司治理研究中心主任宁向东担任该项培训的责任教授，全面负责课程设计和教师安排。课程设计突出问题导向，紧密结合中央企业发展的重点任务和难点问题，包含六大教学模块，即政治理论、党性教育、政策法规、产业经济、管理理论与实践、领导力建设等。培训项目采用课堂讲授、案例讨论、问题研讨、情境体验和实战模拟等相结合的教学方式，围绕核心课程，辅以实践学习模块，这些内容为同学们创造了一个难得的契机，使同学们有机会立足中国，放眼全球，拓展思维，更新理念，成为具有全球视野，具备解决复杂问题能力的、更加优秀的领军人才和国家栋梁。

本次培训工作受到了清华大学领导的高度重视，学校主要领导为办好此次培训班做出指示。在时间紧、任务重的情况下，学校组织部、教培处以及相关教学、后勤部门，积极安排协调住宿，保障了办学所需的各种资源，对此我们深表感谢。

参加此次培训的同学都是长期在中央企业担任重要职务的各行业优秀领导人员，肩负着带领中央企业创新发展、提升竞争力的重要责任。我希望各位同学在清华的学习期间积极与教授们展开思想的交流和思维的碰撞，在课堂上分享你们在管理实践中的真知灼见，做到教学相长。

最后，希望同学们能够在未来两个月的学习中，学有所获，同时享受愉快的清华校园生活。

来自硅谷的课程

（2016 年 12 月 14 日）

今天，我们在这里宣布清华经管学院与 Facebook 的一项重要合作，即“创新与创业：硅谷洞察”这门新的学分课程的正式启动。

在过去的几个月里，Facebook 和清华 x-lab 的团队共同努力推进这门课程的开设，在座的各位非常出色地完成了这项工作。我想借此机会向你们表示衷心的感谢!

两年前，2014 年 10 月 22 日，Facebook 创始人兼 CEO 马克·扎克伯格（Mark Zuckerberg）第一次来到清华。那年，他加入了学院的顾问委员会，成为该委员会最年轻的委员。他如此之年轻，岁数只比经管学院大五天。那天扎克伯格还全程用中文参加了“顾问委员走进清华经管课堂”，这让同学们兴奋不已。

2015 年 6 月 27 日，Facebook 首席运营官谢丽尔·桑德伯格（Sheryl Sandberg）在学院 2015 年毕业典礼上发表了鼓舞人心的毕业演讲。她说：“在 Facebook，我们的墙上贴着海报，时刻提醒我们要有远大目标——要挑战自己，每一天要做得更多更好。”其中一张海报上写着“命运青睐勇者”（Fortune Favors the Bold）。她把这张海报作为礼物送给了我。

在此之后的 2015 年 10 月 24 日，扎克伯格再次来到学院并用中文做了一场半小时的有关创业的演讲。他并没有谈论如何创办企业，而是谈了为什么要创办企业。“使命”、“用心”和“向前看”是他在这次演讲中讲到的三个关键词。这场演讲通过互联网进行了现场直播，讲座视频随后就迅速传播开来。

---

* 在《创新与创业：硅谷洞察》课程启动仪式上的致辞。译自英文。

接下来就到了今天，我们宣布清华 x-lab 和 Facebook 将在 2017 年春季学期联合推出这一新课程，并向所有清华学生开放。来自学院创新创业与战略系的李纪珍老师担任这门课程的责任教师。成功修完本课程的学生将获得 2 个学分。

清华 x-lab 是这门课程与 Facebook 的完美合作伙伴。2013 年 4 月，清华 x-lab 由清华经管学院发起创立，并与清华大学的其他 13 个院系合作。清华 x-lab 在国家鼓励“双创”之前就成立了，可以说我们在思考和行动上都走在了时代的前面。清华 x-lab 不是孵化器，而是一个培养创意创新创业人才的教育平台，面向所有清华的在校生、校友和教师。

在过去的三年半时间里，清华 x-lab 开发了“三位一体”教育平台、团队建设平台以及生态系统平台，实现资源整合和跨学科活动。到目前为止，清华 x-lab 已经有 960 多个团队进驻，其中约 400 个团队注册成立了公司，121 个团队获得了总额超过 11 亿元（约合 1.65 亿美元）的投资。

清华 x-lab 和 Facebook 共同开设的“创新与创业：硅谷洞察”这一新课程是独一无二的。它结合了嘉宾演讲、学术研讨环节和团队项目展示。来自 Facebook 和本土创业企业的嘉宾以及清华经管学院的教师将向清华学生展示硅谷和中国在科技领域的最新发展。课程将鼓励清华学生以全球视角思考未来。通过亲自投入实践项目——这是体验式学习的一种方式——学生将了解硅谷的最新实践，并与团队合作制订他们的商业计划。在 Facebook 和本地导师的指导下，学生将完成课程的最终演示和项目示范。优胜者会获得惊喜大奖。

我很高兴看到这一切的到来。今年春天和夏天我在硅谷的 Facebook 园区与沃恩·史密斯（Vaughan Smith）及其团队就课程的设计和授课方式进行了多次讨论。我想借此机会感谢沃恩及其同事为这次合作所做的巨大努力。该课程的推出标志着 Facebook 和清华经管学院合作关系的新里程碑。我相信，会有来自各学科的诸多清华学生报名学习本课程。这其实也正是本课程要实现的目标：所有专业的学生都可以成为创新者和企业家，只要他们愿意并报名参加本课程。

清华控股案例探讨

（2016 年 12 月 14 日）

今天晚上，清华经管学院中国工商管理案例中心在这里主办清华案例论坛，我们荣幸地邀请到清华控股有限公司董事长徐井宏先生作为论坛嘉宾发表演讲。我和大家一样期待着徐井宏先生的精彩演讲，徐董事长演讲后还会和经管学院郑晓明、李东红两位老师展开对话，并且和各位参会者就大家感兴趣的话题进行互动。

徐井宏先生出生于黑龙江省一座县城，父亲年轻时被划成右派和三年困难时期带给其众口之家的磨难锻造了徐井宏坚毅的性格，而父母兄姊给予的无尽温暖又培育了他宽厚乐观的胸怀。他于 1980 年考入清华大学，并分别于 1985 年和 1988 年在机械系本科和硕士毕业，之后留校，在清华担任过团委副书记、校长办公室副主任、行政处处长、副总务长、校长助理等职务。1999 年他开始进入清华校办产业领域，参与筹建清华科技园建设股份有限公司，并担任清华科技园发展中心执行主任；2000 年担任清华科技园建设股份有限公司（2004 年更名为启迪控股股份有限公司）首任总裁；2002 年在紫光股份发生亏损后临危受命担任紫光股份总裁，又于 2003—2012 年担任紫光股份董事长，他曾经带领紫光股份在 8 个月内实现扭亏为盈。徐井宏先生目前还担任 APEC 亚太经合组织中国工商理事会理事、中关村大学科技园联盟理事长、中关村国家自主创新示范区顾问委员会副主任委员和 AAMA 亚杰商会副会长等职务。

清华控股有限公司是清华产业的旗舰，旗下拥有大家熟悉的同方、紫光、启迪、诚志四大综合产业集团以及清控人居、清控出版传媒、博奥生物、清控

* 在清华案例论坛徐井宏演讲前的讲话。

金融、清控核能、慕华教育等专业性集团，培育出同方威视、辰安科技、同方知网、清控科创、华海清科等一批各领域声名卓著的企业。2012 年在清华控股处于发展瓶颈的时刻，徐井宏先生被任命为清华控股第三任董事长。他在集团内启动了一系列战略变革，用四年时间带领清华控股从资产总额 600 多亿元发展到 3 000 多亿元，目前正向着产学研一体化世界级标杆的万亿元愿景迈进。

今年年初我去徐井宏办公室拜访，听他讲述了清华控股发展变化的历程，受到很大震撼。当时我就向经管学院案例中心推荐开发这个案例。在我建议下，案例中心历经几个月开发完成“清华控股的战略变革与发展”案例，并正在开发其他有关清华控股的系列案例。今天我们将聆听徐董事长亲自描述清华控股发展的深厚足迹与前进方向。

我借此机会简单介绍一下清华经管学院中国工商管理案例中心。在工商管理领域采用案例教学始发于半个多世纪前的哈佛商学院。清华经管学院中国工商管理案例中心建立于 1999 年，属于国内首批“985”计划项目，是国内管理案例开发研究领域的排头兵。经过十几年的发展，特别是近些年参照哈佛商学院的规范化建设，已经累计开发近 600 篇中国企业案例，每年新增 60 余篇，涉及企业战略管理、市场营销管理、人力资源与组织行为、财务管理、金融管理、运营管理、创业管理、综合管理、宏观经济等企业管理的全学科领域。目前国内有近千所高校和商学院注册使用清华案例，一些著名企业也在使用清华案例。清华还有近 50 篇案例收录到哈佛商学院、加拿大毅伟商学院、欧洲案例中心、英国 SAGE 出版集团等国际顶尖案例出版机构向全球推广使用。

清华案例论坛是清华经管学院的主要品牌论坛之一。这个论坛不定期邀请国内著名企业家以案例主人公身份来清华和师生分享他们艰苦创业和经营管理的经验，展望企业发展的前景与挑战。在清华控股和清华产业正在创造新辉煌的时刻，在举国上下创新创业浪潮日益沸腾的形势下，我们邀请清华自己的产业掌门人徐井宏先生来论坛演讲，使大家对清华科技、清华产业发展和管理有更多更深刻的了解。这是一个极好的学习机会。

国有企业管理培训的新探索*

（2017 年 1 月 13 日）

经过整整两个月的学习，今天，首期“中央企业领导人员经营管理培训班”（简称 EMT）结业。

在开班仪式上，我向同学们特别介绍过，首期 EMT 培训班承载着非常特殊的意义和使命，不仅是落实中组部、财政部和教育部2016 年9 月30 日联合印发的《关于进一步规范和加强中央企业中长期经营管理培训工作的通知》文件精神的一项重要举措，而且是国有企业经营管理培训方面具有示范作用的一次重要探索，同时也是助力各位同学在央企领导岗位上承担更大责任的一次重要经历。今天，我可以非常欣慰地说，在大家的共同努力下，首期 EMT 培训班非常成功，取得了非常好的效果。清华经管学院再次出色地完成了对中央企业领导人员进行培训的重任，没有辜负各级领导的重托，也没有辜负各位同学的期望。

总结下来，首期 EMT 班形成了四大突出特色：科学丰富的六模块课程体系，顶级权威的多元化师资队伍，严谨创新的专业化教学管理，深入跨界的多层次交流平台。按照六大教学模块的课程计划，EMT 班共有 35 位教师参与授课，5 位教授进行论文指导与评审。这些教师都是在各自领域耕耘十余年甚至数十年的顶级学者、教授和专家，他们围绕中央企业改革发展和创新转型方面的难点与热点问题，分享了最具前瞻性、专业性和实践性的研究与思考，对同学们有极大的启发和指导，也获得了历年来教学评估的最高分。同时，

* 在清华大学经济管理学院举办的“中央企业领导人员经营管理培训班”首期班结业仪式上的讲话。

在教学管理团队与班委会的精心组织下，在同学们的热情参与下，培训班还积极创新了教学方式和学习模式，将课堂讲授、案例讨论、问题研讨、情境体验、学员讲坛、跨行业交流和实战模拟、清华探究等多种方式整合在两个月的学习过程中，开展了24次晨间分享、4次学员讲坛、3次学员企业实践学习、2个清华国家级实验室考察，还组织了3次生日会，以及丰富多彩的班级文体活动，实现了中央企业之间跨行业、跨企业、跨职能的深度交流和相互学习，加深了对中央企业在全球竞争、行业发展和企业管理中的趋势、方向和困难的了解与体会，也培养了中央企业领导人员的相互理解和合作情谊。

这次为期两个月的脱产培训班，学习时间长、任务重、强度大，尤其培训班正值年终企业工作极为忙碌的时期，同学们面临着工作和学习的双重压力和挑战，十分辛苦。可贵的是，同学们十分珍惜难得的机会，学习期间始终保持着饱满的热情和旺盛的精力，充分展现了中央企业领导人员勤学善思、求真笃行的学习风貌，给老师们留下了非常深刻的印象。同时，同学们也为我们办好EMT培训班提出了很多建设性的意见和建议，清华经管学院将与中组部、国资委一起，认真总结这次培训的经验和不足，进一步深入了解中央企业领导人员的需求，优化课程设计和教学，将EMT真正打造成中央企业经营管理培训的品牌项目，切实帮助国有企业打造一大批栋梁之材。

在学习期间，清华大学党委书记陈旭、中组部干教局石局长与部分同学座谈，听取同学们的学习体会和对更好地举办EMT培训班的建议。座谈会气氛热烈，内容丰富，给参会者留下深刻印象。

从今天起，同学们就都成为清华经管学院的校友，清华大学也就是同学们的母校。学院希望与你们保持密切联系，欢迎你们随时回到学院来。

一个关于梦想和责任的故事

（2017 年 4 月 11 日）

今天，我们非常荣幸地邀请到星巴克咖啡公司董事会执行主席霍华德·舒尔茨（Howard Schultz）先生来到清华大学经济管理学院。我非常荣幸地向大家介绍舒尔茨先生。

1981 年，也就是 36 年前，霍华德第一次走进位于西雅图派克市场（Pike Place Market）的星巴克。他的梦想是把意大利咖啡馆的传统引入美国，为人们创造一个能够流畅沟通、联系感情并拥有一种类似社区氛围的咖啡馆——一个除了工作场所和家庭之外的“第三空间”。如今，星巴克已经成为世界上领先的优质咖啡品牌，在全球 75 个国家拥有超过 25 000 家分店。

从一开始，霍华德就坚持打造一个与众不同的公司。他创立了两个项目，一是为包括全职和兼职在内的所有员工提供医疗保险，这在零售业中实属创举；二是推出面向公司员工的股票期权方案——“咖啡豆股票”（Bean Stock），这是对人的早期投资，让他们能够分享星巴克的成功。

霍华德还开创了“星巴克大学学业成就计划”，为雇员创造新的受教育机会。霍华德和他的妻子雪莉共同创立了舒尔茨家庭基金会。

他是畅销书《为了国家之爱》（*For Love of Country*，2014 年）、《一路向前》（*Onward*，2011 年）和《将心注入》（*Pour Your Heart Into It*，1997 年）的作者。

霍华德是美国《财富》杂志 2011 年商业年度人物，表彰他为公司带来的创纪录的财务回报并创造了众多工作机会。他还入选美国《时代》杂志评选

---

* 在星巴克咖啡公司董事会执行主席霍华德·舒尔茨演讲前的致辞。译自英文。

的全球最具影响的“时代200”人士。

今天，霍华德演讲的主题是“一个关于梦想和责任的故事”。从一开始，星巴克的使命就是激发并孕育人文精神——从每一个人，每一杯咖啡，每一个社区做起。霍华德的热情、领导力以及他在加强社区建设方面所做的努力得到了广泛的认可。他对社会变化的关注并没有减慢公司的发展速度。自2008年霍华德再次担任CEO以来，星巴克的股价在经历了8年停滞之后已经上涨了几倍。我们深深地期待从领导星巴克的人那里学习星巴克背后令人惊奇的成功故事。

从大学看未来

（2017 年 4 月 26 日）

今天我很高兴在这里共同见证清华与腾讯、清华大学经济管理学院与青腾大学合作创办“清华—青腾未来科技学堂”的启动。清华和腾讯都有着强烈的创新意识和独特的创新基因，一个拥有雄厚师资和科研平台，一个拥有业界资源和创新经验，二者携手合作，将最大限度地发挥大学与企业两方面的资源优化配置，且启动仪式又选在深圳，这个目前中国最具有创新活力的城市，因此我们有理由期待，“未来科技学堂”是在大学教育领域的一个创新举措，从这里将培养出新型的科技与商业人才，孵化出泛科技领域的领先创业企业，包括独角兽。

刚才马化腾董事长从创业讲到了大学，为这个学堂做了最好的启动演讲。18 年前，化腾与他的伙伴们创立腾讯，走上创业之路。今天，腾讯开启未来科技学堂，走向未来。我想接着化腾刚才讲的从创业到大学，讲一讲从“大学看未来”。

这个话题让我想到一个人说过这么一句话，曾经给我留下深刻的印象：“一所大学的精髓所在，是它要特别对过去和未来负责，而不单单或者仅仅是对现在负责”。说这句话的人是现任哈佛大学校长福斯特（Drew Faust），她是哈佛有史以来第一位女校长，到今年担任校长十年。这句话的英文原文是：“The essence of a university is that it is uniquely accountable to the past and to the future —not simply or even primarily to the present.”

这句话饱含了对大学的一种深刻理解。世界上几乎所有其他机构——企

---

* 在深圳举行的“清华—青腾未来科技学堂”启动仪式上的讲话。

业、政府、军队——都是对现在负责的，只有大学例外。我对“大学对过去负责”的理解是，大学是以往知识积累和沉淀的地方，也是以往知识传授的地方，大学具有文明传承的使命。我对“大学对未来负责”的理解是，大学更是塑造未来世界，包括物质世界和精神世界的地方。

今天我想从三个角度来讲从大学看未来，也就是讲大学如何对未来负责：一是大学创造未来科技，二是大学培养未来人才，三是大学推动未来文明。

第一，大学创造未来科技。现代社会与之前人类历史的最大不同，就是现代科技的诞生。正是由于现代的科学技术，才有了经济的高速发展，才有了人均收入的持续增长，这是人类历史上进入现代阶段的根本原因。没有科技，人类就永远只能停留在简单维持生存的低水平上。

迄今为止，影响人类生活方式的重大科学成果大多诞生于大学，而许多新技术也都源于在大学里的基础研究。基础研究是一切科学活动的基础，是实现由科学发现到科学技术发明转化的重要环节，也是实现由科学技术到生产力转化的基础。自 1901 年颁发诺贝尔奖，这一基础科学中的最高奖，绝大多数获奖人的研究成果都是在大学中完成的，就是一个明证。所以大学是产生未来科技的重要场所。

不仅如此。大学还孕育了周边的高新技术区域，成为科技转化为生产力的重要桥梁。著名的有美国斯坦福大学周边的硅谷地区，哈佛大学和麻省理工学院周边的波士顿地区，英国剑桥大学周边的剑桥地区。在中国，在北京中关村地区高新技术产业迅速崛起的过程中，清华和北大也起着基础性的作用。

当前，人类正在经历新一轮世界范围的科技革命、产业变革，大学必将发挥它在科技创新中的基础性作用。美国的研究型大学在二战后遥遥领先，在全球前 20 所大学中有 15 所，占到 3/4。创建“世界一流大学”几乎成为全球各国，无论是发达国家，还是发展中国家的共同目标。欧洲大陆是大学的发源地，曾经独占鳌头。现在欧洲各国也都制定了战略，比如德国就在 10 年前出台了“优秀大学计划”，重点建设若干所大学。亚洲各国更加令人瞩目，包括中东的一些国家，都在建设以科技研究为主的大学。比如中国的香港科技大学，成立仅仅20多年，已经取得了不凡的成绩。

中国在过去“211”“985”计划的基础上，最近又提出了创“双一流”，也就是建设世界一流大学和世界一流学科的目标，这其中科技创新是主要内容。清华大学是国内标志性的研究型大学。根据最近的一项统计，在被引用论文的高校排名中，清华以1 373篇连续位居全国高校之首。可以想象，背靠拥有众多优秀科技成果的清华大学，未来科技学堂大有可为。

第二，大学培养未来人才。大学是培养未来人才，特别是未来高端人才的地方。

中国经济进入“新常态”的重要特征是经济增速的下降，这是表面现象。这背后的一个重要原因是人口结构的变化。我国劳动力占人口的比例，从2011年起逐年下降；劳动力的绝对数量，也从2012年起逐年下降。与此同时，劳动力价格呈现较快速的增长。过去这些年，工资的增长速度都高于GDP的增长速度，反映了劳动力供给和需求的变化。这些都是“人口红利”下降的证据。

中国的经济转型，从根本上说将是从“人口红利”向“人才红利”的转变，这既是必然，也是机会。“人才红利”是创新驱动发展的动力，是中国经济转型的推手。

40年前的1977年，中国恢复了中断12年的“高考”。我自己正是那一年在插队的农村通过参加高考，成为清华大学的一名本科生。1977年那一年，全国高校只录取了27万名大学生，录取率不到5%。近年来，中国高校每年录取本科专科学生700多万，中国高校在校生有2 700万，高等教育在学规模3 600万，这些数字都已经是全球第一。中国高校的毛入学率已经达到40%，在同等收入国家中是较高的。

这些学生都是潜在的未来人才。把潜在的人才变为真正的人才，是大学的责任。从潜在的人才数量看，我们有巨大的优势。但是，我们还要在提高人才质量上下功夫，数量和质量结合起来，决定“人才红利”的具体程度。

所以教育是关键。中国的高校担负着培养未来人才的重任。

大学培养未来人才、科技人才当然重要，但并不是唯一人才。人才是各种各样的。我们要破除以为只有学历高、学问深才是人才的习惯思维。事实上，我们既需要中国的爱因斯坦，也需要中国的乔布斯、马斯克，同时，还需要更多的马化腾。乔布斯站在科学与艺术之间，马斯克把物理学与商学结合，马化腾把计算机互联网与通信连接，这些都告诉我们，需要打破传统的学科界限。“跨界”人才是未来人才的通关密码。“跨界”也将是“未来科技学堂”中重要的人才培养方式。

这对我们商学院培养未来人才提出了新的要求。跨界是多维度的：科学与艺术可以跨界，科技与商业可以跨界，产业与金融可以跨界，信息与生物也可以跨界。跨界没有限制，只有没有想到。未来的人才，很有可能更多地在“跨界”中产生。

第三，大学推动未来文明。大学不仅创造未来科技，培养未来人才，而且还推动人类未来文明的进步，这是大学的使命。

科技发展推动了经济增长，经济增长改善了人类生活。在我们看到未来科技的巨大潜能时，我们也要预想未来科技对未来人类文明的影响。AlphaGo战胜人类围棋高手，突显出人工智能的应用潜力。它也引发了有识之士的警觉：比如霍金和马斯克就联合发出警告，要避免人工智能引发不可控制的战争。麻省理工斯隆管理学院的布莱恩约弗森（Erik Brynjolfsson）和麦卡菲（Andrew McAfee）在《第二次机器革命》一书中预测到，这一轮科技创新在提高人均收入水平的同时，可能造成大批人员失业或无业，这尤其会发生在有知识的人当中。所以，当我们创造未来科技的时候，也要研究和驾驭科技发展对社会的影响。我们希望的是，未来科技推动，而不是阻碍甚至摧毁人类文明。

类似地，人才培养使得人变得更加有知识和有能力。这种知识和能力既可以用来推动科技发展和经济增长，造福于人类，也可能产生相反的作用。所谓的“精致的利己主义者”，正是那些受过高等教育，有知识和有能力的人，但是他们缺乏现代文明人的基本人格和人性，到头来不仅害人，而且害己。我们希望的未来人才是推动，而不是阻碍人类文明的人。

大学推动未来文明发展，包括社会层面，也包括人的层面。人类文明的进步从来都是科学进步与人文进步并举的。科学告诉你什么是真理，人文告诉你说真话的价值。随着科技的进步，随着高等教育的普及，在未来文明中，人与自然、人与人、人与社会的共处关系会发生很大改变。然而，不管未来文明的表象多么繁华，文明的本质总是回归到对人性本质与人类价值的重视与求索之中，探索人类更为和谐、包容、自由、平等、共享的共荣之路。

说到底，大学创造未来科技，大学培养未来人才，都是为了推动未来文明。而大学推动未来文明，本质上是为了提高人的价值。在我看来，这个“人”，包括人文、人格、人生三个方面，理解人文价值、坚守人格底线、反省人生意义，是大学教育作用于未来的着力点。以人文为基础的人格是做人的准则，人格的养成是人的教育的基础，而人格的底线就是文明人的底线。人生，既有对人生发展的梦想，也有对人生意义的探索。

以上是我对“从大学看未来”的三点粗浅想法，提出来与大家分享。大学创造未来科技，大学培养未来人才，大学推动未来文明。这就是大学对未来的责任。

中国教育改革有很长的路要走，当今中国人对教育问题似乎比对经济问题更加关注。这里的原因显而易见：教育不仅影响中国经济的未来，不仅关乎在座各位的后代，更决定人类文明的前途。

今天我们启动的“清华—青腾未来科技学堂”，是清华和腾讯携手合作的一项教育创新。在中国教育改革的长征中，这只是一小步。我们的落脚点是一样的，都是为了未来。

从大学看未来，就意味着，今天的大学就是明天的未来，它是未来的科技，未来的人才，也是未来的文明。

与改革同行的人生道路

（2017 年 7 月 2 日）

今天，我们非常荣幸地邀请到全国社会保障基金理事会理事长、财政部前部长、清华经管学院顾问委员会委员、清华经管学院兼职教授楼继伟为清华经管学院 2017 届毕业生做“毕业典礼演讲”。楼继伟是自 2010 年举办清华经管学院毕业典礼以来，第一位清华校友应邀来做毕业典礼演讲。让我们欢迎楼继伟学长的到来！

整整 40 年前的 1977 年，中国恢复了中断 11 年的高考。楼继伟是 1977 级恢复高考后的第一届大学生，考入清华大学计算机系。1982 年初他本科提前毕业，考入中国社会科学院研究生院数量与技术经济系的经济系统分析专业，并于 1984 年获得经济学硕士学位。之后，他进入政府经济政策研究部门工作。楼继伟于 1988 年任上海市经济体制改革办公室副主任；1992 年任国家经济体制改革委员会宏观调控体制司司长；1995 年出任贵州省副省长；1998 年任财政部常务副部长；2007 年任国务院副秘书长，于同年 9 月任中国投资有限责任公司董事长兼 CEO。楼继伟于 2013 年 3 月出任财政部部长，2016 年 11 月至今任全国社会保障基金理事会理事长。

从清华毕业之后的 30 多年间，楼继伟一直与中国改革同行。他是中国经济体制改革开放历程中的重要参与者，致力于中国经济改革事业的研究、规划和推动，以及宏观经济、公共财政、税制改革等方面的研究和政策制定。他曾出版多部论著，其中《建立一个规范、有效的财政新体制》和《中国需要继续深化改革的六项制度》分别获得 1994 年度和 2012 年度孙冶

* 在清华大学经济管理学院 2017 毕业典礼上的演讲人介绍词以及演讲后结束语。

方经济科学奖。

楼继伟是清华经管学院顾问委员会委员、清华经管学院兼职教授。在他的推动下，清华经管学院于2007年成立财政税收研究所，运用现代经济学研究国家财政税收政策。他在2011年秋季学期在学院开设“改革的逻辑性与逻辑性的改革”研究生课程，系统讲述中国经济改革开放的历史，深受学生欢迎。2016年秋季学期，学院开设“朱镕基经济管理理论与实践”课程，在朱镕基院长的亲自推荐下，他为该课程讲授财政税收改革部分，广受好评。

让我们欢迎楼继伟学长为清华经管学院2017届毕业生做毕业典礼演讲！

* * *

感谢楼继伟学长的精彩演讲。

在演讲中，楼继伟学长回首清华本科入学40年，生动讲述了他在清华和毕业后在经济政策研究和决策第一线参与中国经济体制改革的三段经历。这三段经历，既有20世纪80年代前半期的兴奋和冲动，也有80年代后半期的迷茫与困惑，更有90年代的成功与喜悦。

楼继伟学长的这三段个人经历，折射出中国经济体制改革中的曲折与艰辛，低谷与高潮，经过波浪式的前行，最终成就了从计划经济向市场经济转轨的成功。这个成功，为之后20多年中国经济高速和稳定增长打下了基础，为中国加入WTO并在全球化中发展壮大打下了基础，也为下一步的全面深化改革打下了基础。

在楼继伟学长的这三段个人经历中，他不断学习现代经济学，掌握其方法和观点，把握结论成立的假设条件，以及可能出现偏差的约束条件，同时深入了解国情，理解运作机制，知道什么是最关键、最急需的，什么是可妥协、可适当推延的，明了取舍，抓住机遇，推动改革成功。理想必须坚持，关键时刻要冲在前面。

楼继伟学长讲述的三点感悟，为同学们带来深刻的启示：

第一，设计人生未来，要面对时代的需求，认清自己的能力，找准自己的定位，抓住人生机遇。

第二，认准目标，不断学习，要有扎实的经济学功底，提炼事实、切中要害的能力，和1 500字之内把问题表达清楚的能力。在逆境中不要随波逐流，要敢于坚持真理。

第三，既要有学也要有术。学问要扎实，不断掌握前沿理论。术也非常重要，就是各学科的基本原理要通晓，事实要掌握，政策的提出才不会让人不知就里，才是可操作的。

最后，楼继伟学长这样寄语同学们：现实没有那么完美，有时甚至是残酷的，你们要有高于一般的创造力，怀有梦想，但达到梦想的路并不只有一条，运用综合性、批判性、分析性的思维，就一定能帮助你们找到适合自己的人生道路。信守我们个人的事业是与人民福祉和民族复兴联系在一起的这一信念，并拓展这一联系，就能找到自己最大的成功。

请同学们记住这段富有人生哲理的话，也记住今天这个难忘的时刻。

深圳是创业者实现梦想的平台

（2017 年 9 月 10 日）

2015 年 1 月，清华经管创业者加速器（Tsinghua SEM X-elerator）在北京中关村创业大街启动。彼时“大众创业、万众创新”刚刚被提出，而此时，“双创”局面早已在全国兴起，我们的创业者加速器已然初具规模。

创新创业教育和研究在清华经管学院的办学中一直有着非常重要的位置，特别是学院把创业精神和企业家精神教育作为管理教育中的重要组成部分。学院早在 2000 年就成立了中国创业研究中心。在 2013 年，学院将原有的技术经济与管理系和企业战略与政策系合并成立了创新创业与战略系，这在国内高校商学院中是首例，之后有其他高校效仿。也是在 2013 年，经管学院联合清华的十几个院系，推动清华 x-lab 的创立，成立了面向大学、超越学科界限、培养创意创新创业人才的新型教育平台。

2015 年，我们在中关村创业大街上成立“清华经管创业者加速器”。过去两年，加速器已成功加速孵化创业团队 260 多支，特别是今年还有 3 位创业者入选“2017 福布斯亚洲 Under 30”榜单。清华经管创业者加速器这个平台不局限于清华学生和校友，而是面向全国乃至全球的创业者。

今天，清华经管创业者加速器以及在加速器平台上成长的创业团队来到深圳，是加速器走向全国的第一步。创业者加速器深圳空间将结合本土人才特点、产业布局以及政策优势，为不同领域创业者提供专属服务。同时加速器还将与当地企业加深互动与融合，为当地企业内部创新提供解决方案。

清华经管创业者加速器将提供一个更加开放的合作平台，为创业者搭

---

* 在清华经管创业者加速器深圳空间启动仪式上的讲话。

建一个充满无限可能性的创业服务生态圈。未来，加速器将结合更多属地特性、产业特性，逐步扩展至全国，乃至全球，为更多的创业者提供梦想平台。

深圳，这座作为改革开放窗口的年轻城市，不仅有着“鼓励创新、宽容失败”的文化氛围，还聚集着众多科技巨擘和资本大鳄，智能硬件创业氛围在深圳尤为浓厚。全国“双创”周主会场活动及深圳国际创客周的举办也标志着深圳创新创业活力全面激发。如今，深圳建设科技、产业创新中心的定位已纳入国家“十三五”规划，这座充满活力的城市将成为创新体系完善、创新人才荟萃、创新企业众多、创业投资活跃、综合环境优良、高新技术产业发达的自主创新型城市。

最后，我希望清华经管创业者加速器深圳空间与充满活力的深圳深度融合，以“聚天下创业英才而育之”为目标，在这个平台上为更多的创业者实现梦想！

同理心与心智模式

（2017 年 11 月）

10 月底，微软 CEO 萨提亚·纳德拉（Satya Nadella）作为清华大学经济管理学院顾问委员会委员，来到清华参加年度顾问委员会会议并走进清华 x-lab 与学生交流。这是我第三次在清华见到他。第一次是 2014 年 9 月，他刚刚担任微软 CEO 半年，在清华经管学院报告厅与微软执行副总裁沈向洋举行一场对话，我是那天对话的主持人。第二次是 2016 年 6 月，我与他在清华大学大礼堂举行一场对话，那次吸引了上千名清华学生。这两场对话都在清华学子中反响热烈。这次在顾问委员会会议期间，他送给我他的新书《Hit Refresh》（《点击刷新》），告诉我中文版即将出版，并邀请我为此作序。我深感荣幸。

微软于 1975 年由比尔·盖茨（Bill Gates）和保罗·艾伦（Paul Allen）创立。在其 42 年的历史中，纳德拉是继盖茨、鲍尔默（Steve Ballmer）之后的第三任 CEO，他自 2014 年 2 月就任微软 CEO，至今已经近四年。在短短几年内，在纳德拉的领导下，微软不断"点击刷新"，股价一路上涨，目前公司市值已经回到全球市值第三的位置。

清华与微软有着密切的合作。2007 年 4 月，清华大学授予微软创始人、第一任 CEO 盖茨名誉博士学位，这比他的母校哈佛大学授予他名誉博士学位还早了两个月。在纳德拉担任清华经管学院顾问委员会委员之前，微软第二任 CEO 鲍尔默曾担任顾问委员。自 2015 年起，在微软的支持下，清华大学与

---

* 为微软 CEO 萨提亚·纳德拉《点击刷新：重新发现微软的灵魂，想象更美好的未来》中文版所写的序言。

华盛顿大学合作建立了一所新型学院——全球创新学院（Global Innovation eXchange Institute，简称 GIX），并开办了硕士项目。这所学院的新楼，位于华盛顿大学所在地西雅图和微软总部所在地雷德蒙德（Redmond）之间的贝尔维尤（Bellevue），已于今年 9 月落成并启用。

纳德拉生于印度的海德拉巴德（Hyderabad），被誉为印度的硅谷。他在印度接受大学教育后，于 21 岁生日那天赴美国留学，攻读计算机硕士学位。之后他于 1992 年到微软工作，在工作期间，又攻读了芝加哥大学商学院的在职 MBA 项目。在微软工作 22 年后，这位印度移民被微软董事会任命为第三任 CEO。

在这本书中，纳德拉讲述了他的两个家庭的故事：一个是他个人的家庭，一个是微软这个家庭。这两个家庭之间是密切相关的。在自我介绍中，他首先说自己是一个丈夫和父亲，其次说自己是微软的 CEO，可见家庭对他的重要性。这正是他这本书的一个特点：在几乎每一章中，他在描写在微软的工作中，都会夹叙夹议地讲到他的家庭，他的父母、妻子、儿女对他的影响。这是在同类有关企业管理和领导力书中不常见的。

这本书的主题是“重新发现微软的灵魂”。这其中纳德拉着重讲述了两个词，给我印象极为深刻。一个词是“empathy”，中文意思是换位思考或同理心。这是心理学中的一个概念。在纳德拉讲公司文化和领导力时，特别强调同理心的重要作用。而他的同理心是从自己的家庭中获得的。他的第一个孩子早产，并患有先天疾病，终身困在轮椅上。这也让他的妻子放弃工作照顾孩子。后来他的另一个女儿也因疾病必须到加拿大的温哥华治疗，而往返西雅图和温哥华之间耗去他们夫妻俩大量精力。但是他从中获得了与众不同的同理心，他总会从另一个人的角度想问题。

另一个词是“mindset”，中文翻译为心智模式。他在书中引用了斯坦福大学心理学教授卡罗尔·德韦克（Carol Dweck）的畅销书《心智模式》，其中区分了两种心智模式：增长型心智模式（growth mindset）和停滞型心智模式（fixed mindset）。2016 年纳德拉来访清华与我对话之后，他送我的就是这本书。运用心智模式这个概念，纳德拉讲述了微软这几年的变化以及他作为领导者去重新发现微软灵魂的心路历程。微软是高科技企业，它不仅引领全球科技发展，同时也受到新科技变革的冲击。纳德拉认为，一个人无法去准确地预测未来科技变化，但是增长型心智模式可以使他更好地对不确定性做出反应，并且在面对技术快速变化的情况下，去纠正所犯的错误，因此需要不断“刷新”。

这本书也是一本关于未来科技的书。纳德拉着重讲了三个技术：混合现实、人工智能、量子计算。混合现实（mixed reality）是微软应对增强现实（augmented reality）和虚拟现实（virtual reality）的新技术，而人工智能（AI）和量子计算（quantum computing）则是会影响 21 世纪人类文明的技术。纳德拉对人工智能和量子计算的相互加强作用有着深刻的洞察。他在书中写道，量子计算将会加强人工智能的计算能力，使得过去无法实现的创新变得可能。他举例说，一些新药的研制过程中需要大量复杂的计算，量子计算会使得这些复杂计算变得轻而易举。再比如，量子计算也会使得高温超导变得可能。微软在近年来不仅在混合现实，也在人工智能和量子计算上大量投入，致力于继续引领未来科技发展。

阅读纳德拉的这本书给人以很大启发。首先，作为一位全球顶尖科技企业的领导者，他在企业“刷新”过程中展现出的领导力，他用同理心和增长型心智模式思考问题并解决问题，给我们的企业管理者很多启示。其次，作为从印度到美国学习、工作，并从工程技术人员成长为全球顶尖跨国公司 CEO 的个人经历，给我们呈现出一个人生励志的榜样。最后，他强调自己并非只是技术专家和管理专家，而且还是一个人文主义者（humanist），从这个角度，这本书为我们审视卓越管理者的人生观和世界观提供了新的洞见。

我热情地向中国读者推荐这本叙述平实、富有哲理、着力现实、心怀未来的书。

学院本科生大会：反思与深思

（2018 年 4 月 26 日）

今天的这个会议意义非凡。选择在清华大礼堂也是深思熟虑的。我从 2006 年起担任院长至今 12 年，这是第一次由学院召开全院本科生大会。学院院务会成员七人中有五人参加今天的大会，充分显示了学院的高度重视，院长、书记之外，分管学生工作的副书记赵冬青老师主持，分管国际交流的副院长钱小军老师、分管教学的副院长徐心老师都参加，并且刚才都讲了话。今天来参会的还有班主任、辅导员，以及本科项目协调人、教学办、硕士办、国际办、学生事务办公室等学院各相关部门的老师。

刚才钱小军老师为大家讲了特殊的一课。她在学院长期为 MBA 学生讲授伦理与企业社会责任课程。我和钱小军老师今天上午才从美国参加会议回来，我们在美国时也为这个会议做了交流沟通。我们是在清华数学本科的同班同学，今年是我们走入清华 40 周年。这个周末有一个返校活动。

我今天想讲两个方面：反思和深思。

一、反思

问题的起因是，今年学院学生在申请去美国某大学商学院交换学习的过程中，被接受学院发现在申请表上涉嫌抄袭以往申请人对问题的回答而被取消交换资格。我先就这个问题本身，在前面各位老师讲的内容基础上，围绕反思强调三点。

第一，谁要反思？事情的起因是由于个别人，但是今天这个会不是针对

* 在清华大学经济管理学院全院本科生大会上的讲话。

个别人的，而是针对我们所有人的，也就是说，我们每一个人都要反思。

我们应该想到，在座的每一位同学都可能犯这种错误，只不过你没有申请，或者你不认识那位学长而没有向他请教，所以躲过一劫。让我举一个三个月前的事。就在上个学期期末考试中，在某门课考试中，监考老师反映我们有十几位同学涉嫌抄袭作弊。学校教务处处长同我说了这件事，因为牵扯到十几位同学，就可能被定性为集体作弊，那结果极其严重。学院从保护学生，也从保护学院声誉角度，尽量把这件事的严重性化小。但是回过头来看，学院当时的处理是有问题的。如果当时我们严肃处理，召开像今天这样的会，也许就不会发生这次事件。这次之所以有这样的处理，因为是国外大学，而不是我们。所以，我们学院，我们每一位教师，都要反思。

今天的会是一个学习的会，是一个教育的会。这是对同学们的教育，虽然这不是课程表上的课，却是经管学院本科生教育中的重要环节。希望今天的这堂课给你们留下深刻的印象。同时，今天的会也是对学院的教育。我们学院老师和学院各层管理者也要反思。

在这个意义上，我们要感谢这几位同学。这件事为我们提供了一个机会。我们再也不能错失这个机会。我们每一位同学，每一位老师，每一位学院管理者，都要通过这件事，做一次深刻的反思。

第二，反思什么？我看了三位同学写的“道歉信”。应该说写得都很诚恳。但是，写的主题不对。这三位同学写的都是“道歉信”，主题是给学院道歉，因为这件事给学院带来了不良影响。这是很肤浅的。我们很自然地会追问：如果这样的事对学院没有产生不良影响呢？甚至如果会给学院带来好处，带来利益呢？这就是刚才钱小军老师提出的问题。我觉得这才是我们需要反思的。

说实在的，这件事最让我感到痛心的，根本就不是这些同学在“道歉信”中所说的给学院带来的不良影响，比如影响今后学院派去该学院交换的名额。我最难过的是，我们学院一直以来努力实践的教育改革，并没有体现在我们同学身上。特别值得注意的是，我们这些同学都是二年级的同学，上个学期刚刚上过批判性思维与道理推理（简称 CTMR）课程。这是学院教育改革中最为重要的一门课程。同学们在这门课上都学过道德推理，学过“功利主义”“义务论”“美德论”“共同体主义”等内容。同学们都会考试，但是在现实中遇到实际问题，就不是那么回事了。这是我们要检讨的，尽管我们很努力，但在育人上仍然很欠缺。

如果你的上级要你做一件对企业或单位有利的事，但是超出了伦理道德底线，你做不做？你会纠结，因为在超越道德底线和服从上级安排中间有取舍，或称 trade-off。刚才钱小军老师说，我们今天讨论的情况没有纠结，没有 trade-off：抄袭既不道德，也对学院不利。这个案例比较单纯地反映出同学们不清楚现实中道德底线的重要性。

这件事的最大错误，不是给学院造成损失，而是没有意识到道德底线，丧失原则而给自己造成损失。因此，检讨信主要不应该是给学院道歉，而是给自己丧失原则而道歉。

CTMR 课所要传递的一个最重要的信息是，要坚守道德底线，就必须要有独立的判断，就是我们说的批判性思维。要有独立判断的含义是，即使学院辅导员、老师，甚至学院院长同你说的话，你也必须独立思考，不能盲从。

第三，再谈反思什么。我了解到，造成这件事的一个客观原因是“忙”。这反映了另一个问题，就是同学们说的“浮躁”。根据我的了解，我们二年级的一些学生，选 30 个学分的课程，做 3 个社工，还外加实习，申请出国交换。在这么“忙”的情况下，没有时间去独立思考，独立填写申请表。于是就咨询学长，抄袭了学长的材料，便出现了违规事件。

这件事后，我与白重恩老师交流，他讲了他在美国任教时的一个真实故事。一名在他任教的大学中的中国留学生学习成绩很好，申请转学到一所顶尖大学经济系博士项目，并获得了录取。在离开之前的最后一个学期，有一门课，并非必修，完全可以不上，但他没有退课，继续上完。由于他要打工挣钱，非常忙碌，就在期末的论文中抄袭了。结果被发现后，不仅被学校开除，而且被通知录取他的大学和他申请过的所有大学取消录取资格，他不能在美国继续读经济学了。这也是因为“忙”。

忙有各种原因。有些因素是我们不能控制的，有些因素是人为的。一方面，忙不可以浮躁。另一方面，能不能不那么忙？能不能少修些学分，少做些社工，晚开始实习？同学们可能会说，经管学院的每一个人都很优秀，社会上竞争更为激烈，我们不能输在起跑线上。

这个思路是有问题的。在这个思路背后，是同学们把 GPA 的成绩，把参加社工和实习的数量当作衡量指标。现实并不是这样。对一个人的衡量，不是只看这些数量指标，而更看重质量指标。学院正在实施各种措施，纠正过去的做法，包括刚才徐心老师讲的若干条。虽然浮躁和急功近利是全社会的现象，但是在学院这个小环境中，我们要努力改变。我们知道不容易，但是我们在努力。

二、深思

接下来我想超越这件事，深思经管学院教育中的价值塑造和道德原则教育。这些年来，学院在这方面下了大功夫。

首先，学院确定了学院的使命、愿望、核心价值，并在学院活动的各种重要场合张贴宣示。核心价值中有三条，第一条就是“正直诚实”，英文是“integrity”。其次，在本科生培养方面，学院明确了两个目标：培养每一位学生成为有良好素养的现代文明人，同时创造一种环境使得杰出人才能够脱颖而出。同学们要注意到，学院有意识地把“培养文明人”放在“培养杰出人才”前面。文明人就是要有文明底线，正直诚实就是文明底线。学院还最先提出本科教育要“三位一体”，即价值塑造、能力培养、知识获取。我在 2014 级本科生开学典礼的讲话《“人”重于“才”》，讲的就是价值塑造。

正直诚实，是无问西东的。中国传统文化中讲“诚”，诚实的诚，就是讲做人的要义。这让我想起若干年前，为我们讲授中国文明课的历史系彭林教授打电话给我，说他发现期末考试中我们学院有同学作弊。他很气愤，说他在课上刚讲过“诚”字，怎么还会作弊？当时一位同学回复我说，即使孔夫子再现，也很难改变。可见我们的传统文化丢失情况之严重。

正直诚实的英文是“integrity”。大家熟悉的数学术语中，“integer”是整数，“integral”是积分。而“integrity”的原意是整体性、完整性。在西方文化中，一个人正直诚实，是作为一个人要有完整性，不然就缺失了。身体缺失一个部分，人会很痛心。做人缺失一个部分，更是会令人生痛心。这就是“integrity”对人生的价值。

无论东方文明还是西方文明，正直诚实本身就是价值，就是目的，不是，或不仅是为了其他功利目标。我们要把它上升到这个高度来认识，才够深刻。我相信学过 CTMR 的同学，应该能够理解它的含义。

接下来我要讲的，是“诚”这个字，是“integrity”（完整性）这个词，在实际中如何保持和坚持呢？这不仅是认识问题，也有实践问题。

其实，我在 2014 年本科生开学典礼讲话中给出了答案的线索。我的这篇讲话，在学院的网页上，在我的书《大学的改革》第二卷中都能找到。2014 级就是今天在座的四年级同学，你们即将毕业。我在那次讲话中，介绍了哈佛商学院教授克里斯坦森（Clayton Christensen）的一本书《你要如何衡量你的人生》（*How Will You Measure Your Life*）。克里斯坦森是研究“颠覆性技术”和“颠覆性创新”的世界著名学者，在 2010 年春，哈佛 MBA 应届毕业生邀请他做毕业典礼演讲。当时的克里斯坦森正处于人生的关键时刻：他被诊断为淋巴癌，正在做化疗，而这个病正是夺去他父亲生命的病。这次演讲后来编辑成书，并成为畅销书。

在这本书中，克里斯坦森运用经济学和管理学的分析方法，探讨人生中的重大问题，不仅是经济和管理问题。书中的第三部分的标题是：如何远离犯罪。他讲这个话题有一个背景，即安然事件中犯欺诈罪的主要人物，就是他在哈佛商学院读 MBA 时的同班同学。他的分析不仅适用于犯罪问题，也适用于我们今天讨论的犯错问题。他的分析是基于边际成本与固定成本这个最基本的经济学概念，同学们都学过经济学原理，一听就懂。重要的是，它提供了坚守道德底线的方法。

他是这样分析的：许多人以为生活中有关道德的重要决定，都会闪烁着红色警示灯：注意，这是一个重要决定。问题是，在生活中情况往往不是这样的——并没有警示标志告诉你这个决定很重要，相反，许多人面对的是一系列日常的琐碎决定，这些决定看似微不足道，但是长此以往，这些小决定很可能产生巨大的影响。关键是要认识到：理性人在做决策时，只考虑边际成本。某件事“仅此一次”的边际成本很低，但是加上固定成本的全部成本就非常高。如果你向“仅此一次”屈服，那么你将为最终结果感到后悔。

因此，他提出了这样一个忠告：以100%的坚持来保持原则（包括坚守道德底线），要比98%的坚持来保持它更容易实现。这是因为，如果你破例一次，那么阻止你一而再再而三破例的“边际成本”是很小的。这就推导出一个重要的道理：坚持原则，必须从看上去无关紧要的，小得很的第一次开始。因为一旦破例，后面再破例的边际成本就小了，就很难再坚持原则了。对个人而言，对组织而言，都是一样的。他总结说：“避免人生中出现道德让步带来的后果的唯一办法，就是坚决不让它开始。跨过底线的第一步就是使你走上后悔道路的那一步。避免自己后悔的最好办法，就是当你第一次面临选择时，不要跨出第一步。”

我在经济学原理第一堂课上讲的十大经济学原理中的第三条是：理性人思考边际量。那是对已经存在沉没成本而言的。当我们要坚持原则时，不要让固定成本成为沉没成本，要提高这个成本，要用它来抵制之后的诱惑。这就是我们学院如此重视这件事的原因所在。当我们今天严肃、严厉、严格处理这件事的时候，我们就是在提高所有人违反道德原则的“固定成本”，我们是在帮助所有同学，将来不要受那些很小的边际成本的诱惑。

同学们，今天的这次会是经管学院的一堂课。是一堂反思的课，一堂深思的课。我希望这是一堂同学们将来能够记住的课。我更希望同学们因为这堂课，改变习惯做法，保持独立思考，坚持道德底线，恪守做人原则。让你们的一生正直诚实，让你们的人生保持完整。

技术和商界变化时代的会计教育

（2018 年 4 月 27 日）

我们很荣幸与国际注册专业会计师公会共同举办清华首席财务官论坛和 2018 年 CGMA100 北亚管理会计领袖峰会。我们由衷感谢美国驻中国大使特里·布兰斯塔德（Terry Branstad）先生、国际注册专业会计师公会主席金伯利·埃里森－泰勒（Kimberly Ellison－Taylor）女士和公会总裁巴利·梅兰科（Barry Melancon）先生，以及许多其他嘉宾出席本次活动。我们还见证了清华经管学院与国际注册专业会计师公会签署合作备忘录，今后将通过交换与合作的方式发展首席财务官双学位硕士项目，以拓宽学生的全球视野，促进他们的职业发展。

大约三年前，我们在清华召开了首届首席财务官论坛。在那次论坛上，我们启动了清华大学与新加坡管理大学联合推出的双学位硕士项目，即首席财务官高级管理硕士项目（MCFO/MPAcc）。这一创新项目旨在培养具有全球视野和强大的财务和管理会计技能的领袖。这个项目已经得到了中国教育部的正式批准，今年秋季首届学生将正式入学。

我们正处在商科教育转型的时刻。经济全球化和技术创新带来了全球经济格局和商业行为的转变，形成了对商科教育和会计教育前所未有的挑战。我昨天刚刚从美国回来，在美国我参加了国际商学院联合会（AACSB）年会，这是一个全球最大规模的商学院院长的聚会。会议让我强烈地感觉到为了跟上商业实践的变化步伐，商科教育和会计教育正在经历深刻的变革。

---

* 在清华大学首席财务官论坛暨 2018 年 CGMA100 北亚管理会计领袖峰会上的致辞。译自英文。

在这次会议上的若干发言中，企业高管和教育者都探讨了人工智能和其他技术对商业实践的影响。他们最常提到的行业之一就是审计和财务分析。我在这里引用一句我在会上听到的话，它摘自2017年出版的《注册会计师杂志》(*CPA Journal*)，“在接下来的五至十年里，注册会计师事务所将以前所未有的速度发生变化。随着自动化和计算机技术的兴起，注册会计师现在花费大量时间来完成的常规和合规工作将由机器在瞬间完成。”

这就是商业现实。面对行业前所未有的变革，商科教育和会计教育必须通过创新与时俱进。我们需要培养不会轻易被机器取代的人才。几年前，当我们启动MCFO/MPAcc联合项目时，就已经预料到了这一变化。这个项目可以看作我们应对变化的行动之一。该项目不是传统的会计项目，它将管理会计、财务会计与领导力发展相结合，旨在培养具有全球视野和最卓越的会计和财务技能的下一代商业领袖。

首席财务官在现代公司中占据高管领导层中的一席。以往，首席财务官主要负责会计和财务。但现在已经不同了。首席财务官需要对技术变革、大数据、法律法规、全球供应链、海外投资和文化等方面有更广泛的了解。因此，首席财务官未来面临的诸多挑战之一就是知识结构的变化。对于教育事业而言，我们必须相应地拓展学生的全球视野，提高他们的创造力，更加重视培养跨学科人才。

确实，在当今的商界，首席财务官需要具备一系列新的技能，而CEO和首席财务官之间的关系也在不断演进。许多前任首席财务官后来成为CEO。例如，在中国的高科技企业中，阿里巴巴的张勇和卫哲、新浪的曹国伟都是从公司的首席财务官升任为CEO的。在财富500强企业和中国上市公司中，具有“首席财务官背景”的CEO数量显著增加。我们看到了一种新的趋势，即管理者应该了解会计，从管理和技术的角度学习和使用财务数据。因此，会计的理论和实践创新逐渐成为会计与商科教育中的一个必然课题。

MCFO/MPAcc联合项目得益于两大知名高等学府——清华经管学院和新加坡管理大学的优势。清华经管学院的会计教育始于1994年，由时任院长朱镕基先生亲自推动。朱镕基当时担任国务院副总理，后来又担任国务院总理。他不仅真正相信会计教育是管理教育的关键，而且信任学习西方会计准则和在中国发展现代企业。清华经管学院是首批使用美国和加拿大原版会计教材向学生讲授西方会计准则的中国商学院之一。从那时起，我们的大部分会计课程都是用英语授课的。

新加坡管理大学在会计和商科教育中的其他领域都拥有非常强大的国际化教师队伍。从地理位置上看，新加坡位于“一带一路”沿线。我们会充分发挥国际协同作用，深入整合两所院校的教育资源，同时开拓中国和东南亚两个市场。

清华经管学院和新加坡管理大学等商学院是培养未来商界领袖的学府。清华经管学院、新加坡管理大学和国际注册专业会计师公会的共同愿景就是为社会提供高质量的创新人才和杰出的商界领袖。这不仅符合我们建设世界一流大学的目标，也有利于满足我国和世界经济社会发展的需求。我们相信，我们可以使 MCFO/MPAcc 项目成为未来全球首席财务官和商界领袖的摇篮。

在本次论坛上，来自知名企业的许多杰出高管和顶尖商学院的著名学者将发表主题演讲，并参与有关创新、管理会计和金融未来的圆桌讨论。一些发言者是我们的校友，一些是清华经管的新老朋友，还有一些是我们的合作伙伴。国际注册专业会计师公会与我们共同主办本次活动，布兰斯塔德大使亲自出席，这都让本次活动变得非常特别。再次感谢布兰斯塔德大使、埃里森 - 泰勒主席和梅兰科总裁对商科和会计教育的热情支持，感谢你们来到清华大学经济管理学院！

国际 EMBA 项目：十二年后再创新

（2018 年 6 月 5 日）

首先，欢迎来到全球最好的 EMBA 项目——清华 - INSEAD EMBA 双学位项目（以下简称 TIEMBA），欢迎 2020 届的新同学！

TIEMBA 是独一无二的项目。在这个项目中，清华经管学院和 INSEAD（欧洲工商管理学院）两所著名高等学府携手合作，为学生提供全球化视野的商科知识，并加深他们对中国的理解。TIEMBA 项目授课地点横跨全球四大商业枢纽：北京、新加坡、法国枫丹白露和阿联酋阿布扎比，能够为同学们提供独一无二的多元文化视角，以及对世界上最具活力地区的深刻洞察。

今天我在这里欢迎 TIEMBA 项目的第 12 期班，来自 17 个国家的 44 名新同学。11 年前的 2007 年 6 月 8 日，TIEMBA 项目首期班在这里正式启动。包括本期在内，我参加了过去 12 期每一期的开学典礼。我很高兴地看到，这一期同学中，女性占了总人数的 43%，而之前 11 年的平均女性占比为 27%。TIEMBA 项目的多元性证明了我们在努力实现自己的愿景，即创造充满活力的环境，促进跨行业和跨文化经验的分享和交流。

最新的商业发展趋势之一是对新技术的关注与日俱增。我们在清华也正在努力跟上这一变化。在过去的一年里，我们开发了几门新课程，来充分挖掘清华在科学、技术和工程方面的优势。例如，你们将看到课程体系中新增一门“未来思维”课程，它将由清华大学几所院系的顶尖教授讲授。本课程将为你们介绍清华大学在大数据、人工智能、机器人、生物制药等领域的研究。它旨在更好地将商学院教育与科学技术相结合，这是清华大学作为一所

---

* 在 2020 届 TIEMBA 开学典礼上的讲话。译自英文。

综合性大学具有的独特优势。此外，我们还完善了中国经济课程，因为你们选择 TIEMBA 项目而不是其他项目的原因之一是你们希望了解快速增长和变化的中国经济。

TIEMBA 项目不仅仅是学习一套课程，它也是一个社区和一个家庭。我希望在接下来的 18 个月里，你们不仅能学到专业知识，还能结识新的朋友，对自己的事业和生活有新的、更深入的理解。

欢迎你们来到清华和 TIEMBA 项目，祝你们即将开始的学习之旅一切顺利！

科学的价值

（2018 年 7 月 8 日）

今天，我们在这里举行由清华大学经济管理学院全部学位项目毕业生参加的毕业典礼。让我们向前来参加毕业典礼的毕业生和他们的亲朋表示热烈欢迎！

现在我报告清华大学经济管理学院 2017—2018 学年学生毕业情况。学院学位项目分为六类：本科、本科第二学位、硕士、MBA、EMBA 和博士，毕业情况分别为：

- 本科生获得毕业证书和学位证书 251 人，补授毕业证书和学位证书 9 人，获得大专毕业证书 1 人；
- 本科生获得经济学、管理学第二学位证书 469 人，获得经济学、管理学辅修证书 26 人；
- 硕士生获得毕业证书 246 人，获得学位证书 244 人；
- MBA 学生获得毕业证书 420 人，获得学位证书 410 人；
- EMBA 学生获得学位证书 314 人；
- 博士生获得毕业证书 51 人，获得学位证书 55 人。

综上，清华大学经济管理学院在 2017—2018 学年本科生共毕业 252 人，第二学位本科生共毕业 495 人，硕士生（包括 MBA 和 EMBA）共毕业 980 人，博士生共毕业 55 人，学院总共毕业学生 1 782 人。让我们以热烈的掌声祝贺所有毕业生！

---

* 在清华大学经济管理学院 2018 毕业典礼上的开场词、演讲人介绍词、演讲后总结词以及结束语。

* * *

今天，我们非常荣幸地邀请到著名物理学家、世界首颗量子科学实验卫星“墨子号”首席科学家潘建伟教授。潘建伟是清华经管学院自2010年举办毕业典礼以来第一位在清华经管做毕业典礼演讲的科学家。让我们欢迎潘建伟教授的到来！

潘建伟教授于1992年和1995年先后获中国科学技术大学理论物理专业学士和硕士学位，并于1999年获奥地利维也纳大学实验物理学博士学位。潘建伟教授于2001年起任中国科学技术大学教授，于2011年当选为中国科学院院士，于2012年当选为发展中国家科学院院士。

潘建伟教授是量子信息实验研究领域的先驱和开拓者之一，也是该领域具有重要国际影响力的科学家。由于潘建伟教授在量子通信领域的开创性贡献，他获得2017年未来科学大奖物质科学奖，并入选《自然》杂志2017年十大科学人物。近日，潘建伟教授及其团队首次实现18个光量子比特的纠缠，刷新了所有物理体系中最大纠缠态制备的世界纪录。

让我们欢迎潘建伟教授为清华经管学院2018届毕业生做毕业典礼演讲！

* * *

感谢潘建伟教授的精彩演讲。

作为一位卓越的科学家，潘建伟教授的演讲以“科学的价值”为主题，通过生动的个人经历和深刻的思考，阐述了科学对于个人和社会的价值。

对于个人而言，科学的价值在于它是达到内心宁静的最可靠的途径。科学帮助我们解答未知，从而消除恐惧和忧虑，这个内心宁静的最大敌人。他说，科学是达到不惑、不忧、不惧的最好方法。

对于社会而言，科学的价值在于它是改变人类观念的根源。近代以来的科学发现不断改变着人们的观念，进而导致产业的变革。他举例说，牛顿力学导致以蒸汽机为代表的第一次产业变革；麦克斯韦电磁方程组引发以电力技术为代表的第二次产业变革；而量子力学则催生了以现代信息技术为代表的第三次产业变革。

在他的演讲中，他还以自己的所见和所为，说明了科学的发现，要有从容不迫的环境，也要有从基础做起的耐心。

他在阿尔卑斯山谷中，看到一位 80 多岁、坐轮椅的老太太，竟然读过他在《自然》杂志上发表的学术论文，尽管看不懂。他感叹道，一个可能生活都无法自理的老人，仍然保持着对科学的兴趣，这种文化氛围是滋生大师的土壤。

他又以自己在量子信息基础领域和量子通信应用领域的研究经历为例，说明科学上的探索，往往要从暂时看不到实用价值的基础研究开始，一步步地积累下来，再进入实用化阶段，这样才可能获得领先地位。

从容不迫、从基础研究做起，这是我们当前最为需要的对待科学研究的态度。

最后，让我们记住潘建伟教授引用的物理学家康普顿的话："科学赐予人类的最大礼物，是相信真理的力量"。

让我们全体起立，再次以热烈的掌声感谢潘建伟教授！

＊＊＊

在毕业典礼结束之前，让我们唱《清华校歌》完整的三段。

关于清华校歌，有这样一段历史。在清华建校早期的 1913 年，清华学校的一位外籍教师为清华作词作曲了一首英文校歌。1923 年，清华学校向全校师生征集国文校歌。1924 年，清华学校采纳了由清华学校国文教员汪鸾翔作词、清华学校英文文案处主任何林一的夫人张丽珍作曲的《清华学校校歌》。校歌共有三段歌词，其中"立德立言、无问西东"这句出现在第三段。

下面请全体起立，唱《清华校歌》。

第三章　治理与管理

学院建设中的人与文化

（2016 年 8 月 30 日）

去年学院的暑期院务工作会上讨论并制定了学院三年战略规划（2016—2018 年）。这是“定战略”。在此之前，学院花了很大力气在学院治理和制度建设上，包括教师人事制度、职员人事制度。这是“建制度”。在放假前，我和高建老师、白重恩老师一致商定，这次院务工作会议的主题是“人”，是“队伍”。战略要靠人执行，制度也要靠人来落实。因此，在战略和制度之后，把重点放在“人”上，是必然的选择。

围绕这个主题有三个议题，分别在今天的三个单元讨论。第一个议题是学院文化建设。这是三年战略规划中确定的三项重点工作中的第一项。在学院三年战略规划中，我们确定了学院文化的三个基本要素，就是使命、愿望和核心价值。这是学院文化的底色。光有底色还不够，还要在此基础之上，落实几项具体工作。我们制定了教师和职员行为准则，我们也设立了教师行为准则委员会和职员行为准则委员会。院务会成员如何以身作则？资深教授如何做表率？各系的文化建设如何搞？教师委员会的职责如何发挥？如何形成竞争向上，而不是保护主义的文化？这些都是学院文化建设的关键。我们有制度规定，但是这不够。我希望在讨论之后能够出台一个建议，就像三年前我们通过的学院治理和系主任工作条例一样。

第二个议题是教师队伍建设。这是三年战略规划中确定的三项重点工作中的第二项。现在，教师人事制度改革已经与学校的规则接轨，学院的教师编制也已经确定（至少在今年和明年）。但是这些都要人来执行，学术标准也

---

* 在清华大学经济管理学院 2016 年暑期院务工作会上的讲话。

要靠人来确定。教师队伍的质量是关键。我们在人才引进上有较大缺口，是普遍的问题，不只是个别系的问题。前一段因为客观原因，比如人事制度改革和编制的不确定因素，耽误了人才引进。但是也有学院和系文化的因素：有的系不愿意引进资深教师，怕影响现有教师的提职。这是很危险的。短期看，系里和院里似乎很和谐；但是长期看，学院没有竞争力，在学校里不被重视，在同行中不被尊重。这里关键是资深教师。

第三个议题是职员队伍建设。我们目前的职员素质和努力程度的方差很大，有非常出色的，非常努力的，也有很差的，包括能力差和不努力。现在不断有优秀的职员被挖走：五道口金融学院、苏世民书院、学校国际处，甚至医学院等。如果不能补充更优秀的，那么职员队伍的整体水平就会下降。有位职员在离职前对职员工作提出了多条建议，都很中肯。从职员招聘到职员水平的提高，从激励到培训，都需要做系统的提升。在上个三年规划中，就提出要招聘英语是母语的职员，实现零的突破，管理岗位要轮岗。现在清华 x-lab 有一位英语是母语的外籍职员，是我们的国际 MBA 毕业生，但管理岗位轮岗还未做。有的职员工作很努力，但是业务水平还不行，不够专业。这里面涉及职员招聘问题。

聚焦这三个问题，是学院接下来工作的重点。我们有很好的制度，也有很好的战略，现在需要好的文化，需要好的队伍——教师队伍和职员队伍，学院工作就能再上一个台阶。

现代大学治理体系建设

（2016 年 12 月 17 日）

我很高兴再一次参加中国教育 30 人论坛年会。本届年会的主题是“现代教育治理体系建设”，我今天要讲的是“现代大学治理体系建设”。现代大学治理是现代教育治理中的一个组成部分。如果用经济学做比喻的话，教育与大学的关系有如经济与企业的关系。经济治理改革的方向是市场在资源配置中起决定性作用，更好地发挥政府的作用。而企业治理改革的方向是建立现代企业制度，具体地说，是 1993 年提出的十六个字：“产权清晰、权责明确、政企分开、管理科学”。

在研究现代企业制度时，我们把公司治理分为内部治理和外部治理，后者涉及股东、债权人、政府等企业外部的利益相关者。类似地，我也把大学治理分为内部治理与外部治理两个方面，外部治理涉及大学与政府、大学与社会（包括校友）之间的关系。因为时间关系，我今天的讲话聚焦于大学的内部治理，今后有机会再谈大学的外部治理。

在我看来，大学的内部治理涉及两类问题：一是学术问题，二是行政问题。学术问题是大学特有的问题，与企业不同。企业为顾客生产，顾客是企业效益的最终裁判。大学的产出是学术研究和学生教育。学术问题就包括学术研究规范、标准的建立，对教师学术水平的判定，对学生学业规范的确立和评估等。大学中的行政问题涉及大学内部资源配置、激励机制等，与企业相似。当然，行政问题与学术问题有关联，比如学科设置问题关系到设立哪些院系、重点支持哪些学科等，就要依赖学术判断，但是最

---

* 在中国教育 30 人论坛年会上的演讲。

终还是资源配置问题。

大学内部治理的第一个原则是在学术问题上必须“教师治学”。教师治学的含义是学术问题应该由教师决定，即由教师组成的委员会或教师大会根据一人一票的民主投票结果作为学术判断的根本依据。教师治学的内容包括各教学项目培养目标和方案的设计，学生学业水平的判定，教师研究学术水平和学术贡献的评价，教师聘用和职称晋升学术标准的制定和评判等问题。在教师治学下，教师发挥在学术问题上的决定性作用。

教师治学中有两个重要元素，都是企业中没有的。一是同行评议。同一学术领域和教学项目中同行的推荐信、评价信、评估报告是教师在学术问题上做出判断的重要信息来源。这是一个很奇特的制度，但也是唯一可行的制度。只有在大学，你信任你的同行竞争者，你会让你的竞争者来评价你的教师的研究成果和教学项目的质量。也只有在大学，你培养的学生去与你竞争的大学工作，你会感到自豪。二是学术自由。学术自由是获得客观的学术评价的前提。如果没有学术自由，那就不可能有可信赖的学术评价，也就不可能有真正意义上的教师治学。

需要说明的是，“教师治学”的概念比“教授治学”的概念更为恰当。教授（professor）在中国通常是指正教授。而教师（faculty）则包括助理教授、副教授和正教授。当然，资深教师（正教授和获得长聘的副教授）由于学术水平和声望整体较高，所以在治学中要发挥更大作用。不过，年轻教师虽然经验不足，水平差异较大，但是他们活跃在研究最前沿，其中的优秀者引领未来学术方向。学术问题不仅关系到今天的研究成果和培养方案，而且关系到未来学科发展方向和学生一生成长，所以教师治学必须要有年轻人的参与。

大学内部治理的第二个原则是行政问题应当“职业化管理”（professional management）。职业化管理不是民主化管理。在行政管理问题上，在资源配置问题上，大学与企业有很多类似之处。首先，内部组织应该是科层制管理的；其次，大学中的绝大多数管理者和行政人员应该是全时的职业管理者和职员；

再次，管理者的选择应该是任命的，而不是选举的。

正是因为行政问题应该职业化管理，“教授治校”或“教师治校”就不合适了。我理解这种呼吁的初衷是对大学“行政化”的不满。正如前面所说，我同意在学术问题上必须“去行政化”，必须“教师治学”。但是，泛泛讲大学“去行政化”是不准确的。因为大学作为一个现代化组织，其行政问题只能通过行政化管理。其实，企业管理民主化也没有多少成功的例子。这其中是有道理的。大学与企业的不同，主要体现在大学中有学术问题，而企业中没有。但是在行政管理上，大学治理与公司治理都应该职业化管理。

需要说明的是，老清华确实实行过“教授治校”。但是，那时清华只有本科生，教学目标单纯，且学生只有数百人，教授人数也不多，因此资源配置问题相对简单。而现在的大学通常都不是这样单一，也不是这个规模。现代大学如同现代企业一样，并不适合民主化管理。

综上所述，我们把大学中的问题分为“学术问题”和“行政问题”。在“学术问题”上实行“教师治学”和在“行政问题”上实行职业化管理，是现代大学内部治理的精髓。

下面我从三个地区的实例来比较说明以上理论的现实相关性。首先说明，每一地区都一定会有不少特例，我在下面的讨论是针对地区中多数的一般性现象。

第一，中国大学。中国大学的突出问题是一些该学术化的方面被行政化了，而另一些该行政化的方面又不够行政化。

首先，中国大学治理中的一个主要问题还是“教师治学”不能落实，表现为在学术问题上教师的决定性作用没有很好体现，往往用行政方式替代。比如，在教师聘用和职称提升的程序上，由教师组成的委员会（学术委员会、教授提名委员会或其他委员会）的作用不明确，同行评价的信息不完善。对学生培养方案的确定和修改，也应该先由教师组成的委员会评议，而不应该由行政班子直接决定。同时，学术自由方面也存在很多问题。

其次，在一些大学的行政问题上又不够行政化。表现在三个方面：一是一些行政问题被当作学术问题处理。比如，由学术委员会来讨论学院的设立、学院的规模，这是不合适的，因为这些是行政问题。二是过多的行政管理工作由教师承担，而绝大多数教师既没有兴趣也没有能力去做行政工作。教师承担行政工作既容易用行政权力干预学术问题，又容易对从事行政工作的教师降低学术标准。三是大学管理者的任命程序和方式类比党政干部，难免复杂化。

第二，欧洲大学。一些欧洲大学在学术问题上的一个突出问题是少数资深教授权力过大，年轻教师的声音不够，因此在学术问题上不够民主。这不利于学科的进步和发展。同时，欧洲大学更为突出的问题还是行政问题上职业化管理不够，表现在大学管理过于民主化，比如系主任、院长、校长大多由选举产生。

在欧洲大学选举产生校长、院长、系主任时，教师均参加选举，有时职员和学生也参加选举。在这个意义上，欧洲大学更接近于“教师治校”或“民主治校”。民主选举校长、院长当然能反映民意，但是也会带来很多问题。大学的使命更多的是服务于未来：创造知识是为了未来，培养学生也是为了未来。然而，现任教师很可能因为利益关系不想改变现状。校长和院长若经选举产生，他们就必然要过多顾及现任教师的意见，这对大学，特别是对转型中的大学，尤为不利。正是这种民主管理方式使得欧洲大学很难改革和进行结构调整。

第三，美国大学。美国大学既有私立的，又有公立的（即州立）。私立大学与公立大学在外部治理上有所不同，但是在内部治理上非常类似。

首先，美国大学在学术问题上是民主的，由教师（faculty）一人一票决定教学课程体系设计、教师引进和职称晋升推荐等。当然，参加投票的教师范围需要根据具体情况事先规定。所以，美国大学既不像中国大学那样通过行政干预学术，也不像欧洲大学那样由少数资深教授说了算。

同时，美国的私立和公立大学在行政问题上都是职业化管理的。行政人员中绝大多数都是职业管理者和职员，只有很少数由教师担任，诸如校长、少数副校长、院长、少数副院长、系主任。而且所有行政管理职位都是任命制，不是选举制。系主任、副院长由院长任命，院长、副校长由校长任命，校长由校董会任命。当然任命过程中会听取教师意见，但是最终不是由教师投票决定。这与中国大学和欧洲大学都不同。这种方式既可以减少政治因素，又可以避免短期行为，有利于着眼大学的长远和未来，有利于改革和转型。

在我看来，美国大学内部治理中体现出的“教师治学”和“职业化管理”的结合，是美国大学保持长期学术活力的制度保障。美国大学在世界大学中的领先地位是与它的现代大学治理体系密不可分的。

今天我们探讨现代大学治理体系建设十分重要。现代大学治理体系建设是现代大学的制度基础，是建设世界一流大学的前提。在讨论现代大学治理问题上，理念和经验都很重要。我们要准确诊断中国大学治理中的问题，同时参考和吸取其他国家大学治理中的经验和教训，这样才能有针对性地推动中国的现代大学治理体系建设。

促进全球化的创业教育

（2017 年 1 月 11 日）

今天，来自人力资源和社会保障部、外交部等中国政府部门的各位领导、十一个国家的外交使节、国际劳工组织等的代表、中国的企业家、学者，以及清华大学的师生校友，汇聚一堂，参加在清华大学经济管理学院举办的二十国集团（G20）创业研究中心的成立仪式。

清华大学与人力资源和社会保障部共建二十国集团中国创业研究中心，不仅是落实二十国集团领导人杭州峰会的重要成果《二十国集团创业行动计划》，而且是构建起与二十国集团成员的相关政府机构、国际劳工组织、经济合作与发展组织等国际组织、中外科研机构、企业和学者合作的平台，共同开展创业理论、实践、政策研究和人才培养。该研究中心能够落户清华经管学院，既是国家对清华经管学院创业研究积累和实力的认可，也是学院全面提升创业研究的机遇。

清华经管学院对这个中心的成立极为重视。我们在 2016 年 3 月收到人社部部务会商请函，其中说道，“考虑到经管学院研究实力雄厚，特别是创业研究成效显著，国际合作经验丰富，拟由其承担二十国集团创业研究中心的筹建和实际运营任务”，我们倍感振奋。学院深知该信函的战略意义，并对在经管学院建设该中心充满信心。经过多方面准备，在清华大学领导的大力支持下，二十国集团创业研究中心今天如期成立。

清华经管学院一直以来极为重视创业教育与研究，至今经历了三个阶段。第一个阶段是创业研究的起步阶段。这个阶段从 20 世纪 90 年代开始，特别

---

* 在 G20 创业研究中心成立仪式上的讲话。

是于2000年成立了中国创业研究中心，参与和负责全球创业观察（Global Entrepreneurship Monitor，GEM）中在中国的研究，学院在创业领域的国际合作一直持续至今。

第二个阶段是全方位开展创业教育阶段。从2007年起，也就是10年以前，学院与清华科技园强强联合，以研究生为主，陆续开设系列创业课程。从2010年起在本科生中实施“优秀人才创业培养计划”。学院在本科、硕士、博士、MBA等各类教学项目中开设创业类课程。

第三个阶段是建设创意创新创业教育平台的阶段。2013年4月，由学院发起，与清华大学其他13个院系共建，成立了清华x-lab。这是一个由人才培养平台、团队培育平台、学科交叉与资源整合的生态平台等三个平台组成的“三位一体”的创意创新创业教育平台。那时并没有想到两年后的2015年成为中国“大众创业、万众创新”的元年。目前清华x-lab已经成为中国高校在这个时代中创意创新创业教育的一个标志。

作为清华x-lab的姊妹平台，清华经管学院还于2015年1月创立清华经管创业者加速器（Tsinghua SEM X-elerator）。2016年，清华经管创业者加速器举行了主题论坛及沙龙活动40余场，接待外来参访50余场，全年活动覆盖嘉宾及创业者6 000人，并完成中美、中欧跨境路演6场，共计33支中外团队参加。

以上是清华经管学院在创业研究和教育方面的基础。我相信，以今天成立的二十国集团创业研究中心为标志，清华经管学院在创业研究和教育方面将进入第四个阶段。在这个阶段中，清华大学与二十国集团各国，与世界各国在创业研究方面的交流会全面增加和深化。清华经管学院将为推动二十国集团的创业发展而不懈努力！

推动 EMBA 考试招生改革

（2017 年 6 月 12 日）

今天是第五届全国 MBA 教指委第六次全体会议，唐副巡视员和郝副处长也在百忙之中来到我们的会议现场，非常感谢。2017 年的 MBA 录取工作已经结束，我想和大家探讨一下在 2017 年的入学考试工作中 MBA、EMBA 项目遇到的问题，并期望能在会议上达成一些共识，拿出切实可行的方案解决这些问题。

我们的 EMBA 教育项目从 2002 年开办以来，走过了 15 年的发展历程。经过 15 年的发展，有一批院校的 EMBA 教育项目培养质量走在世界前列，在英国《金融时报》EMBA 百强榜中，清华大学与 INSEAD 合作开发的 EMBA 双学位项目在 2015 年位列第一，2016 年位列第二；2015 年上榜的中国大陆 EMBA 教育项目有 6 个，2016 年有 7 个，其中复旦大学与华盛顿大学联合举办的 EMBA 项目位列全球第五，此前连续十一年蝉联全球十八强。值得关注的是，复旦大学非合作办学的 EMBA 项目在 2016 年进入榜单，位列第 40 名；上海交通大学安泰管理学院的 EMBA 项目连续四年排名上升，2016 年达到全球第 7 位。

这些傲人的成绩足以说明，我们的 EMBA 教育在过去的 15 年里的确取得了非常大的成就，成为管理教育进步的“领路人”。

根据《教育部关于进一步规范工商管理硕士专业学位研究生教育的意见》（教研〔2016〕2 号）和《教育部办公厅关于统筹全日制和非全日制研究生管

---

* 在杭州举行的第五届全国工商管理专业学位研究生教育指导委员会第六次全体会议上的讲话。

理工作的通知》（教研厅〔2016〕2 号）文件的精神，2017 年开始，MBA 取消了单证跟双证的类别，改为从全日制、非全日制的培养方式不同来划分；EMBA 不再由培养院校单独组织考试，纳入全国硕士研究生统一考试，由教育部统一划线。在这里，我向大家讲一下 2017 年 MBA 的招生录取情况。

从总的结果来看，2017 年 MBA 和 EMBA 报考录取人数较往年有较大幅度提升。报名人数超过 11 万，录取了 4 万多人，其中包含了 EMBA 的 2 517 人。在这 2 517 人中，清华北大两校联合命题，单独组织考试，总共录取了 1 200 人。在 2017 年的工商管理专业学位考试录取工作中，MBA 仍处于欣欣向荣的态势，而 EMBA 则是出现了录取人数大面积下滑的情况，有 24 所院校 EMBA 招生人数“挂 0”，12 所院校 EMBA 招生是个位数。2016 年 EMBA 一共录取了 11 146 人，在这之前 EMBA 的录取规模均稳定在 6 000 ~ 8 000。

2017 年的招考工作凸显了几个重要问题：

第一，MBA 与 EMBA 使用统一的报考标准、统一考卷、统一划线，不利于高级管理人员的选拔。在 2017 年报考的总人数 11 万余人中，具有 8 年以上工作经验的考生占了 40%。但从录取结果看，统一考试并不能够把他们区分出来。有的院校为了维持 EMBA 继续开班，只能动员部分本来报考 MBA 的考生转报 EMBA。这样既不利于 EMBA 培养质量的保证，也弱化了 EMBA 培养的特色。

第二，公平性问题。EMBA 考生与 MBA 考生使用同一张考卷，英语、管理综合的考核与 MBA 同等难度是否公平。有些企业家，特别是一些繁忙的高级管理人员，他们没有太多时间准备考试，或者因为年龄原因英语是他们的弱项，考试难度对他们来说过高，我们是否只能遗憾地忽视他们的学习需求，他们进入国民教育序列深造的机遇是否就只能渺茫？

第三，EMBA 优秀生源流失，转向了中外合作办学项目或者国外培养项目，这不利于我国 EMBA 项目的发展，不能很好地与国家建设“双一流”战略对接。我们希望中国管理教育能够成为国际一流，希望我们的管理学院或者商学院能够成为国际一流，没有优秀生源，无从谈起。

第四，MBA 项目的培养质量是否会受到影响。MBA、EMBA 同一个录取分数线，使得有些学校在 EMBA 招生人数不够的情况下，扩大 MBA 招生人数，MBA 的录取质量没有办法保证，MBA 的培养质量也会随之下降。

我认为，EMBA 教育是有其存在必要性的。这应该也是在座各位的共识。EMBA 教育是一种主要面向企业高级管理人员的硕士层次的管理教育模式。我国试办 EMBA 教育，适应了企业高层管理人员的学习需求。从目前情况看，我国企业的中高层管理人员绝大多数仍然没有受过系统的管理教育。面对经济全球化背景下复杂的市场竞争环境，企业的高层管理人员迫切需要系统地学习新的管理知识，提高管理能力。EMBA 教育为现职的企业高层管理人员提供一个系统学习新的管理知识、交流管理经验、全面提高管理能力的机会，对于提高学生的素质和学生所在企业的管理水平起到了很好的作用。EMBA 需要发展，而不应该萎缩、凋零。

我们希望通过探讨以下方式的可行性，解决当前存在的问题：

第一，推动考试改革，特别是缩小英语在联考当中所占的比重，比如将英语包含到综合考试科目当中。考试应该更加符合高级管理人员的实际情况，至于考什么，如何调整，我们可以在今天讨论出一个初步方案，搭建一个框架，向教育部沟通谏言。

第二，更进一步，在不违背两个“2 号文件”精神的前提下，希望能为 MBA、EMBA 设置不同的报考条件、采取不同的考试方式，希望 EMBA 能够单独划线。报考条件能充分考虑 MBA、EMBA 培养目标、培养方式的不同，分为不同的两个标准；考卷能根据这两个培养项目性质的不同，分为两个方向；录取能充分考虑两者存在层次的不同，防止 EMBA 招生的指标流失到 MBA。在统一参加全国联考规定的前提下，尽量做到生源区分，利于选拔。

第三，推广北大清华两所学校联合命题的 EMBA 招生方式，建立一个科学、严谨的评价机制，选拔可以进入 EMBA 联合命题试点工作的院校。这个机制，应当综合考虑学科力量、MBA 办学实力、MBA/EMBA 评估结果、国内外认证获得情况等方面。2018 年的招考，我们希望通过这个评价机制，能够使参与 EMBA 联合命题考试的院校有所增加。

第四，严把质量关，加大质量监督力度，完备质量保证体系。我们希望国家主管部门以学位授权点合格评估、学位论文抽检两项常态化工作为抓手，对培养院校进行严格质检；作为专家组织的教指委，要加强对培养院校培养质量的监督。对培养质量不合格的学校，坚决整治；情况严重的，上报教育部建议取消其授权点资格。同时，我们需要引导培养院校建立完备的自我评估制度，不断完善院校内部的质量保证体系，引导师生和社会共同监督，牢牢抓住我们的培养质量生命线。

希望在座诸位针对我们现今存在的问题、解决问题的想法积极建言，争取在会上形成初步方案，最终形成一个报告，呈报教育部审批。

致学院兼职教授：感谢与汇报

（2017 年 8 月 29 日）

在 2017—2018 学年即将开始之际，我代表清华大学经济管理学院向您表示衷心的感谢和美好的祝福，感谢您担任学院的兼职教授和对学院的贡献，使得学院取得了不断的进步和发展。

在刚刚过去的 2016—2017 学年中，学院继续秉承“创造知识，培育领袖，贡献中国，影响世界”的使命，为实现“成为世界一流的经济管理学院”的愿望不断努力。为了使您及时了解学院的最新发展情况，我随信附上 2016—2017 学年的学院年度报告、学院院册以及最新的学院概览。

学院年度报告汇集了在过去一学年中的学院大事以及教学项目、教师研究和校友活动的情况。学院院册描述了学院的整体情况，包括组织结构、顾问委员会、教师队伍、教学项目、科研项目、国际合作、合作发展与校友等。学院概览则提供了有关教师、学生和教学项目的最新数字和信息，用以概括学院的基本状况。这三份材料合在一起全方位地反映了学院的最新发展，我希望它们能够帮助您了解学院的近况。

再一次感谢您对学院的帮助，并期待您的继续支持。祝您身体健康，阖家幸福！

---

* 致清华大学经济管理学院兼职教授的信。

新教学楼体现新教育理念

（2017 年 12 月 18 日）

清华大学经济管理学院基础设施建设专家委员会于今天正式成立。首先我代表经管学院，对今天出席大会的专家委员会委员表示热烈欢迎！

清华经管学院新教学楼建设是学院工作的重中之重。它不仅是为了扩大学院的建筑面积，更是为了充分体现 21 世纪的教育理念，促进建设世界一流的经济管理学院。学院新教学楼在空间设计中充分体现互动交流、协作共享理念，始终以“人”为核心，采纳全新的健康建筑理念模型，采用先进技术，力争建成舒适、绿色、环保、智能的现代教育建筑。学院新教学楼已经完成教育部备案，获得北京市规划和国土资源管理委员会的规划意见书，完成了勘察设计招标等工作。按照学院顾问委员会委员的建议，学院会尽快推动新楼建设进程。

学院对今天成立的基础设施建设专家委员会寄予厚望。我们经过认真细致的调研，最终确定专家委员会的名单。此次受邀的专家委员会成员都是清华校友，大家均在建筑及相关领域具有丰富的经验，从事深入的研究，取得显著的成绩。在经管学院新教学楼项目推进的过程中，我们正在遇到并且还会遇到各种各样的困难，希望大家为经管学院新教学楼项目的建设献言献策，贡献专业智慧。

希望各位与清华经管学院一起面向未来、面对变革，通过我们的共同努力，建造出具有清华风格、引领未来经济管理学院建筑潮流的世界一流作品。

---

* 在清华大学经济管理学院基础设施建设专家委员会成立大会的讲话。

教师招聘活动的新模式

（2017 年 12 月 18 日）

今天我们在这里举行首次中国高校经济金融领域教师招聘活动（China Job Market for Economists）。这次活动由清华大学经济管理学院主办。参加今天活动的清华经管学院老师，除我以外，还有学院常务副院长、分管教师招聘工作的白重恩老师，经济系系主任钟笑寒老师，经济系负责教师招聘工作的陆毅老师，金融系系主任杨之曙老师，金融系负责教师招聘工作的王浩老师。我代表清华经管学院，对前来参加此次活动的国内院校老师和从海外院校前来应聘的同学表示热烈的欢迎。

每年 1 月初，借美国经济学会、美国金融学会等学会年会期间，北美都举办大规模的教师招聘活动。我本人可能是在座的各位中最早参加这个活动的人。那是在 28 年前，1989 年 12 月底，我去亚特兰大参加美国经济学会年会期间的教职面试（当时是在圣诞节后新年前举办，后来改为新年后举办）。那时我们在座的同学可能刚刚出生，或者还未出生。到了 15 年前，也就是 2002 年底和 2003 年初，清华经管学院首次到美国参加教师招聘活动，成为一个里程碑。那以后，国内越来越多的高校赴美国，在美国经济学会、美国金融学会年会上招聘教师。15 年后的今天，由清华大学经济管理学院、北京大学光华管理学院、香港中文大学经济系、复旦大学经济学院和上海财经大学经济学院联合发起，首次在北京举办中国高校经济金融领域教师招聘活动。国内院校对此反响热烈，这次招聘活动只准备了一个多月，就有近 30 家院校参加。因此，这又是一个里程碑。

* 在首次中国高校经济金融领域教师招聘活动上的讲话。

近年来，随着中国经济的发展，国内高校对经济金融领域教师的需求持续增长。同时，越来越多的中国留学生希望回国担任教职。由于中国的市场足够大，就产生了在国内开启一个教师招聘活动的需求。我们发起组织的这个活动，就是希望为求职者和招聘院校搭建一个经济金融领域的教师就业平台。这样可以降低中国高校前往美国招聘的成本，同时加速以往经常被寒假和春节拖延的招聘进程。特别是，我们选择这个招聘活动的时间是在 12 月中旬，在北美大学秋季学期结束之后，在美国学会年会的招聘活动之前。所以它也为求职者在美国就业市场面试之前提供在中国高校面试和校园访问的机会，不仅有利于减轻求职者在美国市场的面试强度，也可提供一个先于美国市场获得求职经历的机会。

本次活动是我们首次尝试在国内集中组织教师招聘活动。我们希望能够借助这样一个平台，与国内高校同行一起，共同商讨更为有效的招聘模式，建立院校需求与应聘者之间更加高效、快捷、直通、精准对接的渠道。从长远来看，我们希望打造一个在经济金融领域有广泛认可度和参与度的年度招聘项目，最终发展成为美国之外全球最大的经济金融领域的教师招聘活动。

我在这里要感谢国内各院校的积极参与和相互支持，包括北京航空航天大学经济管理学院、北京师范大学经济与工商管理学院、中央财经大学经济学院、东北财经大学高等经济研究院、华东师范大学经济与管理学部、复旦大学经济学院、吉林大学商学院、吉林大学经济学院、南京审计大学社会经济研究院、南京大学商学院、南开大学经济学院、南开大学金融学院、北京大学光华管理学院、中国人民大学经济学院、中国人民大学财政金融学院、上海财经大学经济学院、华南农业大学经济管理学院、华南农业大学国家农业制度与发展研究院、西南财经大学经济与管理研究院、香港中文大学经济学系、清华大学社会科学学院经济学研究所、对外经济贸易大学国际经济贸易学院、武汉大学质量发展战略研究院等。

最后，我祝愿本次教师招聘活动成功，并期待以此为起点，开启一年一度的中国教师招聘活动。

“长安讲坛”落户清华经管学院的意义

（2018 年 7 月 6 日）

从 2001 年 4 月开始，“中国经济 50 人论坛”在北京开设“长安讲坛”。这是一个有关中国经济政策的讲坛，由论坛成员和其他经济学者和专家讲述他们有关中国经济的研究成果。“长安讲坛”主题围绕中国经济发展的现实问题和政策选择，涉及范围广泛，讨论问题深入。演讲人介绍最新研究成果和前沿，听众即时提问与演讲者交流互动。这里既有对中国经济热点问题的分析，也有对中国经济未来挑战的前瞻性洞见，更是现代经济学理论与中国改革发展实践的结合和碰撞。

自 2001 年 4 月“长安讲坛”第一期开讲至今，已经历经 17 年。截至 2018 年 6 月 30 日，“长安讲坛”一共举办了 339 期，平均每年 20 期。自 2008 年以来，“长安讲坛”与新浪网战略合作，成为新浪财经频道的定期专栏节目，使得论坛的覆盖面和传播力更加扩大。

记得是在 2008 年下半年，论坛成员、清华经管学院魏杰教授找到我，建议把“长安讲坛”落地到清华经管学院来。我觉得这是一个好主意：一方面，我们这里有永远的听众，那就是学生和教师；另一方面，清华经管学院也可以借此推动经济学的教学和研究水平。之后学院就积极准备，完成必要的程序，安排必要的场所。

从 2009 年 2 月 26 日第 148 期开始，清华经管学院加入“长安讲坛”主办方，论坛定期在清华经管学院的教室和报告厅举办。在“长安论坛”至今

---

* 摘自“我与中国经济 50 人论坛的三件事”，中国经济 50 人论坛 20 周年纪念文章，原载于《50 人的二十年》，中信出版社。

举办的339场中，已经有近200场在清华经管学院举办。落户清华经管学院的第一场是第148期，嘉宾是吴敬琏先生，我主持了那一期论坛。到了2016年，论坛举办第300期，嘉宾仍然是吴敬琏先生，那场也是由我致辞。这两场“长安讲坛”都全场爆满，是我印象非常深刻的两场，它们都具有标志性意义。

我记得在第300期上，吴敬琏先生演讲的主题是“什么是结构性改革，它为何如此重要”。这是针对当时中国经济增长走势、经济中存在的扭曲、改革方向和具体措施方法等一系列关键问题的系统性探讨。关于这些问题，在经济学界有不同判断和分析十分正常，只有通过讨论、争论甚至辩论，才能获得对问题的更加准确的把握，从而引导中国经济走向可持续的发展，这是事关中国经济未来大局大势的事情。

“长安讲坛”落户清华经管学院，对学院的经济学教学起到了直接的推动。清华经管学院在经济学教育上一直注重经济学理论与中国经济改革开放和发展的实际相结合，鼓励学生了解中国经济中的重大现实问题，并把它作为思考和研究的对象。从2007年秋季学期开始，学院开设了“经济学专题”课程，外请各领域经济学者授课，聚焦中国经济问题。从“长安讲坛”落户清华经管学院之后的2009年秋季学期开始，学院将“长安讲坛”与“经济学专题”课程结合起来，使它成为学院本科第一学位和第二学位学生的学分课程。这样的结合至今已经整整九个学年，有近3 000名清华经管学院本科生修课，平均每学期近150人。因此“长安讲坛”除了向社会开放，吸引了大批听众之外，对清华经管学院本科经济学教育也起到重要推动作用，有益于中国未来经济学者的成长。

第二编　学院行政管理

第四章　职员管理

职员管理骨干要了解学院整体发展

（2009 年 11 月 7 日）

学院每学期召开一次职员管理骨干会议，同大家沟通学院发展状况，并提出新的设想。这便于大家了解学院整体发展，由此及时制定本部门的相应措施。

学院党政班子每三年换届一次，今年 6 月份按时换届，而且这次是党政班子同时换届。从 6 月份到现在不到半年时间，学院展现出很多新气象。我想把学院近期发展中的事情概括在十件大事里面，跟大家分享。实际上是想通过讲述这十件大事，进一步思考学院的发展方向并把握发展节奏。

第一件大事是举行全院统一的毕业典礼。我们学院如果按学生人数统计是全校最大的学院，占全校学生总数的 1/8，每年大约有 1 400 名学生毕业。毕业典礼对学生来讲是一生中极为重要的一件事情。今年我们在毕业典礼方面做了一些创新，我们组织了全院统一的毕业典礼，就在 7 月 13 日晚上，在主楼后厅。在 1998 年以前，我们学院有自己举行的毕业典礼，当时我们学生还没有这么多。后来学校统一举行了本科生毕业典礼和研究生毕业典礼。此后，我们学院就不再有统一的毕业典礼。

在过去两三年中，很多同学反映，希望推出一场能够展现我们学院气派、学院风格的毕业典礼。清华经管学院作为一个品牌，在社会上，在同学及其家人心中留有越来越深的印象。听到这些建议后，学院经过认真准备，今年重新开始举行统一的毕业典礼，将本科生、双学位本科生、研究生、MBA 学生以及 EMBA 学生都集中起来举行。应该说，这场毕业典礼相当成功。那天

---

* 在清华大学经济管理学院 2009 年秋季学期职员管理骨干会上的讲话。

虽然下雨，但到场的人非常多，主楼后厅有很多人还只能站着。

在统一的毕业典礼之外，同时还有分项目的毕业典礼。实际上，我们一年将举办多场毕业典礼。每年1月份，我们要举办与INSEAD合办的EMBA项目毕业典礼，今年1月19日是第一届学生毕业。我们和麻省理工学院合作的国际MBA毕业典礼一直单独举办。经济学双学位是第二学位授予，我们也单独举行毕业典礼。

2009年毕业人数（按照获得学位的人数）是1 404人。其中春季毕业381人，夏季毕业1 013人，秋季还有10人毕业。把毕业典礼办成全院的一个统一品牌，这确实是我们从今年开始的一项创新，也是提升学院品牌形象的一项重要举措，会给毕业生留下深刻印象，今后我们每年都会这样做。今年的毕业典礼在主楼后厅举办，只能容纳500多人，今后还得想办法找更大的地方。

在毕业的时候，我们为了统计毕业人数，专门开了一次协调会，请大家将来一定要按照一个口径统计。毕业人数我要过3次，结果报上来的3个数字全都不一致。原因很简单，我们国家既有学位证书，又有学历证书，有人有学历没有学位，有人有学位没有学历，有人既有学历又有学位。现在我们都集中统一成按照学位口径。于是，我们刚才说的1 404人就是指在2009年度拿到学位的毕业生。如果只看学历，由于EMBA没有学历只有学位，我们的毕业人数就不全。也有个别人拿到了学历却没有学位，比如有的博士生有学历，但没有发表两篇论文，就拿不到学位。有可能他（她）今年拿到一个学历，明年又拿到一个学位，容易重复统计。最后我们统一到毕业人数口径，指的就是在这一年度内从经管学院拿到学位的人数。

第二件大事是规范了各教学项目的开学典礼。今年开始我们规范了开学典礼，在秋季一共举行五场分项目的开学典礼，依次是：本科生开学典礼、研究生（普通硕士和博士）开学典礼、MBA开学典礼、EMBA开学典礼和经济学双学位开学典礼。过去MBA和研究生的开学典礼在一起，而且I班（国际班）、F班（全时班）、P班（在职班）都单独举行开学典礼，这样不利于树立 MBA 品牌。我们把 MBA 开学典礼放在周末，也是考虑到在职 MBA 学员的方便。今年第一次举行经济学双学位开学典礼，他们都是清华其他院系的二年级本科生。我们秋季一共有五个不同项目的开学典礼，因为每个项目的学习方向和任务都不一样，所以要单独举行开学典礼。

春季学期我们还举办两场 EMBA 开学典礼，一场是 3 月份的 EMBA 春季班，一场是 6 月份和 INSEAD 合办的 EMBA 国际项目开学典礼。因此，我们每年要举行七场开学典礼。

截至 2009 年 9 月，经管学院全部在校生人数是 3 932 名，将近 4 000 人。全校在校生人数大概不超过 32 000 人，经管学院在校生占全校的 1/8 多。在这 3 932 名学生中超过一半是非全时学生，一共 2 098 人，全时学生则有 1 834 人。他们在占用学校资源上是不同的。全时学生经常使用学校图书馆、教室，需要住宿管理；非全时学生不需要住宿，使用教室设施等资源也是有限的。通过开学典礼以及对在校人数进行细致分类统计，我们对学生情况有了准确的了解。

第三件大事是改善交流环境和加强交流活动。关于交流环境，首先是舜德楼咖啡厅的改造。经过相当一段时间的努力，舜德楼咖啡厅 11 月 1 日开始提供中餐，现在每日客流量已经超过 100 人，日收入超过 2 000 元。这个咖啡厅是为了提供一个交流场所。虽然各系、各部门自己备有午餐，但是不同系、不同部门同事之间的交流机会十分有限。咖啡厅虽然面积不大，但是营造了一个在楼内的交流环境。

同时，我们正在策划伟伦楼大厅的改造。昨天晚上召开了我们学院最初五届即 1980 级到 1984 级本科生捐赠仪式，已经筹集到了全部款项，准备把它改建成“本科生大厅”，面积可能比舜德楼大厅要大，里面摆放上桌椅，便于同学们交流，保留其中的咖啡小卖部，会成为一个令人满意的交流空间。

经过几年实践，“院长下午茶”系列活动已经规范化。现在每学期有五场院长与学生交流的下午茶活动，成为与不同项目的学生直接沟通的渠道。这五场“下午茶”系列分别是本科生、双学位本科生、硕博研究生、MBA 学生中文场以及国际 MBA 学生场。

学院的另一个系列活动是从今年开始每年将举办五场新年晚会。过去这些年我们本科的“冬情”一直是在全校知名度很高的新年晚会。EMBA 从 2002 年项目成立以后就组织了一场规模庞大的新年晚会，高管培训中心也每年组织授课老师与校友的新年晚会。三年前 MBA 开始组织 MBA 学生的“共聚同秀”新年晚会。今年我们增加一场研究生的新年晚会，目前正在筹办之中。这样，从学生的角度讲，我们的五类教学项目就都有了新年晚会。

第四件大事是刚刚举行的第十次顾问委员会会议及相关活动。今年召开的学院第十次顾问委员会会议非常成功，用新任主席、高盛集团前联席总裁约翰·桑顿（John L. Thornton）的话说就是“This is the best”，这是最好的一次。我们上星期开了 4 个小时的总结会，从 2 点半到 6 点半。有人说，这个活动现在正在成为小型的达沃斯论坛。我们的顾问委员层次极高，会议和相关活动已经形成了一套完整的节目。第一天是全球论坛，第二天上午是闭门会议，中午是顾问委员与学生、校友共进午餐，下午是国家领导人会见，晚上是朱镕基老院长会见并宴请。在此期间还有一场“夫人专场”，是几位委员夫人与劳安女士的“下午茶”活动。应该说，活动安排十分丰富。

这次全球论坛有 11 位委员直接参与并发言，另外 7 位委员虽然没有发言但也到场听会一天。这 18 位委员都是全球顶级企业的高管，他们拨冗前来参加论坛，而且所谈话题相当独到、深刻。学院作为国内顶尖学府没有官气，这在今年充分体现出来，至关重要。论坛省略了以往的介绍领导和校领导致辞环节。

今年的论坛我们没有邀请电视台主持人来主持。过去我们请电视台主持人来主持，一方面显得比较浮躁，另一方面也有些喧宾夺主。这次论坛由杨斌老师主持，形式上很简朴，却是高档次的论坛。我们成立了公司治理研究中心，由顾问委员冯国经先生赞助，时机选择在论坛中，十分紧凑。每一场主题论坛时间掌握得也都很恰当，没有一场拖延时间。而且，我们在头一天就把所有问题发到了参会人手中，于是他们有备而来。这与国内许多论坛不一样，那些往往是现场发挥。

这次顾问委员会有两大主题：MBA 课程改革和案例中心再造。我们特别邀请了哈佛商学院麦克法伦教授做了背景介绍。委员们对我们的 MBA 新课程体系给予了高度评价，认为我们确实是在引领中国 MBA 未来的方向。

我们也一反过去做法，这次没有送礼品。以前大家有习惯性思维，总要送礼品。其实后来发现，这些人老远赶来，若以大件礼品相送，很难拿回；若送小件礼品，又觉得拿不出手。实际上，熟人无须赠送礼品。

有个小细节受到了好评。我们学生的社会实践短片是关于学生赴农村进行医疗调查的内容。这些委员很关心学生的社会责任感。今年有一个创新，就是在午餐环节，邀请了我们的校友、学生与顾问委员共进午餐。这是这次年会的一个亮点。实际上，学生、校友和顾问委员对话是一次难得的机会。我也询问了这些委员的感受，他们都非常愿意近距离了解我们的校友和学生的情况，这实际上是一个多赢的活动。

我们的沟通办一共发了 11 条新闻，全面及时地报道了这次顾问委员会会议及其关联活动，在社会上产生了十分积极的影响。

顾问委员会会议正在发生一些微妙的变化。我们这几年借助中国经济发展的势头，借助学院发展的势头，借助学院的广泛联系，把它由过去的闭门会议办成了现在的完整的两天活动。实际上，这些顾问委员来参会已不是仅仅为了会见几名政府官员，他们来这里也想跟学生、教师、校友有充分、近距离的接触。我们上星期的总结会就是想把这些程序和经验记录下来，以便有所沉淀，即便将来学院部门负责人发生变化，这一文化也会传承下去。

第五件大事是参与正在进行的全校第 23 次教育研讨会。这是学校极其重视的一项全校性活动，计划举行一年多的时间，从今年 6 月份正式开始。会上学校提出的目标是探讨清华新百年人才培养的使命与模式，特别是探讨拔尖创新人才。学校其他的一些院系，将更多精力投放在研究项目上，而对人才培养不那么重视。而我们学院历来把人才培养放在最核心的地位。

袁驷副校长和教务处在今年 4 月确立经管学院为本科教学改革试点学院。

我们在此之前认真思考过本科教学改革问题。经过全院众多教师和职员的努力，我们在今年 9 月推出了较大改动、较多创新的本科培养方案，在 2009 级本科生中开始实施。在 10 月 15 日学校举办的专题研讨会上，我做了一个专题发言，介绍经管学院本科教学改革的总体思路以及具体方案，反响非常好。

我们在 11 月 12 日召开了全院本科生授课教师会议，我在那次会上做了更为详细的专题讲解，我这儿有十分详细完备的经管学院本科教学改革理念和方案。这一期的《新清华》也将刊登我的发言的一个简本。我们的本科培养方案为什么会受到如此重视？这与我们过去几年在本科教育方面所下的功夫是分不开的。大家知道，2007 年、2008 年、2009 年这三年，我们学院的本科招生工作取得了突破性进展。2007 年招收了 15 名状元，其中 5 名是文科状元，这是在 1952 年院系调整以后没有过的纪录。去年招收了 23 名状元，今年是 20 名状元。同时，我们招收的各省前 10 名的人数超过了参加高考并考入经管学院人数的一半。这三年稳定保持这一势头，是与我们在座各位老师的努力分不开的，大家都参与了这个过程。

在朱院长的亲自推动之下，现在学院开设的英语授课课程稳定在 55% 左右。我们的本科海外交换人数现在已经超过 50%。应该说，所有这些在全校已经处于领先位置，但我们如何能对得起这样优质的生源？我们深感责任重大。经管学院的本科教学改革有三大支柱：第一个支柱是通识教育，第二个支柱是“优秀人才培养计划”，第三个支柱是批判性思维培养。具体内容大家可以从学院网站上看到。

今年，我们博士研究生的教学改革推出了三项措施。第一项是我们把原来每年一次的博士生论坛改为每周一次的学术报告会。每名博士生必须讲解自己的论文一小时，同时要有别人评论。第二项是我们实行了全院统一的博士资格考试，大大增加了其严肃性。第三项是我们要求所有博士论文都要外送匿名评审。学校要求抽查一部分论文，我们学院要求所有论文都要进行匿名评审。今后我们还要继续在博士生培养方面下大力气，也希望能借第 23 次教育研讨会的东风，进一步改进我们的教学工作。

第六件大事是 MBA 课程改革。我们在去年正式推出新版 MBA 并开始试行，今年则全面实施，在社会上产生了很大的影响。去年 9 月我们宣布 MBA 课程改革以后，中欧国际工商学院在 10 月、人大商学院在 11 月分别宣布要推出新的 MBA 课程，据说北大也要在明年推出新的 MBA 课程。我们思考在先，而且通过这次顾问委员会，通过参加麻省理工学院的中国顾问委员会会议，我发现我们设计的整体方案已经同世界上前沿商学院的改革同步了。

MBA 课程改革主要有四大特点。第一，我们特别强调自我认知和软技能开发。我们以往的工科传统使我们的课程偏“硬”，而软技能，像沟通、领导力、职业规划、伦理道德等方面的能力比较弱。这是我们首先突出强调的一点。

第二，我们强调体验式学习，就是从实践中学习。这也是全世界商学院的趋势。医学院培养都要经过临床实践。我们也要用真实的项目使学生体验这种经历，这就是体验式学习。

第三，我们强调整合性学习。现在，各门课程都是由各个系的老师分专业开设的，所以基本上都按职业、职能来规划，但现实中是充满整合的。我们也采取了一些措施，包括开设整合性实践课程、把毕业论文改为综合案例分析报告等，这也是为了整合性学习。

第四，我们看重全球化经历。目前主要通过三种方式，使学生在校学习 MBA 期间，能有机会亲身经历全球化：一是出国进行一学期的访问、交换；二是短期学习交流，我们有去麻省理工学院、斯坦福大学、智利天主教大学的项目。此外我们还要推出第三种——海外实习。这次顾问委员会委员主动提出，他们的一些公司愿意提供这种便利。

根据我们的考察，全球顶尖商学院，如哈佛商学院、斯坦福商学院、麻省理工斯隆管理学院、沃顿商学院等都在进行改革，而这四个方面的改革是全球 MBA 教育的共同新趋势。我们预测未来 10 年内它们必将成为中国 MBA 教育改革的趋势。我们走在了前列。

下个星期 MBA 中心还将组织新版 MBA 的工作实施交流会，希望通过这次会议及时总结、发现问题并解决问题，特别是像软课程、伦理课程、整合实践项目、案例分析等，难度极大。

第七件大事是实施信息战略。在学习科学发展观的过程中，我做了调研。我们在座的相当多职员骨干对我们的信息系统提出了严厉的批评和中肯的建议，有人甚至说不相信自己在清华经管学院期间信息系统可以改变。但我不相信它是不能改变的。从那时候到现在，经过多轮论证，多家公司竞标，现在我们已经基本完成了第一步。

前期调研大家都参加了，意见已相当一致。我们要完成的任务分为三部分：基础设施、CRM（客户关系管理）和门户网页，这些会牵涉我们的所有部门。我们把这项信息化改造当作战略来做。事实上，哈佛商学院一直不把IT（信息技术）当作服务，而是作为竞争优势。

我知道在这个过程中，我们有些中心为了应急，已经着手建立了自己的系统。这次也希望大家都顾全大局，密切配合，以便顺利纳入全院统一的信息系统。

第八件大事是为制定学院战略规划征求意见。我们学院正在为制定一个三年战略规划和再认证做准备。大家都知道，我们的AACSB（国际商学院联合会）和EQUIS（欧洲质量发展认证体系）认证为学院争得了荣誉。下一年我们就要准备下一轮的再认证工作。AACSB是每五年认证一次，EQUIS是每三年认证一次。再认证的要求中很重要的一点就是要制定学院战略发展规划。这其中有一项就是修订学院的使命。AACSB认证是使命驱动的，所以第一条就提出："你的使命是什么?"学院现在的使命是我们多年前拟定的，随着学院的发展，我们也要与时俱进，特别是学院的使命应该简洁明了、容易记忆、便于传诵。用这种标准来衡量，我们的使命陈述目前还有不足之处。

所以，我们开始征求使命的修订意见，在这里我们提出一个初步意见。我们在院务会和系主任那里已经分别做了讲解；今天在这次会上我们也告诉职员管理骨干，希望大家能够提出意见；之后我们将在全体教师和职员中征求意见，毕竟关系到全院。我们事先也做了一些功课，搜集了国内外三四十所商学院的使命，一并发给大家供参考。这只是开始，紧接着学院将制定战略规划以及进行再认证等大量工作。

第九件大事是学校领导来经管学院调研。上星期五，由胡和平书记、谢维和副校长、程建平副校长以及人事处、教务处、研究生院、科研院等部门的领导来经管学院调研。我做了整体汇报，部分参会老师现场发言，最后胡和平书记做了指示，同时几位副校长以及部门的相关负责人，也针对我们提出的一些希望得到帮助的方面做出了回应。

胡和平书记肯定了经管学院工作开展得好，而且有创造性。特别是学院重视人才培养，花了很大的力气。他特别讲到，我们高度重视人才培养，在学校中十分突出。在学科建设上，胡和平提出，经管学院应该在保持管理学科优势的同时，加强经济学科的发展力度。学科发展上要均衡，经济、管理都要强。他还讲了关于人事制度、经费、硕士名额、博士名额等各方面的问题。

我们特别关心的两件具体事情，一是建新楼，一是筹办《清华管理评论》杂志。这两件事学校在星期五的反馈都非常正面。从建楼来讲，关键是用地，现在基本上没有障碍，主要还是积极努力先融资，得到捐款。舜德楼旁边的工厂将来会搬到昌平 200 号，所以说我们有千载难逢的机会，能够在舜德楼的旁边建造比现有面积更大的楼，而它的对面就是新清华学堂。《清华管理评论》的杂志刊号已经办完，现在准备成立单独的杂志社。

我们在教师招聘的程序上有很多灵活性，所以在这方面与学校经常保持沟通很有必要。我们在座的所有职员骨干特别应该知晓，很多事情是需要主动争取的。比如我们教师抱怨不能及时拿到工作证，影响小孩上学，因为办理工作证需要先拿到派遣证等一系列证件。但后来发现，因特殊情况打报告是能先拿工作证的。我们的教学部门、职能部门请一定记住一条，你只要能讲出好的故事、好的理由，学校的各个部门都会通融。如果你不找他们，那是不会自动送到你手上的。学校领导说，很多事情原则上是如此规定，但具体操作起来都可以商量。所以，请你们各部门都要记住这句话。

第十件大事是要对职员进行培训。联系到我们今天的骨干会，我觉得学院现在上升到了一个新的高度，职员骨干也要进一步提高，以适应新的挑战。我在今年的学院毕业典礼上有一篇毕业典礼讲话，其中特别提出了一种清华精神叫作“追求卓越”。我们的朱镕基老院长一直讲追求完美。今年是建院25周年，如果从1979年建立经济管理工程系算起则是30周年。学院的各项工作都有了新的要求、新的标准，也面临新的挑战。弘扬清华精神，追求卓越，是落实在学院各项工作之中的要求。我的这篇讲话“清华精神：追求卓越”在今年暑期全校中层干部会上作为会议资料汇编发给了全体中层干部，也在《清华人》校友杂志上全文刊出。

追求卓越，就要学习。这一年我因为关注建楼的事，所以每到一处就去看人家商学院的楼是怎么建的，包括椅子是什么样的，地毯是什么样的，一直都在学习。我想，在座的职员管理骨干也要学习提高。

学院的工作在这些年来有很大进展，尤其是在过去半年中，在党政班子换届之后，更是加快进行，以上十件大事是集中体现。职员管理工作非常重要，而职员方面的工作，职员管理骨干是关键。

实施人力资源提升计划

（2010 年 1 月 20 日）

学院将实施与大家密切相关的人力资源提升计划。今天我借这个机会介绍它的背景、意义和实施环节。

一、实施人力资源提升计划的背景

去年 6 月份学院进行了党政领导班子换届。新班子成立之后，在各个方面的推动下，我们设立了人力资源提升计划，它有三个直接的背景。

第一，在 2009 年学习实践科学发展观的讨论会中，职员同事对学院的薪酬待遇、工作环境、管理环节等提出了不少意见和建议。学习实践科学发展观不是走过场，学院对职员提出的这些意见非常重视，明确感觉到人力资源的全面提升是学院应当尽快做的事情。

第二，学院目前在实施信息化战略。这个项目的实施将会对我们提高管理水平提供更好的信息化支持。将来我们有了新的信息化平台、门户、客户服务系统后，可以增加人力资源管理系统。新的信息化平台为人力资源提升计划提供了物质基础。

第三，杨斌书记在哈佛商学院参加合作项目时，了解了哈佛商学院的行政管理体系，我们深受启发。哈佛商学院是世界一流的商学院，这是我们熟知的。但我们不是很清楚的是，他们自身的管理水平也非常到位：工作描述清晰，报告途径明确，职员的忠诚度高、士气高、文化和谐。哈佛商学院为我们提供了一个最佳实践模式。

---

* 在清华大学经济管理学院 2009 年秋季学期全院职员大会上的讲话。

二、实施人力资源提升计划的意义

我们要建设世界一流的经济管理学院，学院自身就必须要有一流的管理。在一流的管理中，人力资源提升是其中的关键环节。我们的职员非常努力、敬业，但我们离管理的最佳实践还有很大距离，主要是管理体制问题。

最近我们的一位资深教授对学院的管理状况提出了尖锐批评。他在1月5日给我的来信中说：“对自己学院都管理不好，谈何培养世界管理领袖？我建议先搞好内部管理，先成为我们海淀区的管理典范。我们的行政系统、秘书工作、计算机网络系统、图书资料资源利用、老师的教学和科研，等等，都成世界一流了？我看差得远。”

我们是一所管理学院，我们的教授以研究管理著称。我们的目标是培养世界一流的管理人才，如果我们自己学院的管理都不行，这确实是一个大问题。所以我们提出，建设一流的经管学院首先必须有一流的管理。在这个时候我们推出人力资源提升计划非常重要，也恰逢其时。现在我们学院的国际化已经使我们与世界一流商学院站在了一个平台上。哈佛商学院的管理水平是我们要努力实现的目标。

我们的教师给学生讲如何管理，也理应把专业知识用到自己学院的管理上。我们请学院的老师贡献专业知识，特别是这四个系的老师：会计系、人力资源系、市场营销系和管理科学与工程系。我们要请他们定期对部门和中心给出评估和咨询报告。我们也准备组成一个“行政管理咨询小组”，请这四个系各派一位教师参加，从专业的角度对学院的行政管理做出评估和检查，并提出提升的建议。

我们的信息战略使我们很快有一个比较先进的信息平台，使得我们的一些想法得以落实。加上我们经过多年的努力有了一个非常好的职员团队，这都是很好的条件，在这些基础上，我们要做的就是仔细在体制改革上做文章。

2007年2月1日的全院教师职员大会是我担任院长之后的第一次全院大会。当时，我提到了要控制规模、减少成本、提高效率。回想这三年以来，我们做了很多努力，职员规模控制在 160～170 人，并没有太大增长。但我们的管理效率、水平还有待提高。究其原因是体制和机制的问题。这次要从体制改革入手，人力资源提升计划是“行政管理体制改革”的重要一步。

三、实施人力资源提升计划的具体环节

我们对实施人力资源提升计划很有信心。我自己过去四年在中国工商银行担任独立董事，并且担任董事会薪酬委员会主席和提名委员会主席。这使得我有机会了解工商银行在人力资源管理方面的改革历程，从中学到很多东西，为我们实施学院的人力资源提升计划提供了经验。首先是项目名称，“人力资源提升计划”恰恰是工行 2007 年推出的类似项目的名称。工行现在是世界第一大银行，从资产、存款、利润和市值评估均是世界第一。工行有雇员近 40 万，2006 年 10 月上市，2007 年工行推出了人力资源提升项目。作为一家老国企，在两年多的时间内，工行在人力资源管理上取得了巨大的进展。我在调研中去了几家分行，与人力资源老总交流，了解到他们现在已经实施了基于市场的人力资源管理。数字表明，工行的改革效果明显，比如高管的流失率逐年下降。哈佛与我们的情况不太一样，但工行的经验值得参考。

我请了学院人力资源系郑晓明、王雪莉、张勉老师组成一个专家组，专门为我们的人力资源提升计划做咨询。上个星期在座的同事已经与他们有过座谈和面谈，这都是我们的有利条件。最近我们也听过他们的阶段性汇报，已经有了相当多的成果。

具体而言，我们的人力资源提升计划有六个环节：第一，核定岗位编制；第二，规范薪酬考核；第三，优化职员激励；第四，增强部门协调；第五，提高管理效率；第六，改善服务水平。其中，前三点是环节，后三点是目标。

今天是在项目早期阶段跟大家沟通。我强调，人力资源提升计划是关系学院未来发展的极其重要的一个项目，希望每一名职员同事积极参加，提出建议，把自己作为其中的一员。我们的最终目标是让学院更快地建成世界一流的经济管理学院，在此过程中，我们自身也要具有一流的管理。

行政管理体制改革

（2010 年 9 月 28 日）

从这个学期开始我们将把全院职员大会制度化，即在每学期开学初召开职员大会。这背后也包含了学院在行政体制改革方面的一种思路，稍后做详细讲解。上个学期院务会任命狄瑞鹏老师担任行政事务院长助理，分管行政事务。这是在职员工作方面增添的一个新岗位。

大家在各自所在部门辛苦地工作，对自己所处的部门应该比较了解。对于学院的发展，大家通过网站或其他信息渠道想必也略有所闻，但对于整体情况恐怕了解得不一定全面。

大家入场的时候都拿到一本《水木清华》，这是寄送给清华校友的一本杂志。在这本杂志今年第 7 期上有 10 篇文章专门介绍了清华经管学院。我事先并不知道，直到拿到杂志后才看到。这些文章从经管学院的历史到过去几年学院开展的各项改革，涉及方方面面，比较客观、简要地介绍了我们学院的发展态势。每位同事人手一本，回去可以阅读。

我想着重谈一下行政管理体制改革的整体思路，包括行管理政体制改革在学院发展的整体战略中处于何种位置？如何通过这项改革使学院发展更上一层楼？

先说一下为什么要推行这项改革。作为一个大学，围绕我们所采取的各种措施，一个极为重要的目的就是要适应现代化、国际化，适应在全球舞台上的竞争。目前竞争非常激烈，我们不仅要同体制内的学校，包括北大、复旦、上海交大等学校竞争，还面对体制外大学包括国外商学院进入中国的挑

---

* 在清华大学经济管理学院 2010 年秋季学期全院职员大会上的讲话。

战。我想举一个例子，就是中欧国际工商学院。

中欧国际工商学院在过去几年中发展迅速。它把北京的校园建在了我们的家门口：新址已经在上地落成。它现在一共有三个校区，深圳、北京、上海。我们的 EMBA 和 MBA 项目按照计划每年只能各招收 400 人，它不受计划约束 EMBA 就能招收 800 人。最近，它在《财经》上以两页广告把所有毕业生名字置于其上。它有诸多举措，有些我们也无法做到，比如它可以毫无限制地招收大专学历的 EMBA 学生，招生名额方面也不受限制。我去看过他们的内部管理水平，确实比较高，相当职业化。我们两家学院都是哈佛商学院的合作伙伴，一起办培训项目，关系比较近，所以对我们形成的竞争压力突显出来，而且越来越大。

在国外商学院方面，哈佛商学院在今年 3 月份开启了它的上海中心。他们租赁了两层楼，装修的案例教室与在波士顿的哈佛商学院教室一模一样，甚至还要更好，因为还配备了同声翻译间。

竞争越来越激烈，为了适应这种新形势，我们唯一的办法就是必须与时俱进。在行政管理体制方面，我们希望有相适应的管理体制，减少成本，提高效率，提高管理水平。我们将采取四项举措。

举措之一是在学院人事管理上将教师和职员分开管理。我们学院由教师和职员两部分人员组成，目前我们的教师人数是 140 名出头，职员是 240 名多一点。过去我们设置人事办公室，学校的所有其他学院仍然沿用这一模式，大学也采用这种模式。这种模式在三十年前、二十年前甚至十年前，可能还适应当时的情况，但已不适应现在的需要了。学院决定将这一个部门分开，分别建立教师人事办公室和职员人事办公室。这背后的思路在于对教师管理是一种方式，对职员管理是另一种方式，分别根据各自特点进行管理。这两个办公室由两位院务会成员分管。采取这样的一种管理模式，表面上看是办公室的调整，本质上是管理思路的不同。

举措之二是定期召开职员会议，目前设想了三场定期的职员会议。第一场是全体职员大会，每学期至少一次，由主管行政事务的院长助理召集并主持。我们希望定在学期初，以便对大家一学期的工作有所指导。第二场是职员骨干会，也希望每学期能召开一次。职员骨干交流经验、沟通情况等。第三场是行政办公会，由我们行政部门和教学中心的行政负责人每两星期召开一次，已着手进行。我们部门众多，时常相互不知道其他部门在从事什么工作，而大量重复性工作完全可以互相协调加以避免，以提高效率。

举措之三是改进职员管理和考核工作，使之更加职业化。我们从今以后每位职员无论他在学院的哪个岗位上工作，都会归属一个行政部门或教学中心接受管理和考核。过去，我们没有完善的管理和考核制度。比如我们的系秘书。我们有八个系，每个系都有秘书，在学术系的范围内工作，主要对系主任负责。但在改革以后，所有的系秘书都归属于教师人事办公室。这就形成两条线：一条线，由于工作地点仍在学术系，系主任还继续对其进行主要评价；另一条线，在行政上他们属于教师人事办公室，需要组织他们进行交流、学习、考核等。过去，我们研究中心的秘书或者行政主管，也是在各自中心对其主任负责。在改革后，所有这些中心秘书都将归属到科研事务办公室来组织考核、管理。

举措之四就是落实“人力资源提升计划”。我们学院的行政管理部门可以分成两类。第一类是所有的行政部门、教学办公室、研究中心，大约 150 人左右。这一类会采用一种方法，包括薪酬制定、考核等方面。第二类是我们的 MBA 中心、EMBA 中心、高管培训中心。这三个中心的情况会与前面所说的不尽相同，所以计划也会有些不同。

我们的人力资源提升计划是学院整体行政改革的一部分，而行政改革又是学院整个管理体制改革的一部分。我们现在所做的事情是与学院整体战略完全吻合的，最终目的就是将学院建设成为一流的经济管理学院，使我们的办学水平和管理水平都能够达到国内领先水平，朝着世界一流水平方向迈进。我们是教别人管理的，我们希望自己的学院也能够达到一流的管理水平。

职员的职业化和国际化

（2011 年 3 月 2 日）

刚才杨斌老师对学院 2010—2012 年三年战略规划进行了非常详细的宣讲。狄瑞鹏老师对行政管理工作也做了全面系统的部署，所提出的要求以及整体思路在院务工作会上得到一致认同。关于行政管理工作，我想做一些补充。

首先，如何评价我们学院职员的水平？我思考这个问题后，概括为三句话。第一句话是，我们的职员水平同自身过去相比，进步不小。如果考察过去几年，我们的职员管理、职员工作都有明显的进步。我们现在的很多工作都很规范，比如定期召开职员大会，各部门也都有定期会议。在管理细节上，小事很能说明问题。两三年前，在进入舜德楼大厅后，第一眼看到的是一个垃圾桶。现在已经没有了。

我们工作改进的一个证据是校友的反馈。我们举办了三次校友日活动，上海那次参加了三百多人，北京有六七百人，这次在深圳也有五六百人，很多校友都是第一次参加这一活动。校友日活动的成功举办是我们各部门职员、老师共同努力的结果。校友通过各种沟通渠道与我们老师、职员、学生密切接触，对学院这几年来的发展变化，给予了非常正面的反馈和积极的评价，这些都是证据。同前几年相比我们确实进步了。

第二句话是，我们学院的职员水平与学校的其他院系、部门相比，优势突出。当初何建坤常务副校长兼任我们院长，因为他在学校和学院都工作过，与其他学院接触较多，所以有深切体会。他说过，清华经管学院的职员水平

---

* 在清华大学经济管理学院 2011 年春季学期全体职员大会上的讲话。

和清华其他院系相比，确实不同凡响。

第三句话是，我们的职员水平同朱镕基老院长要求的“我们要做到国内公认的第一”，以及同国际顶尖商学院相比，差距还相当大。这也是一个客观事实。我们身在其中，不一定能十分清醒地看到这一点，而局外人可能看得比较清楚。一年前的职员大会上（2010 年 1 月 20 日），我引述了我们学院某教授的来信：对自己学院都管理不好，谈何培养世界管理领袖？

我还要讲到国资委前主任李荣融。上学期他在我们这儿听课，一方面对我们有很高评价，那些好话我就不说了。另一方面，他是一个细致入微、极为敏锐、观察力很强的人。他曾指着舜德楼大厅用完的餐具说，至少在这里放了 24 小时，比较显眼。如果是在 24 小时以内，他还不会说什么。不仅如此，他还说上课教室里的顶灯有的坏了，他说：“当天我不会说，任何一个地方发现、维修都需要时间。但是几天过后，那个已经坏了的顶灯还原封不动，这就是你们管理的问题了。”我们可能每天都能看到这个灯坏了，但是从没意识到这一点。而他作为一个外面来的人，作为一位十分出色的国有企业管理人员，会很敏感。他随即问我：“你们这些老师有没有到国外商学院去过？”我回答：“当然去过了。”然后他马上问：“国外商学院有这种情况吗？”所以我常说，关键要看标准放在哪里。如果用高的标准看待，我们还有很大差距。

如果用高的标准的话，职业化和国际化就是必然趋势。这是我今天要讲的主题。

一、关于职业化

我今天要与大家分享一个案例。最近，我们有一位去年入学的国际 MBA 学生，她来自美国，上了一个学期之后申请退学了。在这个过程中，她写了一封信。今天，我想通过这一案例给大家说明，我们看问题和外界看问题的角度可能不同。这位学生是哈佛本科毕业生，之后还读过美国的法律博士（JD），又在律师事务所工作过几年。你可以想象一下，这正是我们国际 MBA 项目中的 dream student（梦幻学生）。我觉得，她在信中反映的问题非常客观而具体。我也了解了相关情况，基本属实。

我从她信中挑出几段来给大家念一念，只念那些涉及管理问题的部分。当然也有关于教师问题的内容，我们会再同教师进行沟通。由于她在哈佛本科修语言学专业，又是法律博士，所以英文水平十分出众，遣词造句都极为精准。

她说，“我在申请清华大学这个国际 MBA 项目之前曾来访问，当时接待我的管理人员拒绝给我看课程大纲。后来我才知道，这是为了掩盖我们这个项目部分学业繁重的实情。”简言之，她当时要求看大纲却遭拒绝，后来才发现学业非常繁重，于是她认为这之间不一致。可以看到，她的这种抱怨在我们眼里都不会当成什么事儿，而她却觉得这是一件很大的事情。

她又列举到我们的考试情况，写道：“在一次考试中，学生大面积交头接耳，而且没有被制止。更为严重的是，监考老师在考试期间不但没有维持秩序，反而显然地在跟一些中国学生解释概念。”她完全不懂中文，也许监考老师在讲一句很普通的话，但她会理解成：老师在跟某一个中国学生解释概念。她接下去写道：“在某一次考试中，最开头会有长篇的中文朗读。”她在信中说：“我大致知道其中的要点，但这对一个被宣传为全英文的项目来说不太合适。”描述很准确，表明这件事本身并没有对她造成直接伤害，但她觉得，既然声称这是全英文项目，却不加英文翻译，这并不合适。

随后她提到我们学院的设施还很缺乏，与她想象中的水平相比还远远不够。其中讲到我们的图书馆标识等方面，“对不懂中文的人是一个不友好的环境”，而且对“背背包的人也是非常不友善的”。我不知道为什么会有这句话。或许是因为座位问题或其他什么原因，对背着背包进来的学生很不友善。她还讲到了我们设施上存在的问题。比如，我们的大厅暖气不够，没有学生休息室，也没有提供专门吃午餐的场所等，而这些条件、设施在她去过的一些学校中“应该是十分标准的设施”。

关于课程结构方面“也欠缺”，她特别提到，“会在最后一分钟重新安排课程”，也就是调课。她所说的最后一分钟调课会怎么样呢？她说，“这会使学生不能参加一些已经安排好的其他活动。”本来利用这些时间她要去参加一些其他活动，但因为临时调课使她失去了这些机会。另外，她特别举例说，“这个项目的管理人员也许出于好心，邀请她在最后一分钟申请奖学金”。她说，“我花了大量时间去申请，包括去原来雇主那里索要推荐信等，在极短时间内恳请人家尽快出具。”最后才发现这个奖学金对外国人是不开放的，所以她说，“这确实浪费了很多时间。”

还有一个例子，比如说参加活动，事先讲明使用英语，结果到了那儿才发现：前面是英语简介，后面就都变成了中文。她认为这是“缺乏对学生时间的尊重”，而且“不能从招聘活动中取得更大的收获”。然后她说，“我必须说明，我对清华同学和大多数教师、职员具有最崇高的敬意。”她说他们在总体上都“非常聪明，有才能，很敬业”，她对此毫不怀疑。然而她指出，“在刚才提到的这些方面，他们的优秀品质不能弥补这个项目的缺憾。”

后面还有一段，足以看到美国人的思维方式。她觉得她要离开，但离开的理由不是因为这儿不好，她写道：“我的这些时间可以在别处获得更大价值……我离开这儿，不是出于愤怒或内疚，而是因为我感到好像占了别人的位置。显然我发现，达到最低资格的人基本上都可以接受。”但她继续表述，“我还是感到不舒服，在我申请清华国际 MBA 项目过程中，被告知了一些误导的信息。比如误导我们录取的数字，同我后面的经验相比，这些数字导致我相信这个项目比实际上要更好、更具竞争性。”这反过来说明，同事们工作的确十分努力，以至于在录取时对她构成了误导。她指明自己并没有被告知真正加入此项目的人员流失情况，“在我申请这个项目的时候，被直截了当地告知：‘没有一个人从这个项目中离去。’”后来她发现在此之前，确实有一个来自英国的学生在“入学导向活动”之后就离开了。

可以看出，我们的同事都全力以赴。但以国际学生看问题的角度，他们会有不同的解读。这个案例发生在国际 MBA 项目中，是一个摆在我们面前的非常鲜活的案例。不过，我相信任何项目都会发生这类事情。如果我们真的以世界一流商学院的标准衡量，很多不尽如人意的事情每天都发生在我们的视线之内。

我同MBA中心的相关老师交换过一些意见，她所述内容还是相当客观的。她心平气和地讲述事情的来龙去脉，通过具体实例，讲她自己的解读，讲什么地方她觉得自己没受到伤害，什么地方她认为受到了伤害，什么地方存在误导，什么地方感到不合适，等等。

我觉得这是一个颇有价值的案例，让我们受益匪浅，领悟很多。也许将来有一天，我们应该感谢这位学生，她为我们提供了这么多素材，让我们能对自身工作有所反省。今天与大家一起分享了这样一个案例，我想强调，作为学院的领导，是我们有责任，不是大家的责任。

现在清华即将迎来百年校庆，有说法称清华“已经跻身世界一流”，那可能是大学的不少工科实力雄厚，他们已经跻身一流。学校的目标是2020年要建成世界一流大学，距离那时还有9年时间。如果届时清华已建成世界一流大学，那么我们学院再不建成世界一流商学院便很难说得过去。如果用这种标准衡量，我觉得我们还有大量工作需要做。

去年我们开始实施人力资源提升计划，在薪酬、待遇方面有了明显改善。接下来关键要看结果。职业化（professional），或职业精神（professionalism），有十分丰富的含义。我们是国有事业单位，从整体看，国有事业单位的职业化程度不如大型国有企业。国有企业在过去一二十年中改革力度确实很大，虽然与世界顶级跨国公司相比仍存在差距，但是有很大进步。

我最近读了好几本人力资源系教授推荐的有关人力资源管理的教科书，不过后来我发现最有直接帮助的还不是这些教科书，而是小说《杜拉拉升职记》，我从头到尾一字不落地看完了这本书。书里面谈到了“SMART（目标管理原则）”“SOP（标准操作程序）”“360度绩效评估”，而且是结合实际谈的。书中描述的是一家世界500强企业，其中一些标准程序都有所体现，特别强调的一个观点是SOP大有好处。目的不是说提高效率，而是减少人和人之间的摩擦和矛盾。

其中有一小节就叫“SOP的特殊功用”。我的理解是，职业化就要有规则，要讲规范，做事要有原则。我们学院要建立标准操作程序，也就是说，不管什么部门做事都要更职业化。考察那位退学的学生，实际上她就是要求更职业化，也就是说你告诉我的东西和我的预期要相一致。

大家不要认为，我列举的都是跨国公司和国外的学校，要求太高了。下面我举一个我们中国学校的例子。中欧国际工商学院最近任命了新的院长和教务长约翰·奎尔奇（John Quelch），他曾经担任过哈佛商学院副院长，也在10年前担任过伦敦商学院院长。他和中欧国际工商学院的几位副院长后天就要来我们学院交流。我们学院全体院务会成员去年10月去中欧国际工商学院访问，印象非常深刻。而且，大家不要觉得他们远在上海，他们的北京校区已经建成，就坐落在上地信息产业基地。

中欧国际工商学院的管理从职业化的角度讲，我认为可能是中国商学院中水平最高的。凡是了解中欧国际工商学院的人，应该都很认同。所以，我不是在讲同我们关系不大、遥不可及的例子，不是远在上海，而是就在我们附近的上地，17 000平方米的建筑已经落成，第二期两三万平方米的新校区也在规划之中。我们要和他们交流学习，特别是关于职员管理方面，如何塑造professionalism（职业精神）。我们将来也可以前往他们的北京校区考察学习。

二、关于国际化

第一，我们的国际学生越来越多，层次越来越高。刚才的那封信是一个典型例子。昨天我们召开会议介绍社会媒体、社交网络，看了这封信以后我猛然间意识到，假如信被译成中文放在微博上，我们无论多少宣传可能都比不上它的影响，所幸她没有这样做。不过反过来，这封信也使我看到，经过努力我们现在的国际知名度越来越高，名声在外，好评如潮，要不然她也不会来，这表明我们的同事在工作上都尽心竭力。这是第一步——我们跨出了国门。

但是，我们能不能真正适应并接受新挑战？能不能把更多的人吸引过来，最终留住，并且让他们回去再现身说法，为我们如实传播？我觉得，这是一个真正意义上的巨大挑战。

第二，在我们教师中有外籍教师和不会说中文的外国教师这样两个概念。一部分是在中国受过教育后出国并获得了外国国籍，他们是外籍教师；还有一部分是不会说中文的外国教师，目前数量也在增加，现有 4 位，昨天又有一位接受了我们的聘书，准备秋季过来。我们也加强了教师人事办公室，他们做了大量认真细致的工作。这些教师的预期、行为、做事方法同我们大不一样。随着我们国际化步伐的不断深化，我们相信，不会说中文的外国教师会越来越多。

上周四，我到经济系参加午餐会，有一位老师就不会说中文。在讨论中，这位教师就问到将来学院能不能在真正意义上更加国际化，比如在沟通语言上，能够更多使用英文。而午餐讨论会都用中文，我只能在旁边为他稍加翻译。针对各种挑战，压力确实很大。而中欧国际工商学院在这方面显然已一马当先，他们中相当一部分教师使用的工作语言是英语。

第三，海外的商学院现在已经开设到中国。比如，哈佛商学院在上海建立了中心。芝加哥大学商学院在北京建立了一个中心，在人大附近。斯坦福商学院建立的海外校区设在北大的校园内。现在纽约大学和杜克大学正在国内建分校。我们将来准备招收的高管培训等项目的学员，他们可以随意在附近一溜达，就到了国外商学院的国内校区。所以，竞争会越来越激烈。

* * *

我们的职员要职业化和国际化。怎么做呢？我提出三条：一是制定规则，二是加强培训，三是严格考核。首先要制定规则。但仅有规则还不行，很多规则需要理解才能领会，技能需要学习才能掌握，这就要培训；仅有规则、培训还不够，还要有激励措施，这就包括严格考核。

我们不能只是在年终集中考核一次，我们要按照国际化高效标准来制定、建立一系列新的规则和规定。我们学院培训不同类型的企业管理人员卓有成效，我们也要培训学院自己的职员队伍。考核要成为真正意义上的考核，要讲科学性，不走过场。采用360度绩效评估，一定要适合中国国情。有些360度绩效评估的方法直接搬到中国并不适用，中国人比外国人更讲人情。而且中国学生往往从100分往下减，而外国学生是从60分开始往上加，所以如果外国学生比较多的话，分数会比较低。像这样的情况就要加以考虑。

我刚才做了三个评价，用了三个不同的参照：跟我们过去自己相比，跟清华其他院系比，跟我们追求的目标比。随后我对职业化、国际化做了一些具体的解读。最后我想说，制定规则、加强培训和严格考核是未来非常重要的三项措施。

学院行政管理的制度化、规范化、国际化

（2011 年 7 月 5 日）

从今年开始，我们学院编制并不断更新《职员手册》，同时编制的还有《教师手册》。我们编制《职员手册》的目的是整理和归纳出清华大学和经济管理学院与职员相关的各种规章、制度、政策和惯例中最重要的内容。这些内容涉及学院历史、使命、组织结构、人力资源管理、财务、行政、学术支持资源等各方面。

《职员手册》以简明扼要为原则。许多具体的内容可以在学校和学院的网站上查询，我们在《职员手册》中提供了网址。《职员手册》是为职员服务的，为职员提供必要的信息，使职员得以更好地从事管理和服务工作。同时，它也清晰地列出了职员应该承担的责任和义务。

学院发展环境在不断变化，《职员手册》中的各项内容也将随之修订。如有变动，应以最新公告的学院制度和政策为准。

我们编制《职员手册》，是学院管理更加制度化、规范化、国际化的一项具体实践。由于是第一次编制，没有经验，会存在不足或不准确之处，请同事们及时提出修改建议。

---

* 为清华大学经济管理学院《职员手册》写的前言。

满足于二流，还是追求一流

（2011年11月11日）

今天来参加职员管理骨干会议的老师是这些年来最多的一次。我想借这个机会讲四个问题。

一、职员管理骨干定位

首先是我们职员管理骨干的定位。这个会过去叫作交流会，从这次开始，我们要转型，不再叫交流会，要变得职业化。以前是一年一次，从这次开始，要变成一学期一次。要把它变成一个职业的管理骨干会议。主要是工作会议，同时互相之间沟通工作情况，了解学院发展趋势，布置今后的工作。

这个转变还是应该从管理骨干的概念开始转变。在我看来，至少有两点。第一点，大家不仅仅是一名职员，还是管理者，要富有管理的责任。这一点我觉得我们不同于普通职员。我们经常说，学院的工作有两个“轮子”，一个是教师，一个是职员。在职员之中，管理者的责任远远高于普通员工。

第二点，作为管理者，大家是教师与普通职员之间的重要桥梁。很多工作要通过我们传递给普通职员去落实。因此，除了管理之外的责任还有一个桥梁的责任。从这个角色看，大家不仅要精通本部门业务，而且要对学院的全局有深入理解。我们每学期有一次职员大会，每一年有一次教师职员大会。在这些会上我们也会介绍全院的全局，但是不够细致。在职员管理骨干会上，我们对学院的全局做介绍，是希望大家对全局有深入的了解。比如在EMBA中心工作的老师未必知道MBA中心的工作，也不一定知道本硕博的情况，其

---

* 在清华大学经济管理学院2011年秋季学期职员管理骨干会议上的讲话。

他部门未必知道沟通办、信息办的情况。管理者不同于普通员工之处就是要懂得全局，懂得除自己部门以外的情况。

二、眼光与境界

暑期结束后院务会开了一次务虚会。会议的主题是危机意识。虽然我们取得了很多成就，但是也可以发现正在滋生自满自足，做事的激情有减弱趋势。看上去好像在国内没有什么可以从竞争对手中学到的，好像别人都在学我们。而且也觉得好像改革都做完了，没有什么再好改的了。有的人说要不要歇一歇。

但是在院务会上大家都觉得，自满自足是很危险的。这个时候要停下来想一想。我在院务会上念了一篇对于管理者来说非常经典的文章，就是任正非的《华为的冬天》。这篇文章是2001年3月任正非在华为繁荣时期写的，是整个中国管理界、企业界的经典。我给大家念几段，他说：

> 十年来，我天天思考的都是失败，对成功视而不见，也没有什么荣誉感，自豪感，只有危机感，也许是这样才存活了十年。我们大家要一起来想怎样才能活下去，也许才能存活得久一些。失败这一天一定会到来，大家要准备迎接，这是我从不动摇的看法，这是历史的规律。
>
> 目前情况下，我认为我们公司从上到下还没有真正认识到危机，那么当危机来临的时刻，我们可能措手不及。我们是不是已经麻木，是不是头脑里已经没有危机这根弦了，是不是已经没有自我批判能力，或者已经很少了。那么，如果四面出现危机时我们可能真的没有办法了，如果我们现在不能研究出发生危机时应对的方法和措施来，我们就不可能持续活下去。
>
> 眼前的繁荣是前几年网络大涨的惯性结果。记住一句话：“物极必反”。这一场网络设备雇佣的冬天，也会像它热得人们不理解一样，冷的初期，没有预见，没有预防就会冻死。

下面一句话，也是他很有名的话，“那时，谁有棉衣，谁就活下来了”。教管理的老师通常都会把任正非的这篇《华为的冬天》给同学们讲。我们要把它用到自己的学院。当然，大学的问题与企业的问题不同，表现形式不一样，但实质很类似。表现形式不一样就是企业可以破产，大学很难破产。

但是我们也会经历冬天，是另一种危机，什么危机？我们讨论了，叫作“半死不活”的危机，叫作“二流中的第一”的危机，叫作“二流综合症”(second tier syndrome)。就是自己跟自己玩儿，挺好，总是第一。这些都是大家在务虚会上讨论的时候提出来的。

暑期务虚会上提出的核心问题是：“我们是要做一个二流学院中的顶级学院（即国内最佳），还是要努力成为世界中的顶级商学院？”(“Do we want to stay as a top ‘B’ school(best school in China),or do we want to become a top tier business school in the world?”)

核心问题就是二流还是一流？我们是要做一个二流学院中的顶级学院，也即我们是国内现有学校中最佳的，还是要努力成为世界中的顶级商学院？这句话我反复念了五遍，要不大家不能意识到这个问题。我们是很好，只限于国内这个圈子。但是从全世界看，最多就是 B 类。

这次见朱院长，跟往常一样，我向他汇报顾问委员会谈什么。整个谈话他只问了我一句话，什么是世界一流？我当时一愣，灵机一动，回答说我们顾问委员会里面有四所商学院，哈佛商学院、麻省理工斯隆管理学院、斯坦福商学院、沃顿商学院，我说这些就是世界一流。他听了挺高兴。后面进来了三个院长，麻省理工斯隆管理学院、沃顿商学院、哈佛商学院的院长都来了，斯坦福商学院院长因为太太生病住院没有来。朱院长说，你们三个商学院都是我们的榜样，我们要做出像你们那样的学院。

务虚会讨论的主题就是我们必须避免“二流综合症”，我们必须努力成为世界顶级教育机构中的一员。

我们的 EMBA 是全国最好的。但是，邓峰的 EMBA 是在沃顿商学院读的。以后别再说我们是国内领先，国内第一，《经理人》排名第一。关键是我们必须进入世界一流行列。这一点如果清楚的话，我们现在的压力就很大。

现在世界一流大学正在进入中国。哈佛大学在上海已经有了哈佛上海中心，纽约大学在上海建校，明年开始招生，芝加哥大学在人大旁边建了北京中心，斯坦福大学明年 3 月将在北大校园建立一个斯坦福中国中心，哥伦比亚大学在北京建立了一个中心。英国大学进入中国的就更多了，香港中文大学在深圳建了一个校区，将变成一个特区，要招生 5 000 ~ 20 000 人。

我们虽然招了很多高考状元，但是状元和前十名的含金量在变化。沿海地区的状元不留在国内念本科。今年北京的四个状元全部去了香港。越来越多的中国精英子女去国外读大学和中学。人大附中前年有 40 位学生出国，今年有 100 位学生出国，他们根本就不参加高考。从明年开始，香港的大学本科从三年变四年。我们面临的压力很大。

什么是一流？这取决于眼光或境界。办教育需要三种眼光或境界。邓小平在 1983 年给北京景山学校的题词是：教育要面向现代化，面向世界，面向未来。我小学是景山学校毕业的。我的解读是办教育需要三种眼光：现代眼光是面向现代化，世界眼光是面向世界，长远眼光是面向未来。我觉得没有这三条就不可能成为一流，就是自己跟自己玩儿。

朱院长特别强调要请国际顶级商学院来。要不然总觉得自己好，但是只要一比就知道差很多。我每年去参加哈佛商学院顾问委员会会议，我用半天的时间去听他们的 MBA 课，我也听我们的 MBA 课，感觉真的很不一样。尽管我们的 MBA 有了很大进步，但是你往哈佛的教室里一坐，没有一个人干别的，所有人都全神贯注讨论案例。而在我们的课堂里，很多人拿着手机坐在那不知道干什么。我们还差得很远。

要有现代眼光、世界眼光、未来眼光，没有这些就不会是一流。我们学院的使命修改得很好：创造知识，培育领袖，贡献中国，影响世界。乔布斯说活着就是改变世界，我们就说影响世界。我们创造了多少知识，培育了多少领袖，为中国贡献了多少，有没有影响世界？我觉得还差得很远。

首先观念非常重要，一定得有一流的眼光和境界。没有眼光和境界，就只是局限在技术细节上。我们要有愿景，我们要有使命。EQUIS（欧洲质量发展认证体系）认证的时候人就说到，办好一个商学院需要四个一流：一流学生，一流支持者，一流教师，一流设施。清华经管学院已经有两个一流了，我们有一流学生，一流支持者，包括顾问委员。至于另外两个一流，一流教师，我们正在做；一流设施，我们还没有。所以核心问题就是不能在二流中称老大，我们一定要进入一流，而进入一流必须要有一流的眼光，这个眼光我觉得必须得有现代眼光、世界眼光和未来眼光。

三、根本动力

我以前说过，要做一流管理学院，先创学院的一流管理。一流管理就要取决于在座的职员管理骨干发挥重要作用。

经过行政管理体制改革和人力资源提升计划，我们已经初步建立了一个比较合理的职员管理框架。我们正在建设标准操作程序，健全职员考核体系，启动职员培训，这些都是非常必要的，都是基础设施，但是还不够。

这就要看我们的差距在哪里。要把对职员工作的要求放在学院愿景的大框架中来考察。尽管我们的职员工作水平在全校各院系中最高，但那可能是三流中的第一；在全国商学院中也可能是最好之一，但那也是二流中的最好。我们还没有到世界一流。

论学院行政管理水平，一流是有基准（benchmark）的。一个是哈佛商学院，还有一个离我们近一点，就是香港科大商学院。这两个商学院在行政管理上远远高于我们。香港科大也是在华人社区，先不说它的学术水平，单就行政管理水平看，我觉得不比哈佛差，可能在某些方面还要更好。当然，学习不光是学些技术，还应该学本质，学精髓。

有一句话，是朱院长在他的文章里引用的，就是“最好的学习方法就是向最好的学习”（The best way to learn is to learn from the best）。向最好的学习，就是有比较。一比较就会发现我们确实还有差距。下面我举三个例子。

第一个例子是关于今年举办的顾问委员会会议和全球管理论坛，整体来讲非常不错，能做到这个结果也是不容易的。我这里有一些佐证。哈佛商学院新任院长第一次来，是印度裔的。他第一天没有跟我说一句赞扬的话，只说了一句“我学习了”（I learned）。第二天他就说，你们这些顾问委员能讲这么多跟学院发展有关的好建议，这很好。而我们那些顾问委员，来学校讲的至少一部分话都跟学院无关。他觉得我们的顾问委员会很有水平。旁边的麻省理工斯隆管理学院院长很赞同。他说我们举办的顾问委员会，无论从发言到整个会场的布置等都很有水平。我第二天到工行开董事会，碰到梁锦松，他是北大光华管理学院顾问委员会委员，他在黑石的老板苏世民是我们的顾问委员。他说他老板认为我们的顾问委员会办得水平很高。这些都是可信的证据。

由此说明我们的组织水平很好。当然这不是一下做到的，是逐步学习后改进的。我从哈佛商学院带回来他们的顾问委员会的委员名册，我们向他们学习，所以我们今年的顾问委员会的委员名册比去年有很大的改进。这次顾问委员会会上用的两个案例的编排也接近一流水平，所用字体也是学了哈佛商学院案例。我们向最好的学习不耻辱，最糟糕的是向差的去学。

昨天下午我花时间给顾问委员写感谢信。我们的习惯做法是把去年的信调出来，改写日期发出去。但是，过去用的模板有问题。我们用的是中文操作系统，因此写英文时行距太宽，看上去很不舒服。而哈佛、麻省理工等学校的商学院来信和中欧国际工商学院的来信就是国际化的。于是我重新做了模板。

第二个例子是学院网页上的教师信息。我们大概花了半年时间，信息办和教师人事办都下了功夫重新设计网页。以前找每个教师的信息时，需要多个搜索条件，比如姓名大于等于多少，专业大于等于多少。现在是按照教师姓名的拼音排序，搜索起来就相当方便。最开始的时候，在 A 开头的姓名和 B 开头的姓名之间没有用字母间隔开，但是 iPhone 的通讯录上是有间隔的，我们后来改了。信息办做到今天这种程度是很不容易的。我们现在正在做各个系的网页。虽然我们的网页已经有了很大改进，不过与哈佛、斯坦福、中欧、长江等商学院的网页相比，还是有差距。

第三个例子是学院网页上的新闻。清华新闻网上有关于清华管理全球论坛的新闻，挂上去一个星期后浏览量只有669，还不如一个职工之家、主持人大赛的浏览量，另外一个学院的普通论坛都有2 770的浏览量。这是为什么？其中标题就有问题。有些标题适合学院网页，但是用于学校网页时就要修改。

周末我和沟通办进行了很多交流。我们的网页现在看上去还不错。但是我琢磨了半天，觉得有点不对劲，最后发现我们的新闻首页全是学院的活动，没有一个教师的名字。反观国内几家商学院的网页，在首页上都有教师的名字以及相关内容。我考虑到这也许是偶然现象。于是我查了学院过去的100条新闻，标题新闻中出现老师名字的，除了我，一共只有三条。外人看学院网页新闻，都是搞活动，层次很高。这些新闻也很重要，但是学院中没有教师还叫什么学院？我们教师的研究在哪里？我们教师的学术影响在哪里？北大光华的首页上有三个教师的头像和他们的学术论述。滚动照片里有教师获得论文奖。他们在这些方面做得比我们强。

我几次开会都说要反官气、反俗气。“领导出席”“热烈欢迎”“顺利毕业”“成功举办”，这些基本上都没有了。但是在展现学院教师方面，我们还有待改进。

差距在哪里？表面上看，差距在业务水平上。但是有深层次问题。这里要强调两点：一是前面说的不能甘心做二流，要做一流，做世界最好的商学院。二是需要有三个前提：责任心、进取心、学习能力。有了这三条，业务水平是可以提高的。不然再培训也没有用。我们现在出现的问题并不是中英文写作这样的业务能力问题，远远比这方面更重要的是缺乏责任心、进取心和学习能力的问题。我们要研究如何在这三方面改进，不然再培训也只是解决技术问题，不是解决根本问题。

首先是责任心。做事不是为了交差，不是为了敷衍，也不单单是为了完成任务。做事是为了实践学院的使命，是为了让服务对象满意，是为了管理上的有效，最后还要结果导向。这就是责任。发一条新闻没有错不是目的，要看效果。比如给学校新闻网投稿清华管理全球论坛，从完成任务的角度看，投稿任务是完成了，但从效果看，是非常不够的。我周末给沟通办写了信，把我的思考提出来，我觉得这是我的责任。责任心是什么？就是我们要有责任去想为什么做得好，跟一流还有什么差距；如果没做好，要去想自己有什么责任，为什么会发生这种情况。

其次是进取心。进取心比责任心更进一步。我对普通职员还不敢这么要求，但对我们的管理骨干有这样的要求。管理骨干的工作职责虽然是上级布置的，但是做得如何取决于进取心。没有进取心的人，就是被动工作。有进取心的人，会好学，好问，主动做事，主动纠错，总觉得自己在进步，每天都不同；没有进取心的人，天天觉得做同样的事。

再次是学习能力。学习能力比知识更重要。有学习能力的人，即使不懂，也会学懂，举一反三，一次纠正，下次就不再犯。没有学习能力的人，即使教了数遍，下次还会犯同样的错误，甚至立即犯同样的错误。我们要在职员，特别是管理骨干中，积极推动提高学习能力。

以上三条，比业务水平能力的提高更重要，就是责任心、进取心和学习能力。希望大家进一步讨论。

四、具体工作要跟上

学院要在三个方面做调整。第一，机构结构调整，原则上人员向教学部门倾斜，减少职能部门人员。轮岗和流动，不仅普通职员，管理骨干也要轮岗。北大光华一共 130 名职员，不包括研究中心是 110 名职员。我们学院现在有 260 多名职员，不包括研究中心可能 210 多名。现在的管理骨干正好一半在职能部门，一半在教学部门。从整体看，可能需要一些调整，减少职能部门人数，向教学一线部门倾斜。我并不是说职员少就好，国外一流商学院的职员与教师的比例远远高于我们。但是在职员结构上我们需要做一些调整。

第二，人力资源管理需要进一步提高。工作量评估，我们现在还是没有落实到位。比如现在 MBA 中心申请增加若干编制，我们怎么知道是应该还是不应该？其他一些办公室也在申请，如金融硕士项目。人力资源管理应该有客观标准，评估一个部门需要多少人员不是靠拍脑袋。目前人力资源管理的框架已经具备，但是具体内容，包括考核、评估、机构编制设置等有待制定一套比较科学的办法。现在看来有些办公室特别忙，而另一些办公室就比较轻松。没有对工作量的评估就没有办法做出合理安排。

第三，业务层面，有三点：（1）一专多能，多面手；（2）建立资源共享机制，减少重复工作；（3）加强时间管理、高效执行、团队协作。这些需要我们在今天的会上进一步讨论。

总结一下以上四个方面：一是职员管理骨干的定位，即负有管理责任的主要员工。二是我们不能做二流中的顶尖，要进入世界一流。这里的核心就是眼光和境界，要有现代眼光、世界眼光和未来眼光。三是要有责任心、进取心和学习能力，这比业务水平和知识重要。四是我们已经有了人力资源提升计划和职员管理体制框架，现在需要充实和调整。

总之，经管学院教学水平的提高，首先要提高学院自身的管理水平，这就要靠在座的各位。

杜拉拉的启示

（2012 年 3 月 15 日）

我们学院的职员工作，这几年来进步很大。不过，如果用世界一流学院的管理水平作为标尺，还是有很大差距。关键的问题就是做二流还是一流。我们必须避免所谓的“二流综合症”，就是满足于我们跟国内的学院比，跟大学内兄弟院系比，我们的职员工作水平、管理水平和服务水平都很出色。我们的参照系应该是成为世界顶级教育机构中的一员，我们要成为世界一流商学院中的一员。

在 1 月 16 日的全院教师职员大会上，我提出了今年的主题词——质量。我们不能靠规模，只能靠质量，在职员工作中，就包括职员队伍的质量，管理水平的质量，服务水平的质量。表面上看质量问题是业务水平问题，比如有文字的业务水平，有教育项目的业务水平，有推广方面的业务水平。但从更深层次看还有比业务水平更重要的共同点，这就是我在去年 11 月 11 日职员管理骨干会上提出的责任心、进取心和学习能力。不管大家的工作岗位是什么，这是一个一般性的问题，希望引起大家的高度重视，并能够转化成提高质量的具体行动。

责任心，就是做任何工作不是为完成任务而完成任务，不仅要做，而且要做成，做成就要看结果，要结果导向，使命导向。光有责任心还不够，还要有进取心。有进取心就有主动性，好学、好问，会做超出工作描述范围的事。没有进取心的人每天做的事情都一样，有进取心的人每天做同样的工作都会觉得不一样。我特别强调学习能力比知识重要得多。有学习能力的人，

* 在清华大学经济管理学院 2012 年春季学期全体职员大会上的讲话。

即使不懂，也都会学懂。没有学习能力的人，总会犯同样的错误。如何培养学习能力，是我们要关注的。责任心、进取心、学习能力，是学院对职员提出的要求，它们比具体的业务水平更为重要。

刚才我讲的可能比较抽象。有一个例子我们大家可能都熟悉，我觉得还是有参考价值的，就是《杜拉拉升职记》这部小说。这本书销售了500万册，我们学院顾问委员会委员柳传志大力推荐。关于责任心、进取心和学习能力，《杜拉拉升职记》这部小说中有很形象的说明。

杜拉拉与在座很多人有不少相似的特点。女性，据考证1974年出生，大学毕业。我们在座的同事不少也正好处于这个年龄段，也是大学毕业或硕士毕业。她曾经在民企和外企各干了五年。这部小说共四册，从她26岁写到36岁，共十年，在两家外企工作。她的第一份工作是销售助理，第二份工作是行政人事主管，第三份工作是薪酬福利经理，换算成我们的级别，相当于总监。十年中，她从最初级的员工做到了相当于我们这边的总监。她的教育背景、年龄段、性别和我们的多数职员吻合。在她所工作的外企，有明确的规则、标准操作程序、360度测评等。

我们作为一个教育事业单位，在管理流程各方面与外企还有距离。为什么像中欧国际工商学院这样的教育机构在管理水平上比较高？因为他们以外企为参照。虽然我们不是外企，但是正如朱镕基老院长讲的，我们要学习世界上一切先进的管理理念和方法。

杜拉拉不是一个特别突出的人。但从她身上可以看到责任心、进取心和学习能力。她是一个大学本科毕业生，书中有一个情节描述她从广州被派到上海做办公室装修。虽然她没有干过，但做得还是相当出色，后来被提升为行政人事主管。后来她又任职薪酬福利经理。她没有学过薪酬福利管理，而这是一个技术性很强的工作。她没有念过MBA，没有硕士学位，也没有出过国，但是她很努力。我觉得像她这样的例子离我们就很近。我并不认识作者本人，我猜杜拉拉有作者的身影。可以推断，这本书的时间点是从1999年写到2011年，因为中间讲到了2008年金融危机。作者不是专业小说家，基本上写的是自己的成长。其中很多关于职场的细节与我们相关。她不是一个“高、大、全”的形象，而是一个生于20世纪70年代，没有特殊背景，上过大学本科的职业女性。小说中的描写远比同名电影、电视剧和戏剧中的内容更为丰富，也更有参考价值，特别是我强调的责任心、进取心和学习能力这三条，都体现在杜拉拉身上。

最后，我觉得我们还是需要有激励。希望我们的人力资源部门制定一些措施，鼓励有责任心、进取心和学习能力的人。鼓励可以是多方面的，既可以是表扬，也可以是创造机会，培养有责任心、进取心和学习能力的人，把他们放在重要岗位上。反之，对没有责任心和进取心的人也要帮助，因为我相信人都是可以改变的，关键还是要有一个好的机制。

我相信，如果我们能够提高大家的责任心、进取心和学习能力，职员队伍的工作质量、管理质量和服务质量就会上一个大的台阶。对此我非常有信心，因为我们职员的素质、背景、平均水平都不低于杜拉拉。

管理职员的责任

（2012 年 9 月 25 日）

学院现在有压力，这个压力很大程度上来自我们的成绩。因为有了成绩，名声就大，学校对我们的要求和外界对我们的期望也随之提高。这几次学校开会胡和平书记说，慢进也是退。我们的新校长陈吉宁的风格是讲话不拿稿，上来就说今天我讲几个问题，讲完了就说今天我讲完了，散会。

学校的战略、学院的压力为我们这次管理职员会定了基调。2009 年，我们推动了教师实行全员年薪制，同时规定了公共服务、学术假等。同年我们启动人力资源提升计划。从 2010 年到 2012 年，教师人事制度改革又有了新的重大突破，启动了长聘制（tenure track）。学校在 6 月 25 日正式批复了我们学院在今年 1 月 4 日提交给学校的关于教师人事制度改革的报告，并给予高度评价，在今年 8 月召开的全校党政干部会上，把它作为学校战略用以参考的试点。我们一直都说教师和职员是学院运行的两个轮子，所以我们的教师队伍建设和职员队伍建设从来都是并行的，职员人事制度也是学院整体人事和队伍建设的一个部分。

我们在 8 月份连续开了两天多的院务工作会，制定学院未来三年的战略规划。我们上一个三年规划是在三年开始的一年之后才制定出来，这次是要在三年的开始时推出。应该说，前一个三年规划完成得相当不错。下一个三年更为关键，我们要在三年之中迎来建院三十周年，三十而立，如何表现我们而立？在过去这些年我们推出了很多改革，下一步主要还是深化改革，并且把目标放在教学质量、教师质量、研究质量和职员质量上。

---

* 在清华大学经济管理学院 2012 年秋季学期学院管理职员会议上的讲话。

陈吉宁校长在全校干部大会上讲到2020年清华要进入世界前30名。根据这个目标倒逼回来看我们现在2012年怎么做。这个目标对教师提出了很高的要求。在这种情况下，职员队伍建设，特别是管理职员，应该是一个什么样的要求？这就是我们要思考的问题。这是这次会议的背景和意义。这个背景，既有学校的战略，又有学院自身发展的要求。

我们的职员同事非常敬业，没有大家的努力，特别是在座管理职员的努力，学院不可能发展到今天。我只举一个我熟悉的例子。上星期三，我们举行了EMBA的秋季开学典礼。这次EMBA开学典礼规模最大，因为是和五道口金融学院合办，用的是主楼后厅。在这个开学典礼上我们推出了装有所有EMBA课件的iPad，我们称它为iEMBA。开学典礼前两星期，供应商给我们拿来的外壳就是市面上销售的皮套。我们说这不行，必须得跟我们原来的纸板课件一样。结果最后做出来了，很漂亮。学生拿到以后是个惊喜。这说明我们的团队很有战斗力，在关键时刻能冲上去。

两年前学院制订了人力资源提升计划，建立了一个比较合理的职员管理体系。与此同时，引进了SOP（标准操作程序），360度测评也在实验之中。但是管理上还有很多欠缺。

第一，考勤问题。8月13日至17日是我们开学第一周，按照要求，五天上班的打卡次数应该是1 890次，实际收上来的是521次，占28.6%。而这28.6%打卡人次之中，打卡规范（上下班之间按规定不少于9小时，即8小时上班，1小时午餐）的是310次，占57.3%。这个数字表明，学院的考勤管理还是有明显问题。同时，有两个部门打卡次数相对较多，一个是培训中心，一个是EMBA中心。这两个部门打卡次数最多的原因我们也知道，因为他们的绩效考核中有考勤。所以这是一个管理问题。

再有，学校不同于其他机构的很大优势就是有寒暑假。学校明确规定教师暑假是四周，而职员暑假是三周。但是我们把职员比教师多一周上班处理成值班，结果有的部门人多，有的部门人少。国外的商学院中职员并不是随教师放暑假的。当然，这里有很大的责任是学院没有明确规定。

第二，奖励问题。人力资源提升计划调整了薪酬，但是实际运行中没有太多的考核体现激励。比如，普通职员第 13 个月薪酬没有不发的，这就失去了激励的意义。如果第 13 个月薪酬一定要发，这是传统，不能打破，那就应该有其他的激励方式。优秀职员奖是轮着发的，也失去了激励作用。

第三，惩罚问题。我们还没有建立惩罚机制。即使是干得不好离职，也做得偷偷摸摸，完全没有警示作用。

我们的人力资源提升计划只做了一半，没有完全落实，包括考核问题、激励问题、惩罚问题等。

我们有些同事是从外企过来的，也有从国企过来的。他们反馈说，无论在国企还是外企都没有像我们学院这样的职员管理。我在几家国企担任独董，我知道现在国企的管理也不是这样了。

这里很重要的还是管理职员的责任。我们在座的管理职员，不同于普通职员，大家都负有管理责任。9 月 17 日院务会通过的关于规范管理职员队伍的规定。首先重新界定了管理职员。管理职员过去叫作职员管理骨干。现在所有管理职员的聘用和薪酬都需要经过学院职员工作领导小组的批准。过去这些都是由院务会分管该职员业务工作的老师批准，而现在统一管理了。管理职员之间的轮岗等做法过去很难实施，现在都变得有可能了。这实际上为在座的老师提供了更多的成长空间，在不同部门、不同岗位上的提升空间。

管理职员与普通职员的定位确实有大的不同。管理职员是管理者，要带团队。根据学院的需要，管理职员会被调动岗位。这要求大家不只懂本部门，也要对学院有全面了解，因为将来你会承担其他工作。最近学院也对薪酬机制做了评估。学院普通职员的薪酬（考虑到寒暑假因素之后）与市场相差不大，但管理职员与市场有些差距。如果薪酬有所调整，对大家的要求、大家担负的责任也会有相应调整。这是相辅相成的两个方面。当我们看市场薪酬信息的时候，也不要忽视相对应的责任。激励和责任应该相匹配。

管理职员的概念不同于过去的事业编概念。事业编是计划经济体制遗留下来的问题，随着事业单位改革深化，早晚都要改。学院现在实行的是不区分事业编和非事业编的合同制，而是区分管理职员和普通职员，其间的差别比较大。

在座的管理职员都担负着具有挑战性的工作。大家有苦水，甚至还有泪水，学院非常理解。管理职员占职员总数的15%左右，管理职员是学院发展建设中极其重要的力量。

希望大家根据学校、学院整体战略思路，具体结合职员工作，特别是管理职员的责任，以及新的管理方法和措施，有一些新的认识，并付诸行动。

学院职员工作的重点

（2013 年 1 月 10 日）

一、职员工作理念与定位

2010 年学院进行了人事制度改革，区分了教师人事制度和职员人事制度，并把后者作为行政管理体制改革的一部分。在教师人事制度改革完成以后，学院又进一步深化了教师和职员管理体制改革。

教师人事制度改革的理念遵循三个毕竟：我们毕竟是大学，毕竟是教师，从事的毕竟是创造性、思想性工作。教师的主要工作是教学、研究。学院的教师体系是八个学科系、学术委员会、学位分委员会、教授提名委员会等，全部由教师组成。与学术相关的事务遵循同行评审、内部协商的原则，而不是遵循上下级的行政指令。学院正在逐渐实施，教师在教学项目中只能担任学术主任，不再担任行政管理职务。这就是在教师中不能有“行政化”。

而职员组成的体系是行政体系。职员的工作性质与教师非常不同。职员的职责是管理与服务。当我们批评“大学行政化”时，要具体分析。教师体系不能“行政化”是对的，但是，任何大学都要有行政管理，所有的行政体系都在一定程度上是科层制的，这样才能保障运行效率。大学中的行政管理不能依赖教师，必须主要依靠职业化的职员。因此，职员体系必须“行政化”，我们现在的问题是职员的“行政化”不够，效率不高，不要说与外企相比，甚至还不如改革后的国企。

---

* 在清华大学经济管理学院 2012 年秋季学期全院职员大会上的讲话。

职员体系包括职员人事制度和行政管理体制。前者是关于职员个人的，后者是关于行政组织的。教师人事制度与企业人事制度迥然不同，教师的劳动力市场与企业的劳动力市场也基本上不相通。然而，大学中的职员人事制度与企业中的人事制度却相似，大学中职员的劳动力市场与企业中职员的劳动力市场也是相通的，我们的不少职员就来自企业。虽然大学的工作环境、工作性质和服务对象与企业很不同，但是，大学的行政管理体制与企业的行政管理体制是类似的。我们过去的问题是对教师和职员的管理不加区分，而大学又离不开行政管理，结果造成大学的“行政化”问题。但是，单纯的“去行政化”不能解决问题，只有区分教师和职员，区分学术问题和管理问题，才能从根本上解决问题。

教师和职员在管理上的分离正是现代大学制度的基础。我们学院是清华大学内第一个把教师人事管理与职员人事管理分离的学院。其他学院和大学层面还是一直以来的体制，仍然按照是否事业编来管理，在事业编中不区分教师和职员。

二、职员工作过去三年做了什么

在过去三年，也就是上一个战略规划期间（2010—2012 年），我在全院职员大会上有过四次讲话：

（1）2010 年 1 月 20 日讲话：与教师年薪制改革同时起步，作为行政管理体制改革第一步的人力资源提升计划启动。提出了核定岗位编制、规范薪酬考核、优化职员激励、增强部门协调、提高管理效率、改善服务水平的要求。

我在讲话中引用了某位教授的来信摘录：“对自己学院都管理不好，谈何培养世界管理领袖？我建议先搞好自身内部管理，先成为海淀区的管理典范。我们的行政系统、秘书工作、计算机网络系统、图书资料资源利用、老师的教学和科研，等等，都成世界一流了？我看差得远。”

（2）2010 年 9 月 28 日讲话，其中提出四项举措：教师与职员分流、定期三个职员会议、职员管理与考核、人力资源提升计划。

（3）2011 年 3 月 2 日讲话，其中提出职员队伍建设要职业化、国际化。我在讲话中引述了一封来自国际 MBA 学生的退学说明信。这位 2010 年 9 月入学的学生是哈佛本科、美国法学院的 JD，在一个学期后申请退学。她的说明信写得非常客观、具体，情况基本属实。这反映出我们职员工作中的许多问题。

（4）2012 年 3 月 15 日讲话：提出职员要有责任心、进取心和学习能力，榜样是杜拉拉。

在职员人事制度和行政管理体制改革方面，过去三年我们做了什么？

2010 年：教师人事与职员人事分别设立办公室，设置行政事务院长助理岗位，建立三个会议制度（全体职员大会、管理职员会、行政办公会），启动人力资源提升计划并进行职员薪酬体系改革。

2011 年：出版《职员手册》，建设学院 SOP，启动 e-HR 项目，试点 360 度考核，启动目标管理绩效考核项目。

2012 年：事业编与非事业编职员统一管理；划定管理职员范畴；管理职员任免由职员工作领导小组决定；出台职员工作领导小组工作条例；学院关键管理岗位规划大学备案；加强考勤管理并启动 E-考勤项目；启动薪酬评估项目（尚待实施）。

三年前启动的教师人事制度改革已经全部到位并与国际接轨。三年前职员人事制度与行政管理体制改革同时起步，三年来有进展，但是总的说来，还没有完全落实到位，特别是与教师人事制度改革相比较而言。在学院其他很多工作都步入正轨的情况下，职员人事制度和行政管理体制改革的工作显得落后了，拖了学院整体工作的后腿。新的三年战略规划中提出了更高的目标。我们要遵照这个目标，边补课，边提高。

三、职员工作重点

根据三年战略规划的精神，我今天提出未来三年职员工作的四项重点是：优化结构、强化激励、职业化管理、国际接轨。

1. **优化结构**

我们比较了清华经管、北大光华、复旦管院、上交大安泰这四所商学院中的职员人数，也比较了这四所商学院内部的部门设置和每一部门的职员人数。无论是职员总数，还是把职员总数除以学生人数或教师人数，我们的职员规模在四家学院中都是最大的。中欧国际工商学院的职员人数比我们多，约400人。但是两者不可比：一是它是独立学院，不能依靠大学的设施；二是它有三个校区。

我们职员人数多的可能原因之一是我们的管理和服务水平的质量高，所以需要人多。比如我们的工作做得更仔细、水平更高，跟学生和校友之间的互动更好。第二个可能的原因是其他学院外包多。第三种可能是我们的留学生和交换学生较多，所以需要额外人员提供服务。第四种可能是我们的教师不再担任很多行政管理工作，这会增加对职员的需求。

除此之外，是不是也有结构不优化、管理效率低的问题？我认为是有的，主要表现为两大问题。第一，机构内岗位设置有问题，每一个人工作单一，分工太细，互不交叉。这清楚地体现在我们五个教学项目中的职员岗位设置和工作描述中。这既不利于学院工作，也不利于职员自身的发展。多面手对锻炼职员的能力、增加自身的人力资本价值都是有益的。

第二，从岗位描述中，我们也发现机构之间存在大量的重复岗位设置。要正确处理所谓“中央”与“地方”的关系，“条条”与“块块”的关系，在我们这里就是“部门”与“教学项目”的关系。最极端的例子是市场推广。国外商学院都有学院层面统一的负责市场沟通的MarCom（marketing and communications）部门。学院是一个品牌，招生在各项目之间是通的。中欧国际工商学院、长江商学院都是如此。即使在大学商学院，比如复旦，也是如此。而我们的市场推广和沟通加起来有十几个人，分散在各个教学项目和沟通办。百度一下清华EMBA或培训，搜索结果第一条是学院的高管培训中心，因为他们付钱了。而学院都没有显示在第一条，因为学院没有付钱。EMBA搞管理名师论坛，在《财经》年会上做广告，只是EMBA的，学院其他项目不能受益。现在在百度上推广品牌，就要把与学院相关的所有教学项目都放在一起展示，但是学院层面没有一个部门做这项工作。

市场推广是一个极端的例子。其他方面也都存在类似的问题。由于我们的“部门”服务跟不上，导致各教学项目都要自成体系，结果重复建设。但是简单的集中，而不改变管理方式，也是不行的。并不是越“集中”越好，在“集中”和“分散”之间应该有一个有效率的平衡。对这个问题要认真研究。

2. **强化激励**

要提高两个竞争力：职员薪酬要有市场竞争力，职员工作水平也要有市场竞争力。要在激励机制上想办法，不然责任心、进取心、学习能力就不可能落实。

激励包括正激励（奖励）和负激励（惩罚）。薪酬要拉开距离，考核要严明，人员要流动。但是我们现在所有普通职员都发第13个月工资，所有管理职员都发100%薪酬，没有真正的奖惩。评优也是轮流做，完全丧失了初衷。有职员抱怨薪酬没有市场竞争力。学院愿意给有市场竞争力的薪酬，同时也要求与市场相匹配的投入和强度。

要从职员招聘入手：选择有干劲的，要干事业的，而不是想图轻闲的人。我们有比企业和其他事业单位更多的假期，有暑假和寒假，通常没有加班。但是，我们不是一般的大学机构。我们是经济管理学院，是商学院，商学院的行政管理更加市场化，同时，商学院在改革方面通常都走在其他院系的前面。

3. **职业化管理**

要提高两个水平：

第一，提高对职员的管理水平的职业化。人力资源管理有一系列现成的管理方法：薪酬、考核、SOP等。这些方法都已启动，但是没有落实到位。

第二，提高职员服务与管理水平的职业化。中欧国际工商学院的管理水平是我们认可的职业化，我们与他们还有距离。最近我去复旦大学管理学院开院长会，特别注意了他们的管理水平，感觉上我们的服务与管理水平在一些方面不如复旦，比如厕所和楼道，他们也是旧楼，但比我们布置得好很多。最近我们的MBA中心开始要求职员上班着正装，这是一个好气象。我并不是说大家都要着正装，而是说，每一个部门要想办法提高管理水平，要更加职业化。

最近我走访了一些办公室，发现了一些很不职业的例子：

- 房间的利用效率：博士后工位一半空闲，但我们的博士工位缺一半。办公室如果是大房间的话，办公效率更高。地下车库有安全隐患，可以从车库直接上楼。

- 有些办公室房间内部很不整洁。职员是服务与管理部门，经常有人进出，关系到学院的形象。我还发现地下室有物业人员居住，离院长办公室不出50米，就能看到类似棚户区的居住环境。

- 大量背板制作，只用一次，非常浪费。几年前就提出过，但没有改观。毕业典礼，要照相几百、上千次，值得，但是大多数背板只为了照一次相，能否有替代？

- 职业化管理，既是为了把事情做得更好，也是为了使职员本人提高能力，提升自身水平。

4. 国际接轨

要实现真正的双语工作环境。学校的注册系统今年4月就可以实现双语运行。

外籍教师在研讨会中提出，但我们之前没有注意过：伟伦楼朱院长题词、陈岱孙塑像说明都没有英文翻译。

在6年前的2006年10月31日顾问委员会会议上，朱镕基老院长严厉批评学院没有落实他多年前提出的英文授课。这几年我们在这方面有了重要进步，教师用英文授课比例大幅上升，朱院长也很满意。

但是我们不能停留在教师授课层面。我与国际MBA学生下午茶，与母语非汉语的教师沟通，他们共同的抱怨是我们有一种“基于语言的歧视”，就是英文提供的信息远远不如中文提供的信息，可以用少、慢、差来描述。

职员英语水平需要大幅提高。开会时我们让职员为外籍教师做翻译，但是效果不好。英语水平是一方面原因，此外，新来的职员不了解学院的情况，也不知道怎么翻译。

中欧国际工商学院从建院起，就有一个庞大的翻译部门。他们的中方院长不会说英文，但是他们有真正的双语环境，而我们到今天都没有。我们不太可能像中欧国际工商学院那样建立单独的翻译部门。部分新聘职员要把英语作为一项要求。同时，我们要开始聘用母语非汉语的职员。

今年是新的三年战略规划的第一年。今天是今年的第十天。我们召开全院职员大会，宣讲三年战略规划，并聚焦职员工作。今天我讲问题比较多。这并不是否认过去的成绩和在座同事的功劳。在肯定成绩的基础之上，我们要找出差距。我们确实有差距，主要体现在三方面：

第一，同学院的教师人事制度改革相比，职员人事制度和行政体制改革还不到位。

第二，同竞争对手学院相比，我们在教学项目和教师人事制度改革方面都是超前的，但是在职员人事制度改革和行政管理水平上相对滞后。

第三，同我们的使命和目标相比，世界一流，中国领先，我们的职员工作有更大的提升空间，差距更大。

认识到差距就是进步的第一步。今天的会在新的三年战略规划第一年开始的时候召开，聚焦问题，就是希望大家有清醒的认识，准备迎接新的挑战。

第五章 信息化管理

学院信息战略项目一期建设完成

（2010 年 4 月 24 日）

今天，清华经管学院在洋溢着迎接清华建校 99 周年的喜庆气氛中，召开“清华经管学院信息战略项目一期建设完成”媒体见面会，宣布在经过一年多时间的调研、规划和实施之后，清华经管学院信息战略项目的一期建设已经圆满完成并顺利上线。清华经管学院信息战略项目一期建设的完成，标志着学院信息服务的整体实力上了一个大台阶，与世界领先商学院的距离大大缩小。这是学院采纳当今最新信息技术，把信息战略作为学院核心竞争力的一个重要突破。它必将有效地凝聚学院与教授、学生、校友、合作伙伴等各类学院信息服务使用者的关系，从而全面提升学院的办学能力。

清华经管信息战略项目一期建设的完成和成功上线使清华经管学院在国内商学院信息化中完成了五项开创性的工作：

第一，在国内商学院中首次把信息战略作为商学院的核心竞争力之一。以往我们习惯于把信息技术的应用当作一种对学院教学和科研的辅助性服务。在充分意识到当今网络对高等教育，特别是商学院的重要影响之后，学院及时把信息战略的制定与落实作为学院的核心竞争力之一，这在国内商学院中尚属首次。

第二，首次以教授、学生、校友和合作伙伴等为服务对象，开发一站式的知识服务系统。在商学院，知识创造、传播和使用的主体是教授、学生、校友、合作伙伴，他们是信息系统的主要服务对象。给知识创造者与使用者提供高质量的一站式信息平台，有助于实现清华经管学院培育领袖、引领思

---

* 在清华大学经济管理学院信息战略项目一期建设完成媒体见面会上的讲话。

想的使命。

第三，开创了“以客户关系管理（Customer Relationship Management，CRM）为核心的信息集成服务”商学院信息化模式。学院内部信息系统林立与分隔一直是长期困扰商学院的问题。根据商学院直接面向市场的特点，利用“客户”关系管理，即 CRM 平台来支撑学院的信息系统，是对商学院信息化模式的一次大胆革新。

第四，首家全面采用国际通用顶级商业软件，并采用专业咨询队伍进行项目实施。我们选择了国际领先企业甲骨文（Oracle）公司的数据库和 WebLogic，以及它拥有的商业套装软件 PeopleSoft 客户关系管理（PeopleSoft CRM）和 PeopleSoft 校园解决方案（PeopleSoft Campus Solutions）。我们也选择了具备丰富实施经验的软通动力信息技术（集团）有限公司和创景咨询有限公司组成的实施团队，保证了从软件到实施都是世界一流水平。

第五，率先尝试采用大型系统全外包的基础运营模式。随着商学院信息系统复杂程度的提高，信息系统的开发和维护队伍也越来越庞大，由学院维持这样规模的队伍已经非常困难。为了解决这一矛盾，在学校计算中心的大力支持下，我们大胆采用了全面运营外包的模式，不在学院设立机房和数据中心。

基于这五个方面的开创性工作，我们有理由相信，清华经管学院的信息战略不仅对清华经管学院，也对国内商学院的信息化历程具有重要意义。

我们学院的信息战略从酝酿开始已经经历了一年多的时间。早在 2009 年 3 月，在深入学习实践科学发展观的活动中，学院的各部门对进一步提高信息服务水平提出了强烈需求，学院的信息战略被提上议程。学院院务会很快形成共识，专门成立了信息战略项目工作小组，由我担任组长，由主管信息技术的院务会成员、院党委副书记朱岩教授担任项目总监。随后，工作小组对信息战略项目进行了充分的论证和规划。经过若干月的调研、设计与选型，信息战略项目于 2009 年 12 月进入实施阶段。经过半年的艰苦努力，一期建设在今天圆满完成并正式上线运行。该项目的建设不仅得到了清华经管学院各部门的通力配合，还得到了清华大学计算中心、网络中心、教务处等各部门的大力支持。

清华经管学院的信息战略项目的一期工程，主要包括清华经管学院的门户系统、内部办公系统、高管培训中心客户管理系统、校友在线服务系统等部分。

此次全新上线的清华经管学院门户网站，不再是传统意义上的网站改版。这一新门户代表以教授和学生服务为核心，为教授、学生、校友、合作伙伴等提供全方位信息服务的新理念，它对所有用户都意味着一种新体验。

新门户在中心位置重点推介清华经管学院的本科、硕士、博士、MBA、EMBA、高管培训这六大类教学项目，突出了学院以教学为核心的使命。同时，以 flash 闪回的形式生动地展示各个项目的风貌，充分体现了用户友好的理念，也开辟了网上形象与知识传播的新途径。

清华经管学院新门户右上方设置了“用户登录”框，包括教授、学生、校友、合作伙伴等在内的不同用户都可以通过这个快捷“通道”直接进入自己的“专属页面”或“个人工作台”，而这个“专属页面”或“个人工作台”的背后，是强大的客户关系管理（CRM）系统的支撑，它卓有成效地集成信息，为每位“客户”提供个性化的内容和服务。

此次全新登场的清华经管学院门户系统，在右栏显要位置增设了“思想见解”“经管师者”“经管社区”等新板块，体现新门户“思想”、“教授”和“社区”这三大主题。

在“思想见解”板块中，读者可以看到“院长视点”“教授观点”“中国经济 50 人论坛长安讲坛”“中国企业管理最佳实践讲坛”“顾问委员讲堂与全球论坛”等展现经济和管理思想的内容。“院长视点”和“教授观点”汇集了清华经管学院知名教授对经济和管理问题的深刻思考和真知灼见。“中国经济 50 人论坛长安讲坛”记录了我国著名经济学家和经济政策领域知名专家从清华经管学院发出的声音。“中国企业管理最佳实践讲坛”汇集了国内一流企业掌门人在清华经管学院举办的讲坛上传播的管理经验。“顾问委员讲堂与全球论坛”是专为清华经管学院顾问委员会委员开设的栏目，它包括了顾问委员讲堂系列中的演讲和伴随顾问委员会年会召开的“清华管理全球论坛”的盛况，体现了清华经管学院引领中国经济和管理思想的地位。

清华经管学院聚集了百余位中国经济和管理领域的知名学者和学术新秀，他们的学问和人格无时无刻不在潜移默化地影响着在这里学习的莘莘学子。新的清华经管学院门户以“经管师者”栏目发布众多教授专访，以期全面解读他们的学术观点，并从多个侧面展现其人生轨迹和人格魅力。

新门户的“经管社区”板块囊括了“经管家园”“企业合作”“校友风采”“媒体关注”“学院出版物”等内容，使得校友、媒体、企业界人士等各方群体都能在此交流、共享信息和开展合作。同时，新门户专门开辟了包含“期刊”“实验室”“数据库”“图书馆”“讨论区”等栏目在内的“学术资源”板块，为不同用户群体提供“用户友好”的交流界面，使其“各取所需”地获取信息、提供支持、共享资源。

除了体现“思想”“教授”“社区”这三大主题，新门户在原有的新闻、通知、院系等各类信息发布的基础上，增加了若干专题栏目，系统、全面地呈现学院的教育理念、发展思路和文化传统。“焦点专题”板块以学院重大发展动向和大事要闻为线索，为用户呈现每一事件的全貌，它包括了“信息战略实施”“陈小悦教授追忆”“新本科培养方案”“本科招生新面貌”“新版清华 MBA”“国际认证”等栏目。“学院动态”板块则加入了“开学典礼”“毕业典礼”“院长下午茶”“新年联欢会”等学院规律性活动的新闻报道、师生发言和精彩图片。这两个板块使读者及时准确把握清华经管学院的发展大脉络。

今天，随着项目一期的完成，项目的二期建设随即展开。我们期待在不远的将来，在整个项目完成的时候，再与各位朋友分享信息战略为商学院的发展带来的巨大潜能。

新媒体的发展趋势

（2011 年 1 月 17 日）

欢迎各位来参加我们这个学期的最后一场演讲活动，再有两天就放假了。今天有幸请到新浪 CEO 兼总裁曹国伟先生为我们做专场演讲。他演讲的主题是“新媒体的发展趋势”。

两周前我和曹国伟先生一起参加一个企业家论坛，我们非常有幸地坐在一起。当时他兴致勃勃地跟我谈论新媒体的发展趋势，令我印象深刻。

我们学院一直非常关注如何利用新技术来开创教育学习的新方式。我当时邀请曹国伟先生来我们学院做一场演讲，他欣然答应。

关于新浪网，我相信在座诸位都很熟悉。新浪在全球范围内注册用户超过 2.6 亿，日浏览量最高突破 8 亿次。新闻网站已经从媒体群中的新生力量逐步成长为中坚力量，这个过程我们都是亲身经历。

清华经管学院和新浪网的合作一直非常紧密。新浪网经常为学院组织的各种活动提供新闻报道支持，我本人也非常有幸参加过新浪网的金麒麟论坛第一届，学院和新浪网有意联合举办媒体的高级培训班等一系列深度合作。

今天的活动分为两个部分，首先请曹国伟先生和大家分享新媒体发展趋势的主题演讲，然后是问答环节。

我先简略介绍一下曹国伟先生。曹国伟先生自 2006 年 5 月起任新浪 CEO 兼总裁。曹国伟先生 1999 年 9 月加入新浪，先后任主管财务的副总裁、首席财务官、首席运营官、总裁等职，在将新浪打造成中国领先的互联网媒体和网络广告平台方面发挥了关键作用。曹国伟先生加入新浪前，作为资深的审

---

* 在新浪 CEO 曹国伟演讲会“新媒体的发展趋势”上的讲话。

计经理任职于普华永道，为美国硅谷的高科技企业提供审计及商业服务，此前曹国伟先生曾在上海电视台担任新闻记者，目前曹国伟先生担任中国房产信息集团联席董事会主席，户外媒体及广告网络公司分众传媒以及网络游戏技术公司网龙的董事。

相信今天到会的老师、同学和各位来宾都非常想知道新媒体的未来发展方向，下面我们有请曹国伟先生和大家一起分享新媒体的发展趋势。

* * *

今天曹国伟先生做了一场内容极其丰富的演讲，后来又用了1个多小时的时间与大家互动，非常深入。刚才有的同学用到了“给力”，我想不止给力，“冲击力”应该比“给力”更合适。

今天我们是感受，可能一两年后是感觉，再过五六年后就开始感叹。我想这个影响将是长久而深远的。我们饶有兴趣地聆听今天的讲座，应该是一种预期吧，预期着整个世界可能发生的重大改变。今天这个演讲大家也会铭记于心。

另外，今天也是曹国伟先生第一次走进清华大学，今年四月将是清华大学百年校庆，曹先生是在清华百年校庆前来到清华。今天也是曹先生第一次进到高校做演讲，我们感到非常荣幸，让我们再次以热烈的掌声表示感谢。

网络新技术对商学院教育的影响

（2011 年 3 月 1 日）

这个研讨会非常及时。朱岩老师的报告有很多新内容，另外我们从腾讯、新浪、开心网以及谷歌请来的四位嘉宾，给我们带来了很多新信息。

将来书写移动互联网的历史时，2010 年是可以大书特书的。2010 年 1 月，我参加中国移动战略咨询委员会会议。那个时候还没有 iPad，只是出了电纸书。在会上我们讨论了一些网络新技术的发展。我清楚地记得，在回来的路上，我就给 EMBA 的王勇老师打电话，我说这件事情很重要。

2010 年 4 月苹果推出 iPad，之后又推出 iPhone 4。此后，新产品相继面世，包括微博，它是在 2009 年 9 月由新浪推出的，但真正变火是在 2010 年。应该说这期间技术发生了翻天覆地的变化。

今年 1 月放假之前，新浪的曹国伟到我们学院专门做了一场讲座。一个多星期前，我们去深圳参观了腾讯。这是中国第一大互联网公司，按照市值来讲，Facebook 是 500 亿美元估值，腾讯是 400 亿美元估值。我们去腾讯了解情况，学到了很多东西。谷歌中国就在我们学校的门口，我们有很多联系。开心网我最早是从朱岩老师那里听来的。我对这些新事物很感兴趣，想学习。在座的都比我年轻，所以我想大家都可以学习。

今天这个研讨会恰逢其时。这里的大背景是：第一，技术方面出现了突飞猛进的变化。第二，学院在 2009 年开始启动信息化项目，去年完成了第一期，启动了第二期，有望在年终完成，并开启第三期。这个信息化项目是基础设施建设，非常重要。移动互联网需要基础设施。经过这一段时间的努力，

* 在清华大学经济管理学院“网络新技术对商学院教育的影响”研讨会上的讲话。

教师和职员对这些技术有了一些新的感觉。接下来，学院还要运用社交网络、移动互联网等网络新技术。网络已经存在很多年了，但是现在有了新技术，这些技术会有重大影响，尽管具体的影响方式难以预测。

下面我想简短地讲三件事情。第一，利用网络技术已经有人走在我们前面了。比如说用 iPad 这样的移动设备教学工具，瑞士的洛桑国际管理学院在去年 6 月开始将 iPad 用于高管培训项目。沃顿商学院在一个月前，也把 iPad 用于 EMBA 项目，并准备在今年 6 月让这一期的全部 EMBA 学生使用 iPad。西班牙的巴塞罗那商学院也在 EMBA 教学中开始使用 iPad。我们落后了几个月，要尽快考虑最先在 EMBA 项目中使用 iPad。因为 EMBA 学生经常来回走动，背很多书负担很重，而且 EMBA 学生的消费和收入都比较高，所以先用在 EMBA 教学上是有道理的。

作为教育来讲，除了渠道之外，内容也是特别重要的。当然微博是提供内容的，微博有很多好的东西，但也有局限，就是 140 个字的限制会使内容很难深入。所以，有的人拒绝用微博，坚持用博客，因为博客可以写得很长，可以把一件事情写得很清楚。我们做教育，内容是很重要的。在新的技术和应用方面，成功的尝试很多，存在一些问题也是自然的。落后几个月不可怕，但如果不奋起直追，就会变得很可怕。

第二，如何将新技术运用到教育上，我们需要独立思考，这是前提，当前这个快速变化的世界没有现成的答案。通过移动互联网，iPad 提供了一个储藏内容的工具，我们可以把所有的案例装在 iPad 里。这样做既环保又轻便。但是要超越这一步，要有互动。因为案例是死的，一旦有了互动，就会产生新的信息，就变成活的工具。移动互联网使班上的学生可以互相交流，甚至还可以同沃顿商学院的学生进行交流。这就彻底改变了过去的教学方式。但是在开发这种模式上还需要很多努力。

现在还流行一个词，叫作 UGC，User Generated Contents，就是用户生成内容，这是非常关键的。以前所有内容都是作者生成、教授生成，将来可以通过移动互联网由用户生成内容，比如新闻。如果新闻都是用户生成的话，那记者这个行业还有没有？如果所有的学生都能为一个案例贡献和生成内容，使之成为新的案例，原有的案例写作模式是否就会不复存在？

对新技术的理解和运用，商学院一直在大学中走在前面的，因为我们的思想比较开放。14 天前，媒体上发表了一篇很有意思的文章，标题是“MBA Students Start Taking Tablets”，这是一语双关：MBA 学生开始吃药，但是“tablets”不仅是药片的意思，还有平板电视、平板电脑的意思，所以这个标题的另一个意思是“MBA 学生开始使用平板电脑”。

第三，我想给大家提几个希望。第一条，我们必须开始有所行动，有所试验。每一个部门，尤其是 MBA 中心、EMBA 中心以及沟通办，要想如何能够开始做一些事情。试验可能失败，这很自然，不要怕，我们都很支持，一定要想办法去做。

第二条，我们要善于学习。技术变化太快了，我们要善于学习，了解技术的变化。我最近学了两个词，一个叫 out，一个叫达人。能当达人要求很高，我们即便当不了达人，也得有学习的心气儿，不能 out。

乔布斯是一个天才。通常一个人能改变一个行业已经不得了，比如福特改变了汽车行业。但乔布斯一个人改变了四个行业：电脑、手机、音乐和新闻。他和别人不同的地方，就是重视用户体验（user experience）。你点三下才能找到这个网站，而我点一下就能，这给人的体验是不一样的。拿手机付费比用信用卡刷 POS 机要体验好。在 iPod 出来之前，中关村遍地都是卖 MP3 播放器的，也能放音乐，但是 iPod 的体验完全不同。

苹果手机对打开包装盒的体验都有独特要求。包装是白色的，边上都有纹路。按照我们以前的想法，包装有什么意义？里面的东西才是想要的。这样的想法不对，世界变了，现在讲究体验。所以乔布斯确实是个天才。不管我们要做什么，用户体验才是检验成败的唯一标准。对我们学院而言，就是学生体验。

2010 年的技术变化给我们带来了前所未有的机会。几个月前我在 AACSB（国际商学院联合会）开会时，还会给你一个小东西，让你现场投票，那个东西很原始。我相信今后的移动设备一定会有很多基于互动的用户生成的内容。

对于学院来说，网络新技术的影响不仅仅是课堂教学，还包括校园网络、思想传播等很多方面。今天的会是开个头，希望每个部门、每个系都要回去仔细琢磨。

最后还是说学习学习再学习，一定要学习。像我这样年龄的人都能学习，你们的年龄应该比我这一代更有优势。

清华经管 EMBA 启用“iEMBA”

（2012 年 9 月 25 日）

2012 年 9 月 19 日，在清华 EMBA2012 级秋季班报到之时，每一位新生都拿到一个从封面到内容专为清华 EMBA 设计的 iPad。在随后举行的 2012 年秋季清华 EMBA 开学典礼上，清华经管学院院长钱颖一在致辞时拿的不是打印文稿，而是这样的一个 iPad。清华经管学院把这个专属于清华 EMBA 的 iPad 命名为“iEMBA”。

这个 iPad 的外壳沿用了过去十年清华 EMBA 纸质课件的封壳设计风格。乍一看，它像一本颇具时尚感的书，封壳上腾飞中的翅膀图形，预示着这个新的学习平台将带着同学们飞得更高。但是，它又远胜于一本书，因为通过无线网络，它承载的是一个知识的世界，在这个世界里，清华 EMBA 学生可以随时随地学习、无时无地沟通。

点击进入，首先映入眼帘的是全屏大字“iEMBA”。在“清华欢迎你”的问候页面之后，出现的是 EMBA 学生在两年的清华学习中将遇到的所有课程模块的导航页面。在每一门课程模块中，都有全部的、同步自动更新的电子课件。在个人信息栏目中，有最新的班级活动通知、讲座论坛信息等。

以“开学模块”为例。它的上方是“我们的”区域：我们的学校、我们的学院、我们的中心、我们的老师，还有我们的院长教诲。与学业有关的信息，都在“我们的”之中，学生无须再去问老师，也无须到网上搜索。院长教诲中收入了钱颖一院长在今年 5 月举办的清华 EMBA 十周年纪念会上的讲话，以及过去三年清华 EMBA 秋季开学典礼上的致辞。在它的下方是“学在

---

* 为清华大学经济管理学院写的新闻稿。

清华”“吃在清华”“住在清华”“动在清华”栏目，体现的都是爱在清华。这里有清华图书馆的介绍，有清华校内外餐厅的方位，有清华周边酒店的电话，还有清华校园的高清地图，所有这些都为同学们在清华的学习和生活提供了丰富的信息和极大的便利。

“开学模块”中的“开学指南”展示了开学典礼和其后的全部开学日程，包括拓展训练介绍、Techmark 介绍，以及各种实用信息：从学生卡到电子邮箱，从课程学习须知到校内外网络资源。

通过 iEMBA 这样一个基于移动互联网的教学手段，EMBA 同学可以随时浏览实时更新的课件，进行原笔迹批注，留下学习心得；可以获取最新的论坛讲座、班级活动信息，记录并保存学习生活的每个细节。由于 iEMBA 把纸质教材转换成电子教材，所以清华 EMBA 实现了无纸化教学。

清华 iEMBA 还是一个深度互动的清华 EMBA 社区，实现了师生之间社区化教学的在线互动。例如，上课时，清华 EMBA 同学可以直接在自己的 iPad 屏幕上手写讨论问题，内容在课堂的大屏幕上显示，全班共享。考虑到已毕业校友的社交需求，它还包含了校友社区、会议管理等功能。

这里还有信息技术上的突破。目前校园或酒店等公共场所部署的无线网络往往存在无线接入容量有限的问题，无法支持数百人同时无线连接的需求。通过采用专用的无线网络，清华 iEMBA 能够支持数百人同时在线使用，是一个真正可以运营的基于移动网络的教学手段。

清华 iEMBA 推出之际，正值清华经管学院信息战略三期项目即将完成。有理由相信，清华 iEMBA 的正式启用，也将有力地推动国内商学院使用基于移动信息技术的教学手段。

学院的信息化战略及其实施

（2012 年 12 月 26 日）

我很高兴参加这次会议并汇报经管学院过去四年来信息化方面的工作。经管学院现有全职教师 157 人，职员 278 人，学生 4 200 多人，学位校友 2 万人，非学位培训学员每年近 7 000 人次，非学位校友 5 万多人。学院的教学项目包括本科、硕士、博士、MBA、EMBA 和高管培训，以及面向全校本科生的经济学第二学位。应用最先进的信息技术对学院教学和研究的影响面广，潜在收益大。

学院在 2009 年把信息化确立为学院战略，并确定了以信息战略项目为核心的三期规划，到今年年底已经全部完成。在 2011 年，学院又敏锐地感触到移动终端、移动互联网、社交网络的兴起，并及时开始探索它们在教学上的应用。通过信息战略项目的实施和对移动网络应用的探索，学院的信息化工作提升了学院的办学能力，大大缩小了与世界领先商学院的距离。在我们实施信息战略项目之后，北大、上海交大等国内高校纷纷效仿。可以说，清华经管学院的信息化工作已经引领国内经济管理学院的信息化潮流。

一、信息战略项目的形成过程

我个人最初对信息化的认识来源于我任哈佛商学院顾问委员会委员期间对哈佛商学院信息化程度的了解，深感我们与哈佛商学院之间的差距。2009 年初，通过对国内外更多商学院信息化的调研，意识到学院要高度重视基于信息技术的教育理念和方法的创新。为此，院务会提出要把信息技术作为学

* 在清华大学信息化工作会议上的发言。

院发展的重要战略来抓，把信息战略作为学院的核心竞争力之一。这样的提法在国内经济管理学院中尚属首次。

2009年5月，学院明确提出要建立以客户关系管理（CRM）为核心的信息集成服务平台。该平台以学院知识创造和传播的主体——教师、职员、学生、校友、合作伙伴等为服务对象，体现集成性、服务性以及技术的先进性。学院决定设立“信息战略项目”，投入人力财力，分三期建设全新的信息平台。

为此，2009年7月，清华经管学院成立了信息战略工作小组，由我担任组长。为了能够站在国际前沿，我们选择了若干家国内外知名的管理软件公司，包括SAP、Oracle、IBM、用友、神州数码来学院做产品介绍，我参加了所有介绍会。通过对比分析，我们确定了采用国际成熟商业软件方案，并最终选择了Oracle（甲骨文）公司的PeopleSoft客户关系管理（PeopleSoft CRM）和PeopleSoft校园解决方案（PeopleSoft Campus Solutions）。学院还组成了有实施方参加的联合项目组。项目组分为业务咨询、CRM建设及门户建设等小组，每个小组分别由学院各业务部门、学院信息办公室以及实施方三方人员组成。为了保证项目质量，项目组还聘请了行业资深专家组成质量管理团队。

二、信息战略项目的完成情况

经管学院信息战略项目分三期建设。从2009年12月一期开始到2012年11月三期结束，按计划完成了项目规划的所有内容。

项目一期从2009年12月开始到2010年9月结束。一期建立了学院统一的数据信息平台：全面整合了学院的教师、职员、学生、校友以及合作伙伴的信息，为学院各部门的信息共享、信息查询、资源利用和价值发掘提供了良好的数据基础。构建了统一的学院门户体系：建立了六个部门的门户系统，界面风格一致，内容维护功能全面灵活。同时还建立了内网办公平台，实现了多个系统的单点登录。项目一期选择高管培训中心和校友办公室两个部门，先行完成它们的系统支持功能，实现了日常业务处理的自动化、流程化和标准化。

项目二期从2011年2月开始到2011年10月结束。项目二期完成了学院中英文门户网站的改版工作；建设了本硕博项目的中英文外网子门户；完成本硕博、MBA内网子门户的建设工作；同时，实现了各子门户与内网办公平台之间的数据集成。二期的重点是教学项目的全面信息化，建设了本硕博、MBA和EMBA的业务管理系统，为教学管理部门和学生搭建了一个基础沟通平台。同时，二期建设还完成了教师公共服务填报、科研项目和科研论文管理系统等应用系统。

项目三期从2012年2月开始到2012年11月结束。项目三期的主要内容是实现前两期系统的贯通，从学系、职能部门的角度打通各个教学项目，实现全院信息的集成。具体工作包括完成了学院八个学系的中英文门户网站，并对本硕博英文门户网站、MBA门户网站等进行了全面改版；建设了MBA招生中英文系统、夏令营招生系统、EMBA国际项目招生系统、FMBA招生系统、高管培训中心在线报名系统和MBA在线评审和面试系统等。

经过三期三年的建设，经管学院的信息基础设施基本建设完成，形成了统一数据平台上的综合应用信息的能力，为今后开展在线教学、移动教学奠定了基础。

三、积极探索移动互联网的教学应用

随着移动互联网发展，移动应用将对大学教育模式产生重大影响。学院从2010年就开始探讨移动技术在教育上的应用。2011年1月，学院邀请新浪CEO兼总裁曹国伟来学院做讲座“新媒体的发展趋势”，介绍包括微博在内的新媒体。2011年2月，院务会全体成员在深圳参观访问了腾讯公司。2011年3月，学院召开“网络新技术对商学院教育的影响”研讨会，学院教师职员与新浪、谷歌、腾讯等公司的专家共同研讨。会后，学院迅速开通了学院官方微博。自开通以来，经管学院微博一直是新浪微博上国内同类院校中粉丝数量最多的微博。

2012 年 5 月，学院 MBA 中心在苹果应用商店（App Store）上发布了 MBA 的移动应用。它针对每个 MBA 在校生定向发布教务信息、学生活动、学习日历等信息，MBA 同学也可以通过它进行活动的报名或填写调查问卷，并查找学院各种类型的校友。学院的高管培训中心也在苹果应用商店上发布了中心的移动应用，展示学院焦点新闻、培训中心项目、学习资源和招生课程、学院名师观点、校友风采等。

随着平板电脑和智能手机的普及，学院开始探索移动互联网在教学中的应用。今年 9 月 19 日，在清华 EMBA2012 级秋季班报到之时，每一位新生都拿到一个从封面到内容专为清华 EMBA 设计的 iPad。我们把这个专属于清华 EMBA 的 iPad 命名为“iEMBA”，就是我现在使用的这个设备。这里有 EMBA 学生两年学习的所有课程模块，有最新的班级活动通知、讲座论坛信息等。10 月 25 日，我为 2012 年秋季入学的 EMBA 学生上第一门课“社会主义经济理论与实践”，全程使用 iEMBA，首次不再发纸质课件，效果很好。不少已经毕业的 EMBA 校友看到我们开发的 iEMBA 之后，强烈要求也能获得。

四、今后工作设想

信息化工作是一个持续建设的过程，特别是在信息技术日新月异的时代，我们必须不断进步，不进则退，慢进也是退。近年来，以移动、社交、云计算和大数据分析为趋势的新一轮信息技术涌现，开始对传统教育模式形成前所未有的冲击。面对这种挑战，经管学院今后信息化的工作将围绕以下三个方面展开。

一是学习模式创新。在线学习、移动学习、泛在学习等新的学习模式已经成为热点。我们将先从非学位的培训开始开拓灵活多样的在线培训，探索新型的培训模式。我们还将在 MBA、EMBA 等教学项目中扩展移动应用，使学习、社交、云的应用融入其中。二是知识融合与多渠道传播。我们计划建设经管知识在线，使学院教师的论文、观点以及学院的《清华管理评论》杂志和案例中心的知识得以有机集成，同时充分利用移动终端、社交平台，创造知识传播的新途径。三是努力实现真正的双语信息平台，最终使得中英文信息同等功效，同步更新。

五、工作体会

关于信息化工作，学院有四个方面的体会与大家分享。第一，学院层面要高度重视，把信息技术作为学院战略来抓。从院务会成员、相关业务部门主管再到基层员工，大家对信息化工作的重要性要有共识。第二，确立高目标，制定可执行的规划。以世界一流商学院（比如哈佛商学院）的信息化工作为参照目标，通过对标找出我们的差距，并制定方案。第三，组织富有经验的专业的信息化建设队伍，将规划中的内容逐一落实，确保项目的进度和成效。第四，保持对新技术的敏感性，感悟技术进步可能带来的变革。学院特别注意对新技术的追踪和评估，要求信息化工作要有一定的前瞻性，从而保证我们工作的主动性。

经管学院的信息化建设刚刚起步，任重道远。作为院系一级信息化工作的试点，学院的信息化工作得到了大学的强有力支持，特别是学校信息办、信息化技术中心（原网络中心、计算中心等）、教务处、注册中心等部门。在今后的工作中，我们将在学校信息化规划的指导下，积极开拓进取，力争再创新局面。

第六章　沟通管理

节约与学院形象维护和提升*

（2008年12月1日）

参加今天会议的人员有院务会成员、来自外联办、行政办、院办、发展办、国际合作办、教学办、MBA中心、EMBA中心、高管培训中心的老师。

过去几年学院在形象维护和提升方面取得了长足进展，但是远远不够。现在学院的职员并不是要裁减，而是要使资源使用更加优化。从12月起，院办将从7人减少至5人。经济系和金融系的特聘教授秘书是否能够减掉？是否可以补充到更需要的地方，比如外联办和行政办？复旦管理学院设有“学院形象管理中心”，一共有12人，而我们的外联办公室一共只有4人。

学院现在没有统一的形象管理和跟踪。我们现在需要全院范围内加以协调和推进，要制定出有效的工作规范，主要由院办、外联办、行政办来执行，由各中心配合。

现在首先要做的包括以下几个方面：

1. 学院会议布置相关内容：鲜花的使用和摆放、嘉宾佩戴花、背板格式、名牌、桌牌、会议日程和材料、饮料的拿放、饮食；

2. 学院大楼内部布置：一致性、整洁、卫生、诺贝尔奖获得者画像的位置；

3. 学院大楼外部布置：横幅和宣传品的放置；

4. 学院礼品：小、有纪念意义、环境友好；

5. 办公用品：名片、信纸、PPT模板；

6. 日常供应品：纸、水、盒饭；

---

* 在清华大学经济管理学院节约与学院形象维护和提升会上的讲话提纲。

7. 车辆使用：校内和附近不派车，要注意影响；

8. 学院网页：更新版面；

9. 学院广告：MBA、EMBA、高管培训要统一格式；

10. 学院宣传品：院册等。

学院的沟通工作

（2009 年 12 月 8 日）

今天这次会议是研讨性质的，所以会讲到实际工作中出现的很多例子，可能会涉及一些人，但是我想强调，今天的会议，对事不对人。

一、为什么要开这次研讨会

为什么要开这次研讨会？今天参会的人比较多，包含三部分：第一部分是职员管理骨干；第二部分是各部门负责沟通的负责人，当然也包括沟通办公室；第三部分是各系和研究中心的秘书。

我们发现沟通过程中会出现很多问题，有的是直接问题，有的是间接问题。我会通过一些例子说明跟大家都有关系，从中可以看到你们的影响力会有多大，大到你可能想象不到。

客观地说，我们学院的管理水平，我们职员队伍的水平，在全校层面是非常高的。尽管近年来学院快速发展，但如果跟国内一流水平、世界先进水平相比，我们差距还很大。

为什么我们现在要跟世界先进水平比呢？这是因为学院在过去几年中，确实取得了长足的进展。

第一，我们率先获得了 AACSB（国际商学院联合会）和 EQUIS（欧洲质量发展认证体系）认证。国际商学院的同行看我们学院的时候，真的拿我们跟国际上的最高水平比。

第二，我们的本科招生和教学改革，MBA 课程改革，受到广泛关注，外

* 在清华大学经济管理学院沟通与学院形象管理工作研讨会上的讲话。

界对我们的期望非常高。

第三，我们的顾问委员会会议和全球管理论坛非常成功，学院国际地位大大提高。

第四，国际学生增加，现在国际 MBA 项目约有一半是港澳台和国际学生，他们的眼界比较宽。我们学院里每一个英文词，过去写错了也无所谓，但是现在不行。

第五，我们从海外引进的教师数目也增加了很多。

因此，我们用过去比较低的水平衡量，看似很不错，但在今天来看，用更高标准，特别是用将来还要再高的标准衡量，就显得距离比较大。

沟通不仅是对外沟通，也包括对内沟通，跟教师的沟通，同事间的沟通，跟学校各个部门的沟通。今天的研讨主要是发现问题，思考问题，是为了解决问题。

事实上，在 2008 年 12 月 1 日，整整一年前，学院曾经召开过一次会议。当时的会议名称是“节约与学院形象维护和提升”。当时我们就提出需要在全院范围内协调推进，制定出有效的工作规范。主要由院办、外联办、行政办来执行，各中心配合。其中包括会议布置，学院大楼内外部的布置，学院礼品、办公用品、日常供应品、学院网页、学院广告、学院宣传等。

现在回过头来看，第一，执行力度有限，范围也不够。当时每一个部门来了一个人，很有限。第二，我们的认识也不够深，不够系统。第三，我们的很多东西不够具体，也没有通过今天这样的研讨会，让大家对这个问题进行研究。

一年后，我们再次启动这件事情。希望通过今天的研讨会，在这个问题上，在认识上都能有所提高。

我想从 11 月 19 日我拜访国资委主任、学院顾问委员会委员李荣融这件事讲起。李荣融主任过去两年都参加了学院的顾问委员会会议，今年由于要陪同副总理出访，所以没有参加。

顾问委员会会议结束以后，我作为院长，有责任和义务向他报告此次会议的情况。特别是在这次顾问委员会会议上，我们成立了公司治理研究中心，而李荣融和冯国经两位顾问委员担任这个中心的顾问委员会主席。

我们这次的本科生教学改革中，有一项重要举措，就是增加了中文写作课。它的源头是两年前我去拜访李荣融主任的时候，他特别跟我提出现在的大学毕业生中文写作水平很差。国资委在招考公务员时，他发现现在的大学生，包括名牌大学毕业生都写不好一份董事会纪要，表现为：逻辑不清楚，重点不突出，文字不准确。当时他说，你们能不能加强这方面的教学？这是两年前。经过两年的改革，本科一年级的学生，我们都要求他们上中文写作课。我把这件事跟朱院长汇报以后，他很高兴。这就是发现问题，解决问题，而且落到了实处。

我向李荣融主任介绍了顾问委员会会议情况。然后他讲了一个小时，基本上给我上了一堂课。李荣融管理着中国所有国企中的中央企业。中国国有企业中有全世界最大的石油公司，最大的电信公司，他是所有这些公司“老板”的“老板”。他非常有管理经验。

他对我特别讲到了现在的国民素质和管理水平。他举了三个例子。第一个例子是他最近到日本开会，发现了我们现在与日本的差距。他的演讲有几千人报名，最后800~1 000人参会。在整个演讲过程中（不光是他讲，还有其他一些国有企业的老总讲），会场自始至终没有一次手机响，没有一个人接手机。他说同样的会在中国，我们的部长都会接手机，他说这一条让他非常佩服。

第二个例子，他晚上吃饭时喝啤酒，从啤酒里面看出了管理水平。他说：“我要冰镇啤酒”，服务员端上来的不仅啤酒是冰镇的，而且酒杯也是冰镇的。他说这就是水平。一般的餐馆做不到，通常啤酒是冰镇的，但杯子不是冰镇的。他又说：“我要喝三种啤酒”，要尝试一下。结果服务员拿了三种冰镇啤酒，而且还拿来了三种不同颜色的杯子，每一种杯子配一种啤酒。李荣融还想知道，这到底是服务员个人的水平，还是有规定？就问了一个问题：“像我这样的顾客，你们一年中是不是经常有，还是很偶然？”为什么要问这个问题呢？他说如果是经常有，这没什么，经常准备就行了。但如果不是经常有，那他就很佩服了。服务员回答：“像您这样的顾客，一年中也碰不到一个。”他说这在中国是做不到的。而且我们的服务员是拿杯子的上沿，不是拿杯子的下面。

第三个例子讲他是上海人，并解释了为什么上海的管理水平比其他地方好。他说从小家长就教育，买东西必须货比三家，这就是比较。所以，上海人永远要找价格比较低、质量比较高的。上海人也总是挑剔房子的质量、产品的质量。

这是李荣融讲的三个故事。他从三个故事中看到了国民素质问题。他认为，经济发展越快，低素质的危害就越大。如果经济发展不那么快，这个危害还不那么大。对此我深表赞同。如果我们学院发展不那么快，今天举的例子可能没什么影响，反正也没有那么多外国人来，也接触不到高层，后果可能也没什么。但是，正因为我们现在活动越来越多，层次越来越高，影响面越来越大，所以如果我们的整体素质不提高，危害就会越来越大。

李荣融是国资委主任，他对这些问题的关心和一步步探讨，从中发现了国民素质问题。我拿这个做引子想说明沟通也好，学院形象也好，确实跟我们的整体素质有关，而学院发展越快，对素质的要求就越高。

回来以后，沟通办就把我拜访李荣融的事写成了一篇报道，发布在我们学院的网页上。这条新闻整体来说写得很不错，但是遗漏了一个重要信息，那就是通篇没有一处提到李荣融是我们学院顾问委员会委员，只提到他是国资委主任。如果不写他是我们的顾问委员会委员，我去拜访李荣融，可能会引起无穷多的猜测。你为什么要拜访李荣融？你跟他是什么关系？如此等等。国资委也可能不满意，也会有一些疑问。

我很快就发现了这个问题的根子在管理上，学院在编写这篇稿子过程中的三个层次都没发现这个问题，直到我提出：供稿的合作发展办没有发现问题，文字编辑没有发现问题，审稿的也没有发现问题。大家不要小看一篇报道，现在都可以拿去随便炒作。后来我说一定要加上，“国资委主任、清华经管学院顾问委员会委员李荣融”。然后再写我向他汇报顾问委员会会议情况。这就顺理成章，是非常自然的一件事。

我拿这件事来做开场，这是 12 月 1 日的事。

二、问题在哪里

为了准备这次会议，我整理了以前的一些东西。主要想确定我们要研讨什么问题，我们的问题在哪里？刚才我举了一个例子来开场，其实问题是多方面的。第一是态度问题，要端正态度。第二是知识水平问题，要增加知识。第三是学习能力问题，要勤奋、思考、模仿。第四是组织管理问题，要增加协调。第五是品位问题，要提高品位。

下面我举一些例子，请大家评判是属于哪一类问题。今天只针对问题，不针对个人。

1. 信息发布问题

我们学院的信息发布有很大的问题，有的时候会产生意想不到的效果。昨天下午我面试本科生申请出国留学的大四学生。有一个学生是金融系的，我觉得他很优秀，考试前几名，数学、金融学得都非常好。他说他最大的遗憾，特别是在跟北大学生的交流过程中发现，他缺乏一封现在在海外教课老师的推荐信。我就问他：你为什么没有？我们这有这么多老师，都是海外回来的。他说，是啊，今年5月份，肖志杰和李奇两位海外教授到学院授课，我要是上他们的课，肯定会学得很好，就能拿到他们的推荐信。我说，我们请他们来讲课，你为什么不去上？他说我们的网页上今年没有公布这门课程的信息。

我听了半信半疑。查询后发现，今年5月份学院网页上一共公布了两门课，但是这两位教授的课的确不在上面。前两年是我盯着的，一定要把所有访问教授的课都公布在网页上，放在新课信息栏目内。因此，前两年所有特聘和访问教师的课程都放在学院网页的首页。但我因此受到批评，说管得太细，所以我今年就没有管。结果，2009年的5月到6月，正是特聘和访问教授授课集中时间，只发布了两门课，没有发布这两位教授讲的高级计量经济学。

谁应该负责呢？应该是多方的。信息是由系提供的，所以今天把系秘书都叫来了。但是，到底是应该沟通办找系？还是系告诉沟通办？现在并没有清晰的规定和流程。我们好不容易把这些海外教授请来，就是要他们给学生上课，然后他们可以为我们的学生写推荐信。如果课程信息不发布，学生就有可能不知道，就会对我们的学生造成大的影响。

我经常到沟通办，跟他们讲信息发布一定要准确、及时。我们花了这么多精力把这些学术报告组织起来，就是要让人去听，不能因为我们的信息没有传递到，结果没有人去听。这位学生提出的就是很具体的后果。

有关信息发布问题的另一个例子，是博士生论坛的信息发布。学院每周都有博士生论坛，但是过去都没有在网上公布过，直到我发现之后才公布。现在在学院网站首页公布的信息是“10 月 10 日清华经管学院博士生论坛（9）”，既没有主讲人姓名也没有论文题目，有谁会对这个“论坛（9）”感兴趣？像这条消息的发布就没有效果。

2. 会场布置问题

关于“摆花”问题。我想利用这个机会再说为什么强调会场布置的时候不要用花挡住学院的标识（logo）。

这是去年 10 月提出的问题。2008 年 10 月 30 日，也就是一年多前，中国移动总裁王建宙到清华经管学院的中国企业管理最佳实践讲坛演讲，从当时拍摄的照片看，根本看不出他是在哪个学院演讲的，因为花挡住了学院的标识。正是这张照片，催生了去年 12 月 1 日召开的关于会场布置的会议。摆花的初衷是为了表达喜庆。但是摆的位置不对反而伤害了学院的形象。去年 12 月 1 日的会议规定，不要让鲜花挡住学院的标识。有了这一规定之后，情况好转，后来几次会议摆放的鲜花确实没有挡住学院的标识。

今年我在美国得克萨斯州参加 PIM（国际管理伙伴关系）年会，做报告，讲我们学院的社会责任教育。我在那里面用了几张图片说明学院开展可持续发展教育的各种活动。其中一张图片有 BP 集团的 CEO。图片上可以看到可持续增长、清华经管学院的标识。如果摆放的鲜花挡住了学院标识，这张照片就不好用了。我还讲到了高盛总裁到学院来讲一万名女性的创业项目，这些照片一看就是在清华经管学院真实发生的事，而不是我编的故事。还有一张照片，后面没有任何背板，但是一看就知道是在清华经管学院。这些图片清楚地表明，我们学院邀请了世界级大腕为学院的社会责任教育做贡献，是实实在在的。

今年却出现了一系列问题。9月27日，金融中心举办首届消费金融论坛，讲台上“清华经管学院”的标识被花遮住了。10月14日，用友总裁王文京到学院的中国企业管理最佳实践讲坛演讲，讲台上“清华经管学院”标识也被花挡住了。有人说是新换了秘书不知道情况。那就要想一想，今后新来秘书怎么培训?

还有，11月22日，学院举办数据中心成立仪式。我会前到报告厅三次，一直到8:50，都没有发现摆花。9:00成立仪式开始，就在8:50和9:00之间，花摆上去了。我当时真的感到无能为力了。当时的解释是因为这是学校的会。不错，从学校的角度讲，不想突出我们学院。但是后来我问了在场的校办主任，他说他只是要求不要把经管学院的标识放在背板上。我说这完全能接受，因为这是校级活动，应该放清华大学的标识。但是经管学院毕竟是数据中心的挂靠单位，成立仪式是在学院开的。学校并没有说讲台上不能有经管学院的标识，这是完全可以做的。如果花的摆放位置没挡住学院的标识，这张照片可以用在很多场合，但是现在不好用了。这次会议有国务院政研室副主任、教育部副部长、清华大学党委书记、清华大学常务副校长出席，很少有这么多重要人物一起到学院来，因此，这些照片可以说相当珍贵。但因为没有学院标识，就不好用了。大家可以从中看到问题所在。

再有就是讲台摆放的问题。9月23日EMBA开学典礼，讲台没有摆在中央。如果讲台放在正中央，毕业典礼的照片看上去就更清晰，更庄重。一张照片中的细节就可以充分反映学院的水平。大家不要小看自己做的很小的事情。学院现在的影响力、对外沟通的范围都不同于过去的小范围，尤其是在当今信息高度发达的情况下，尤其是我们学院在外面的曝光度很高，小事的影响也会很大。

我们再看看达沃斯论坛的照片。他们设计的背板上布满了达沃斯论坛这几个字，不管从哪个角度拍照，总能看到达沃斯这几个字。我每次参加国际会议，就会注意到这些细节，发现摆放标识的方式。我们这里有营销系的老师，他们很懂这种办法。我觉得要做好标识这件事，一个很简单的办法，就是看人家是怎么做的，然后对照我们自己做的工作，就能发现问题。

还有给嘉宾佩戴花这件事。大家觉得就应该戴花。但是很多嘉宾对此深恶痛绝，花经常被戴歪，还容易掉，让人很不自在。干脆我们就不要戴花。

3. 对外形象：横幅、背板等

在这方面，我们同样犯过一系列错误，我在不同场合讲过，现举若干例子。

9 月份开学季，学院楼外挂的横幅写的是“莘莘学子来远方”，这就不如写“清华经管学院欢迎新同学”有信息量。学院的大屏幕上打出来的是“欢迎 2009 级新同学”，应该写“清华经管学院欢迎 2009 级新同学”，让人看了更有归属感。英文的问题就更多了。“自强不息、厚德载物”学校翻译成“Self-Discipline，Social Commitment”，在我们的条幅上写错了，写成了“Self Discipline，Social Committment”，Self-Discipline 中间少了连字符，Commitment 多写了一个 t。这个条幅挂在那里两个星期居然没有人发现，直到我看出来。

9 月 5 日 MBA 开学典礼上，背景幻灯片上日期写的是“Sep. 5，2009”。通常的规则是能不缩写就不缩写，如果要缩写的话，September 的这种缩写也不对。还有，外国学生指出我们的 MBA 宗旨的英语写法有问题，我们把 China Roots 写成了 Chinese Roots，把 Global Wisdom 写成了 Global Wisdoms。9 月 10 日是教师节，学院挂出的横幅是“学人为师、行为世范”，这是北师大的校训，但是我们沟通办的人不知道。仅在 9 月份就出现了这么多问题。

10 月份是顾问委员会会议。我们做的有关顾问委员会的短片很好，就是到了最后一个画面，“October，2009”，多了一个逗号。最后这个画面停留了大概 30 秒。外国人很敏感，一看这个就知道不专业。我们的背板上写的是 China Beijing，应该是 Beijing China。Tsinghua University School of Economics and Management 应该写在一行上，结果在 Economics 后面就折行了。

4. 物料制作细节之处看水平

胸牌也很反映问题，我开会前又搜集了一些样本。去年我在上海开会时拿来三块胸牌。有复旦开会的胸牌，看胸牌没人知道是在复旦开会，因为胸牌上面没有关于复旦或者关于会议的任何信息。还有上海交大国际会议用的胸牌，上面有我的名字，但是没有我的单位。最后一块是中欧国际工商学院用的胸牌，有我的名字，也有清华大学，会议的标识很大，但是与会者名字很小。名字很小的问题是，你要仔细盯着人家胸前看，男老师看女老师的时候怎么好意思呢？这次我到武汉大学开会，胸牌上的名字更小，根本看不见，而嘉宾两个字却很大，可是谁关心这上面“嘉宾”两个字呢？

下面给大家看一下哈佛商学院设计的胸牌。反面是日程，就一张纸。正面是我的名字，现在时髦做法是把名写得大一点，姓写得小一点。然后写上清华经管学院。下面这三个数字是我要发言的分会场。底下告诉我三个分会场的时间。所以大家不要小看一块胸牌，真实水平就体现在这里。哈佛商学院能做到这么细致，也是因为有深厚的历史积淀。这个地方很多细节真的是反映水平的。不是我崇洋媚外，哈佛商学院确实做得比别的地方好，很清晰，一看就知道你是谁，不必盯着仔细看，而且日程就在反面，并用不同颜色区分不同场次。

2009 年顾问委员会委员名册是外包的，不是咱们的错。给了他们去年的样子，还给了他们电子版，最后做出来的东西不能看。我们的顾问委员全是顶级的 CEO，我觉得他们看了这个以后，实在是对学院的形象不利。本来应该是“名誉主席”，结果变成了“荣誉主席”。里面编排方面的问题太多了。如果说我们有错的话，就是不应该给外包去做。

5. 对人名和机构名称称呼的准确性

文字信息的准确，特别是人名一定不能写错，体现对人的尊重。每个人对自己的名字和机构最敏感。有一次我到一个地方做报告，主人介绍：“这是清华经营管理学院院长”。我们要设身处地想一想，你把别人的名字和机构写错的时候，别人会怎么想。

我提示过几次，当我们写一个外国人的名字时，要在他的中文名字第一次出现时后面加括号，写上英文全名。但是外国人名全名只出现一次，以后只用姓，不用名，除非是中式人名。

外国人名的拼写一定要特别注意。我们把 McKinsey 写成 Mckinsey。如果你拿不准的话，就去 google 一下。名字一定要特别小心，最好去官方网站查询，因为 google 也容易出错。我们的一篇新闻稿中把人名 Ghosn 写了四种错误的拼法：Gholson、Ghoson、Ghson、Gholson。不信的话我有稿子在这里。

怎么称呼是一门学问。比如前天我给顾问委员寄感谢信。合作发展办公室秘书不知道怎么称呼，写的都是全称。这个确实是很难的一件事，因为你要知道他同你有多近。如果你平常都称呼他 John，突然来了一封称呼全名的信，对方就会不舒服。怎么办？要学习。怎么学习？我就去查别人给我写的信，看看他们是怎么写的，然后学习。我在别人给我的信中看到划掉打印的名字，然后手写。我用这个例子说明，不知道怎么做没关系，可以学习。当然这不是最佳办法，应该把它重印一遍，可能当时对方时间来不及，或者有其他原因，但是我知道这是一种办法。另一个办法是把“尊敬的”后面空出来，不写，让签字的人写，他觉得怎么合适就怎么写。

我想用这个例子来说明我们的知识都很有限，但是要善于学习。

还有很多习惯说法。我们现在每一个月开一次沟通例会，有个纪要，叫作“宣传工作沟通纪要”。“宣传”这个词有它特定的含义。我们习惯了用“宣传”这个词，但实际上现在更广的概念是沟通。要区分宣传和沟通的概念。

6. 写邮件学问大

发邮件的学问很大，其间经常会发生很多忌讳的事。当你给别人写邮件的时候，却把上级给你的指示或者其他人给你的邮件附在后面了，这是很不合适的，这种事一个月前在我们这里发生过。还有，发邮件带附件时，邮件本身却是空的，不加任何说明。我收到这种邮件就假定是病毒，从不打开附件。还有，发一个 20 兆大的邮件，不假思索就发过去。如果我们的老师在海外接收这么大的邮件，有时一个小时都下载不了，还把后面的邮件都堵塞了。这里的一个根本性问题是不少人在发邮件之前从来不检查一遍。

有些秘书越过主管直接给学校部门领导写电子邮件，口气生硬。有些未经审阅发给全院邮件，用语错误。什么样的邮件经过谁审阅然后再发，这些都属于基本规则。

今天是研讨会，讲一些例子，旨在发现问题，然后思考问题。

三、措施建议

正如刚才所说的，出现这些错误现象有态度问题，有知识水平问题，有学习能力问题，有管理问题，也有品位问题。刚才举的例子很难说是其中一个问题造成的，而是多个问题交织在一起造成的。

因此，我们要端正态度，提高品位，增加知识，增强学习能力，改善管理。其中学习能力主要是勤奋、思考、模仿。很多事情勤奋是可以解决的。思考问题出在哪，为什么我没有想到，为什么他这么做，这块胸牌为什么是这样的，等等，就可以帮助我们改进工作。再有是模仿，能模仿就会有很大的改善。

希望今天的会是一个新的起点。我提几条具体建议。

第一关于人员。一是要从职员管理骨干抓起；二是要落实到所有部门、系和中心，不能有死角；三是沟通和形象管理办公室确实有特殊的责任。今天我们请了学院的这三部分人来，这是一个很好的开端。

第二要制定一些规范。上报的规则，形象的规范，奖惩制度。我们以前没有这些规则，所以不能怪大家。当然这些规范一开始不可能全，需要一个逐步完善的过程。

第三要加强培训。需要制定一些具体的方案，增加一些培训的内容。可以在培训中说明一些基本规则和做事的基本规范等。包括今天这样的研讨会，恐怕要多开一些。

今天我跟大家讲的都是例子，全是具体工作中的事，它们可以影响到各个方面。而我们在座的每一个人，实际上都在起非常重要的作用。

最后再强调一点，今天的会是学习会，研讨会，举了很多例子，可能和在座的很多人都有关系，但是并不针对个人，而是就事论事。

学院的文字工作

（2011 年 6 月 14 日）

今天是大家一起的学习讨论会。我们现在在加强职员工作，其中有一部分重要内容就是培训。今天我自告奋勇为大家授课两小时，全是我自己的一些心得，以后还会请一些外面的人来讲课。

我想起一年半前也是在这里我们曾经开过类似的研讨会。事实上就这个主题我们已经召开过三次会议。2008 年 12 月 1 日召开了“节约与学院形象维护和提升会议”。参加那个会的人不太多。当时提出一些学院形象维护的问题，那是第一次会。第二次会议是 2009 年 12 月 8 日，当时我准备了很多反面例子。从那次会议以后到今天第三次会议正好有一年半的时间。

今天我还会举很多例子。上一次的例子全是负面的，和上次不大一样，今天的例子既有取得成绩和进步的方面，也有存在差距的方面。

一、我们已经取得了很大进步

我们已经取得了很大进步，这一点大家可能不太觉得。我举五个例子。

第一个例子是舜德楼进门处。正前方原来是一个垃圾桶，后来我把垃圾桶拿掉了。一位老师说，你还管这个事？我说我得管这个事。进门右手边是伍舜德捐赠纪念墙，但被挡住看不见。左手边竖立着一个广告，在那里放了三年。现在左右两边都清空了。舜德楼进门之后，原来有两盆树，正好挡住了墙上写的学院使命，后来把树移开了。现在的右手边放着大屏幕，三年前这个大屏幕放在拐弯的拐角里面，不容易被看到。现在进到舜德楼大门，前面很光

* 在清华大学经济管理学院文字工作学习研讨会上的讲话。

亮，很通透。

两年前我去国资委，到李荣融主任办公室，十分干净整洁。回来一看我们学院，就显得很脏，后来好不容易清理干净。那天李荣融来，恰好在舜德楼大厅正中央放了一堆吃饭后的饭盒，让他看到。

第二个例子是报告厅。报告厅的讲台摆放没有问题了，也不再摆花挡住学院标识了。

还有伟伦楼外墙上刻有经济管理学院几个字，原来没有清华大学这四个字。三年前，我说一定要把清华大学写上去，放在经济管理学院上面。原因是有一次我看到 CCTV2 上有一个学院那面墙的镜头，上面只有经济管理学院几个字，但是全国叫经济管理学院的太多了，看了之后不知道是哪个大学的。所以我说必须把清华大学四个字放上。现在已经放上了。

第三个例子是背板和大屏幕上的文字。上个月召开中国 MBA 20 周年大会，背板上没有任何问题，这很不容易，值得表扬。设计也很到位。

第四个例子是学院和学院各项目的广告有了统一的设计。最先登在了《清华管理评论》上，也是设计了很长时间。不说美学上怎么样，至少信息上准确、统一。首先是学院的使命，凝缩到十六个字：创造知识，培育领袖，贡献中国，影响世界。各教学项目的宗旨也精炼了。本科项目：通识教育，个性发展；硕士项目：经世济民，追求卓越；博士项目：追求真理，崇尚科学；MBA 项目：根植中国，面向世界；EMBA 项目：培养产业领袖，塑造企业未来；高管培训项目：百战归来再读书。学院的六个教学项目都有了简明的定位语。

这就显示出我们和长江商学院的不同，他们只有 MBA、EMBA 和高管培训项目，但是没有本科、硕士、博士。高管培训项目在国内叫 EDP（Executive Development Program）的比较多。现在学院决定不用 EDP 这个词，因为外国学校没有人懂 EDP 是什么意思。我们要花好长时间把 EDP 这几个字去掉。学院的广告，第一，要突出学院的整体形象，第二，每个项目都要有自己的特点。现在学院的广告已经有了很大的进步。

第五个例子是学院的网页经过几轮改进已经有了很大变化。现在中文版和英文版的第一页已经没有什么大毛病了，这里下了很多功夫。最重要的新闻置顶，其他新闻按照时间顺序排。原来新闻标题经常折行，现在不折行了。这里还有很多细节，比如同一条新闻内的行距要窄一些，而新闻之间的行距要宽一些；原来我们只显示六条新闻，现在要显示更多新闻。我们的很多活动是多天的，但是原来的会议通知把时间设在活动第一天，到了第二天这条通知就自动消失了。所以要把通知的时间设在活动最后一天，保证在会议结束之前那条通知都能显示。别看这么小的细节，对信息传递的准确性很重要。

一年前，我们每天晚上 10 点自动更新到下一天。现在我们持续到第二天凌晨两点才把前一天的信息更新掉。中文的逗号、句号、冒号都要用全角，以前经常在中文中出现英文的半角符号，现在这些现象都已不复存在，这是非常不容易的。我们沟通办的同事为此奋斗了一年。上一版网页左边稍微缩进去一点，两边不对称，现在左右是对称的。英文网页的首页光是字体就调了很多次，到国外商学院的网站上看人家用的是什么字体。不要小看点滴小事，要弄准确了真的不容易。我们在座的要发布信息，信息要传递得准确，的确要下很大的功夫。

我讲了五个例子来说明我们的楼道布置、报告厅布置、背板、学院广告、网页首页都有了很大的进步，必须要肯定，必须要坚持。

二、什么是世界一流

下面我要讲讲什么是世界一流。我们对世界一流的理解在不断提高。这一两年来，我们有一个重要的体会，就是苹果的产品给我们带来了新的体验。为什么大家喜欢苹果的产品？因为它给你带来了不一样的体验。我们的文字工作也一样，最后就是用户体验。一个外国人关心清华经管学院，就想从网页上找到学院的相关信息，找到教授的信息，找到相关通知，这就是他的用户体验。

我体会乔布斯有两个特点。第一个是简洁、简单（simplicity）、极简主义

(minimalism)。几年前紫光刚刚建成，那时候我还在国外任教，到清华兼职给EMBA讲课，安排我住在紫光。床头有一个盒子，上面有三十多个按钮，是控制屋里的电器设备的。问题是在黑灯的时候，五个手指都按上去也打不开灯。这可能是清华毕业的工程师设计的。上面所有的按钮齐全，但是完全不知道是怎么排列的。其实我就是要开灯，没有别的目的。苹果产品的最大好处就是只有一个按钮，简单。极简主义，简单到极致，不要有任何多余的按钮。爱因斯坦也是极简主义者，他追求的是用最简单的公式描述世界。

第二个是完美主义（perfectionism）。乔布斯不光追求完美，还追求残酷的完美主义（relentless perfectionism），极致的完美主义（extreme perfectionism）。他跟索尼学，他崇拜索尼的随身听（walkman）。比如打开索尼产品的包装，发现里面的说明书放反了，那就要退货，退回到泰国重装。你看看人家这种极致的完美主义。

大家喜欢苹果的产品，那就要琢磨为什么。我觉得其中真的是有道理。这跟朱镕基老院长反复讲的追求完美是一致的。正好在十年前，2001 年 6 月 5 日，他到清华来做告别演说，又讲了清华精神是追求完美。我觉得这就是世界一流。

那篇有关乔布斯的文章印发给了行政办公会。那篇文章是对约翰·斯考利（John Scully）的采访。他在 20 世纪 80 年代中期担任苹果的 CEO，后来把乔布斯赶走了，因为当时他们的商业理念不合。他在去年事隔二十多年以后回顾当时的情况。后来苹果又把乔布斯请回去了。有人说，如果乔布斯再晚回到苹果六个月，世界上可能就没有苹果公司了。

三、我们仍有很大差距

我们这几年确实取得了很大进步，不过和世界一流比，仍有很大差距。我举一些例子。

例子一是两个顾问委员会。上上周五我到香港科技大学商学院参加顾问委员会会议。在顾问委员中，我是唯一来自中国内地的商学院院长，其他委员有美国商学院院长，有香港的商界人士。从他们发的顾问委员会资料中，我觉得他们的文字水平远远高于我们。我当时就发给了沟通办和合作发展办的同事。上周五我们接待哈佛商学院的13位教授。我当时就想到了，能不能给这些哈佛教授类似水平的学院资料呢？我们当时也在准备，但水平和香港科技大学相差很远。于是，我们按照香港科大材料的模式，一共四页，把学院最主要的信息都概括进去。

你们可以看看香港科技大学商学院概览。使命写得很清楚。之后介绍学院一共有6个系、11个研究中心，教学项目中的本科项目、MBA项目、硕士项目、博士项目，清晰简洁。每个项目学生的人数，入校时的平均年龄，信息都很清楚。国际化水平体现在海外交换，他们有110个海外交换大学。还有他们的财务信息很透明，而内地学院没有任何财务信息。

香港科技大学是1991年成立的，商学院也是那年建院。他们做的概览只有四页纸，但是有水平。

我们现在没有这样的概览，但可以模仿，然后再提高。中国改革开放三十年的经验，就是先山寨，再提高。你们不要嘲笑，学习先进的，一点也不耻辱。我们的MBA也是学来的，但不是完全照抄，也得符合我们的国情。

我们的本科、博士、EMBA这三个部门报上来的数字，在千位上没有加逗号。我们中国人读数字的能力强，但外国人只能一次看三位数字，所以数字一定得加逗号，你写40000，人家数不过来。所以要写40,000。

我们学生入校时的平均年龄，博士最开始报给我的是30岁，我一看就不靠谱。如果有一半是直读，那入校年龄应该是22岁，另一半是在职的，要得出平均30岁的话，在职学生入校年龄就要在38岁左右，这不可能。教师如果是海外大学获得博士学位，这些大学的名字要写对，去官网查。我们还要把几个国际项目，比如国际MBA、国际EMBA，都单独列出来，并列出起始年份。

我给大家看哈佛商学院带来的他们来访教授的介绍材料。每人有一张照片，有一个标题，下面是简介。他们一共有12位教授，组织起来一起到一个国家访问还是第一次，说明对我们学院很重视。再看看我们学院的教授简介，就可以发现差距十分明显：

第一，我们的教授是按照官阶排序的，而他们是按照姓名字母排序的。

第二，我们有的页面上放了两个人，而他们所有页面上都是一个人。

第三，我们的教授简介形式不一致，有的是一段话的介绍，有的是简历形式。而他们的教授简介全都是一段话。

再仔细看头衔。我们把官位放在前面，学术职称放在后面。而他们的头衔中，第一是学术职称，第二是某项目负责人，第三才是官位，顺序是先学术职称，再行政职务。我们是大学，不是公司，也不是政府。我们反复讲要去官气，可是我们在文字中就先写行政职务，而不是学术职称。

我们有 7 位讲席教授，所以必须写讲席教授的头衔。他们就是把讲席教授的头衔写在最前面。可是在我们的教授简介中，白重恩是弗里曼讲席教授，但没有写，李稻葵是弗里曼讲席教授，也没有写。其实这些是很简单的事，就是要模仿。如果我们能够模仿哈佛，效果就完全不同。

我们的介绍材料中有科研成果，信息多是好事，但也有些问题。首先，每一页最好只放一张表格。其次，一张表格尽量不要在中间断开。如果一页放不下怎么办？那在下一页要用同样的表头，并写上续表。但是我们这里的表格都能放在一页上，所以四张表格应该是四页，中间不要断开。英文的期刊名和书名用斜体字表示。

哈佛商学院送给我们的感谢状，无论是用纸、字体，还是钢印的质量，都是一流的。

例子二是中文网页的第二级。我们的一级网页已经非常好了，但是二级网页还有大量工作要做。我们所有教师的信息在网上都能查询，问题是这些信息的质量和一致性不够好。

展现教师信息时不应该把教师分成三六九等，美国的学校绝对不会按照教授、副教授来排。英国的学校可能会，但是我觉得没有必要。比如我们看介绍白重恩老师的页面，首先写的是副院长，然后写系主任，再写教授、博士生导师。从这里看出在我们的概念中，院长、系主任比教授重要，实际上教授是第一重要的。

再看招生页面。招生页面要显示正在进行的招生信息，而我们的 MBA 网页上显示的是去年的招生信息。如果去年的信息保留，就要把“2010 年”加上，至少让访问者知道这是过期的信息。EMBA 就做得很好，写的是 2011 年秋季班招生正在进行中，秋季班几个方向，垂询电话是什么。如果你还没有最新信息，你就写上正在讨论中，但不要有误导性的信息。

打开本科招生页面，没有任何有关招生的内容。今年是 2011 年了，要把 2007 级的毕业生感言加上。因为我们的本科招生是从 2007 年改革后出现重大变化的。这些信息一定要让考生看到，而且一定要非常准确。

网页上第一重要的信息是教师，第二重要的就是招生。从教学项目看，我们的 MBA、EMBA 和高管培训的网页做得不错，而我们的本硕博页面照片不错，但第一页没有什么信息，还需要改进。本科页面的右边是经管讲堂，但放上了对本科生而言最没有代表性的三个讲座。本科招生点进去，不是学院关于本科招生的内容，而是链接到了清华大学的网页，非常误导。考生最想知道的是我们学院的情况，但是这里没有提供太多信息。硕士和博士的页面，将来要分开，网页上的院长寄语跟研究生完全不相关，不知道为什么放这个。这些都是教学项目网页的问题。

最糟糕的可能是有关系和研究中心的页面。现在学院有八个系，其中六个系的网页里除了简介外什么内容都没有，另外两个系有原来的网站链接。经济系有原来的网站链接，但不是很有经验的人基本就只看到这一页。我花了很多时间才发现，需要重新刷新一下，才能有新的内容出现。管理科学与工程系网页有一个链接，是以前的，网页风格完全不一样。我是公司治理研究中心的成员，所以我特别点了一下，进去以后什么都没有，令人惭愧。因此二级网页需要下大功夫。

例子三是英文网页。网页第一级没有问题，第二级的问题非常多。第一，点击进入页面就是 2010 年，而现在是 2011 年了。在教师网页上，白重恩排在了白聚山的后面，曹静排在了曹泉伟的后面。显然教师的名字没有按姓名拼音排序。

还有缩写问题，尽量不要缩写，尤其是有空间的时候就不要缩写。

英文名字通常是名在前，姓在后。如果是姓在前，则有两种写法。一种是姓在前，后面打逗号，名在后。另一种是把姓写在前面，姓的字母全部大写，后面没有逗号，跟着是名，除了第一个字母外不大写。在我们的文稿中，经常既有中文名字又有英文名字，为了统一把姓放在名的前面的话，建议文章中用后面一种写法。

英文网页上不能出现中文字，但是我们的英文网页上有中文字。

接下来讲一下新闻。现在的英文新闻在文字方面有了很大进步。比方首页新闻，一般挑不出毛病。但是在第二页的新闻，就有问题，英文新闻几乎都是隔行排的。让我们来看一下哈佛商学院、斯坦福商学院、伦敦商学院的网页，都不是隔行排的。我们可以看到，他们用的字体、字号、编排方式和颜色，都比我们的好太多。

我每天至少要花两个小时看我们学院的网页，因为我很在乎咱们学院的形象。我们现在进步很大，每天都在改变，一级网页很好，但是二级网页需要改进。现在很容易看到一流是什么，访问其他网站一看就知道了。我们的问题是没有去看，或者看了以后也不敏感。我们的网站上还放着 2010 年的信息，没有放 2011 年的信息。过时的东西能不放就不放，除非真的需要，不然让人看了感到很业余，不专业。

以上三个例子说明，与一年多前相比，我们的水平有了明显提高。但是，我们离世界一流还有差距，这也是可以看得十分清楚的。

四、如何提高

如何提高？我在 2009 年 12 月 8 日的会上提出了五条，现在精炼成三条。

第一条，提高品位。提高品位就是要去官气，去俗气。我们的官气是刻在骨子里的，一排序就是院长第一，副院长第二，每个人都把行政头衔放在前面，先排院级，再排系级，再排教授。实际应该是教授第一，院长只是给教授端茶的。俗气，什么“热烈欢迎”“顺利毕业”，一不留神就出来了，不加这种词就好多了。今年校庆期间朱院长来学院时，我们的横幅就写了“欢迎朱院长回学院”几个字，多好！人家编了段子，会议没有不成功的，讲话没有不重要的，一大堆修饰词，一是官气，一是俗气，在现在咱们举办的活动中，仍然到处可见。大学不是官场，也不是商场，而是学府，我们要有自己的品位。

第二条，善于学习。学习要从模仿开始，跟世界一流模仿一点不丢人。五百年前我们是世界最先进的，别人都还模仿我们呢。风水轮流转，现在我们要模仿、学习别人。我到了国外会场就拍照。现在要学习会场的摆设特别方便，只要有心，很容易就学了。

第三条，建立责任制。每一份材料，每一页网页，都要有人负责，有人落实。一项工作肯定要经过好几个部门。比如教师简历，首先是教师人事部门。以后要界定什么地方是谁的责任，明确了就好办，不然什么地方是谁的责任大家都不知道。

昨天和前天我又发现一个问题。伟伦报告厅的讲台很好，但是有一个问题，就是那位哈佛教授来讲课的时候喜欢在讲台前踱步，但前面很窄，还把电线和电源插头放在外面，他差点绊倒。我注意到他因此分神了。我今天早上专门拍了照片，大家可以看到问题所在。

我们的 EMBA 国际项目 TIEMBA 的网站，和我们的合作学院 INSEAD 的网站一对比，就可以看到他们比我们做得精致，英文字看着一个个水灵灵的，也绝对没有隔行的问题。再看咱们的英文网页，也行，但是不水灵。就像看一个人，五官都挺标准的，放在一起看着就别扭。我想不明白，为什么会这样呢？可能是因为我们用的是中文全角编辑软件的关系。

我今天花了两个小时给大家上这堂课，讲的都是很具体的，都是我们每天能碰到的，也都是我的学习心得。跟国内其他学院比，我们已经领先，品位已经上升了很多。但我们必须朝着最好的目标迈进，而且是可以做到的。

今年 3 月 1 日学院举办了网络新技术会议，请了好多人来。之后学院微博就开启了，现在已经有 11 万多粉丝。EMBA、MBA、校友办现在也都开了微博。经管学院招生办当时只有两万粉丝，现在已有十几万粉丝。经过三个月的努力，我们就遥遥领先了。所以，我们有超强的执行力，是完全可以做好的，就是得想得对。

总之，要提高工作水平，迈向世界一流，就要做到前面讲的三条。第一，要提高品位，努力达到最高。第二要善于学习，要有比较，比较出真知。第三，要建立责任制，加强责任心。所有我们不确信的东西，只要去学都能知道，关键是要有心。

今天是 2011 年 6 月 14 日，再过半年，我们肯定要再上一个大的台阶。咱们每次都回顾，就可以看到我们的进步以及仍需改进的地方。今天就是学习讨论，我对事不对人，了解我的人都知道这一点。

关于学院网页的一封信

（2011 年 11 月 5 日）

学院网页有了很大进步。但我发现有一个问题需要改进，就是学院要闻和滚动照片全部是关于学院和项目活动的，没有教师个人，特别是有关他们研究的信息。我查了学院要闻中前 100 条信息（都是这学期开学以后的），以教师名字为标题的只有三条，其中唯一与教师研究有关的是李子奈教授获孙冶方经济科学奖，这条还是我督促后加上的。去年 4 月改版时我曾经要求在滚动照片上用教师照片和他们的话，但两期之后就没有了。

北大光华管理学院的网页突出教师个人，比如这两个月就有两位教师获奖或论文发表的新闻，而且都是助理教授。他们的网页首页上还有三条带教师照片的专门报道。整体而言他们的网页给人的印象是这个学院注重教师。

相比之下，我们的网页几乎没有对教师个人的关注。今天的首页上没有出现一个学院教师的名字（请看中欧国际工商学院、上海交大安泰管理学院、北大光华管理学院网页，首页上都有教师的名字和活动）。英文网页也是如此。中英文新闻中几乎全都是学院活动和项目开班，前 100 条中文要闻中就有 20 条是培训中心办班的报道。看了我们的网页，读者不仅要问，学院的教师在哪里？我们学院有八位讲席教授，有像魏杰这样的名师，他们的形象和言论在首页上出现过吗？我们每年都有这么多优秀新教师加入，包括外籍教师，在我们的网页上有任何体现吗？我们的金融系号称发表英文文章的数量和质量远超其他学院，而我们的网页上有过一篇报道吗？学院的教师、职员

---

* 给清华大学经济管理学院沟通办公室的一封信。

和学生知道吗？我并不是说要报道学院有多少讲席教授，今年引进多少新教师。比这个更重要的是单独的、有关教师个人情况的报道和信息。

我觉得这是一个系统性问题。从思想上我们就没有把教师及其研究放在重要位置，而是把学院的项目活动放在首位。我们总是说没有教师就没有学院，但是这在网页上没有体现。再有就是各办公室被动等待各项目和其他办公室提供稿件，他们自然提供的都是有关活动的新闻，这是过去的习惯使然，而你们又不主动要求他们提供有关教师个人的稿件。在没有导向的情况下，造成目前的状况。

请你们认真研究一下此问题。首先要解放思想，然后提出一个系统性解决方案，必要时可以规定一个最低比例的学院要闻必须是有关教师个人研究活动，首页上必须出现教师个人姓名和照片等。相应的也应该减少对我的活动的报道。我希望在本月就能够看到显著变化。

第三编　学院发展规划

第七章　学院三年战略规划

2010—2012 年清华经管学院三年战略规划

（2010 年 12 月 13 日）

1. **学院三年发展总体目标**

2010—2012 年，清华经管学院各项事业的科学发展，既面临机遇，也充满挑战。为了实现学院 2020 年建成公认的世界一流经济管理学院的战略目标，为了 2014 年在学院建院 30 年时向长期关心学院发展的内外部各方交上一份满意的“三十而立”答卷，未来三年至关重要。

2006—2009 年，学院以本科、MBA 等办学项目为代表的率先改革为未来三年的发展打下了一个重要的方向性基础，取得的效果和赢得的声誉有利于进一步获得资源和实施战略。但是，海内外同行加速发展带来的行业竞争白热化、政府和大学等利益相关者调整带来的不确定性，都要求未来三年必须以深化改革促进发展，在审时度势、细致谋划的基础上，果断把握机遇并大力创新，推动制度建设、队伍建设的新局面，实现学术和办学声誉与收入增长资源拓宽的双丰收，将学院的综合实力推向新平台，成为中国内地公认的经济管理学院教育领先者。

2. **战略发展重中之重：教师**

教师工作是学院一切工作的基础，在未来三年中，既要抓好引进、流动，更要从体制机制上改革创新，为吸引、留住和提升人才建立有效环境。

要更加积极主动地适应和参与海内外竞争，加大教师引进力度，做细工作并适度调整政策；下大力气增加经济学科的师资规模和水平；改革博士后平台承担教师引进储备与过渡的功能；做好千人计划的引进工作和长江学者、

---

* 2010 年 12 月 13 日院务会通过。集体完成。

自然科学基金杰出青年等梯队的建设，化解政策上可能的各种不利因素，巩固高水平学术带头人队伍在国内的领先地位。

未来三年，将进一步扩大教师总规模，提高拥有博士学位的教师比例和拥有海外博士学位的教师比例，并改善职称结构、年龄结构和学科结构上的布局。

推行教师薪酬制度改革，加大对教师薪酬的投入，建立凝聚人心、鼓舞士气的氛围；在教师全员年薪制基础上，落实讲席教授制度，为进一步吸引和涌现世界一流水平的资深教授创造条件。

做好在职教师的培养、晋升、保持和流动等工作。加强对教师的各项服务，解除后顾之忧，保证教师在科研、教学上的充分投入；强化首期合同期满考核，对不适应要求的提早警示，两个合同期内未晋升副教授的助理教授一般要流动，保持师资队伍的活力。

规范充实名誉教授、兼职教授、客座教授、访问教授、课程讲师的队伍，具有前瞻性地布局。在保证质量的基础上，扩大课程讲师规模，成为学院教学工作开展的一支有生力量。

3. 办学（本科、硕士、博士）

推动本科项目培养方案的改革，在招生、培养和未来发展三个方面，将清华经管学院本科项目打造成为中国最有吸引力、评价最高的本科教育项目。未来三年中，全面落实以通识教育和个性发展为主要内容的本科教育改革，抓好优秀人才培养计划、批判性思维能力培养等多个新方案的特色，在国内外高校中形成普遍支持和认可。成立本科教学工作委员会，进一步研究本科招生方式的改进，提高国际交换项目的质量，并加强学术研究成果融入教学。

推动硕士项目的改革，减少学术型硕士，增加应用型硕士，更好地和本科项目衔接。启动和建设“管理硕士”（MiM）项目，加强面向综合管理发展方向的硕士研究生培养，招收应届本科毕业生进行应用型综合性培养，为大型企业、政府部门和其他组织培养未来领导者。启动“金融专业硕士”项目，探索金融专业硕士学位的培养规律，并建立该项目在业界的顶尖声誉。推动“会计专业硕士”的国际合作，提升项目质量。保留和提高经济学硕士、管理科学与工程硕士两个研究型硕士项目，培养方案与博士项目培养方案中的前两年交叉，同时寻求国际合作。

推动博士项目的改革，明确和统一博士培养项目的学术导向，为海内外高校、政府和其他研究机构培养高水平的学术研究人才。按照学术系设置博士项目，考生报考博士项目，通过资格考试之后再选导师。副教授、助理教授切实参与到博士生指导工作中。为促进经济学科发展，每年向学校争取单独定向增加10名经济学科的博士生名额。加强博士生资格考试的严肃性，推动流动机制的形成。

4. **办学**（MBA、EMBA、**高管培训**）

全面落实MBA改革方案，着重加强招生工作的改革。规范MBA项目的定位、规模和学费，优化MBA项目结构，进一步提高国际MBA项目的国际化水平。

提高MBA办学质量，特别是课程教学质量。在第一学年必修课中，建设教师研讨教学、互帮共进的教学组，统一课程教学规范；建立机制，建设好若干门MBA精品课，提升在读MBA学生的满意度，并做好MBA校友的联络与感情建设，确保MBA项目排名保持和提高。完善MBA的项目管理，理顺内部组织结构，增加教学开发相应职能与人员。提高学生就业和职业发展的服务质量，充分满足学生就业、实习需求，更好地为学院教学项目的招生、培养提供服务，建立若干国家级重点招聘单位。

做好EMBA教育的改革和创新，加大招生工作的力度，积极开拓长三角、珠三角市场。保持清华EMBA良好的社会口碑，在国内主流EMBA评比中领先，并做好与INSEAD联合举办的EMBA双学位项目参加国际排名的准备工作。

正确认识高管培训项目对学院的三个贡献（教师与企业密切联系，学院在业界影响力，学院发展的财务资源），不断提高高管培训项目的品质和参训学员的层次，在项目创新和课程质量提高的基础上，开发在业界有领导性、号召力的CEO项目和具有国际影响力的合作项目，确保在收入增加的同时不断提高高水平培训项目品牌在国内外的影响力。

在 2011 年开设“工商管理博士”（DBA）课程研修项目，进一步提高在企业界高层（特别是 EMBA 校友中）的影响力。

5. 科研、学科建设与学术影响力

2010—2012 年正是“985”三期（2010—2013 年）的前三年。要充分利用“985”的资源，全面提升学科建设的水平。

继续巩固已有学科优势，保持管理科学与工程、工商管理学科在国家学科排名中的领先地位；加速提升经济学科实力，理论经济学与应用经济学要力争进入国家学科排名前列；重点学科（工商管理、管科、数量经济）保持国内领先地位；发挥好两个教育部重点研究基地和一个国家创新群体的品牌和平台优势；涌现出一批杰出学科带头人（学术任职/评委、长江学者、杰出青年基金、新世纪人才计划、国际杂志编辑/编委……）；推动重要研究项目（自然科学基金重大、重点以及对国家政策有直接影响作用）的申请和完成。

大力支持教师完成高水平的科研项目，发表高水平的学术研究文章，争取国家百篇优秀博士论文再有突破，国内学术组织主席、副主席多名，做好千人计划、长江学者的引进、培养工作。

到 2012 年，学院应重点投入建设若干研究中心成为国内重要经济与管理智库，并形成一定的国际影响力。

用三年时间，充分发挥麦克法兰教授的影响力和领导作用，建设案例写作者队伍，使清华工商案例中心成为中国最有影响力的管理案例生产基地之一。

集中优势力量，与其他院系密切合作，建设社会经济数据库，成为全国驰名的研究数据提供基地，并积极开展国际合作，提升全球影响力。

6. 外部关系与社会影响力

在国际合作方面，博采众长、融会贯通，深化和挖掘多层次的国际合作关系。在学院层面，既要保持精干的高层次战略伙伴关系，又保持与众多国际一流院校的纽带；在学生交换方面，重点做好合作院校的精选、把关，将学生交换合作院校的数量规模控制在 100 所以内，同时，加强和更新与顶级商学院的学生交换关系，并挖掘更高层次的博士生合作培养院校。同时，加强经费支持，适当增加几个高水平的国际短期交换项目。

在国际合作办学方面，继续做好与麻省理工、哈佛、巴黎高等商学院、INSEAD等院校的合作学位项目，并继续与国外顶级同行院校展开对话，力争开拓新的合作领域。在发掘新的合作关系的过程中，充分发挥教师联系人的作用。

在国际认证方面，面临 EQUIS（欧洲质量发展认证体系）、AACSB（国际商学院联合会）两项国际认证再认证的关口。充分利用认证提供的全面审视的契机，重点做好初次认证中存在问题的工作，完成 2011 年 EQUIS 再认证和 2012 年 AACSB Business（商业认证）和 AACSB Accounting（会计认证）再认证，巩固我院在国际管理教育界形成的高质量办学形象。

积极用好名誉教授、兼职教授、客座教授、访问教授渠道和顾问委员会渠道，加强与政府关键部门的互动合作，重点做好与一行三会、中投中金和工农中建等机构的合作。

在校友工作方面，持续更新完善校友数据库，提高信息有效性，巩固校友工作的基础，并出版双月刊《校友通讯》，着力宣传经管校友，丰富学员形象。建设每年四次的学院校友日活动，并在原有校友会基础上，适时增设经管校友会及各地分会，完善校友组织结构。

在学院的品牌形象建设方面，继续发挥沟通与学院形象管理办公室的职能作用，从媒体关系、品牌推广、新闻出版、项目协调、网络信息等工作内容着手，配合学院行政管理改革，理顺学院内部管理机制，强化学院品牌建设，形成稳定的媒体渠道，最终全面提升学院的品牌影响力。

2011 年春创办《清华管理评论》，同时发行印刷版与移动阅读版，在发行量和影响力方面争取进入同类杂志的第一集团，并为走向盈利打下基础。

树立“为清华办好经管，靠清华发展经管”的大学关系理念，加强在校内的全方位沟通、推广力度，宣传经管学院的努力、成绩与贡献，交流经管学院在发展中遇到的问题和掣肘，争取政策上的稳定和观念上的改变，在师资建设、建楼用地、财务分成、办学名额、制高点建设这五个最关键的决策中得到学校的支持。

7. 职员队伍建设与行政管理改革

充分认识教师和职员作为学院发展两个车轮的作用。从质量素质和体制结构上入手，加强职员队伍，特别是职员骨干队伍的建设。加强职员培训工作，着重于职员队伍的职业化、国际化。完成职员薪酬制度改革，增强市场竞争力。完善职员绩效考核制度，建立有利于学院工作的激励机制。梳理和推动行政管理改革，完善行政管理结构。适当增加直接为教师提供服务的职员数量，并提升其服务水平，切实减轻教师行政管理负担，为教师提供课程教学以外的一站式服务平台。

设立优秀职员“年度院长奖励”，鼓励职员在基层岗位上尽职服务，为学院长期优质工作。尽力为职员提供各类应得的福利。

8. 基础设施

基础设施的不足与落后已经成为影响学院发展的重要障碍。在 2012 年前，学院应落实新楼建设所需要的资金、土地和规划。

推进信息管理基础设施的全面改革，通过持续建设，使学院的信息化水平达到国内一流、国际领先，并成为学院发展的竞争优势。

图书情报工作稳步发展，加强与学校图书馆的合作。

搞好后勤管理工作，加强修缮、改造，充分挖掘现有设施潜力，维护和建设优美、舒适、有国际化管理水平的教学与科研活动场所。

9. 财务管理与资源筹集

学院的财务状况的基本原则是：健康、坚实、可持续，为各项事业的发展奠定重要基础。财务的可支配收入部分，必须要有持续的提高。财务管理中，将进一步落实预算管理，加强财务管理制度和财务信息化建设，增加成本管控力度，提高财务资源在学院层次的战略性分配水平。

逐渐改变学费作为财务收入中的绝大部分来源的状况，加大资源募集的力度，确保募款目标达成。管理好已募集基金，保证基金运营安全，增值；资金使用合法、合规。

2013—2015 年清华经管学院三年战略规划

（2012 年 12 月 24 日）

在过去两个三年规划（2007—2009 年和 2010—2012 年）期间，学院锐意改革，以改革促发展，初步搭建起一个符合现代大学制度的管理框架（包括教师人事制度、内部管理制度等），创新开发出具有国际先进性的各教学项目的课程方案，稳步推进了学院各项事业的全面发展。

本规划与上一个三年规划相衔接，经过院务会多次讨论，结合过去三年顾问委员会会议上委员们的建议，并广泛听取教师和职员的意见而制定。本规划在三年规划期开始之前定稿公布，并以此为基础制订三年行动计划，以细化和落实本规划。

一、总体目标

1. 使命与定位

学院的使命是“创造知识，培育领袖，贡献中国，影响世界”。这一使命要求学院必须成为世界一流，并持续保持国内领先。

世界一流必须世界认可，而非自封。世界一流必须做世界认可的一流研究，办一流项目，吸引一流教师，培养一流学生。一流研究是世界一流学者公认的学术成果，包括一般性问题和中国相关问题。成为世界一流是清华经管学院不可推卸的责任，这是由学院的历史和地位决定的。

国内领先首先要确保学院在中国内地公认的杰出位置，即在经济管理领域的研究、教学和社会服务的领先者地位。更重要的是，由于学院在中国现

---

* 2012 年 12 月 24 日院务会通过。集体完成。

代化进程和转型中对国家和社会具有特殊的责任和作用，学院必须在中国经济政策和管理实践中发挥引领作用。这种作用主要是思想的（intellectual）引领。虽然这种引领不一定（也并不必要）要求获得国际同行的广泛认可，但它应当受到国内最高决策者、国内最有影响的企业和企业家，以及国内公众舆论和意见领袖的认可，这就意味着学院成为国内公认的思想领导者（thought leader）。与学校的要求相一致，学院要把工作精力集中到世界一流、中国最根本需求的工作上来。

2. 参照基准

建立参照基准（benchmark）是本三年战略规划中的首创。它提供一个重要的横向比较依据，是对“世界一流”和“国内领先”的某种度量。

根据学院的使命与定位，学院制定一个六维度的参照基准：（1）学术研究/博士项目（经济学）；（2）学术研究/博士项目（管理学）；（3）专业硕士项目；（4）本科项目；（5）国内贡献；（6）全球声望。对于以上每一维度，参照基准设三个组：（1）竞争组（Competitive Group）；（2）可比组（Comparable Group）；（3）追赶组（Aspirant Group）。

从目前情况看，相对于参照基准，学院的研究和博士项目相对较弱，硕士项目较强，本科项目更强，对国内的影响力最强。学院到2020年的中期目标（追赶组）是整体国际声望进入世界前30名，与大学提出的目标相吻合。这个参照基准是指学院整体的“平均”，具体到各系和学科情况则不同。当把它用于具体考评时，需要慎重考虑各维度之间的权重。

二、六项重点工作

学院确定在未来三年期间的六项重点工作，在人力、财力等各方面应给予优先考虑。

1. 建楼

学院在伟伦楼和舜德楼的建筑面积共有2.5万平方米。目前大部分本科、硕士、博士、MBA课程使用学校的教室，特别是MBA课程是非专用教室，高管培训教室严重不足。教室和教师办公室的质量较差，所有这些与国内各商学院教学设施比较相差悬殊。

建楼的目标是在现有设施的旁边，新增4.5万平方米建筑面积，使学院的总建筑面积达到7万平方米。建楼不仅是为了解决面积和质量问题，更重要的是引入适合21世纪教育的新设计理念，同时要保证学院各项重点工作的空间。

2. **资深教授**

在下一个三年中，资深教授的培养与引进应成为学院教师队伍建设的重点。要进一步改善目前的学术研究氛围，进军国际学术主流。

2013—2015年，在国家各类人才计划中新增人数在全国经济管理学院中名列前茅。在国内外重要期刊的主编和副主编人数、在国内外重要协会、学会中担任重要职务的人数进一步增加。保持并增加在重要的政府咨询委员会，包括教育部和国务院学位办中担任委员的人数。

3. **博士项目**

按照培养一流学术人才特别是重点高校教师的目标，全面落实博士项目改革的各项措施，投入充足的人力和财力，力求在三至五年内建成国内最好的博士项目。建设三个博士项目基础课程平台（经济金融会计、工商管理、管理科学与工程），规范课程建设，严格资格考试与淘汰。争取三年内不断有博士论文入选全国优秀博士论文。

4. **经济学科进入国内前列**

面对国际、国内、校内更具挑战的环境，经济学科（包括金融）必须加快发展步伐，在教师队伍、学术研究、博士培养、政策建议等各方面都要尽快进入国内高校中的领先位置。要花大力气办好《经济学报》，使之尽快成为国内顶尖经济学科（包括金融）的学术期刊。利用经济与金融政策研究平台，强化经济与金融领域的政策参与，在重要的会议、决策中出方案、出声音，赢得良好的社会声誉。提高在国内有影响的重大经济学科奖项中的获奖人次。

5. **管理学科与大学融合**

管理学科与大学融合是学院办学的竞争战略。管理学科与大学融合要实现三个有利于：有利于增强管理学科的优势和影响力；有利于院内和其他院系学生的综合管理能力的培养；有利于学院和合作院系教师的科研。未来三年要重点建设“MBA + X”双学位项目和清华 x-lab。

6. **全球战略**

全球战略的目标是要使学院成为具有全球学术影响力和全球校友影响力的学院。在未来三年，要加大延聘具有国际背景的教师和职员的力度。在全院范围内建设成真正的“双语”工作环境。要将学生的海外学习经历纳入正常的项目培养计划，进一步提高国际合作办学的水平和影响力。保持国际 EMBA 项目国际排名领先。争取国际 MBA 项目尽早参加国际排名并创佳绩。

三、教师与研究

1. **教师人事制度**

全面实施过去六年中建立的一系列教师人事制度。依照前述参照基准引进教师、评定职称、决定长聘、调整年薪。2013 年公布具有国际可比性的高标准的国际学术期刊目录和国内顶尖学术期刊目录。

在未来三年中，重点对 2011 年底时的副教授进行岗位明晰、分流、转岗。为此，学院应丰富教师队伍的岗位设置，探索设置专长于经济政策和管理实践研究的研究员系列（院内可简称为教授）和教学系列副教授（或高级讲师）等岗位。

2. **教师（学科）规划**

学院全职事业编教师队伍在 2015 年底不超过 180 人的规模总数。学院应于 2013 年完成经济学科和管理学科的学科规划，并确定各系教师人数。

3. **教师引进**

未来三年学院的长聘轨教师引进，必须严格按照学科规划和学术标准，特别是前述的参照基准来开展。特别是要大力加强对海内外资深教授的引进工作。根据人才市场的情况，适当调整新进教师的薪酬，使之保持竞争力。同时，学院还应大力度引进非全职教师，包括访问教授，特别是教学型、实践型教师。

4. 经济学科进入国内前列（见六项重点工作）

5. 管理学科确保国内领先

未来三年要进一步巩固和提高管理科学与工程和工商管理学科的优势，确保这两个一级学科在国内数一数二的领先地位。提高工商管理学科在国际和国内学术发表的数量和质量，特别是在A类期刊发表论文的数量。提高清华的管理学科在国家产业发展和企业管理实践中的影响力。提高在国内有影响的重大管理学科奖项中的获奖人次。

6. 研究支持

要整合资源，加大对教师研究的人力和财力支持。在经济金融、管理科学与工程、工商管理三个学科领域各自重点建设1～2家研究中心。鼓励现有的两个教育部重点研究基地发挥更大作用。建设两个分别侧重于经济学科和管理学科的、面向中国重大问题和体现学科前沿的"协同创新中心"，力争其中之一获国家"2011协同创新计划"的支持。要组织一些关系国家重要经济金融管理的应用性课题进行研究。

在空间受到限制的情况下，继续做好基本的藏书、期刊采购和管理，着力加大电子资源建设，并建立为科研和教学服务的网络和技术支持体系，探索电子图书使用和在线教育技术的应用。要搭建各类数据库的一站式网络界面。

7. 认证评估

做好AACSB（国际商学院联合会）的AOL（学习保障）建设工作。建立完善的评价体系，形成由各个教学项目主要负责人参与的学院学习保障工作委员会，按年度计划完成要求的设计、考核和评价工作。提前制订年度计划，并认真完成年度报告。

8.《清华管理评论》

未来三年，学院继续大力支持杂志的编辑和运营工作。作为学院管理知识传播的窗口，杂志应采取各种措施，准确定位读者，扩大杂志发行量和赠阅量，提高杂志在读者群中的知名度，扩大杂志的社会影响力，为经管学院的管理知识传播发挥积极作用。

9. 中国工商管理案例中心

要进一步提高案例质量，继续支持案例研讨课、中国管理案例年会、麦克法兰案例奖等活动。保持和增加通过哈佛、ECCH（欧洲案例交流中心）等海外平台向全球发行的英文案例数量。

四、教学

1. 本科项目

继续实施通识教育与个性发展相结合的国际化教育体系，重点是不断提高本科教育提供的质量。进一步努力提高各通识教育课程的质量、稳定性和影响力。积极推动跨院系合作，共同建设通识教育课程体系。加强课程质量管理、成绩管理和毕业论文的流程管理。

2. 博士项目（见六项重点工作）

3. 硕士项目

提高管理硕士（MiM）、会计专业硕士和金融专业硕士项目的办学水平。建立一个贯通的英语课程体系，使得国际 MBA、金融硕士、会计硕士和管理硕士的中国学生、留学生和交换学生能够在这个体系中按照自己的兴趣和项目的要求，最大化地利用学院可以提供的英文课程资源。

4. MBA

进一步提高实施新版清华 MBA 的水平，优化招生环节，深化课程改革，从而持续提升清华 MBA 项目的培养质量和在国内、国际的声誉。大量引进资深行业讲师，并显著提高实践师资授课在 MBA 课程中的比例。探索论文环节改革，探索整合实践项目与毕业报告衔接的问题。落实“MBA + X”双学位项目。加强 MBA 的英语教学体系。

5. **EMBA**

全面实施清华 EMBA 创新发展 2012 计划，引领全国 EMBA 教育的潮流。积极开拓长三角、珠三角市场，增加两地学生人数和质量，在招生上注重来自民营企业、跨国企业、创业企业和潜在成长型企业的学生以及未来之星。落实全新课程体系，发挥清华作为综合性大学的优势，探索论文环节改革，增加海外研学路线，满足 EMBA 学生群体的学习需求。推动和深化基于移动终端的教学手段“iEMBA”的使用。继续办好各地同学会和校友活动。继续办好与 INSEAD 联合举办的 EMBA 双学位国际项目，在国际排名中保持领先。积极开发并尽快启动“后 EMBA”项目。

6. **高管培训**

发挥高管培训对学院的三个贡献（教师与企业密切联系，学院在业界的影响力，学院发展的财务资源），确保培训收入逐年稳步增长。要进一步拓展骨干教师规模。积极开拓在上海和深圳的外地教学项目规模。积极探索培训新领域、开发新产品，特别是在线教育、移动学习。配合与大学融合战略，与相关院系深度开发联合培训项目。

7. **学生职业发展**

将本科生的职业发展工作开展时间提前到大学一年级，帮助本科生更好地进行职业选择及职业规划。针对 MBA 招生改革后生源的变化，对全日制 MBA、MBA 国际学生、在职班 MBA 提供差别化服务。对校友提供求职信息及搭建校友帮助学弟学妹求职的平台。

积极开发雇主，为学生提供更多的实习及就业机会。为不同学生群体有针对性地开发雇主。针对国际学生就业的特点，与国外使馆、商会等合作，开发及维护特定雇主群体。

8. **学生工作**

未来三年，学院学生工作主要围绕创新思想工作、融合、人才培养和激励这三个方面展开。在学生成长的不同年级和不同阶段科学地设计政治思想教育的目标、内容和方法。加强辅导员队伍的建设、培养和激励机制，定期开展辅导员研讨会和培训，保持辅导员与学院领导沟通的机制。未来三年将不断建设和修正清华经管学院同学多元化的评估体系和激励体系，鼓励同学们个性发展，在学业、思想、为学、为人等方面都获得提升和锻炼，促进形成一种个性突出、朝气蓬勃的氛围。

五、外部关系

1. 全球战略（见六项重点工作）

2. 顾问委员会

稳定委员规模，行业分布更倾向于实业界、新兴行业和商界新星。新任委员应该来自有行业影响和社会责任、与中国经济发展密切相关的企业，并愿意为学院做贡献。要明确委员和主席的三年任期，按期更新更换。顾问委员会年会定期召开，更加注重实效。要积极探讨“清华管理全球论坛”的形式创新，让顾问委员走进课堂，与教师和学生更多交流沟通，让论坛成为学院各教育项目的一个有机组成部分，成为学院办学的重要特色。同时，也应该让论坛通过海内外媒体成为传播学院思想和影响的渠道。

要充分发挥顾问委员的作用，不仅是在会议期间，而且要扩充到会议之外。继续办好顾问委员讲堂，使之成为顾问委员在中国的固定演讲平台。加强与顾问委员的日常联系，为顾问委员提供更好的服务。

3. 校友关系

未来三年，除在校友集中的城市举办区域性学院校友日以及每年校庆时的值年返校日外，学院将在香港、台北、纽约、旧金山等地举办校友日或主题校友聚会。与学院各研究中心合作推出更为丰富、更能服务于校友需要的论坛活动。探索校友工作更有效的组织形式。

继续坚持做好“MBA 校友导师计划”和本科生领军计划的导师项目，在2015 年，为所有本科生配齐得力适当的校友导师。

4. **沟通**

沟通办除了做好日常的对外沟通工作（学院出版物、网站、微博等）之外，还要在学院品牌塑造方面着力，逐步建立全院统一的各教学项目的市场推广和广告。要推进学院整体视觉形象（VI）的设计与实施。在沟通工作中，要“去官气，去俗气，尚国际化，尚品位”。强化学院与各类媒体的关系，特别是与国外媒体的关系。所有出版物、载体逐步实现双语化。提高学院教授在媒体的曝光度与在公众中的美誉度。

5. **筹款**

要逐渐改变学费作为学院收入的绝大部分来源的状况，加大筹资力度。未来三年筹资的优先任务是保障建楼所需全部资金和满足新增讲席教授席位的资金。

落实“学院发展委员会”和“名誉院董”制度，调动为学院做出重大贡献的捐赠者的积极性，并发挥他们为学院发展建言献策的作用。

六、内部管理

1. **财务**

未来三年，学院财务收入保持稳定增长。学院财务支出要支持学院重点工作，保障教师和职员具有市场竞争力的薪酬，严格控制日常运营成本。

学院预算要遵循量入为出、略有结余的原则。要进一步完善预算管理，实行资本预算制度；严格预算纪律。加强并完善成本核算办法，合理划分费用类别；完善内部控制制度，建立供应商备案制度及相关流程；完善财务信息系统。

2. **职员**

要进一步强化职员作为学院发展两个车轮之一的作用。依照学院的整体战略，职员人事管理需要上一个更高的台阶。从人员结构、素质要求与培育、管理体制等诸方面入手，全面提升职员水平，打造一支高效率、职业化、国际化的职员队伍，为教师提供更优质的服务，为学院提供高效的运营管理平台。对管理职员要有更高的标准。

进一步落实绩效管理改革，完善奖惩机制，优化目标管理考核体系与360度测评体系，在考核结果应用中，切实扭转只奖不惩的局面，打造积极进取的工作氛围。同时为优秀职员在院内攻读在职硕士学位提供便利，打通职员职业晋升通道。

3. 行政后勤

今后三年行政后勤工作必须在提升服务质量方面上一个大台阶。招标选择新的物业公司，为广大教职员工和学生校友提供更周到细致的服务。强化对物业人员的教育与培训，实现后勤服务的精细化。要重视安全问题。要重点解决突出矛盾，如教室、办公室、博士生工位、墙面及厕所等问题。开辟教师休息室（Faculty Lounge）、学生活动室（Student Lounge）。

4. 信息技术

未来三年全院信息工作主要围绕强化基础设施建设、信息战略推广普及以及新信息技术下的学习手段探索等三个方面展开。建设经管知识在线，使学院的案例中心、《清华管理评论》和教师的知识产品融合，对内作为教师、职员、学生和校友的资源，对外作为扩大学院影响的平台。研究试点其他移动应用，使学院的教师、职员、本硕博学生能够通过移动设备访问学院门户网站和内网；探索在学院的招生、推广和活动中使用移动应用，促进校友网络建设。

七、三十年院庆

要借助2014年建院三十周年的极好契机来推动三年战略规划的实施，在更大的范围中接受检验、彰显成就。院庆要以思想为中心，以活动为推动，在“十年风雨”“二十风华”之后，呈现“三十风采”。要发动社会力量共同编纂体现清华经管学院办学思想和教育成果的出版物，使三十周年院庆纪念得以学智传承、源远流长。要在北京及各地举办一系列形式多样、符合清华经管学院使命和品位、学府气派的活动，动员教师、职员、学生、校友以及其他社会资源，为三十而立之后的经管学院积蓄力量。

2016—2018 年清华经管学院三年战略规划

（2016 年 3 月 14 日）

本规划是在清华大学总体发展和综合改革规划框架之下，结合专项报告《创建世界一流学院：清华大学经济管理学院 2025 战略思考》，并与上一个学院三年规划相衔接而制定。制定过程中，院务会多次讨论并认真听取了教师和职员意见。

一、总体目标

学院使命是“创造知识，培育领袖，贡献中国，影响世界”。这一使命要求学院在研究、教学、社会服务等方面都要成为一流。一流既包括获得国际认可的世界一流，也包括满足中国需求的国内领先。

本规划期的三年是实现学院到 2020 年中期目标的关键时期。与大学提出的目标相吻合，学院发展的中期目标是整体国际声望进入世界前 30 名，并在若干方面进入世界前五名。为了进一步细化这个目标，本规划延续上一个规划中建立的六维度参照基准（benchmark），分类确定可度量的横向比较依据。

1. 本科教育。学院本科教育在招生和教学，通识教育和专业教育，中国内容和国际化水平，第一学位和第二学位，都要保持在国内本科教育中处于最好水平。

2. 专业硕士教育。所有专业硕士教育都要保持全国领先，若干项目要进入国际排名的前列。

3. 经济学研究与博士教育。国际学术论文发表在荷兰蒂尔堡（Tilburg）

* 2016 年 3 月 14 日院务会通过。集体完成。

大学发布的经济学学术论文发表排名中居亚洲前列。国内学术论文发表在国内学科评估中的论文发表（质量和人均水平）排名中居领先地位。发表与中国实践相关的高水平论文，开展有重大国家需求的理论和政策研究。博士教育水平位于国内前列。

4. 商学学科（包括管理学与微观金融学）研究与博士教育。国际学术论文发表在得克萨斯大学达拉斯分校（UT Dallas）发布的商学学科学术论文发表排名中居亚洲前列。国内学术论文发表在国内学科评估中的论文发表（质量和人均水平）排名中居领先地位。发表与中国实践相关的高水平论文，开展有重大国家需求的理论和政策研究。博士教育水平位于国内前列。

5. 国内贡献。学院培养的学生在各行各业中对国家和社会发挥重要推动作用，学院的研究和社会服务在中国经济政策和管理实践中发挥思想引领作用。这个作用应该受到国内最重要的政策决策者、国内最有影响的企业和企业家以及国内同行的认可。

6. 全球声望。全球声望既体现在各种排名中那些与学院相关的学科排名，也体现在学院在全球学界、企业界和同行中的整体声誉。

需要指出，以上参照基准中的相应排名是对学院进展的一种可视度量，它们既不是唯一度量，也不是学院的追求。学院将始终不渝地实践学院使命。

二、重点工作

1. 学院文化建设

建立包括学院使命、愿望、核心价值、行为规范、奖惩机制和支撑条件组成的学院文化体系。全院教职员工为实践“创造知识，培育领袖，贡献中国，影响世界”的学院使命和为实现“成为世界一流的经济管理学院”的学院愿望（aspiration）而努力，用学院的核心价值“正直诚实、敬业尽责、尊重宽容”和“教师行为准则”、“职员行为准则”促进教职员工形成良好的职业道德。

建立追求真理、崇尚学术的学院文化。推行更加综合全面的学术评价体系。教师与学生加强交流，教师既要重视教书，也要重视育人。教师热爱本职工作，既做一流的教学和科研，也积极为学院发展服务。落实价值塑造、能力培养和知识获取的“三位一体”人才培养理念，增强对在职学位项目的学院文化熏陶。各级职员要严以律己，绩效为先。领导干部要以身作则、率先垂范。

在组织体系和物理设施上提供氛围融洽、积极向上、活动丰富、便捷优质、有利于身心健康的有效支撑条件，增强向心力和凝聚力。

2. **教师发展**

做好学院和各系学科规划和教师发展规划。完善事业编教师岗位体系，在已有岗位系列之外设置教学系列和研究系列教师岗位，并统筹规划全院和各系事业编和各系列教师人数。贯彻落实事业编教师人事制度改革方案。完成教师人事制度改革方案的各项报备工作。梳理现行的人事管理规定，使之与教师人事制度改革方案相一致。建立和完善非事业编教师管理制度，设立非事业编的教研、教学（包括管理实践）和研究系列教师岗位，并统一规划学院非事业编教师规模。

完善和丰富教师评价考核体系和激励体系。继续严格把握教师晋升和长聘标准，形成学院层面的教师晋升和长聘的学术标准体系。加强合同期满考核。完善教师工作组合的确定和调整制度。根据教师发展规划，高质量做好引进工作，加大引进有学术影响力的资深教师和有学术发展潜力的年轻教师，并根据市场情况提供有竞争力的薪酬待遇水平以及科研支持。

建立外部同行评估委员会制度。按照经济学和商学（包括管理学和微观金融）组成两个同行评估委员会（visiting committee），分别每三年到学院访问一次，对各系和各学科的发展状况进行过程评估，并提出具体的建议。评估委员会以海外同行为主，也应包括国内同行。

3. **建楼**

在舜德楼西侧建设新教学楼。新教学楼将包含强调互动、灵活的教学空间，促进学科融合的教学科研办公区和鼓励自由讨论、团队协作的三创教育平台——清华 x-lab。新楼将以“人”为核心在空间设计中充分体现互动交流、协作共享等理念，并采用先进环保和智能技术。

三、教师与研究

1. 教师发展（见“重点工作”）

2. 科研管理

持续支持教师申请各类科研项目，特别支持申请有较大影响力的项目（如自然科学基金重大、重点，社科重大，人才类例如杰青、优青等）。继续建设教师研究用的各类平台和数据库，进一步规范研究中心评估。鼓励教师参加各类科研评奖，力争提高教师在国内重要经济管理学科奖项中的获奖人次。学院鼓励各研究中心发展应用型研究并为应用型研究和智库建设提供必要的政策支持。设立研究系列教师岗位，鼓励教师开展应用型研究。

3. 经济学科

一般经济研究和与中国经济发展密切相关的研究要并重和互相促进。探索改善经济学研究成果的评价体系，继续改善研究环境和积累研究资源。加强数据中心建设。继续组织高水平国际学术会议和其他形式的学术交流。

4. 管理学科

进一步巩固和提高管理科学与工程和工商管理学科的优势，发挥两个学科在国内国际一些重大研究方向上的引领作用，持续提高在国际国内顶尖期刊的论文发表数量。

5. 《经济学报》

把《经济学报》的学术水平、期刊声望提高到一个新水平。增加院外副主编，扩大《经济学报》在“985”和“211”大学和中国社会科学院的影响。力争把《经济学报》纳入 CSSCI（中文社会科学引文索引）并进入主要大学的核心期刊目录。举办杂志的年度会议，争取高质量稿源。

6. 《清华管理评论》

以思想引导变革为核心，不断创新杂志内容，提升杂志思想和学术水准，部分栏目文章进入学院学术评价体系。传播学院教授和国内外其他学者的管理思想，综合运用各种互联网手段和新媒体技术，把杂志办成立体、丰富的管理思想智库。进一步整合院内资源，大力提高杂志的编辑和运营水平，加强杂志的市场化运作，探索引入外部资本。

7. **案例中心**

进一步完善工商管理案例的开发和使用机制，充分发挥案例中心在学位项目、培训项目教学和教师研究中的作用。制定严格的案例学术评价体系，符合标准的案例进入学院教师学术评价体系。继续支持案例研讨课、中国管理案例年会、麦克法兰案例奖等活动。完善案例的商业运营体系，加速案例中心发展。

四、人才培养

各教学项目应强化基于中国根基，并具有全球视野的全球领导力教育，融入创新创业教育。适时地在北京以外（内地及海外）以合适的方式开展符合学院使命的学位和非学位教育，增强在全球和区域的学术和产业影响力。吸引更多的国际和港澳台学生来学院学习。

1. **本科教育**

重点建设批判性思维与道德推理课程，使其成为本科项目的旗舰课程。加强本科“优秀人才培养计划”建设。着重开发可持续的通识课师资，积极推动跨院系合作及学校大文科通识教育平台的建设，共建并持续优化通识教育课程体系；加强专业课程体系规划和课程间协调；提高和严格控制毕业论文质量；完善推研、各类评奖和交换选拔机制，鼓励学生高质量地学习。落实并持续优化第二学位新增创新创业方向和金融方向的培养方案；完善第二学位综合论文训练模式和混合教学新模式。

2. **博士教育**

严格落实博士生资格考试及淘汰制度；完善博士生指导小组机制；严格监控博士毕业流程环节和论文质量；优化招收优质生源的招生模式。加大对海外联合培养、短期学术交流、参加国际学术会议的支持；支持博士生获得海外博士后工作机会；创造优质条件，支持博士生获得海外教职。

3. **硕士教育**

明确各硕士项目的办学宗旨，提高硕士项目的管理水平。推进各硕士项目和学院相关教学培训项目的资源整合。加大管理硕士项目的国际化程度，加强硕士项目的海外招生推广，扩大国际合作双学位项目海外生源。继续建设贯通各专业项目的英语课程体系，最大化利用学院的英文课程资源。

4. MBA **教育**

大力提高 MBA 软技能和全球管理模块的教学质量。在职 MBA 项目要巩固品牌及市场优势，完善招生录取系统，推广新媒体招生手段。优化培养方案和学习节奏，更重视外地生源，配套建立强度更大的京外奖学金。增加学生的海外经历。全球 MBA 项目要与麻省理工斯隆管理学院探索新的合作模式，深化在全球领导力教育上的合作，提升全球项目的品牌，尽早参加国际排名并力争取得较好名次。加强在线课程建设，开发新的在线课程或者常规课程的可在线部分。

5. EMBA **教育**

完善“天、地、人、通”课程体系，建设好互联网 +、创新创业、转型升级、产融格局四大系列课程；强化全球领导力及战略课程。完善海外研学模块。加大实践类、院内优秀中青年教师开发。加大对重点产业、地区和类型的民企招生力度。加强借助新媒体与移动互联网的品牌宣传和招生推广。提升基于移动终端的“iEMBA”教学手段和完善“清华 e 同学”互动社区。加强区域性校友工作协作，密切海外校友联系。保持 TIEMBA 项目国际排名领先地位。新增适应未来需要的关键课程。应对招生规则的可能不利变化，制定适应型策略。

完善企业家学者项目课程和教学模式，设计工商管理博士（DBA）培养方案。

6. 清华 x-lab 和清华经管创业者加速器

清华 x-lab 要加强课程体系建设。办好创意创新创业证书课程项目；办好管理学第二学位的“创新创业领导力方向”。积极引入校外“教师 +”力量。继续办好清华大学“校长杯”创新挑战赛。建设高效的创新创业生态体系，新增加一批产业创新和职能服务中心。开展与国外高校的创业教育交流。开展创新团队海外交换计划，发起国际创业夏令营。加强清华经管创业者加速器建设，增强学院在创意创新创业领域的全国影响力。继续完善“创业群英荟”，加速建设“创业行动学习中心”，实施“科技接力社”项目。

7. 高管教育

增强高管教育在密切教师与企业联系、扩大学院业界影响力和增加学院发展财务资源上的贡献。高管教育收入要确保逐年稳步增长，成为学院可持续财务模式中的支柱。

要突出学院思想引领的定位，调动教师和职员的积极性，推动商业模式向市场与品牌导向、应用型研究驱动的转型。用好在线教育，建设全渠道、多样化的培训服务体系。

积极打造出具有全球影响力的高端旗舰项目。构建为全院校友终身学习服务的大平台。积极扩大在长三角、珠三角和中西部地区的高管教育规模；与大学相关院系和产业合作，积极开发国际合作项目；把握“一带一路”和“走出去”战略机遇，大力拓展全球和跨国公司市场，培养具有全球领导力的各界领军人才。

8. 在线教育

学院在线教育继续支持经管学院各教学项目的在线学习和混合式教学。提升“以学习者为中心”的学习体验。提供灵活、自主的在线学习空间，促进学生跨学科的学习。创造基于在线学习/混合式教学的新学位项目。

9. 学生职业发展

加强雇主工作。大力拓展优质雇主数量和合作深度，拓展对国际学生的就业支持。为校友企业、顾问委员企业提供高水平的实习和就业服务。强化学生和职业发展服务。为不同教学项目学生提供定制型服务，请校友为经管学生提供职业分享和推荐就业机会，探索对经管学院第二学位学生的服务，促进硕士和 MBA 项目对其他院系本科生的招生。利用信息技术提高部门工作效率和信息覆盖范围，建设全新一代学生职业发展信息平台。

10. 学生工作

依托学生党建工作、社会实践、辅导员机制建设、校友导师计划、就业引导等活动强化学生的价值观塑造。加强经管学院各个项目之间、经管学院与清华其他院系之间同学的融合，加强在校生与毕业校友之间、在校生与社会企业之间的融合。为学校输送更多的学生干部。建立更好的优秀人才脱颖而出的机制。成立清华经管文艺委员会和清华经管体育委员会，鼓励和支持学生社团健康发展。完善多元化评价体系和激励体系，促进经管学生在学业、思想、为学、为人等方面的成长，鼓励学生既提高综合素质和道德品德，又各有所长，个性发展，为国家和社会培养栋梁之材。

五、外部关系

1. 顾问委员会

继续稳定委员规模，提高委员的多元化程度。注意委员的行业、地区、年龄、性别平衡。要在“清华管理全球论坛”“顾问委员走进经管课堂”“顾问委员与校友午餐”等活动上持续创新，探索“走进顾问委员会企业”活动，让顾问委员与学生、校友、教师更多交流沟通。要充分发挥顾问委员的作用，请顾问委员对学院提供战略指导、亲自授课和组织课程、提供实习和就业机会、提升学院知名度、捐赠等。加强与顾问委员的日常联系，为顾问委员提供更好的服务。

2. 国际交流合作与国际组织

维护和加强学院与现有国际组织的关系和合作，提高学院在其中的影响力。按各项目需求，调整海外交换合作院校分布及名额，有针对性地开发新的合作院校。维护好与交换院校的关系，服务好来访和出访的学生。以高的国际化水准办好短期海外来访项目和暑期项目，并为学院的学生出访项目积累必要的资金。

3. AACSB 国际认证

做好 AACSB 国际认证要求的教师分类标准制定；确保学习保障体系的持续运转，建立更完善的综合评价体系；强化各教学项目学习保障小组的工作机制，按照学习保障年度计划完成既定的设计、审查、考核和评价工作，做到以认证促改进。学院领导要高度重视和参与，认真做好 2017 年再认证的所有准备工作，确保学院顺利获得 2017 年第二轮 AACSB 再认证。

4. 沟通与推广

改进日常沟通工作（学院院级出版物、更新院网信息、新媒体）。结合学院使命，进一步提升学院品牌形象，加大对学院品牌的宣传和推广，全面提升学院的全球影响力。进一步整合和优化学院各项目的宣传工作。多渠道展示学院的教学、科研和学生工作等成果。维护和加强媒体关系，提高学院教师和教育项目在媒体的曝光度与在公众中的美誉度。提高院网英文新闻的数量和质量。

5. 筹款

配合学院基建保障建楼所需全部资金及时落实到位。重点建立“青年教师发展基金”和“博士生奖助学基金”。制定和落实学院筹款管理办法；维护和加强与已有捐赠者的良好关系，开发新的捐款机会，管理和监督各捐款项目和用途，管理好捐赠资金。

6. 清华经管之友基金会和清华大学教育基金会经管学院部分

每年定期召开清华经管之友基金会理事会会议，审议重大事项。每年聘请独立审计师审计，并向学院和学校提供审计报告。健全基金会内部管理制度，规范基金会与学院的对接。在保障基金本金安全的前提下，提高投资回报率。做好清华大学教育基金会经管学院部分的资金使用和理财工作，提高资金的使用效率和投资回报率。

7. **校友工作**

提升校友工作的战略性、前瞻性、系统性和引领性，与学院整体的战略定位紧密结合，努力实现“服务广大校友、构建学院竞争优势、贡献国家和社会”的三大校友工作目标。扎实做好校友登记、校友网站和 App（应用软件）工具等校友组织建设的基础性工作。进一步拓展和完善海内外校友会组织，以切实有效的渠道加强各地区、各个项目校友之间的融通和交流，使校友组织成为发挥沟通、事业合作、终身教育和个人成长的平台和学院持续发展的强大助推器。

六、内部管理

1. **职员发展**

加快提高职员人事部门的管理水平。建立管理层职员流动机制。定期举办部门交流会。从人员结构、素质要求与培育、管理体制、长期发展等诸方面入手，全面提升职员水平。高标准要求管理职员。要建立一支高效率、职业化、国际化的职员队伍，为学院提供高效、精益化的运营管理平台。

优化薪酬待遇和绩效管理，增强服务意识，提高主动性和效率。完善用人机制和职业发展通道，强化跨部门的流动和后备队伍建设，加强员工关怀，注重职员队伍的素质和学习能力培养。

2. **财务**

落实人事制度改革方案中规定的财务模式，保证学校对学院的财务支持。应对市场环境变化制定后备财务战略，提高高管培训对学院财务的贡献比例，保证总收入逐年增加。逐年提高筹资对学院财务的贡献。

学院财务支出要支持学院重点工作，保障教师和职员具有市场竞争力的薪酬。严格控制日常运营成本，积极支持满足社会需要的新教育项目。

学院预算遵循量入为出的原则，确保中长期财务可持续。遵守国家有关财经法律法规和财务规章制度。加强捐赠使用的预算管理。实行资本预算制度。完善成本核算办法。完善内部控制制度，建立供应商备案制度及相关流程，完善财务信息系统。

3. **行政后勤**

完善学院的安全管理体系建设，加强教职员工的安全教育培训。优化教室和办公室资源调配，积极改善学院的办公环境。促进物业管理程序化和标准化建设，实现物业公司服务文化与学院文化的契合。

4. **信息技术战略与支持**

学院信息战略立足于知识创造和传播模式的变革，围绕学院的发展目标，从内部管理效率提升、教学改革、研究支持三个方面进一步深化学院信息技术战略。

提升内部管理效率。配合学院的人事制度改革，全面推行流程管理，规范和强化内部管理；改革教学方式，积极探索 MOOC（大型开放式网络课程）、移动互联网对教学项目的影响；支持推行线上学分项目和线上学位项目；继续和完善以专业数据库、案例库为核心的研究支持系统。

第八章　顾问委员会的作用

大力推动英文授课

（2007 年 2 月 1 日）

近期，在清华大学建设世界一流大学的总体部署下，经管学院全体教职员工齐心协力，在师资队伍建设、推进英文教学、提升科研能力等方面都做了大量努力，并取得了一定进展。

一、下大力气，建设高质量的师资队伍

学院一直以来都十分重视建设高质量的师资队伍。教师队伍建设、人才培养是学院所有工作的重中之重，是学院常抓不懈的工作。拥有一批具有世界水准、在相关学科卓有建树的教师，经管学院才有条件跻身世界一流经管学院之列。秉持这一理念，学院一方面通过建立定期学术研讨活动制度、设定教师晋升的学术标准等举措来保持、提高现有教师的学术水平；另一方面，学院积极引进在国内外受过良好教育和规范训练、具有潜力的学术人才。经过一系列严格的筛选过程，2006—2007 年学院共引进新教师 12 人，其中正教授 4 人、副教授 2 人、讲师 6 人；新聘兼职教授 3 人；新聘特聘教授 3 人。

其中，香港证监会前主席沈联涛于 2006 年 6 月受聘为学院的兼职教授。任职以来，沈联涛教授以“金融市场的管制”为主题，就银行业管制、证券业管制以及对监管者自身的治理等内容，为学生进行了几次系列讲座，深受学生欢迎，并将在 2007 年春季学期继续开设课程。

---

* 向清华大学经济管理学院顾问委员会名誉主席、首任院长朱镕基提交的学院工作汇报。集体完成。

二、明确规定，进一步推动英文授课工作

为了进一步推动学院的国际化，培养具有国际视野和跨文化交流能力的学生，打造一流的教学和交流平台，更好地吸引优秀的留学生、国际交换学生，学院高度重视提高英文授课课程的数量与比例。2006 年 11 月学院明确相关规定，从政策上进一步落实教师用英文授课、使用英文课件与教材。

就本科项目而言，2006 年春秋季学期共开设 84 门课，其中英文授课 8 门，约占总开课门数的 10%；2007 年春秋季学期本科共将开设 83 门课，其中英文授课 44 门，英文授课课程数量将超过学院为本科生开设课程门数的 50%。此外，国际 MBA 项目全部为英文授课。

三、持续提升科研能力

2006 年学院在申请国家基金项目方面继续在国内经管院校中保持领先。学院获得国家自然科学基金委管理学部项目（涵盖工商管理、管理科学与工程、宏观经济与政策等领域）各类项目 19 项（包括国家杰出青年基金项目 2 项、重点项目 1 项），学院还获得国家社科基金项目 2 项、教育部人文社科项目 1 项、教育部人文社科重点研究基地重大项目 4 项。

2006 年经管学院获得理论经济学和应用经济学一级学科博士学位授予权。这与现有的管理科学与工程、工商管理一级学科博士点一起，涵盖了管理与经济两大学科门类中的主要学科领域。同时，学院顺利完成了管理科学与工程和工商管理二个一级学科的评估工作，并启动了三个重点学科评估工作。

学术论文和著作是学院教师学术研究成果的主要反映。2006 年经管学院论文的数量和质量继续呈现可喜的提高趋势。学院教师共发表论文 442 篇、论著 58 部。其中，国外英文期刊论文 42 篇，校/院/国内核心期刊论文 120 篇。

新版清华 MBA*

（2009 年 10 月 10 日）

一、MBA 项目概况

清华经管学院自 1991 年起举办 MBA 项目，是国内第一批举办 MBA 项目的院校之一，是全国 MBA 教育指导委员会秘书处所在地。清华经管学院的 MBA 项目也一直是国内最好的 MBA 项目之一，在国内各种排名中处于领先地位。学院在国内率先通过国际商学院联合会（AACSB）认证和欧洲质量发展认证体系（EQUIS）认证。

近年来，清华经管学院 MBA 项目每年招生 420 人。迄今为止已有 6 200 多位 MBA 毕业生从清华校园走向社会，成为活跃在国内外各个行业知名企业或政府机构的骨干力量。

以 2009 年招生为例，报名 2 400 多人，实际参加联考人数 1 700 多人，在全国 127 个 MBA 培养院校中实考人数第一且联考成绩 200 分以上人数最多。学院择优录取了 366 人。

学院现有三个办学项目：国际 MBA 项目、全日制 MBA 项目和在职 MBA 项目。

国际 MBA 项目始于 1997 年，是清华经管学院与麻省理工斯隆管理学院合作开办的全英文 MBA 项目，旨在培养从事国际工商管理的高层次人才。项目招生规模 120 人（两个班），学制为全日制两年。自 2006 年以来，该项目的国际学生人数和比例明显增加。2007 年、2008 年和 2009 年国际学生的比

---

* 为 2009 年清华大学经济管理学院顾问委员会会议准备的案例。集体完成。

例分别为35%、48%和44%。

全日制MBA项目招生规模60人（一个班）。在职MBA项目的招生规模210人（三个班），在职学习三年。

二、改革背景

2007年，清华经管学院成为中国内地率先通过AACSB认证的学院。这标志着清华MBA办学质量与世界主流商学院站在了同一个平台上。这是中国MBA教育史上的一个里程碑。同时，在纪念世界MBA教育100周年的前夜，学院启动了新版清华MBA改革方案的研究。

1. 国外管理教育的变化

自20世纪90年代以来，西方经济正经历巨大变动，主要影响因素来自技术创新、对全球化经营的重视等。许多新问题、新挑战的出现需要有竞争力的人才来面对。进入21世纪以来，国际上对管理教育产生了深刻的反思，2002年杰弗瑞·菲佛（Jeffrey Pfeffer）和克里斯蒂娜·方（Christina T. Fong）所写的《商学院的终结：差强人意的成功》、2004年亨利·明茨伯格（Henry Mintzberg）所写的《要管理者不要MBA》、2005年沃伦·丹尼斯（Warren Dennis）所写的《商学院怎么失去了方向》和2007年理查德·斯默兰（Richard Schmalensee）所写《商学院中的“商”在哪里》等文章和著作反映了国际知名商学院的学者和管理者在思考商学院的未来发展。

2006年3月，耶鲁大学管理学院的新MBA课程方案获得通过，并且在2006年秋季学期开始实施，其特点是打破了现有课程格局，强调多学科的整合性。同年5月，斯坦福商学院新课程方案获得通过，并于2007年秋季学期开始实施。斯坦福商学院改革的特点是强调软技能、全球化和个性化。哈佛商学院作为MBA教育的创始院校，也发现在目前MBA教育体制下，MBA学生普遍缺乏批判性和创造性思维能力以及沟通能力，并需要更多的“软技能”，比如自我意识、自我反省和换位思考的能力。

国际商学院联合会在对以美国商学院为代表的MBA项目做了大量研究之

后发现以下问题：课程基本上是按职能划分的，缺少多学科的整合；缺少在实践中的实地学习；美国商学院 MBA 课程以美国为中心，缺乏全球视野；课程仍然是在信息时代之前的内容，而不知道如何在信息时代利用信息技术来做管理。课程一味追求利润最大化而忽视商业伦理和社会责任等。因此国际商学院联合会建议 MBA 课程应包含多学科整合、实践学习、软技能开发、全球视野、信息技术利用、伦理和企业社会责任等。

2. 中国管理教育面临的问题

进入 21 世纪以来，中国的经济状况、社会状况和人口状况正在发生显著变化，对于管理教育而言，主要体现在三个方面：

第一，经济环境和企业管理方式变化。作为管理学院培养的管理者、领导者，学生未来面临的经济环境和所管理的企业发生了变化，要求我们的管理教育内容和方式反映时代发展和管理变化。

第二，学生知识结构和素质发生了重大变化。中国目前在读 MBA 中"80 后"独生子女学生越来越多。一方面，他们的信息量非常大，知识面也很广，教育背景好。但另一方面，他们在团队合作、人际沟通能力方面有待提升。这需要通过 MBA 教育予以加强，也要求我们的管理教育呈现不同的侧重。

第三，国内管理教育提供者市场发生了重大变化。中国 MBA 教育市场面临着更加激烈的竞争，MBA 教育提供者面临更大的挑战。不仅新的商学院在出现而且众多中外合作办学的 MBA 教育项目都在影响着学生的选择。国外众多一流商学院也纷纷看好中国教育市场，每年到中国开办 MBA 巡展，网罗优秀学生。体制内的中国 MBA 培养院校不再安享太平。

目前中国的 MBA 教育明显不能适应这样的国际和国内发展趋势和要求。目前中国的 MBA 教育问题可以归结为三类：一是认知有误差，二是课程有偏颇，三是内容有缺陷。

第一，认知有误差。人们通常把 MBA 学生和其他硕士生、博士生一起统称为"研究生"，好像是以研究为主。但是仔细想一想，"研究生"这个词是从英文"graduate student"一词翻译出来的，它的原意只是"本科毕业后学生"，与研究无关。事实上，MBA 教育并非"研究型教育"，而是本科后的"职业教育"或"专业教育"。虽然作为常识"MBA 学位是专业学位"已众所周知，但由于历史的原因和潜移默化的影响，现实中 MBA 偏离了专业学位教育，被视作研究生教育的倾向仍然十分明显。

第二，课程有偏颇。表现在四个方面：一是在知识、能力、品格三个方面偏重知识传授，忽视能力和品格"软技能"的开发。"硬课程"很多，"软课程"太少。而且，学生往往为了应付"硬课程"的硬性要求而牺牲对"软课程"的投入，结果是 MBA 学生缺乏"软技能"的教育和训练。二是课程按照教师的专业学科设置，多是以专业学科分界传授职能性课程知识，缺乏多学科整合课程，结果是 MBA 学生缺乏整合性教育。可是企业的现实问题却多是综合性和整合性的。三是教学方式与研究生课程类同，以理论学习为主，即使借助案例学习，其本质也是从书本上学习、在教室中讨论，不能为学生提供从经验和实践中学习的机会。四是要求学生与学术型研究生一样写毕业论文。众所周知，论文的基础是研究，研究的特点是越窄、越深、越具一般性越好，但管理工作恰恰相反，讲求实际、综合、全面、具体。所以，目前的这一要求不仅浪费时间，而且与 MBA 的培养定位南辕北辙。

第三，内容有缺陷。表现在五个方面的缺少：缺少有深度的中国企业案例，缺少对中国国情的深刻理解，缺少对全球经济的认识，缺少对全球化时代跨国经营的了解，缺少全球化经历的亲身体验。

三、改革进程

新版清华 MBA 改革的研究工作从 2007 年 8 月开始。2007 年 8 月 29 日学院召开 MBA 项目改革工作会议。会上，原院长赵纯均做了关于近年来美国管理教育改革的专题报告。随后学院成立了三个教师研究小组，对国际、国内 MBA 教育的历史、现状和发展趋势进行详细的分析和研究，并分别对清华 MBA 改革提出建设性意见和方案。2007 年 12 月 18 日三个教师研究小组汇报了阶段性成果，并明确进一步研究目标。

2008 年 2 月 18—20 日钱颖一院长和杨斌书记访问斯坦福大学商学院和耶鲁大学管理学院，全面调研两校 MBA 课程改革情况。2008 年 3 月 27 日斯坦福大学商学院 MBA 课程改革委员会主席加斯·塞隆纳（Garth Saloner）教授来学院做了专题报告并进行了充分讨论。随后，2008 年 3 月 29—30 日学院在北京郊区西洼召开 MBA 项目改革研讨会议，有 30 多位教师和职员参加为期两天的会议。

2008 年 4 月 3 日学院 MBA 项目改革研究小组成立，包括教师、职员、学生、校友各方面代表共 19 人，并召开第一次会议。目的是在前一阶段研究小组的工作基础上，广泛征询 MBA 在读学生、校友和企业界对清华 MBA 项目的意见、建议和希望；对清华 MBA 项目的目标、定位与结构、课程、招生、校友与职业发展工作等各个方面进行充分思考和论证。最后，学院 MBA 项目改革研究小组结合各方面的信息，形成一个整体的新版清华 MBA 课程改革方案、招生方案和校友与职业发展方案。

4 月 10 日至 25 日期间共召开座谈会 7 场，分别是国际班中国学生、国际班外国学生、全日制班学生、在职班学生、校友（两场）和雇主。

学院 MBA 项目改革研究小组召开了三次会议（4 月 26 日、5 月 5 日、5 月 12 日），分别报告并讨论了七场座谈会的意见；形成了项目定位和结构方案、课程方案、招生方案和就业辅导方案。

经过上述多方面的调研工作，在 2008 年 6 月 5 日形成初步方案。学院 MBA 改革研究小组完成 MBA 改革方案“新版清华 MBA”，分别向学位委员会、学术委员会、各系系主任、全体教师、各职能部门的管理骨干做了介绍。在听取各方面对改革方案的反馈后，进一步调整和优化方案，达成了共识。2008 年 7 月 7 日，院务会通过了新版 MBA 框架。清华大学领导和研究生院领导也听取了改革方案的汇报并表示大力支持。

为了推动新版清华 MBA 的实施，学院又进一步做了三项工作：一是向社会发布了改革方案，召开了招生推广会和媒体见面会。在 2008 年 9 月 24 日举办的“新版清华 MBA 媒体见面会”上，参会媒体 32 家，其中通讯社 1 家、电视台 4 家、平面媒体 13 家、网络媒体 14 家。在这之后的两个月中，若干家杂志又做了深度报道。这在国内管理教育界引起了强烈反响。二是成立了“学院 MBA 改革实施小组”，负责落实新的 MBA 课程体系中新课程的师资和课程设计，负责推进宣传、招生、职业发展中心和校友服务等方面的工作。三是确定分两步实施新方案。2008 年秋季在 2008 级学生中部分试行，2009 年秋季在 2009 级学生中全面实施。2008 年秋季的试行结果很好，从学生的课程评分看，评价很高。

四、改革方案

如果说中国目前的 MBA 教育是 1.0 版本的话，那么新版清华 MBA 就是升级到了 2.0 版本。

1. 新定位

清华 MBA 教育的定位是培养具有综合管理能力的未来领导者。一方面，我们是办综合管理 MBA，不是办专业 MBA。我们是清华大学的一个学院，我们有得天独厚的条件，也有义不容辞的责任。另一方面，我们要培养的领导者，并不局限于商界，也包括政界、非营利性组织等。因为包括企业在内的各种各样组织内部的管理和领导力问题，彼此间是互通的。

新版清华 MBA 制定的培养目标是：培养具有全球视野、创业精神、科学决策能力、社会责任感和正直品德的领导者。

围绕这个 MBA 培养目标，要求 MBA 学生应该达到的学习目标是：

- 系统掌握现代管理的基础理论知识和专业技能；
- 把握现代经济的运行规律和发展态势；
- 拥有正直品德，承担社会责任；
- 学会在不同文化背景下进行有效的沟通和管理；
- 培养把握全局的战略思维能力、科学决策能力和组织领导能力；
- 培养在复杂环境中的创新与变革能力。

2. 新理念

在教育理念上，新版清华 MBA 在三个方面取得突破：

第一，MBA 教育不仅要传授知识，也要培养学生的能力与品格。过去的 MBA 教育偏重知识传授，对学生的能力和品格培养不够。在新版课程的设计中，我们十分重视对学生的能力和品格培养，在课程体系中强调知识、能力、品格三方面的平衡发展。

第二，MBA 课程应该增加整合性课程。过去的 MBA 课程多是按照教师的学科专业而设置的职能性课程，形成一个个“隔间”（silo），缺乏多学科之间的整合。但在现实中，各种组织遇到的问题往往都是综合性的，需要管理者整合各职能方面的信息和知识，在此基础上做出决策。新版培养计划增加了培养学生解决综合性问题能力的内容，希望以此打通各学科之间的“隔间”。

第三，MBA 的教学方法应该增加体验式学习。过去的 MBA 教学方法多是基于理论的学习或是借助案例的学习。两者都是从书本上学习。虽然这是一种有效的学习方法，但是还不够。新版课程中引入实践项目的操作，为学生提供在实践中学习的机会，让学生从体验式学习中获得知识。

这些新的教育理念集中反映在 MBA 核心课程的设计上。新方案将核心课程分为四个模块：第一模块是“自我认知”，第二模块是“分析基础”，第三模块是“管理基础”，第四模块是“整合性实践”。这四个模块的内容不仅包括知识的传授，也包括能力和品格的培养；不仅有职能性课程，也有整合性课程；不仅从书本上学习，也从实践中学习。它们一起构成了在“认知”（being）、“知识”（knowing）和“实践”（doing）三个环节上完整的核心课程教育。

3. 新举措

基于上述的新定位和新理念，新版清华 MBA 方案引入四项新举措：

第一，系统性地增加了领导者必备的“软技能课程”。新开设或改造的这类课程包括管理思维、管理沟通、领导力开发、职业发展规划、商法与商业伦理、中国制度环境等。这些课程，对于培养未来领导者必备的能力、认知、品格等方面将起重大作用。

新版中调整了排课顺序，将这些课程大多集中安排在入校后的第一个学期。目标是让同学们进入商学院以后在第一时间，在学习其他知识之前先进入“自我认知”的过程。这样可弥补过去只注重知识传授，只注重“硬课程”的偏颇。

第二，新开设“整合实践项目”。在 MBA 第一年的最后阶段，学生将遇上新版清华 MBA 的一个重头戏——“整合实践项目”。学生以团队工作方式，在教师的指导下演练真实的实践项目，完成课程报告，汇报和接受实践的评价。整合实践项目是在职能课程基础上的多学科整合，通过真实项目从实践中学习，是一种体验式的学习方式。在职班同学由于缺乏时间集中的条件，整合实践项目目前将主要体现为整合实践课程。

整合实践项目开设“管理咨询”、“创业管理”和“信息时代的管理创新”三个方向。“管理咨询”方向将与业界合作，借助仿真环境和仿真案例的练习，培养学生的综合能力，解决诸如成熟企业战略重组、上市、兼并、收购等具有战略意义的问题。“创业管理”方向围绕商业计划的开发进行，让学生通过现场实践活动和室内研讨分析，开发出高水平的、具有直接实践价值的商业计划。“信息时代的管理创新”方向把先进信息技术与改善现有企业管理相结合，为企业利用信息技术推动管理变革寻找解决方案。

整合实践项目体现真实性、决策化和多元化。对于真实性来说，我们需要学会解决来自实践的问题，面对来自实践的要求。决策化是指在你面对实际问题时，通常要在不确定的情况下做出选择。学生需要接受这种非常重要的决策能力训练。多元化是指现实的管理问题需要多元的知识和技能，学生要有能力解决受多种原因影响的管理问题。

第三，“全球化经历”逐步成为必要环节。全球化经历有多种方式，比如双学位、暑期海外实习、海外交换学习、短期海外学习之旅等。国外的一些领先商学院已经开始要求所有 MBA 学生在学习期间都要有全球化经历。我们将逐年提高对学生全球化经历要求的比例。

清华经管学院目前已与全球82所商学院签署互免学费的学生交换协议，是亚洲最大的MBA学生海外交换项目。学院还同多所商学院合作短期海外交流项目，比如与斯坦福商学院合作STEP项目、与麻省理工斯隆管理学院合作China Lab项目，与智利天主教大学合作Doing Business in Chile（在智利经商）项目等。此外，多个海外大学MBA学生团体组织来访活动，为清华MBA学生开阔视野和跨文化交流提供了另外的机会。

第四，“综合案例分析报告”取代毕业论文。毕业论文曾经是所有MBA学生都要完成的环节。新版清华MBA要求每一位同学深入一个企业、针对一个管理问题、解剖一个综合案例，完成分析，写出一份具有实践价值的案例分析报告，以此作为综合训练的环节。综合案例分析报告将突出强调和培养学生的科学决策能力。通过处理管理中的难题，一方面提升学生的关键管理能力，另一方面提升教学的整体水平。因为科学决策能力是在不断提高解决难题的过程中培养出来的。

清华经管学院历来注重案例教学和案例开发。为此学院筹资建设了“中国工商管理案例库”，并取得哈佛商学院案例库和加拿大毅伟商学院案例库的使用权。今后，学生所写的案例分析报告将作为未来学院案例的素材。

五、方案实施

1. 入学导向

2009年是经管学院引入入学导向活动十周年。新版MBA入学导向周包括了感受领导力（主题论坛、个人认知、团队活动等）和管理模拟（基于经验的学习、综合管理、团队合作等）等新组合的内容。

配合新版清华MBA的实施，入学导向活动突出领导力培养。2009年的入学导向活动与往年不同，入学导向活动分为领导者培养和认识MBA培养过程与环境两部分。入学导向在主题论坛、经营模拟、社会责任感等方面显著增强。未来会继续加强这方面的努力，比如增加系列案例分析以增进学生对进行综合决策的复杂心理感受，使学生增强学习动力和明确发展目标。

2. 课程

自2008年9月24日发布新方案以来，MBA课程改革已开始在2008级学生中部分实施，2008年秋季学期已部分实施了一些新课程。2009级学生全面实施。按照新方案的要求，在课程方面已经完成一些重要的新工作或者正在开发新课程：

增加新课程：新开设2学分的管理思维和2学分的领导力开发核心课程，学院有多位老师参加了这两门新课的中英文课程的开发；

调整课程学分：将原来战略管理、运营管理、组织行为学的学分由3学分调整为2学分；

修订培养方案：修订了2009级国际MBA项目（I班）、全日制（F班）和在职MBA（P班）的培养方案，反映新版MBA课程的特点；

论文环节调整：由MBA学生选做毕业论文或报告，改为统一做综合案例分析报告。

取消MBA课程报告：即经济分析专题报告、市场分析专题报告、财务分析专题报告。

保留原有方向及课程，并新增加战略与领导力方向、人力资源开发与管理方向。

筹备整合实践项目：在创业管理、管理咨询和信息时代的管理创新三个整合实践项目设计教学模式、准备教学方案和进行教学试点。

调整商法课，改为商法与商业伦理课：在原有核心课商法中增加25%商业伦理的内容。

调整教学安排：根据MBA项目改革要求，重新设计安排第一学年课程，先上软课程接着上MBA基础课。

调整招生流程：组织人员对2009年秋季考生的申请材料进行阅读评审，加强生源质量的把关。

3. 教学方式

学院安排教学效果好的教师投入新课程的开发和准备，根据改革要求采用不同的授课方式。

领导力开发课程要求采取30人的小班上课，为此，专门引进了一位新老师充实领导力授课力量。增加教师与学生之间的互动，教师指导学生的程度将大大提高。学生能得到更多个性化的指导。相比于以前的教学方式，学生在提高个人认识、明确未来职业选择和增强个人能力方面会有显著改善。

整合实践项目将是直接走入现实的课程，每个方向的整合实践项目都是在教师事先挑选和测试后，安排学生接受指导和训练。老师要亲自指导4～5个组的学生操练一个真实公司项目，这在以前是没有的，多位老师已经投入了大量精力进行准备。

六、结束语

新版清华MBA培养方案改革在国内商学院中是率先的。在我们宣布推出新版MBA之后，国内若干所著名商学院也都相继推出了它们的MBA新版本。这说明我们的思路在国内是超前的。目前国际上的一些商学院也在进行MBA课程改革。这说明我们的改革也与世界领先商学院同步。

学院期待听取顾问委员对新版清华MBA的建议。

本科教育改革

（2010 年 10 月 8 日）

一、改革背景

清华经管学院从 2002 年开始实行本科“大平台”招生和培养，在大一和大二上学期不分专业上课。学院从 2007 年起大幅提高全英文授课和学生海外交换的比例，目前两者都超过一半。在本科招生方面，2007 年以来，每一年都有 20 名左右的各省第一名被经管学院录取，有一半左右的新生为各省前十名。学院集中了全校乃至全国最优秀的本科生源，在这种情况下如何提高本科生培养质量，是经管学院面临的重大挑战。

清华大学决定将经管学院作为全校本科教育改革的一个试点，率先尝试改革措施以取得经验。我们发现清华经管的毕业生有一些突出的优点，比如严谨、踏实、务实、实干、听话、出活，这些得到了社会的肯定。同时我们也注意到在描述清华学生和毕业生不足之处时出现频率较高的一些词，如沟通能力（表达、演讲、说话）、人文素养、思想性、勇敢性、自信心、梦想、多样化。

我们对国内一些重点高校的本科教育改革也做了研究，特别是北大的元培学院、复旦的复旦学院和浙大的竺可桢学院。我们也研究了国际上一流大学的本科教育现状，包括哈佛、耶鲁、伯克利加州、麻省理工、芝加哥、威廉姆斯、剑桥等大学。特别是我们通过该校的本科在校生仔细了解了哈佛的经济学专业、麻省理工学院的经济学和数学专业、伯克利加州大学经济学和

---

* 为 2010 年清华大学经济管理学院顾问委员会会议准备的案例。集体完成。

工商管理专业的培养方案。我们发现这些学校的一些共性，比如学分要求都在 120～130 学分之间，都是以通识教育为基础，都要求学生必修（英文）写作课。

二、改革理念

经过 2009 年秋季学期和 2010 年春季学期的尝试，经管学院的本科教育改革从理念到实施都有了进一步的提升。通过一年时间的不断总结和思考，我们最终把经管学院本科教育改革的方向确定为“通识教育”与“个性发展”相结合的整体思路。“通识教育”与“个性发展”是一对相辅相成的概念，前者侧重于“一般性”，后者强调“个别性”。这两者的有机结合正是本科教育改革的关键。值得一提的是，经管学院目前开设三个本科专业——经济与金融”、“会计学”和“信息管理与信息系统”。而我们的改革聚焦于超越专业具体内容的“通识教育”和“个性发展”。

我们所说的“通识教育”是指将价值塑造、能力培养和知识获取融为一体的课程体系。通识教育课程包括以下三类。第一类是国家统一要求的政治思想理论课和学校统一要求的体育课。第二类是基础技能课，包括中文、英语和数学三种。第三类是通识教育核心课程，这里又包括三种课程：人文学科（文学、历史、哲学、艺术等）、社会科学（经济学、政治学、社会学、心理学等）以及自然科学（物质科学、生命科学等）。到目前为止，经管学院已经确定并实施了 10 门通识教育基础技能课程，同时也确定并实施了 10 门通识教育核心课程。连同第一类课程，经管学院已经全面建成了通识教育的课程体系。

我们所说的“个性发展”是指将学生自身个性的发展和对学生的个性化培养融为一体的学生成长方式。任何学生都需要个性发展，但对潜在的杰出人才来说更为重要。过去，我们培养出来的学生水平的“均值”并不低，但是“方差”较小，他们之中涌现出来的杰出人才并不多。平均水平不低而杰出人才不多这种现象与缺乏学生个性发展有关。

三、改革方案的设计与实施

1. 通识教育基础技能课程

经管学院确定的10门基础技能课程包括2门中文课、4门英语课以及4门数学课。

我们从2009级学生开始开设中文写作和中文沟通两门中文课。这是在清华大学范围内，甚至在全国高校范围内首次为非中文专业的大一学生引入中文写作课与中文沟通课。

中文写作课并不是“大学语文”课，而是专门关于中文写作的课。它的特点是不仅教学生怎样写文章，而且教学生怎样思考问题。它不强调华丽的辞藻，而是重视文章内容的组织和观点的论述。授课教师对每一个学生的每一篇作文都有批注，并且在课堂上点评优秀作文。

中文沟通课旨在帮助学生提升有效沟通的意识与技巧。课程内容包括沟通策略、电子邮件沟通、讲演技巧、倾听、跨文化沟通以及会议技巧等。授课过程中学生需要高度互动、参与，采用包括案例讨论、游戏、录像、实验室教学等多种教学方式。由于我们学院在多年前就在MBA课程中开设了管理沟通一课，这为我们开设本科生中文沟通课程打下了良好的基础。

经管学院对英语水平的要求很高，这与首任院长朱镕基有直接关系。他一直强调我们的学生必须要能用英语沟通，不然就无法同世界交流。在朱院长的直接推动下，从2007年起，经管学院开设的本科课程中有一半以上使用英语教学。学院从2007级起还增加了英语口语（1）、英语口语（2）以及英语写作（1）和英语写作（2）四门英语课程，以强化英语训练。从2009年开始，我们又依据学生进校时的测试，把英语课分为A组（中级组）和B组（初级组）。

两门英语口语课分别安排在一年级的两个学期。我们的教学目标是使所有学生在大一期间都能过英语口语关，并能够从大二开始把英语作为学习语言。英语口语课的重点是训练学生的口语表达，要求每一个学生都要在全班同学面前用英语做 PPT 演示，并当场回答问题。同时在课堂上学生可以在小组内用英语讨论问题。

我们在过去的三年中将两门英语写作课分别安排在大一的两个学期。在总结评估中，一些学生提出在大一时积累的可以用英语写作的内容还不够多。因此，我们准备从 2010 级开始把英语写作课放到二年级。

数学课一直是清华大学和经管学院的传统强项课程。这次的改进主要是根据学生的不同程度和特点开设三个课组供学生选择，它们分别是 A 组、B 组和 C 组。A 组是高等微积分系列，有数学分析的内容，是要求很高的数学课程系列。B 组是与对数学要求较高的工科学科的数学系列。C 组则是对社会科学文科生的要求，它比对人文学科学生的要求要高。即使是 C 组的数学，也不低于美国大学中的普通微积分的难度。在 B 组和 C 组的数学课组中，都包括一门线性代数、两门微积分（分别为一元微积分和多元微积分）和一门概率论与数理统计。A 组再增加一门线性代数。

2. 通识教育核心课程

经管学院确定的 10 门通识教育核心课程包括 4 门人文学科课程、4 门社会科学课程以及 2 门自然科学课程。

核心课程的第一部分是 4 门人文学科课程。在这之中，我们安排了一对课程：中国文明和西方文明。这符合清华“中西会通”的传统精神。另外的两门人文课程是批判性思维与道德推理和艺术与审美。

（1）中国文明。这门课计划从 2010—2011 学年开始。这是一门让学生比较深刻地理解中国文明精髓、把握中国文化精神的课。它的主题是介绍中国的传统思想文化。该课程有三个教学目的：一是力图通过讲解中国的文化精神，提升学生的人格素养；二是系统把握以儒家文化为主线的中国文化精神；三是提高学生阅读中国文化经典的能力。

（2）西方文明。这是与中国文明对应的课程，也是从 2010—2011 学年开始。通过这门课程，学生将系统地了解西方文明的演变历史，特别是西方思想的发展脉络。从古希腊、古罗马到文艺复兴、宗教改革、科学革命；从古典自由主义的兴起到启蒙运动；从 19 世纪的传统到 20 世纪的遗产。这不是一门要求学生记忆世界历史事件的课，而是需要学生阅读大量经典原著，直接从原始文献中理解具有重大影响的思想家的学说。

（3）批判性思维与道德推理。这门课既是一门哲学类的基础课，又是一门把古典哲学思想结合到当今现实问题上的课。在教学内容上，这门课程的设计参考了三个方面的经验。一是哈佛大学桑德尔（Michael Sandel）教授在过去 20 多年为哈佛本科生开的“正义”（Justice）这门课。这是最受哈佛本科学生欢迎的课之一，每年有近 1 000 人修此课。这门课可供我们学习的是以重要的哲学思想为主干，在课堂上结合现实中的道德问题来组织学生提问、对话和争论。二是斯坦福商学院从 2007 年开始在 MBA 课程中引入的批判与分析思维（Critical and Analytical Thinking）这门课。这门课的特点是以案例、书、论文、电影等为依托，组织小班讨论，强调思维能力和写作能力的培养。三是我们学院过去几年开设的选修课信息管理中的伦理选择。从我们自己过去多年的教学经验中发现，中国学生更为缺乏的是批判性思维能力。所以我们把这门课程重点放在了强调批判性思维方面。

（4）艺术与审美课组。学习艺术与审美有双重目的。首先，我们希望培养学生的想象力，使他们像艺术家一样思维无边界。由于我们国家中小学教育的偏失，学生的想象力受到长期压抑。即使学生参加文艺活动，更多的也是艺术技巧的训练。而当代艺术这门课更多的是侧重艺术观念的突破，而非艺术技巧的精美。这对培养学生的创造性思维很有意义。其次，我们认识到，艺术与审美不仅是培养优秀专业人才的途径或手段，更重要的是，美本身就是价值，就是目的。所以，通过这门课，我们希望改变学生的价值观，把艺术和审美的价值上升到人生最终目的的高度，而不仅仅是为了“开拓视野”。

通识教育核心课程的第二部分是 4 门社会科学的课程。虽然我们学院的专业课程依赖于社会科学的基础课程，但是下列这些课不仅是作为专业课程的基础课，更重要的是它们是作为通识教育的课程，改变学生看待和分析社会问题的视角。

（5）经济学原理（1）、（6）经济学原理（2）。这两门课不仅是经济学和管理学的基础课，而且是通识教育的基础课。经济学是社会管理其稀缺资源的学问。经济学的这一视角向学生提供了一种新的思维方式，使他们可以从一个新的角度、用新的方法思考广泛的经济和社会问题。现实经济是纷繁复杂的，经济学作为一门比较成熟的学科也是内容庞杂的。但是，作为一种思维方式，经济学的核心是简单的、一致的。经济学原理是现代经济学的入门课，力争达到三个目的：一是领会现代经济学的基本思想、概念和分析方法；二是培养对现实世界经济行为与经济现象的观察能力；三是训练经济学直觉。多年来的教学经验表明，不少学生在学习完这两门课后才对经济学和更广泛的社会科学产生了浓厚的兴趣。

（7）心理学概论。我们从 2009 学年开始开设这门课，这也是清华大学心理学系复系以后首次为非心理学专业学生开设的心理学概论课。虽然心理学有他非常实用的一面，比如它可以指导学生掌握有效的学习方法，也可以帮助学生减轻心理压力，排除心理障碍等，但是作为一门心理学的入门课，它更多的是教给学生基于科学研究的知识，帮助学生理解自己的行为和别人的行为。心理学是行为科学的基础，与经济学、管理学等社会科学有密切的关联。了解心理学的研究方法，特别是实验的方法，有助于学生对研究人类行为的科学途径有所理解。在心理学的各个分支中，认知心理学和社会心理学对经济学和管理学的影响最为直接，所以它们在这门课中的分量也较重。

（8）中国与世界课组。这组课把中国放在世界的框架中来学习，并且用比较的和历史的视角来理解中国。目前我们在这个课组中开出了两门课，学生可以选择其中的任何一门。一门是中国与世界：政治哲学，自 2008—2009 学年开设；另一门是中国与世界：法律传统，在 2010—2011 学年开设。

最后，我们要求学生必修两门自然科学的课程，它们分别覆盖了物质科学和生命科学。

（9）物理学导论。这是物质科学的基础课程，分理科班和社科班，是由物理系开出的、成熟的公共课。

（10）生命科学导论。这是生命科学的基础课程。我们的学生，不论将来从事什么职业，都应该对生命科学的发展脉络、研究方法和基础知识有所了解。

3. 为学生个性发展创造条件

经管学院为了促进学生个性发展采取了以下五项措施。

（1）“任选课”。我们保证学生有足够的自我支配时间，以实现自我发现和有利于个性发展的自我设计。我们学院过去的培养方案（其他院系可能也是如此）中的一个问题是在规定的 140 学分中几乎没有任选课程的空间。选修课是有的，但都是“限选课”，而这些课程几乎都是过去的“专业必修课”，变形为“限选课”。虽然学生有了一定的选课灵活性，但是空间仍然十分有限。我们针对这个问题采取的措施是减少专业课程的学分要求，使真正的“任选课”至少在规定的 140 学分中占 20 学分。原则上学生可以在学院和学校开设的所有课程中任意选择。因此学生可以根据自己的偏好进行自我设计，这是学生能够实现个性发展的一个重要前提——学生必须有自己可以支配的时间。

（2）多层次的基础技能课。我们开设多层次的英语课和数学课。英语口语课和写作课分别开出 A 组与 B 组。数学课则开出 A 组、B 组和 C 组。我们的学生中有英语基础非常好的，比如是外国语学校毕业的，或者在中小学期间曾经跟随父母出国或到海外学校交换等。我们的学生中也有数学基础出众的，比如参加过数学竞赛并取得好名次的。开设多层次的英语和数学课后，学生可以根据自己的基础和偏好进行选择。

（3）新生研讨课。我们在一年级开设十多门新生研讨课并要求学生自己选择一门。学校早就开设了“新生研讨课”系列，主要是一个院系为外院系一年级学生开设的选修课。我们学院这次在全校新生研讨课的基础上进一步由本院教师为本院学生开出更多课程，并且要求所有学生都要自己选择一门。我们在 2010 年春季学期共开出 11 门不同的新生研讨课。它们都是小班教学，以学生讨论为主。这有利于打破学生在中学时死读书的习惯，发挥学生的学习主动性。研讨课的主题多样化，不局限于某一个学科，更多的是探讨综合性问题，没有标准答案。我们希望这些课程能够促进学生的个性发展。我们在 2010 年春季学期开出的新生研讨课有："经济、法律与社会""资本与市场案例研讨""市场营销心理学""全球化""技术创新战略研讨""房地产基础知识与热点问题研讨""信息系统研讨"等。通过新生研讨课，学生在大一时就获得不同于高中时的更高层次的学习经历。

（4）第二学位和辅修专业。为了使学生可以根据自己的特长和兴趣进一步发展，我们创造了更多的第二学位或辅修第二专业的机会。我们学院在 2009 年春季学期主动联系了数学系，推动开设了数学第二学位项目。对于将来想走经济学和金融学学术道路的学生，数学第二学位提供了加强数学基础的机会。除了数学第二学位之外，我们学院的学生还有选法学、英语、计算机等专业第二学位或辅修的。选第二学位或辅修是利用任选课空间的一种方式。

（5）优秀人才培养计划。学院在 2009—2010 学年推出了针对三四年级学生的"优秀人才培养计划"（honors program）。我们目前推出的三个方向是：优秀学术人才培养计划、优秀创业人才培养计划和优秀人才领导力培养计划。每一个年级中在每一个方向大约选 15 人。参加这些计划的学生，在大三、大四需要修 2 ~3 门专门为他们开设的课程。三个方向的具体说明如下。

优秀学术人才培养计划。本计划的对象是有意向并有潜力进行学术研究的三四年级本科生。学生在教师指导下选择阅读学术论文，阅读后报告阅读内容和体会，同时任课教师帮助学生依据学生研究兴趣选择指导老师和研究方向。课程目标是为学生了解并体验学术研究过程提供机会，激发和增强其从事学术研究的兴趣，培养其对学术研究的评判能力，锻炼其进行学术研究的能力，指导其开始进行学术研究，为未来进一步深造打下基础。比如在

2010 年春季学期的课程中，同学们分析了三位诺贝尔经济学奖获得者——科斯（Ronald Coase）、阿克洛夫（George Akerlof）、斯宾塞（Michael Spence）的获奖文章，从中领悟开创性学术研究的奥妙。

优秀创业人才培养计划。本计划的培养目的是帮助那些有创业想法和创业潜力的本科三四年级学生，认识创业过程、建立创业网络、开展创业实践活动，提高创业能力。这个培养计划要达到的目的是：通过学习创办新企业的知识和技能，掌握管理整个创业过程的关键技能；通过参与新企业的创业活动，初步具备处理创业难题的经验；通过参与创业网络，熟悉创业的利益相关者，构建创业的良好人缘环境；通过制订商业计划，实施创业构想。

优秀人才领导力培养计划。本计划挑选本科三四年级中有领导潜质的学生，通过阅读思考、辩论研讨、从旁见习、组织实践、社会发动训练等多种培养方式，系统地提升学生的领导力，为其进入重要领域特别是主流部门成长为治国栋梁后备军打下一定的基础。本计划学习期望达成以下目标：将学生置于各式各样的领导情境和观念中进行思考与行动；研讨领导、团队、变革的复杂关系，并掌握基本的框架与工具；检验自身的领导假设、技能素质，并针对性地提升；从他人的领导经验（成功/失败）中学习；确定一个未来的领导力开发（提升）计划，并付诸实施。

我们通过以上各种方式为学生的个性发展创造条件，为杰出人才能够脱颖而出创造环境。在这方面，我们注意避免急功近利、拔苗助长。我们意在提供条件，创造环境，主要还是靠学生自己成长起来。

四、我们的优势在哪里？

清华经管学院在本科教育改革中试图保持清华的传统优势，同时也积极汲取国外一流大学本科教育的优点。在全面实施真正意义上的通识教育以后，我们在人文学科、社会科学、自然科学的核心课程设计上堪比世界一流大学。另一方面，我们的本科教育至少在以下三个方面比起国外一流大学具有优势。

首先，我们是真正的中英文双语教学。我们的所有毕业生都能顺畅地用中英文作为工作语言，这在一个日趋全球化的 21 世纪是至关重要的竞争优势。其次，我们的学生在数学和定量分析方面有突出的优势。这不仅仅因为我们的教育体系从小注重数学，还因为在大学一二年级的课程中，我们继续强化了数学和数理统计学的训练。所以我们学生的定量分析基本训练远远超过国外顶尖大学学生的平均水平。再次，我们的课程强调中西文化会通。清华的校歌中早就有“东西文化、荟萃一堂”这一句，这是清华的传统。我们继承并发扬这一传统。我们的学生对自己国家的理解是在传统文化和世界眼光下去思考的。我们的学生对西方文明精华的学习也是系统而深入的。两者结合就给我们学生带来了更为广阔的世界观。

* * *

清华经管学院新的本科培养方案刚刚开始实施，肯定还存在不少缺陷和问题，我们期待听取顾问委员的意见和建议。我们相信我们的教育改革理念，我们也为我们的实施能力感到自豪。我们深知，教育不能急功近利，教育改革的效果不是也不应该用三五年的时间长度衡量，而应当着眼于长远，寄希望于 20 年、40 年之后，甚至更远。我们希望清华经管学院的本科毕业生都能成为有素养的现代文明人，而且其中一些人能够最终成为世界顶尖大学的知名教授，成为世界级企业和金融机构的创业者和 CEO，成为意见领袖和社会精英，成为引导中国和世界进步的政治家。

清华经管学院在2011年：当务之急

（2011年10月）

在回顾清华大学经济管理学院2010—2011年的诸多活动和取得的进展之后，学院思考在诸多发展计划与行动中，哪些是当务之急。

一、学院愿景

清华经管学院近年来取得的一系列成绩，在海内外获得了广泛认可及高度评价。虽然清华经管学院被视为国内顶级商学院，但是钱颖一院长还是有很多担忧，其中最大的担心就是自满。处在中国经济高度快速发展的过程中，加上学院取得的重大进步，学院教师很容易满足于现状。钱颖一院长担任了一些国际商学院组织的理事会理事以及顶级商学院的顾问委员会委员，在和国际对比中，他清楚地意识到清华经管学院和世界顶级商学院之间的差距，深知自满是非常危险的。

8月29日至30日，清华经管学院一年一度的暑期院务工作会如期举行。今年的议程与往年不同，并没有讨论具体问题，而是围绕学院的愿景、长远目标及由此产生的挑战开了一个“务虚会”。钱颖一院长提出的焦点问题是“我们是要做一个二流学院中的顶级学院（即国内最好的商学院），还是要努力成为世界中的顶级商学院?”经过讨论，学院领导一致认为经管学院一定要避免“二流学院综合症”，不能自满于成为二流学院中最好的商学院，而是要努力成为世界顶级教育机构中的一员。当然，学院领导也认识到实现这个愿景并非易事，因为有许多学院只是长期停留在是一所优秀的学院，却不能成

---

* 为2011年清华大学经济管理学院顾问委员会会议准备的案例（B）。集体完成。

为一所卓越的学院。

达成共识后，接下来要考虑实现这一愿景会面临哪些挑战？显然挑战众多，例如，需要巩固学院目前各方面所做的改革，需要调整现有的教学项目的结构，需要更多的海外拓展，与大学有更多的融合，到外地办学，诸如此类挑战多多。但是什么是我们最大的挑战？什么才是当务之急呢？

2011 年 3 月，学院经历了欧洲管理教育发展基金会的 EQUIS 再认证。同行评议组走访了学院；审阅了学院提供的文件；采访了学生、教职员工、校友、公司人力资源专员和学校领导等相关人员，对学院进行了全面的考查。在同行评议组完成的报告中，高度赞许了学院取得的诸多成绩，学院顺利通过了 EQUIS 再认证。在报告中，同行评议组对学院的情况是这样总结的：

> 简单地说，成为一所世界一流商学院至少需要四大重要的先决条件：具备世界一流的教师队伍，世界一流的学生，世界一流的设施，以及世界一流的支持及鼓励学院的相关人士。清华经管学院现已拥有世界一流的学生，也正在有条不紊地发展世界一流的教师队伍，同时还有乐意向学院提供必要支持与承诺的世界级的相关人士。但经管学院目前并不具备世界一流的设施，不过 EQUIS 同行评议组已得知学院计划筹建一幢新楼。

学院领导认同评议组对学院现状的这一总体评价。学院已拥有世界一流的学生；学院也拥有世界级的支持人士，包括顾问委员会；学院正在发展一支世界一流的教师队伍，但是目前还不具备；学院确实还没有世界一流的设施。通过对学院现状的综合分析，学院领导认为缺少“大楼”和“大师”是学院目前面临的两个最大的挑战。这两条也正是清华大学任职校长最长的梅贻琦（1931—1948）在他 1931 年著名的就职演讲中提到的两条。因此，学院目前的两项头等大事就是“建新楼”和“引进资深教师”。而相关的一项任务就是为此去筹集资金。

二、建新楼

学院目前有两幢楼：建于1997年的伟伦楼和2002年的舜德楼，出自两个香港商人家族的捐赠。这两栋楼总建筑面积约3万平方米，其中学院使用26 606平方米，大学占用剩余面积。10年前教师人数100左右，学生总人数比现在少得多，而且很少国际学生，空间是足够用的。如今学院教师已超过150人，学院的学生已攀升到4 000多人，占清华大学在校注册学生总数的约1/8。另外，国际学生人数也已显著扩大。目前，清华大学过半的国际交换学生在经管学院上课。

有三个具体原因可以阐释为何筹建新楼迫在眉睫。第一，学院需要有专为MBA、EMBA及高级管理培训项目的学生使用的先进的教学设施，诸如阶梯式的案例教室、小组讨论室、学生活动室等。目前，学院大部分MBA课程是在大学的公共教学楼讲授的，而其他商学院都是在学院独有的案例教室中进行。来自国际合作院校的反馈表明，渴望对学院基础建设的改善已成为首要关注点。负责MBA项目的院长助理高建教授评论道："设施上的约束已经局限了学生在学院的学习经历。"学院也收到了EMBA学生和高管培训项目学员越来越多的抱怨。由于教室短缺，2011年春，大约30名已被录取的EMBA学生不得不推迟到秋季入学。有限的教学设施也已限制了高管培训项目的进一步扩展。

第二，教师队伍的壮大和研究中心的增加需要更多的办公室。目前，学院已用尽了教师的办公室。今年7月，为了给新教师腾出办公室，不得不腾出约翰·桑顿先生的办公室，请他与其他来访者共享一间办公室。在接下来的五年中，学院计划招收近30名新教师并建立至少5个研究中心。为了降低目前非常高的"生师比"，即使在不增加学生数量的情况下，扩大教师规模也是必要的。更多的教师就需要更多的研究支持，也就需要更多的研究中心。

第三，学院将开启的新项目需要新设施。这些项目旨在整合学院与大学理科和工科的资源，例如面向工程、生命科学、医疗保健及设计专业的创新和创业项目。清华大学超过60%的本科生和超过50%的研究生在工科、应用科学和设计等领域攻读学位。因此，学院和大学都想积极发展管理和理工科融合的项目，这样清华经管学院就和那些独立商学院及非理工科大学的商学院相比，具有显著优势。这些项目需要额外的场地以容纳大学其他学院的学生。

近些年国内竞争对手快速扩建教学设施，对学院的压力日益尖锐。例如，北京大学光华管理学院于2009年建起了30 000平方米的高端大楼，且为高管培训项目配备了星级酒店的居所。中欧国际工商学院不仅在上海校区开建了第三期37 000平方米建筑，而且在北京离清华校园不远处建成了第一期17 400平方米的教学设施。上海的复旦大学管理学院也已计划建设70 000平方米的新校区，同时继续保留目前的设施。

2011年春，清华大学批准了清华经管学院在位于校园中心区的现有舜德楼西面的地方建造约45 000平方米的新楼，但条件是学院需自筹所有建设经费。新楼建成后，学院整体设施面积可达到71 000平方米，可容纳200名教师、400名职员和4 000名学生。但是，一个尚未解决的问题是具体的用地面积，因为大学中其他学院也在争夺那块土地。

接下来的建楼工作有筹资、设计和施工。筹集资金的速度至关重要。新楼将位于校园的中心区，在近期完工的“新清华学堂”对面。所以它的设计势必是一个杰作并且要成为一个地标。更重要的是它要方便学生学习。高质量的施工也至关重要。新完工的麻省理工斯隆管理学院E62大楼，斯坦福商学院新校区以及哈佛上海中心的设施应该作为我们设计与施工的标准。

三、引进资深教师

资深教师的引进对学院有两个至关重要的意义。首先，对所有学院来说，资深教师都是学院最关键的资源，因为他们是各自学术领域的领军者。顶尖学者通常引领未来研究方向，并最有助于学校的学术声誉。如果一所学院在多数领域没有顶尖学者，就不可能被视为一流。其次，特别就清华经管学院而言，近年来青年教师的成功引进更加大了对资深教师引进的需求。过去6年里，有68名新引进的教师，其中51位是刚刚博士毕业的，他们需要资深教师的辅导与指引。主管教师工作的党委书记杨斌教授指出："青年教师需要更多的辅导并与资深教师合作。从我招聘教师的经验看，学院具有多的杰出教授似乎是青年教师是否加入学院的一个重要决定因素，甚至比他们的薪酬待遇还要重要。"

朱镕基老院长在2001年第二次顾问委员会会议上的讲话中就提出了对引进世界一流教师的要求。这篇讲话被收录在他最新出版的《朱镕基讲话实录》中：

> 引进，就是要求大胆地、有突破性地吸引国际一流的师资来我们这里任教，我们要尽可能地为他们提供良好的生活条件和研究、教学环境。我们要依靠这些高水平的教授，迅速提高清华大学经管学院的教学和研究水平，同时带动一大批中青年教师好好成长。我们的办学经验表明，一个学科的建设及其人才培养，必须有一位或几位担纲领衔的教授做旗手。清华大学经管学院正在大力推动的讲席教授制度，着眼点就在于此。

多年来，学院一直在努力吸引顶尖学者。到2011年底，学院一共有八名教师被授予讲席教授头衔，他们都是各自领域的学术带头人。其中，2人于20世纪90年代加入学院，2人于2004年加入学院，其余4人在2006年后加入学院。主管本科和研究生教学的副院长白重恩教授说："讲席教授发挥着重要作用，他们开展前沿学术研究，辅导青年教师，帮助我们的教师与全球顶尖学者进行学术交流。"

白重恩教授是弗里曼讲席教授，同时是学院副院长、经济系主任、由财政部资助的中国财政税收研究所所长以及国务院医改专家咨询委员会委员。陈国青教授是易安信讲席教授，是负责学院科研及外事的副院长，中国零售研究中心及中国与拉美管理研究中心主任。身为信息系统方面的专家，他还担任国家信产化专家委员会委员。陈剑教授是联想讲席教授，他是运营管理领域的著名学者，担任管理科学与工程系主任。李稻葵教授是弗里曼讲席教授，担任金融系主任、中国与世界经济研究中心主任和中国人民银行货币政策委员会委员，他还经常出现在国内外媒体上。李宏彬教授是史带讲席教授，是知名的发展经济学家，他担任清华大学中国经济社会数据中心常务副主任，该中心不仅为学院也为全校在教育、能源、环境及城市规划等领域的研究人员提供研究所需数据。宏观经济学家文一教授和微观经济学家王汝渠教授是中国建设银行讲席教授，都是各自领域的学术带头人。杨百寅教授是中远讲席教授，是组织行为领域的专家，担任人力资源与组织行为系主任。

这八位讲席教授对学院的学术发展至关重要，但人数只占到学院教师人数的5%，平均一个系只有一位。学院将重点关注在下列学科领域吸引顶级学者，如经济学中的国际经济学、环境经济学和计量经济学；金融和会计学中的私募股权、公司治理和行为金融学；供应链管理；公司伦理和领导力；网络营销等。更前瞻性地看，卫生健康经济学和金融学、创新和创业、企业全球化管理将会是未来的重要领域，需要顶级学者。另外，学院与大学更紧密的融合，学科之间的交叉，会诞生一些新的学科领域，如信息技术和生物科技中的创业、卫生健康管理、移动医疗创新、工业设计等，还有经管学院与社会学、心理学、法律、公共管理、医学等学科领域的双学位项目。这些学科领域的发展会保证学院成为下一代商业教育的领头羊。

总体来说，学院提供给资深教师的薪酬待遇不如给资历浅的教师的薪酬待遇有竞争力。资深教师还会遇到另外一些问题，比如配偶工作和孩子教育问题。几年前，学院有机会从香港吸引来一位顶尖学者，但他一学期后就离开了，原因是他的孩子无法适应北京的中学环境。还有一个例子，学院在不遗余力地帮助一位资深教师的太太在大学解决了一份工作后才留住了他。

目前经管学院的吸引力主要来自它的声望、学生质量、工作环境和增长潜力而非薪酬。学院目前面临着来自香港、新加坡还有国内大学的竞争压力。

香港的大学提供的工资比美国略低，但是有更好的住房补贴和低税率作为弥补。从 2012 年起，香港的本科生教育将从三年制改为四年制。这个变化会使香港政府增加资金投入来吸引更多的教师。新加坡的大学提供与美国相同水平的工资，外加具有诱惑力的房补和低税率。上海的中欧国际工商学院提供的工资水平与美国相当，尽管教学任务较重。上海交通大学新成立的上海高级金融学院在金融和相关领域提供的工资与美国学校完全相同。北京的长江商学院提供给教师的工资水平比美国的还要再高出 10%，同时还有额外补贴，包括全球的家庭医疗保险和孩子上国际学校的学费。

四、资金筹集

以上所说的两项当务之急“建新楼”和“引进资深教师”各自都面临多方面的挑战，然而它们有一个共同的挑战就是资金筹集。

2002 年，顾问委员会委员霍顿·弗里曼（Houghton Freeman）先生向学院捐赠了第一份重要礼物——500 万美元基金，并以他父亲曼斯菲尔德·弗里曼（Mansfield Freeman）的名字命名了两个讲席教授。学院的集资活动在此以后变得显著。2004 年在 BP 集团的资助下，学院成立了合作发展办公室。2008 年 8 月的顾问委员会会议决定成立筹资委员会并任命郭台铭先生为主席。可惜的是，会后不久，雷曼兄弟倒闭，全球出现金融危机和经济衰退，不利于学院的筹资活动。

从 2002 年至 2011 年这 10 年时间，学院募集资金中约三分之一来自国内。关于资金捐赠用途的分类，最大一类是研究支持，占到总额的一半略多；第二大类是讲席教授，约占总额的三分之一；其余部分用于学生奖学金及其他。

学院至今共筹集了 15 个讲席教授席位（包括 3 个正在筹集中），其中顾问委员和他们隶属的机构资助了 13 个席位。在过去 10 年中，顾问委员也为学院捐助了 8 个研究中心，这些中心的建立对于学院的学术研究活动起到了至关重要的作用。

目前，学院的募资工作进入了一个崭新阶段，它将服务于学院的当务之急。其首要任务是建新楼和引进资深教师。据估算，建 45 000 平方米的新楼需要花费 4 亿元人民币。对于资深教师的招聘，授予讲席教授席位是具有很强吸引力的条件。在今后 5 年中，学院计划建立 10 个留本取息方式资助的讲席教授和 10 个非留本取息方式资助的讲席教授。除了建新楼和引进资深教师，学院也计划募集资金用于其他支持功能，包括研究支持和学生奖学金等。为了实现上述目标，筹资活动需要细心规划，缜密地组织和管理。合作发展办公室的工作人员需要扩充。

学院与大学融合

（2012 年 10 月）

在快速全球化和复杂的商业社会中，企业管理正面临着诸多新的挑战。这就要求管理能够结合多种学科优势以应对现实问题。商学院应该就此反思传统的管理教育并探索新的教育方法。自 2006 年为清华大学非经济管理类本科生开设经济学第二学位以来，“学院与大学融合”已经成为清华经管学院发展战略的重要组成部分。

在改进管理教育方面，大学中的商学院相比于独立商学院，更加具备采用多学科融合的方法培育下一代领导者的优势。其核心理念是利用大学的资源优势，促进跨学科领域的合作，在教学、研究以及其他方面开展融合式教育项目。

清华经管学院除了拥有自己出色的学生和优秀的教师以外，更是一所领先的综合性研究型大学中的一部分。因此，清华经管学院在为学生创造强有力的多学科学习经历上具有得天独厚的优势。清华大学有众多不同学科的课程、项目和活动，经管学院置身其中，与之融合，可以构成其独特和持续的竞争优势，领先其他国内商学院，尤其是诸如中欧国际工商学院和长江商学院这样的独立商学院。

清华经管学院是国内率先认识理解并开展实施“学院与大学融合”教育战略的商学院。去年以来，学院加速推进与大学融合，先后开展了以下活动：（1）联合学位项目，例如“MBA + X”双学位项目；（2）新的跨学院课程，例如 EMBA 项目推出的清华探究课程；（3）跨学院的论坛和研讨会系列；

* 为 2012 年清华大学经济管理学院顾问委员会会议准备的案例。集体完成。

(4) 合作研究和创业平台，例如清华创业平台。

一、“MBA + X”双学位项目

2012 年 5 月 31 日，清华经管学院启动了“MBA + X”双学位项目，标志着 MBA 项目改革进入第三阶段。MBA 改革的第一阶段主要以钱颖一院长提出的未来 MBA 教育三个关键要素——领导力、企业家精神和体验式学习为主线，重新设计培养计划。第二阶段主要是招生改革。2011 年启动并运行了新的招生机制，通过面试等环节考察学生的个性、创造力和品格，从而提高招收学生的质量和水平。MBA 改革第三阶段的宗旨则是从多学科的思维出发，加强综合管理技能，培养新一代商业组织的领导者。

在前两个阶段取得成功的基础上，MBA 项目改革的第三阶段要进一步提高培养计划的灵活性，为 MBA 学生提供工商管理学位之外在其他领域学习的机会。就读“MBA + X”双学位的学生能够充分利用清华大学近百个学系提供的知识深度和广度，加深他们对管理学以外其他领域的理解。在成功完成这个项目的学习后，学生可以同时获得两个硕士学位。一个是清华经管学院的 MBA 学位，另一个是清华大学内其他院系的学位，例如工学学位。

“MBA + X”双学位项目计划在 2012 年末接受申请，第一批 30 名学生将先从 2013 年春季入学的清华大学研究生中挑选（而不是从清华经管学院的学生中挑选）。申请者需经过一个单独的入学选拔程序后进入“MBA + X”双学位项目。

二、清华探究课程

清华探究是 EMBA 项目为了提高教学质量而开发的一门新课程。该课程为高层管理者认识清华大学丰富的人文底蕴和前沿的科学技术而设计。清华 EMBA 项目一直以来是中国最好的 EMBA 项目，但是，它至今还没有充分利用清华大学作为一所综合性大学的资源。对清华进行全面的探索，融会清华大学各学科的知识，汲取清华大学范围内的知识和资源，不仅可以拓宽 EM-

BA 学生的视野，开辟新的合作前景，也有机会把清华大学前沿的科学研究转化为商业成果。

清华探究这一课程正式列入 2012 年秋季入学学生的培养方案。清华探究课程强调了整合性和体验式学习。其中的开始模块是探索清华的历史，随后的模块是探索清华的科学、工程、医药、设计等实验室。在探索清华历史的模块中，学生会在现场了解有着百年辉煌历史的清华文化。在课程中，学生走入校园里各个学院中的实验室进行深度和多方面探究，例如去医学院、生命科学学院、土木水利学院、信息科学与技术国家实验室等。通过访问实验室，聆听资深教授、研究员的讲课，同学们身临其境，耳闻目睹他们正在开展的领先科技研究，题目涉及下一代互联网（IPV6）、纳米技术商业化、基于 DNA 芯片的诊断、移动医疗设备、大型集装箱安检技术等。此外，还将安排学生到清华美术学院进行现场学习，参加有关管理中的设计主题讲座，为这些高层管理者建立新的“设计感”。这门课程将鼓励学生扩大研讨范围，搜寻合作机会，发现能形成新项目和新企业的协同机会。

三、跨学院的论坛和研讨会

为了交流理念、探索两个甚至多个学术领域之间存在的共同前沿领域，清华经管学院除了在项目和课程上开展融合教育外，还举办了由跨学院的教师和学生以及产业人士参加的论坛和研讨会。这些活动分为两个系列。其中一个系列突出社会学、心理学、政治学和其他社会科学学科与工商管理的相关性。在 2011 年，清华经管学院与社会科学学院联合组织了三次系列论坛，主题分别是“心理学走进商学院”、“社会学走进商学院”以及“政治学走进商学院”。这些论坛拓展并催化心理学、社会学和政治学的概念和方法在管理教育和研究中的应用。

2012 年初，清华经管学院举办了另一个系列论坛。该系列论坛突出管理在其他学科中的应用。已经成功举办的论坛包括与清华美术学院合作的“管理学走出商学院：管理与设计融合”；与电子工程系合作的“管理学走出商学院：管理与信息技术融合”；以及与医学院合作的“管理学走出商学院：管理与医药融合”。以管理与设计融合论坛为例，它讨论的问题包括：信息管理与信息设计，品牌设计与管理，以及设计与创新创业。2012 年秋季学期，清华经管学院还将与清华环境学院合作举办“管理学走出商学院：管理与环境融合”，探讨低碳经济、新能源战略等；并将与机械学院合作举办“管理学走出商学院：管理与机械工程融合”，关注中国制造业的革新和创新。

四、跨学院平台——清华创业平台

为了帮助对创业有兴趣和有创业潜力的清华学生，并将他们汇集到一起，清华经管学院在 2012 年 4 月 28 日发起成立了清华创业平台。该平台联合了 9 家其他的清华机构，包括清华大学中国创业研究中心、清华大学校友会、清华科技园、清华企业家俱乐部等。钱颖一院长出任清华创业平台的主席。

清华创业平台以激发创业精神为目的，帮助清华学生学习和实践创业。清华创业平台着力推进以下五项重要工作：

清华创业年会。为教师、学生、产业人士提供了一同分享创业经验、激励创新创业的开放平台。首届年会于 2012 年 4 月 28 日在清华经管学院举行，300 多人参加了此次会议。

创业导师计划。由有经验的导师对平台上的所有创业项目提供为期一年的、一对一的创业辅导。

孵化服务。为校园内的新创业活动提供场所和必要的支持，包括企业注册、寻找资金和其他资源，帮助创业者实现从创意和创新技术向可制造的产品转化以及创办新企业。

清华创业网。为创业者寻找项目创意和合作伙伴、分享信息和获取其他资源提供在线的社会网络平台。

创业中心。校园创业活动的中心或者聚集地。该中心依托于清华经管学院，但为整个清华提供资源服务。

创意创新创业的平台：清华 x-lab

（2013 年 10 月）

充满想象力和创造力的年轻人无疑是未来经济和社会发展的希望。创新和创业教育已经成为当今世界各国教育改革和发展的新趋势。国际著名大学，如麻省理工学院、斯坦福大学和哈佛大学等都在创新创业教育上积极寻求更有效的做法，并先后推出麻省理工学院的创业中心（Martin Trust Center for MIT Entrepreneurship）、斯坦福创业研究中心（Center for Entrepreneurial Studies）、哈佛创新实验室（Harvard Innovation Lab，简称 i-lab）等专门机构，旨在打造一个创业生态环境，将渴望创业的学生聚集在同一屋檐下，实现他们的梦想。

清华大学拥有扶持学生创新创业活动的若干分散机构，也拥有众多创业成功的校友和风险投资家，但过去缺少资源整合和系统规划。作为大学中的商学院，清华经管学院把“与大学融合”作为一种学院发展的战略。创新创业与战略系（原技术经济与管理系）过去 10 多年在创新创业教育方面进行了多种尝试，积累了丰富的教学资源和社会资源。这都为建立一个面向大学的新型创意创新创业教育平台奠定了基础。

2013 年 4 月 25 日，由清华经管学院发起、由钱颖一院长亲自命名的“清华 x-lab”正式启动，首批 12 个院系（清华经管学院、信息科学技术学院、公共管理学院、机械工程学院、美术学院、医学院、理学院、航天航空学院、材料学院、环境学院、建筑学院、工程物理系）和两家创始战略合作伙伴（清华企业家协会、清华科技园）共同签署了合作共建备忘录。

---

* 为 2013 年清华大学经济管理学院顾问委员会会议准备的案例（A）。集体完成。

一、清华 x-lab 的使命和目标

1. 清华 x-lab 的使命

清华 x-lab 是一个面向大学的创意创新创业教育平台。清华 x-lab 名字中的“x”代表“未知”（unknown）和学科“交叉”（cross）双重含义，“lab”则代表体验式学习（experiential－learning）和团队工作（teamwork）。x-lab 的核心理念中有三个“I”—— Imagination（想象力）、Innovation（创新力）和 Implementation（执行力）。想象力旨在挖掘和提升整个学生群体的创造力，在此基础上激发学生的创新以及创业行为。钱颖一院长解释道：“我们的目的不是办创业企业，也不是搞孵化器，我们的目的是人才培养。我们强调创业能力，而不拘泥于狭义的创业。”

清华 x-lab 鼓励全校各专业学生在各自领域和交叉领域探索新机会，并整合校内外资源，向清华大学广义社区内的服务对象提供商业模式和社会价值实现的方式和路径。清华 x-lab 整合的校内资源包括研究生院、教务处、就业中心、启迪孵化器、基础工业中心、校团委等机构，政府资源包括北京中关村、南京、苏州、无锡、常州等多个高新区，企业资源中有 Intel、IDEO、法国电力等。目前，清华 x-lab 邀请了 16 位“驻校企业家”（Entrepreneur-in-Residence）和 24 位“驻校天使投资人”（Angel-in-Residence），他们都是当今中国的活跃商界人士。清华 x-lab 还与国际院校开展合作，包括麻省理工学院、哈佛大学、斯坦福大学、德国慕尼黑工业大学、新加坡科技设计大学以及斯坦福中国学生创业组织、麻省理工中国创新创业论坛等。

2. 探索创意创新创业教育新模式

清华 x-lab 在教育模式上有两个重要改变。一是改变创意创新创业教育的思路。国内外现有的培养思路多数是帮助学生创办新企业，包括辅导学生撰写商业计划书，偏于关注最后结果。清华 x-lab 则更多的关注过程，把培养学生的创造力、创新创业的精神和能力放在首位。因此清华 x-lab 并不把商业计划或是否创办企业作为衡量工作成效的指标。二是改变创意创新创业教

育的方法。清华 x-lab 强调实践性学习、开放式学习以及团队合作。

学生在清华 x-lab 中能够深化对本专业领域和产业的认识，提高综合素质；能够经常与各院系和校外创新创业者一起切磋交流，受到创意创新创业文化和氛围的熏陶，激发和释放自身的创意创新潜力；可以接触到各行业众多优秀人士，获得驻校企业家、驻校天使投资人、驻校专业人士的指导和帮助，加速自身的成长并拓宽进入产业的渠道。

具体地说，清华 x-lab 根据三种学生类型打造了相应的创意创新创业课程体系和实践活动。A 类是对创新创业感兴趣，但还没有项目的学生。这类学生人数最多，是在想象力的阶段，清华 x-lab 为他们开设技术创新、商业机会识别等课程，举办知识产权等讲座，举行创意比赛。B 类是有具体创意创新项目但无创业项目的学生。他们在创新的阶段，清华 x-lab 为他们开设“创新方法”“设计思维”“从创造力到商业化”的课程，举办 Startup Weekend、Intel 夏令营、商业计划大赛等活动，把创新与商业化对接。C 类是有具体创业项目的学生。他们在实施阶段，清华 x-lab 帮助他们组建团队，改进项目，提供驻校企业家、驻校天使投资人和教师导师的指导。同时，清华 x-lab 还提供创业场地，联系资源对接、早期投资，并建立创业者社区，进行培训交流。

3. **清华 x-lab 的预期目标**

- 三年内争取向学生提供超过 5 000 平方米的创意创新创业空间。
- 三年内达到每年 10%~20% 的各院系在校生（3 000 ~6 000 人）参与过至少一项创意创新创业实践学习活动，并且鼓励各院系教师、校友的积极参与（A 类学生）。
- 每年有 200 个以上的学生团队在清华 x-lab 中开展创新创业活动（B 类和 C 类学生）。
- 3 ~5 年内成为高等教育领域培养创意创新创业人才的典范之一。

二、迈出第一步

可以说，清华 x-lab 自身就是一个极具挑战性的创业项目，其成功取决于学生和项目库的丰富与创新程度、资源库的广度和深度以及清华 x-lab 增值服务的能力和有效性。

清华 x-lab 的功能领域划分为学习、网络、活动、培育四大板块，并在此基础上建立了包含 80 多个项目的项目库（其中包括三个留学生项目）。清华 x-lab 老师定期和项目团队进行深度面谈，以了解项目的进展情况和存在的问题。这些项目团队存在一些共性问题，即团队成员往往拥有技术方面的特长，但缺乏商业思维和市场化、战略、运营等创业能力。清华 x-lab 根据项目状态将其划分至“启航计划”或“加速计划”，有针对性地为其提供相关的资源支持和导师指导。

“启航计划”面向的是仅仅有不错的技术或处在创意阶段的项目。清华 x-lab 为这些项目提供展示和分享的平台，并希望通过比赛等方式，从中挖掘出几十个有潜力的创新项目，再给予后续的支持与培养。清华 x-lab 目前正在筹备“清华大学校长杯创新挑战赛”，计划于 2013 年秋季学期举办。该比赛受到麻省理工学院 100K 创业大赛和哈佛 i-lab 模式的启发，区别于传统的创业大赛或商业计划大赛，评选标准紧密围绕创新，强调“创新 = 发明 + 商业化”的理念。

“加速计划”面向的是有技术和产品，甚至已经开始早期运营的项目。第一期“加速计划”于 2013 年 9 月启动，清华 x-lab 将花三个月时间重点帮助 10 个左右具备条件的创业项目团队加速成长。

为保障清华 x-lab 的顺利运转并为培育项目提供全方位的资源和帮助，清华 x-lab 团队在丰富资源库以及建立运营和管理机制方面也做了大量努力。

在丰富资源库方面，清华 x-lab 和国内外多个创新与创业相关的教育和社会机构以及知名企业建立了合作关系。合作伙伴将在驻校企业家和驻校天使投资人（目前已有近 40 位）、课程开发、专门讲座等方面积极参与。

在运营和管理机制方面，清华经管学院与合作院系组成了清华 x-lab 共建委员会，钱颖一院长出任委员会主任。经管学院的四位教师担任清华 x-lab 的主任和副主任。日常运行机构设立执行主任 1 名、副主任 1 名、其他工作人员 6 人。目前已建立每周例会、月度简报制度，设立了公共微信，清华 x-lab 网站已于 9 月底上线（www. x-lab. tsinghua. edu. cn）。

三、未来发展和挑战

在清华 x-lab 运作过程中，还有一些重要的问题/挑战亟待解决：

1. 清华 x-lab 的目标是为全校服务，目前的工作范围和规模还非常有限。下一步则需要考虑规模化的问题。具体来说，清华 x-lab 团队的扩充、分工、运营资金、场地等还需得到各方面的支持。在探索创新型人才模式方面，目前初步提出“技术 + 设计 + 管理的人才（团队）培育模式”，但仍需要具体化，进一步丰富内容。

2. 清华 x-lab 希望实现跨学科运作与发展，目前是 12 个院系共建，但如何实现真正意义上的共建？特别是如何发挥共建院系教师、同学、校友参与的积极性？如何学习国外大学，采用校内双聘教授方式，如一个讲席教授头衔分配给一组来自不同院系的教授。这需要进行相应的机制创新，包括学校和院系层面的协调、课内和课外学习的平衡和激励机制等。

3. 在与外部资源及国际资源合作方面，清华 x-lab 拥有很多潜在优势，但如何切实充分发挥出来？目前有如下初步设想：

（1）加强与国际知名企业合作。这些企业在培养员工创新能力方面拥有丰富经验，又有技术商业化的需求（例如 2005 年创业课程相关教师曾与微软合作进行“未来企业家之路”培训项目），可以和人才培养相结合；

（2）在国外重要地区选择实际合作者，如硅谷、以色列、剑桥、德国等；

（3）邀请国际知名企业家成为创新创业顾问或导师。

面对这些问题和挑战，钱颖一院长和院务会成员希望听取顾问委员们的意见和建议。

基于新技术学习：在线教育

（2013 年 10 月）

互联网正在改变人类社会信息传递的方式。在社交网络日益普及的情况下，社群成员间的交流日益频繁和深入，从而使得知识的传递从点到面演变成为网状方式。与之对应的人类学习模式也在悄然发生革命，参与式学习、搜索式学习等受到了互联网一代的普遍欢迎。

2012 年被称为“大规模公开在线课程”即 MOOC（Massive Open Online Course）的元年。在这一年，由麻省理工、哈佛、斯坦福等国际知名大学以及来自著名大学的教师建设的 edX、Coursera 等在线教育平台，在全球掀起一波重塑高等教育的变革浪潮。2013 年 5 月 21 日清华大学正式加盟 edX，成为 edX 首批亚洲高校成员之一。

经管学院结合自身的教育改革实践和国外院校的经验，在 2012 年 12 月提出了全面尝试在线教育模式的发展战略，拨专项资金开发学院的在线教育平台。2013 年，学院成立了专门的在线教育工作小组，在各教学项目（本科、硕士、博士、MBA、EMBA、高管培训）上进一步试点在线学习的各种模式，探索在线教育知识碎片化、社交化学习、基于大数据学习、翻转课堂等实施方法。

从全球而言，在线教育还没有太多的成功经验。关于最有效的教学方式、在线教育的可持续发展等问题，依然没有确切的答案。在中国文化背景下，就更没有任何案例可循了。所以学院开展在线教育，既是紧跟时代步伐，又是在前沿上探索尝试。

---

* 为 2013 年清华大学经济管理学院顾问委员会会议准备的案例（B）。集体完成。

一、在线教育的四个特点

1. 知识碎片化

在线课程与传统的课堂讲授课程在课程设计上很不同。在线课程从搭建知识结构出发，设定关键知识内容，再设定知识点，知识点围绕关键知识内容展开，每个知识点的授课视频一般而言都只有几分钟至十几分钟。学生在听课中间穿插完成习题和小测验。这种“碎片化”的知识点有利于学生的自主学习、重复学习，同时也为移动学习奠定了基础。

2. 社交化学习

根据 NTL Institute of Alexandria 的一项调查研究显示，学生在学习 24 小时后知识保持率，课堂讲授仅有 5%，视听结合有 20%，讨论组有 50%，向他人教授或对所学内容立即运用达到 90%。随着微博、微信等社交工具的广泛使用，社交网络逐渐成为大众沟通的主要形式之一，学生们可以在网络上组成学习小组，通过同步或异步的方式与教师或其他学生讨论交流，实现信息交互、学习互动，也就是完成所谓的社交化学习。

3. 基于大数据学习

由于在线课程选课者的规模之大前所未有，从而在在线学习平台上能够生成海量数据。在线学习中一个学生暂停一段视频或者加快回放速度、回答测试题、修改作业或者在论坛上写下评论等每一个行为都被完整记录在系统中，变成系统中的大数据，通过对这些数据的分析，便于掌握学习者的普遍行为规律，这一方面有利于教师改善教学方法，另一方面也有利于学习者提高学习效果。

4. 翻转课堂

与以往的课上听课、课后完成作业不同，在线教育可以实现线上学习知识，课堂上讨论、问答，从而翻转原来的课堂作用。课前的在线学习，学生可以按照自己的节奏、进度和方式来安排学习进度；通过网络及时的反馈，教师可以了解到学生学习中的困难所在，做出有针对性的线上辅导；然后在教室里，教师可以更深入地探讨课程内容、回答学生的问题，从而提高课堂效率，并充分发挥学生学习的主动性。

二、经管学院的尝试（1）：本科教育中的 MOOCs

2013 年，学院搭建了清华经管在线学习平台用于支持本科课程，通过开发不同课程，主要探索在教与学两个层面上如何有效实现知识的碎片化、社交化学习、大数据学习和翻转课堂。

青海大学位于离北京约 1 800 公里的中国西部偏远地区，是清华大学过去 12 年的对口支援大学。虽然学校也做了很多努力，但在青海大学还是难于听到清华大学的优质课程，同时学生也难于和清华的师生进行交流。开发 MOOC 是解决这类问题的一种途径，为此经管学院尝试用 MOOC 方式为青海大学的学生提供在线学位课程。

经过前期的多种尝试，2013 年 9 月，朱岩教授的信息管理导论课程正式上线，课程 2 学分，16 周内完成。此课程在青海大学有 230 名学生选修，同时还有 240 位清华大学本科二年级学生选修。青海大学全部采用在线学习模式，线下以讨论为主。

知识碎片化。课程开发小组首先将课程结构重新组织，把知识点切分成 15 分钟以内的视频并配合相关的小测试。碎片化的知识便于学生合理安排线上学习时间，经过初步统计，学生在一天中集中学习的时间分布在晚上 8 点左右，而在上午也会有一个学习的高峰。

社区化学习。为了形成更多元化、有效的学习社区，我们从清华大学选课学生中招募了一些志愿者，每个志愿者负责一个 15 人左右的线上子社区，所有选课学生形成一个大社区。志愿者引领型的学习社区，是经管学院 MOOC 模式的首创。青海大学地处中国西部，属于相对落后地区，青海大学的学生渴望能和清华大学的学生有更多交流。而清华学生是全国学子中的精英，他们有更好的学习基础和素质，同时也有一份社会责任感，有强烈的意愿支援西部院校。他们的加入有利于社区成员的多样化，从而提高交流的效率。

翻转课堂。青海大学的学生在线学习课程，学期中，朱岩教授及助教将两次前往青海大学组织课堂讨论，实践翻转课堂的教学模式。第一次课堂讨论于10月10日完成，青海大学200余位同学参与了交流，解决了在前三周课程学习中的大量问题。

基于大数据学习。系统记录了学生学习的全过程、虽然目前积累的数据还比较少，我们还无法做深入分析，但积累下来的数据已经让我们大概了解了青海大学学生的学习习惯。

游戏式的学生课程考核体系。我们还在清华经管的MOOC中尝试了一些在国外还没有，但是适合中国环境的新做法，比如我们推出了游戏式的学生课程考核体系。网络游戏在中国的普及率很高，网游所带来的个人荣誉、团队协作、社交等特点对参与者具有强大吸引力。为了鼓励学生的参与，我们设计了一个类似于游戏的积分系统，学生在提问、回答问题、上传资料、发起讨论时，可以获得相应积分，此外还设计了诸如发红包之类的游戏环节。积分类似于游戏中的经验值，一定的积分是课程获得通过的基本要求。同时，学生还可以用得来的积分兑换奖品，比如书籍等。

三、经管学院的尝试（2）：探索高管培训的 NOOCs

从商业的视角来看，MOOC还没有盈利模式。而经管学院的在线课程具备很好的市场化基础，为此，学院考虑如何建立一种合理的商业模式，从而让在线课程盈利。

为此，钱颖一院长提出了一种发展在线教育的新理念，即“非开放在线课程”（NOOCs，Non-Open Online Courses）。NOOC针对经管学院的课程和学员特点，为特定群体提供线上教育资源，探索针对不同群体的教育模式和商业模式。这种方式不同于以往在线教育的B2C模式，而是把重点放在企业高管培训上，实现教育产业的B2B。

2013 年初，校友朱正东先生接受了 NOOC 观念。他的企业正保教育（NYSE：DL）是纽约证券交易所上市公司，以专业技能及考取证书的在线培训为主业，具有运行在线教育 B2C 模式的丰富经验。为此，学院决定在正保教育的支持下开发 NOOC 商业平台。2013 年 9 月，经管学院高管培训的 NOOC 基础技术平台上线运营。截至 2013 年 10 月，已经完成 10 门课程的制作，并开始为企业提供测试账号，测试平台的稳定性和商业模式的可行性。

为了拓展 NOOC 的商业模式，学院还尝试把 NOOC 作为定制课程的一部分。学院高管培训中的企业定制课程比例正在逐年增加，企业对定制课程的要求越来越高。推出定制课程的在线支持，是满足客户需求，提升学院该类课程盈利能力的一项重要措施。

定制的另外一种形式是线上线下的混合学习。学院与佐治亚理工大学商学院联合开发了一门线上线下结合的供应链管理课程。课程总共四周，前两周学员在线上学习供应链管理基础知识，后两周在线下课堂上讨论案例。2013 年 5 月，学院与中外运达成初步培训意向。

三、面临的挑战

1. 如何调动教师的积极性

在线教育在过去的一年多时间里有了迅速发展，它正迫使学校主管和教师们重新思考有关教学形式和意义的过去那些习以为常的想法。然而，学院对部分教师做了关于在线教育的调查，结果表明，教授对在线教育持有很不一样的观点，认为在线教育是一种很好的教育模式的仅占 12%，仅有 17% 的教授愿意在最近一年内参与在线教育项目。教授对教育方式的变革，缺乏足够的思考和警觉，从而大大制约了在线课程的开发。

2. 如何促进学习者改变

无论是 MOOC 还是 NOOC，都是基于新的教育理念的学习过程改变。无论是否获得学分，学习者都要适应这一变化。他们要摆脱原有的被动学习习惯，不能单纯等待教师的灌输，而是要通过在线课程，先收看教师的视频，然后通过交互、社区化学习等方式加入参与式学习，在翻转课堂的线下课程中更须以参与者而非聆听者的姿态出现。这些新的学习模式，与中国人固有的学习习惯有一定冲突，因此转变还需要一定的过程。

3. 传统的学生培养方案是否需要调整

在线教育的开展使学生通过网络就可以选择自己喜欢和需要的课程，国内外大学和教育机构进行的在线课程建设，会使未来在线课程资源越来越丰富。学院的教学管理部门需要评估现有的培养计划如何与在线教育结合，学院学生（第二学位、MBA + X 双硕士学生）的培养计划可以更加个性化，在线学习获得的学分是否也可以通过认定作为正式学分？需要改变的不仅仅是选课范围、修课时间，而是包括翻转课堂在内的教学过程的重新定义。

面对在线教育，是机会也是风险，如何抓住机会回避风险，钱颖一院长和在线教育团队热切期待顾问委员的真知灼见。

EMBA和高管教育的机遇与挑战

（2016年10月）

清华经管学院于2001年和2002年分别成立高管教育中心（非学位教育）和EMBA教育中心（学位教育）。截至2016年春季，近6 000名学生接受EMBA学位教育，其中近4 000名学生获得学位；此外6万余名企业管理人员接受学院非学位教育。高管教育同时也成为学院与企业之间、学院教师与企业家之间、企业家与管理者之间相互沟通的纽带，为学院财务收入和捐赠贡献显著。

学院高管教育正在面临多方面的挑战。近年来，中国经济发展进入“新常态”。与此同时，国家的一系列政策变化对高管教育带来了前所未有的压力，特别是2014年规范国有企业高管参加社会化培训的政策、2015年财务报销政策以及2016年规范EMBA入学考试的政策。学院高管教育该如何应对环境与政策的变化已成为促进学院高管教育发展、转型和变革的核心问题。

一、历程

1. 高管教育中心（非学位教育）

清华经管学院高管教育中心是在学院顾问委员会的推动下于2001年12月成立的。这是学院顾问委员会在2000年10月成立之后为学院建设提供战略指导的第一个具体建议。清华经管学院顾问委员会首任主席保尔森在他的《与中国打交道》第七章中对此有详细回忆。

清华经管学院的高管教育可分为三个发展阶段：

（1）初步发展阶段（1981年至2001年11月）：这个阶段以承接各级党

* 为2016年清华大学经济管理学院顾问委员会会议准备的案例（A）。集体完成。

委组织部门、政府经济管理部门和国有大型企业委托的人才培养任务为主，由学院各系牵头并负责实施，开发、开展了一些有重大历史意义的培训项目。

（2）快速发展阶段（2001 年 12 月至 2013 年 12 月）：2001 年 12 月“高级管理培训中心”成立后，高管教育成为学院发展战略的重要组成部分并快速发展。在此阶段，学院在公开课程、定制项目和国际合作课程等三类高管教育项目上，都形成了独特优势和推出了具有影响力的旗舰项目。

（3）转型发展阶段（2014 年 1 月至今）：这个阶段，由于国家相关政策的出台，长期与我院合作的大中型国有企业及政府部门，纷纷撤回正在学习的学员，暂停了已签订的各类项目的采购合同，培训总收入出现了持续下滑的状况。

2. EMBA 教育中心（学位教育）

清华经管学院 EMBA 教育中心于 2002 年成立。清华经管 EMBA 项目是在清华历经十余年成功举办 MBA 教育的基础之上，面向在职高层管理人员的工商管理硕士项目。经十多年的教学实践的积累沉淀，逐渐形成了具有中国特色的、坚持国际化办学理念的 EMBA 培养模式：严谨办学、确保 EMBA 的教学质量；开拓创新，丰富清华经管 EMBA 的培养体系；放眼全球，坚持国际化道路。

截至 2016 年春季，清华经管 EMBA 学生人数已将近 6 000 人，其中近 4 000名学生已获得 EMBA 学位。入校学生平均年龄 40 岁，平均工作经验 18 年，企业高层管理者占 84%。

2006 年，清华经管学院与 INSEAD 启动了全英文授课的双学位清华—INSEAD EMBA项目（TIEMBA）。2015 年，清华经管 EMBA 国际项目在英国《金融时报》全球 EMBA 百强排名中位列全球第一，这是中国内地所有教育项目第一次在全球排名中位居榜首。

二、贡献

清华经管学院高管教育在人才培养与社会影响力、教师与学生职业发展、大学及学院财务等方面发挥着突出的贡献。

1. **成为培养卓越企业家与高管的摇篮**

在 EMBA 校友中，有 1 253 位学生为上市公司创始人或高管。他们的企业在国内或海外上市，据不完全统计，截至 2016 年 6 月，清华经管 EMBA 校友实际控制或参与管理的 A 股上市公司市值达 9 万亿人民币，港股上市公司市值达 3.5 万亿港币。在 EMBA 校友中还有 40 多位同学为全国“两会”代表和委员。他们作为中国企业家的杰出代表，在参政议政的过程中，积极为经济发展、民生问题献计献策，体现了中国优秀企业家的智慧和积极参与国策制定的努力。

2. **成为促进教师科研教学和学生就业发展的平台**

高管教育搭建企业与学校合作交流的桥梁，成为促进学院教师科研与教学、学生就业与发展的重要平台。陈国青教授与哈佛商学院沃伦・麦克法兰教授基于对招商银行的定制培训项目共同开发了招商银行系列案例，对招商银行几次转型过程中面临的诸多问题进行了深度的剖析和描述，对银行业以及其他面临转型问题的企业有非常好的启发和借鉴意义。郑晓明教授结合 EMBA 同学、特锐德董事长于德翔的企业开发的案例《创业企业团队建设》，已经成为该领域的重要案例。这些案例不仅被收录于清华大学工商管理案例库，也被哈佛商学院案例库收录并向全球出版发行。许多高管教育长期合作的大企业，比如中国移动等，为教师科研提供了丰富的一手和二手数据。同时，学员企业和合作单位为学院其他教学项目学生提供了丰富的就业和实习机会，每年都有企业通过和高管教育中心的合作，与学院建立了包括学生实习、就业、教师案例研究等在内的全面合作关系。

3. **成为学院和大学收入与校友捐赠的重要来源**

高管教育收入为清华大学和清华经管学院提供了可观的办学资源。高管教育不仅收入数额大，上缴学校的数额大，而且在学院的毛收入和净收入中的比重非常高。过去十年，高管教育（非学位项目和 EMBA）总收入占全院总收入之比，高管教育净收入（即扣除上缴管理费部分）占学院净收入之比均高达三分之二左右。高管教育校友同时成为向学校、学院捐赠的重要来源。高管教育校友对学院的承诺捐赠金额占学院总承诺捐赠金额的三分之一。

三、挑战

1. 政策环境

自2013年以来，国家出台新的政策，不仅改变了高管教育发展的宏观环境，更挑战了原有的高管教育经营方式，主要体现在限制党政干部和国企高管参加高收费的高管教育项目和EMBA项目、限制经费使用，特别是有关EMBA考生必须参加MBA的全国统一入学考试的规定。

新规定即将带来的影响是，符合EMBA招生标准的人大多不愿意参加统考，愿意参加统考的又符合标准的人数将大幅下降。这对在2015年获得英国《金融时报》排名全球第一的清华EMBA国际项目（TIEMBA）的招生也会带来明显影响。目前这个项目有近三分之一的学生为中国国籍，他们也必须参加全国统一考试。由于同中国学生的互相交流学习是吸引全球20个国家和地区学生的重要因素，较少中国学生的参与会影响该项目。

该规定还严禁在本院校章程规定的办学地点以外开展主要课程教学活动。EMBA项目的“行知中国——企业篇”课程要求老师和同学走进企业，进行深度调研。该规定使得无法在北京以外开展课程教学活动，就无法让学生亲身体验和感受企业管理前沿的趋势和变化。

另外，受到政策规定的影响，已经有多名担任行政领导的EMBA名师无法继续为EMBA同学授课。

2. 舆论环境

2014年7月15日至20日出现若干涉及国内主要高校EMBA和高管教育的文章，其中涉及清华EMBA部分班级活动。文章出现后，各大门户网站竞相转载，并呈现专题化的特点。在此期间，中央电视台和北京电视台也对此进行了报道。这导致EMBA话题成为当时的社会热点。

2016年4月，教育部“2017年EMBA全国统考”新闻发布引起了媒体的轩然大波。部分媒体发文中抨击EMBA项目，抨击角度集中在“权力寻租，政商勾结，背离教学本质，富人俱乐部，花钱买学位”。由于这部分言论迎合社会仇富心理，在一定程度上得到了大量传播。

3. 市场环境

当前中国经济进入增速放缓、产业升级的新常态，互联网信息革命以及全球化对高管教育市场的需求产生根本性的改变。企业对高管教育的需求正向转型升级、创新创业、全球领导力转变，以综合管理为主的传统商学院高管教育课程体系越来越难以满足市场的需求。

各种企业大学、湖畔大学、黑马训练营等强调实战技能、创新创业孵化的社会培训机构如雨后春笋般涌现，哈佛、沃顿、斯坦福、耶鲁等国际顶尖院校的商学院相继在中国成立中心拓展市场，中国高管教育市场竞争呈现多元化、全球化的空前激烈趋势。

三、应对

1. 全部完成国有企业及党政事业单位学生清退

学院坚决执行国家政策，陆续清退了全部国企及党政事业单位的在校EMBA学生。从2014年秋季开始，经管学院EMBA项目不再招收来自国企、党政事业单位的学生。学院积极应对，保证了每年招收400名高质量的来自民营企业的EMBA学生。

在非学位高管教育项目方面，2014年和2015年学院主动清退和拒收不符合新政策的国有企业领导干部学员，国有企业学员人数较2013年减少近50%。

2. 严格执行各种财务规定

关于异地活动经费报销。高管教育中心暂停了所有国内异地授课的内容。例如“高级时尚与奢侈品管理项目”，原教学计划中会安排上海和香港两个学习模块。在目前的财务制度规定下，所有的课程只安排在北京。

EMBA的所有教学和招生活动（招生论坛、开学典礼、管理模拟培训课程、移动校园、海外模块、行知中国）等一切在校外上课的项目全部选择四星级及以下酒店。移动校园所产生的餐费、住宿费、场地费、租车费一般都会由学生缴纳的班费或者某个学员企业进行赞助。

关于餐饮报销。EMBA 学员希望保留茶歇服务，因此目前由学生自费订购。非学位培训项目也是由客户额外与茶歇供应商结算费用。桌餐形式取消了，找外卖提供盒饭到教室就餐。

学员用品采购。EMBA 项目和高管培训项目都暂停发放学员用品，EMBA 学员入学时需要自备 iPad。

3. 以创新应对：机制、市场策略与教学项目

学院推出创新性的符合市场需求的新项目，例如今年秋季开始的青年商业领袖项目、企业家校友家族传承项目、创二代创新创业项目等。

针对 EMBA 招生考试的新政策，学院积极拓展海外合作学位项目，挖掘创新与法国国立航空大学和国立路桥大学合作开办的航空管理 EMBA 项目，因为获得国外 EMBA 学位不需要参加中国的入学考试。

针对高管教育项目公开课的招生受到较大影响，学院积极为国有企业开发定制项目。2015 年定制项目收入占整个高管教育中心收入的一半以上。

4. 最大的不确定性来自 EMBA 招生考试新规定和学费限制

在有关 EMBA 招生规定的文件下达后，预期今后将要求参加统考，所以 2016 年秋季班（不超过 200 人的名额）报名人数超过 1 000 人，比历史最高水平的年份还多。预计 2017 年后将出现招不满的情况。

四、问题

综上所述，学院高管教育所面临的亟待解决的三个焦点问题是：

- 如何在目前的约束条件下为国有企业培养高层管理者？
- 如何在履行现行财务制度下推动高端定位的高管教育？
- 如何应对 EMBA 考生参加全国统一的 MBA 入学考试后的招生问题？

学院希望聆听顾问委员的意见和建议。

教师队伍发展

（2017 年 10 月）

清华经管学院建院 33 年来，教师队伍在数量和质量上都有了显著的提升。然而，要成为世界一流的经济管理学院，学院仍需克服诸多挑战，进一步发展教师队伍。钱颖一院长和学院院务会希望向顾问委员会汇报学院教师队伍的现状、问题以及应对措施，希望得到各位委员的宝贵建议。

一、学院发展目标

学院参考麦肯锡在 2015 年为学院撰写的战略咨询报告《创建世界一流学院：清华大学经济管理学院 2025 年战略思考》制定了学院发展目标。学院希望在学术研究、教学和社会服务方面取得均衡发展，这些发展不仅应获得国际认可，还需满足中国需求。国际认可方面的一个指标是 QS 世界大学排名。目前学院在会计与金融、商业与管理、经济学与计量经济学三个学科领域的世界排名分别是 39、40 和 36。学院争取到 2025 年在这三个学科领域进入世界前 30。

在学术研究方面，除一般性学术问题的研究外，学院还应特别重视中国特色相关问题的研究，力图在学术严谨性、研究影响力和实践相关性三方面取得良好的平衡。教师应努力在其学术研究领域处于国内外一流，或具有进入国内外一流的潜力，在中国经济改革与发展和中国企业管理实践中发挥思想上的引领作用，努力使研究成果得到国内顶尖学者和关心中国的国际一流学者、国内最高决策者、国内最有影响的企业和企业家以及国内一流意见领

* 为 2017 年清华大学经济管理学院顾问委员会会议准备的案例（A）。集体完成。

袖的认可或重视。在教学方面，学院使命要求培养兼具国际视野并熟悉中国国情的优秀经济和管理人才。在公共服务方面，学院希望建立国际一流的教学研究环境，并为学校和社会的发展做出贡献，产生影响。学院希望所有教师积极参加院内外相关服务工作。

学院的目标具有综合性，在师资发展方面不主张用单一的论文发表数量标尺，而是以多维视角评估教师工作。学院鼓励教师各尽其才，共同践行学院的核心价值：正直诚实，敬业尽责，尊重宽容。

二、教师队伍现状

1. 全职教师概况

2006 年，学院共有教师 121 人，其中获得博士学位人数比例是 76%，获得海外博士学位比例是 26%。2016 年，教师人数增加到 152 人，其中获得博士学位人数比例是 97%，获得海外博士学位比例是 54%。

截至 2017 年 9 月，学院共有全职教师 159 人。其中，准聘长聘系列教师 114 人，非准聘长聘系列教师 45 人。在准聘长聘系列的 114 人中，45 人是长聘教授，24 人是长聘副教授，13 人是准聘副教授，32 人是助理教授。

2015—2016 学年，由于高管教育项目的收入存在不确定性，学院暂时停止了助理教授的引进工作。在顾问委员会的帮助下，学院 2017 年的财务状况将得以改善，学院因此加大了招聘力度，在 2016—2017 学年成功引进了 8 位教师，包括 2 位教授、1 位长聘副教授、5 位助理教授。

2. 访问教授情况

学院外请教师分为两类：一类是访问教授，来自海外大学，他们到经管学院进行短期的教学或研究工作；另一类是实践型教师，他们是业界、商界或政界富有实践经验的企业家、金融管理者或政府官员。

学院引进访问教授是对资深教师比例较低，尤其是具有海外学位的资深教师比例较低的一项应对措施。学院近三年来聘请的访问教授分别为 46 人次、36 人次、35 人次。这其中包括：

（1）何治国，美国芝加哥大学布斯商学院金融学教授，清华经管学院金融系联执系主任。

（2）宋铮，香港中文大学经济系教授，担任清华大学—香港中文大学中国经济联合研究中心联执主任。他的研究方向为宏观经济学和中国经济，其论文曾获孙冶方经济科学奖。

（3）陈旗，美国杜克大学富卡商学院教授，清华经管学院会计系联执系主任；张燕，美国莱斯大学琼斯商学院教授，清华经管学院创新创业与战略系联执系主任；周京，美国莱斯大学琼斯商学院教授，清华经管学院领导力与组织管理系联执系主任；谢劲红，美国佛罗里达大学惠灵顿商学院教授，清华经管学院市场营销系联执系主任。

（4）尼尔·弗格森（Niall Ferguson），美国哈佛大学历史系劳伦斯·A·蒂施（Laurence A. Tisch）讲席教授，在 2016 年春季学期开设 2 学分的课程“中国与世界：历史视角”。这门课是学院通识教育课程中的一门选修课，有 200 多名学生选修。

（5）法国安盛集团研究基金（AXA Research Foundation）与学院建立了研究合作和支持计划。该研究基金已经资助四位在国际金融领域活跃的研究者，聘请他们担任学院的访问教授，他们分别是美国罗切斯特大学（Rochester University）的白燕、美国埃默里大学（Emory University）的岳占崴、香港科技大学的徐隽翊、香港中文大学的施康。

（6）刘天宏讲席教授基金支持的访问教授组有六位教授，是来自北美和欧洲在“制度与增长”领域的知名经济学家，包括美国芝加哥大学谢长泰（Chang Tai Hsieh）教授、瑞典斯德哥尔摩大学托尔斯泰·佩尔松（Torsten Persson）教授、美国伯克利加州大学热若尔·罗兰（Gerard Roland）教授、挪威奥斯陆大学斯多尔斯莱登（Kjetil Storesletten）教授、美国耶鲁大学艾勒·奇温斯基（Aleh Tsyvinski）和法布里奇奥·齐利博蒂（Fabrizio Zilibotti）教授。他们每年参加两次学院组织的研讨会，清华经管学院和其他教学机构的年轻学者一起对相关领域中最前沿的研究成果进行分享与讨论。

3. 实践型教师情况

学院现聘请一批杰出的学界、政界、业界资深人士，担任学院的兼职教授或实践教授。与全职教授相比，他们拥有丰富的实践经验，对所在领域有着独特而深刻的见解，能够对学院教师队伍形成有力的补充。学院近三年来外请教师分别达 117 人次、131 人次、128 人次，授课总量分别占总课时的 12%、13%、16%。这些课程深受学生的欢迎，例如：

（1）楼继伟的课程

2011 年秋季学期，时任中国投资有限责任公司董事长兼 CEO 楼继伟教授为学院研究生开设了“改革的逻辑性与逻辑性的改革”课程。他从中国改革的起点、目标、方式和路径的选择等角度，解析了中国改革的内在逻辑性，讲解了过去 30 年的重大改革事件。这门课使学生更加深刻地理解中国经济制度的变迁，掌握现代经济学和系统分析方法。

（2）李荣融的课程

2011 年，国务院原国有资产监督管理委员会主任李荣融教授以国有企业的改革和发展为主题，为清华 EMBA 学生呈现了一门精彩课程。他在概括国有企业的改革与发展历程的基础上，为企业经营者总结了搞好企业的九条主要措施。对每一条措施，他都结合实例进行了深入浅出的讲解，同学们感到这门课程具有很强的参考价值和现实意义。

（3）李剑阁的课程

2012 年春季学期，国务院原发展研究中心副主任李剑阁教授为学院研究生开设了“顶层设计和基层探索的中国改革”课程。

（4）许宪春的课程

2016 年秋季学期，时任国家统计局副局长许宪春教授在学院开设一门 2 学分博士生课程“中国政府统计学”。他目前是清华经管学院全职教授，并担任清华大学中国经济社会数据研究中心主任。

（5）朱云来的课程

从 2014 年开始，中金公司原 CEO 朱云来教授连续四年为 MBA 学生讲授了

“中国经济前沿问题解读”课程。他通过科学的思维方式以及数据处理方法，深入浅出地分析和解读了中国宏观经济的一些问题，受到了广泛好评。

（6）彼得·蒂尔的课程

2016年春季学期，美国硅谷著名创业投资家彼得·蒂尔（Peter Thiel）为200多名学生开设“创办新企业：中美新观察”课程。

此外，学院邀请企业高管和政府官员为学生开设一些特色课程，例如：

（1）麦肯锡的课程

从2012年秋季学期开始，连续六年，学院和麦肯锡一起开设了“麦肯锡全球领导力”课程。该课程横跨战略、运营、组织、财务、营销、信息、技术、可持续性、宏观经济等方面，邀请了来自不同行业全球领先企业的高层管理者。麦肯锡公司董事长兼全球总裁鲍达民通常会亲自讲授该课程的第一堂课和最后一堂课。

（2）Facebook的课程

2017年春季学期，学院联合Facebook共同开设了“创新与创业：硅谷洞察”课程，邀请八位Facebook高层管理者来到学院授课，其中包括Facebook人工智能研究院院长杨立昆（Yann LeCun）。该课程向所有清华学生开放。在课堂上学生组成36个团队，每个团队完成一个创业项目的商业计划。

（3）朱镕基经济管理理论与实践课程

从2016年秋季学期开始，经管学院连续两年开设“朱镕基经济管理理论与实践”课程。该课程邀请20世纪90年代参与中国经济改革的经济学家和政府官员，向学生讲解朱镕基领导的经济改革方案的设计与实施。课程内容包括宏观经济调控、财税改革、金融改革、外汇改革、农业改革、加入世贸组织（WTO）、住房制度改革与城市化发展等。

三、问题与挑战

1. 全职师资规模偏小

尽管经过多年发展学院师资规模得到较大提升，但是从教学、研究和服务工作的需求看，学院的师资规模仍然偏小。

从教学负荷看，学院本科、学术硕士、博士、专业硕士和 MBA 等学位项目由全职教师讲授的年度课时数超过 2 万小时。每位教师年度讲授学位课平均达到 132 课时。考虑到每年都有部分教师因休学术假而不授课，其他教师的平均课时更多。按照学校规定平均每年有 1/8 的教师可休学术假。如果教师都按规定休假，未休假教师年度讲授学位课平均将达 151 课时，大大超出学院规定的 128 课时的教学工作要求。为了保持未休假教师平均每年讲授 128 学时的学位课程，我们应该有 185 名教师，学院现有的教师数与此相比短缺了 28 人。这几年，已经因为师资不足而不得暂时停开一些应该开设的课程，或由外请教师讲授一些应该由学院内教师讲授的课程。如果严格按照学校的标准实施，学院教师的短缺程度会更加严重。

从 2017—2018 学年开始，学院将面临更大的挑战。与去年相比，今年入学的本科生国际学生从 9 名增加到 55 名，同时还增加了 14 名从新雅书院转入经管学院的本科生。新招的国际学生来源国更加多元化，招生时对学生中文的要求比之前降低，这对学院的教学提出了更高的要求，可能需要为部分国际学生专门开设课程，学院需要更多的教师来应对这一新的挑战。

此外，学院 EMBA 项目及高管教育项目每年还有 5 132 课时，基本由资深教师承担。过量的教学负荷一方面可能降低学院整体教学质量；另一方面，由于教学工作挤压了教师的科研时间和精力，直接影响教师的科研成果数量与质量，从而影响学院的整体科研实力。

与国内外同类院系相比，学院的师资规模也明显偏小。综合北京大学、中国人民大学、上海交通大学和复旦大学四所国内知名高校的情况来看，其商学院/管理学院和经济学院教师的平均人数为 314 人，规模远高于清华经管学院的 159 人。即便将清华大学社科学院经济学研究所和五道口金融学院的师资纳入统计，清华大学经济和管理学科的教师总人数是 187 人，仍远低于这四所高校的平均值。

就国外大学而言，美国哈佛大学、麻省理工学院、伯克利加州大学、斯坦福大学、宾夕法尼亚大学和芝加哥大学六所国际知名大学的商学院加上经济系全职教师平均人数为 269 人。清华大学经济和管理学科的教师总人数是 187 人，低于国外大学的商学院加上经济系师资的平均规模。考虑到清华的学生规模较大，还需为国际学生专门开设一些课程，实际上学院教师教学任务更重。

2. 资深教师短缺

制约学院教师队伍发展的另一个障碍是资深教师短缺。

首先，资深教师（长聘教授和长聘副教授）的比例偏低。自 2012 年实行长聘制度以来，长聘教授和长聘副教授均要按照较高的标准晋升，导致满足教师晋升条件的人数变少。在学院全职教师中，长聘教授 45 人，长聘副教授 24 人，两者合计占全职教师比例少于 1/2，而上述国外六所大学中的相应比例是 3/4。长聘教授占全职教师比例少于 1/3，而上述国外六所大学中的相应比例是 1/2。

其次，学院资深教师中具有海外学位的比例与所有教师中具有海外学位的比例相比较低。近年来，绝大多数新加入学院的教师具有海外学位，所有教师中具有海外学位的比例已超过一半。但是，学院资深教师中具有海外博士学位的比例为 45%，而教授中具有海外学位的比例仅为 36%。

这些年来，学院的一些优秀教师进入了国家人才项目，主要有千人计划、万人计划、长江学者、国家杰出青年科学基金、国家优秀青年科学基金等。由于这些国家人才计划给予经济管理领域的名额较少，甚至有些人才项目并不适用于经济管理学科，因此学院教师通常很难入选国家人才项目。学院现有长期千人计划 3 名，短期千人计划 5 名，万人计划 3 名；长江特聘教授 9 名，长江讲座教授 2 名，青年长江学者 3 名；杰青 7 名，优青 4 名。另外还有 7 位教师获得学校学术新人奖。因为有些教师同时进入多个人才计划，所以进入这些人才计划的总人数并不多，学院教师中有 20 名，约占全职教师的 1/8。

资深教师对于学院发展具有举足轻重的作用。作为学术带头人，他们不仅在学院的科学研究和社会影响力方面直接起到非常重要的作用（科学研究的贡献可另见学院的教师科研案例），而且能够引导青年教师及其研究工作的持续发展。如果教师队伍中资深教师人数较多，那么学院学术氛围会更浓厚，学院发展路径将更清晰，应聘者会更愿意加入。资深教师是学院的宝贵财富，资深教师短缺会制约学院的发展。

3. 人才引进面临的困难较大

由于与海外相关院校的薪酬水平差距较大，加上北京的生活成本很高，获得学校补贴住房很难以及北京空气质量较差等原因，学院在人才引进方面面临较大的困难。

（1）与海外大学的薪酬差距

目前学院为新教师提供的年薪与北美研究型大学教师薪酬相比有不小的差距。以经济学为例，美国经济学会每年对经济系教师的学年薪酬进行调查。以第三级大学（即排名在第16～30名的学校）为例，平均来说，助理教授年薪为12.9万美元，副教授为15.4万美元，教授为21.7万美元。商学院教师的薪酬通常比经济系要高一些，有些领域，比如金融方向，薪酬更高。基于对北美一些公立大学公开提供的薪酬数据调查，我们也发现清华经管学院教师的薪酬要低很多。

国内理工科教师的薪酬虽然也低于国外同行，但是由于国内提供了更高的研究经费、更大的实验室空间，以及更多的博士生和博士后，弥补了薪酬上的差距。但对于经济管理学科，经费和博士生等资源不那么重要，对人才的吸引力不如理工科那么大。

（2）学校的住房分配政策

北京的房价很贵，清华附近的房价更是高达每平方米10万元人民币（约合1.5万美元）以上，一套100平方米的住房总价超过1 000万元人民币（约合150万美元）。

学校新引进教师的住房分配很大程度上要基于国家人才项目。然而，经管类学科教师很难像理工科教师那样进入国家人才计划。因此，目前的住房分配制度对经管学院教师非常不利。

（3）北京的空气质量

近年来北京的空气质量较差，雾霾非常严重。由于担心雾霾对健康的影响，特别是对孩子健康的影响，一些资深教师选择离开。

4. 教师评价面临的特殊挑战

在教师评价方面，学院目前面临几大挑战：

首先，依靠资深教师来评价教师科研工作及影响力是各大学通行的做法。但学院的资深教师较少，使得对教师研究评价工作更具挑战。

其次，学院不仅应获得国际认可，还需满足中国需求，后者意味着在经济学和管理学领域学院需要在中国发挥思想的引领作用，并得到国内顶尖学者、关心中国的国际一流学者、国内最高决策者、国内最有影响力的企业和企业家以及国内一流意见领袖的认可或重视。

然而，和理工科不同的是，与中国相关的经济管理研究在国际顶尖期刊发表论文非常困难。尽管在过去十年中已有较大改进，但是国内的期刊质量控制仍不能令人满意。与某些完全无法在国际期刊上发表研究成果的人文和社科学科不同的是，研究中国经济管理问题也需要采用国际通行的先进研究方法。所以，对于经济管理学科研究成果的评价，既不能简单地与国际上其他院校一样依赖国际期刊发表，也不能完全依赖国内期刊发表。这样的矛盾造成对经管学院教师评价的特殊挑战。我们不仅需要找出更好的解决方案，还需要让参与评价经管学院教师的清华大学校领导和相关委员会成员都理解和接受这个方案。

四、对策

当前学院教师队伍建设面临三个主要问题：（1）师资规模较小；（2）资深教师数量不多，资深教师引进面临较大困难；（3）教师评价面临特殊挑战。我们提出如下措施来解决这些问题。

1. 针对学院师资规模较小问题的措施

（1）增加教研系列教师的编制

按照学校规划的教师编制，学院今年教研系列教师编制为 114 人，考虑到退休和离职人员情况，只有 5 个编制可用于招聘。后续学院将加大招聘力度，希望学校能增加学院教研系列教师名额。

（2）增设教学系列

一方面，经管学院教学任务繁重，需要有一定数量的教学系列教师承担较多教学任务，教研系列教师才能在研究上投入更多精力。另一方面，学院承担了大量学校公共课教学任务，一些实践性较强但又具有理论性和技能性的课程也需要稳定的专业教师来讲授。因此需要有教学系列的教师承担更多教学任务，也需要通过教学系列中的晋升机会，更有力地调动擅长教学而不擅长研究的教师的积极性。

（3）增设研究系列

学院现有 31 个研究中心。研究中心以高水平的科学研究和政策咨询工作为主，可在重大经济政策决策中起到智库作用，顺应国家及全球重大战略需求。学院希望中心的部分骨干研究人员能按研究系列教师的方式予以聘用。研究系列教师不承担教学工作，学院仅考核其科研工作。

2. 针对资深教师数量短缺、人才引进面临较大困难的措施

（1）加大薪酬方面的投入

提高学院教师的薪酬水平，提升学院在人才市场的吸引力。部分特殊情况，希望得到学校方面的相关支持。

（2）加大招聘工作力度

持续加大在教师招聘方面的投入，经常与国外顶尖学校教师及博士毕业生展开充分的沟通和交流，建立教师人才备选库并不断更新。同时，要加强对学院及学院科研环境的宣传。

（3）扩大补贴住房制度的覆盖面

希望学校在补贴住房制度上能够更多考虑到经管学科很难进入国家人才计划的特殊性，比如，对已在海外高水平研究型大学获得长聘资格的新聘教师，对获得重要科研与教学奖项的教师，对获得国家社科基金和国家自科基金重点资助的教师等，实行与进入国家人才计划的教师同样的住房政策。

3. 针对教师评价困难的措施

（1）探讨更加合理的教师评价体系。学院已经为此组织了专门委员会。学院将参考教育部学科评估的指标体系、国际上学科排名的指标体系，提出新的教师评价体系。在评价教师研究工作时，学院将着重强调科学创新、影响力和中国特色。

（2）建立校外专家咨询委员会，听取他们对教师评价的建议，特别是关于教师研究影响力评价的建议。校外专家咨询委员会既要包括国际上有影响力的学者，也要包括中国有影响力的学者。

（3）就完善学术评价体系听取教师建设性意见。学院要广泛听取教师的意见，了解教师关心的问题，明确教师评价体系与学院使命的关系，保证教师评价过程的公平公正性，保证教师对评价新标准有合理预期。

（4）积极与学校相关部门、相关专家就学院学术评价体系进行沟通和咨询，包括参加学校关于文科教师评价体系的讨论、邀请学校其他文科院系的专家共同讨论。

钱颖一院长和学院院务会殷切希望顾问委员就学院教师队伍建设面临的问题提出中肯的建议。

教师科研

（2017 年 10 月）

麦肯锡在 2015 年为清华大学经济管理学院撰写的战略咨询报告《创建世界一流学院：清华大学经济管理学院 2025 年战略思考》提出：打造中国经济管理的思想领导力是学院一项重要战略定位，而“推动有效的知识创造”是学院应有的配套举措。在此背景下，本案例首先回顾学院教师已经做出的研究成果，然后提出为更好规划和整合学院科研资源以助推学院科研发展的改革计划。钱院长和学院教师希望得到顾问委员进一步的建议。

一、经管学院科研成果和社会影响力

（一）学院教师近年来做出的部分学术成果

学院教师的科研工作关注中国经济发展和变革以及中国企业管理实践中的一系列重要问题，一些研究尤其侧重在中国经济管理中的独特问题和现象，例如中国经济增长潜力、中国经济发展史、环境和能源问题、中国股改。学院教师也密切关注国际研究前沿，例如大数据、新兴信息技术和社交网络。这些科研工作为构造中国经济管理理论做出了贡献，并为国家和行业政策制定提供科学决策依据。

1. **白重恩：测算中国经济增长潜力**

2011 年以来，中国的经济增长速度呈现下降趋势。学术界和政策研究界

* 为 2017 年清华大学经济管理学院顾问委员会会议准备的案例（B）。集体完成。

围绕着以下几个问题展开了激烈的辩论：（1）中国经济增速的下降是短期的还是长期的？（2）应对经济增速下降的政策应该是以需求侧的刺激为主还是以供给侧结构性改革为主？（3）政府制定的增长目标应该是8%以上，还是7%~8%，还是6%~7%？就此，白重恩和合作者开展了系列研究。研究提出中国的经济减速不是由需求不足造成的短期现象，而是由以下两个主要原因所致：一是随着中国经济发展水平的提高，向发达经济收敛的速度减慢，增长潜力自然会下降；二是结构性改革还不够完善，我们没能充分发挥增长潜力。这些研究结果对中国经济政策制定中的一些重大判断和重要举措提供了支持，包括经济进入“新常态”的判断和聚焦供给侧结构性改革的重大举措。

2. 李稻葵：构造中国经济史大图像

李稻葵通过对中国已有史料的系列研究，推算出不同朝代的主要经济变量，最终揭开了中国经济史的神秘面纱，在国内外学术界产生了重要影响。他利用现代宏观经济学及统计学理论，对中国古代不同朝代的GDP及其他主要经济变量进行估算；估算了中国北宋（980—1125年）、明代（1402—1626年）及清代（1685—1840年）的GDP，并结合人口估计研究了中国人均GDP的长时段演变。在此基础上，还就明代的经济结构进行了深入挖掘，发现明代整体经济增速缓慢，年均GDP增速仅为0.25%，农业在总经济中比重高达70%，政府税收占GDP比重在3%~9%，政府收入主要用于宫廷的奢侈性消费和军费开支，并没有为经济增长提供条件。通过与同时代西欧国家对比，发现北宋时期中国的生活水平领先于世界，但在1300年已经落后于意大利。这些发现显示，中国与欧洲的大分流比过去的共识要早得多，因此在中国发生英国式的工业革命是存在一定困难的。这些基础数据的估算和发现的规律对于掌握中国古代经济的演变，从而进一步探讨中国经济发展的规律起到基础性的作用。

3. 曹静：中国未来节能减排的路径选择

在经济“新常态”下，中国面临着国内外能源、环境与气候变化等重大问题的严峻挑战。曹静及其研究团队构建了计算机模型模拟中国的经济系统以及污染排放与扩散状况，并估算不同政策情景下大气污染对公众健康的损害，例如对中国过去“十一五”“十二五”规划阶段的命令控制型脱硫、脱硝政策，以及2017年即将开展的碳市场等政策进行跨学科的模拟研究。其研究结果揭示：“十一五”“十二五”阶段单一污染物的命令控制型政策治理成本很高，因为中国的雾霾形成机制主要是多污染物之间的复杂化学反应，这些政策治理中国的雾霾作用十分有限；且这些政策对碳排放的遏制作用也很有限，中国目前推行的全国碳市场政策会在节能与碳排放方面起到一定的减排效果，政策上易于推行，但是政策成本仍远远高于简单的碳税政策。

4. 薛健：中国股改研究

中国资本市场曾经存在的一大特色是上市公司中的国有股份占绝大多数，这种“一股独大”的直接后果是大小股东利益不一致，大股东极易控制公司，并做出对自己有益而损害小股东利益的决策。大股东通常利用手中的决策权为企业制定各种现金决策，将钱花在有利于自己、而非促使企业利益最大化的项目与投资上。薛健以2005—2007年推行的股权分置改革这一中国资本市场特有的外生事件为基础，考察改革后大股东代理问题的改善对现金决策的影响。研究发现：上市公司股改后公司治理水平的改善使得其现金持有水平有所降低，现金支出明显提升，大量闲置资金得以有效运用，大股东对企业的资金占用问题得到有效遏制，掏空行为显著收敛，在投资方面使用的资金也开始更多地运用于能为企业带来未来经营效益的资本支出上。这些研究对于中国正在推行的国有企业混合所有制改革具有重要启示意义。

5. 陈国青：以大数据驱动管理，提升竞争力

陈国青长期从事商务智能以及IT战略与管理领域的研究。在大数据和人工智能快速发展的管理背景下，他提出企业面对的“大数据和小数据问题”。一方面，管理决策者（如政府、企业、消费者等）希望使用越来越多的数据，从而更加全面地刻画管理者面对的现实问题；另一方面，面对海量数据，数据处理的时间和复杂度呈几何增长，企业受限于时间及能力，往往难以处理全体数据。陈国青提出的“大数据和小数据问题”，核心就是找到可以代表“大数据”的“小数据”。他提出一系列“代表性”测度和算法，从不同维度（如内容覆盖、结构覆盖、多样性、一致性、紧凑性、冗余性等）刻画和处理小数据与大数据的关系及小数据的信息质量。在上述技术方法创新的基础上，探讨企业如何利用大数据分析方法提升管理和竞争能力，如高层管理者通过阅读代表性内部博客以了解员工动态和团队认同，企业通过获取代表性竞争情报有效辨识竞争对手和竞争品牌等。

6. 徐心：新兴信息技术对资本市场信息环境的影响

有效利用互联网技术实现行业和市场升级转型，是当前急需研究的重要社会经济问题。徐心和合作者开展了针对互联网技术和社会化媒体影响资本市场信息环境的理论和实证研究，是国内外在金融科技领域较早开展的科研探索。建立在互联网上的社会化媒体已成为市场参与者广为使用的信息平台，此类平台可以有效汇聚分散在市场中的信息碎片。项目研究组针对此类平台，提出社会化媒体影响资本市场信息环境的规律，发现社会化媒体通过削弱市场信息不对称，促进上市公司信息披露并降低市场波动的实证证据。这些发现为有效利用互联网技术建设公平透明的市场信息环境，并进而提高市场运作效率提供理论和实证依据。该研究的部分结果发表在 *MIS Quarterly*（管理学国际顶尖期刊），并被 *MIS Quarterly* 评选为 2013 年度最佳论文，这是自 *MIS Quarterly* 创刊以来，首次将该奖项授予署名单位来自中国的科研成果。

7. 陈煜波：社交网络时代的市场营销与商业创新

陈煜波及合作者对朋友圈和陌生人社会网络中人与人之间的群体性社会互动如何影响个人的决策行为展开深入研究。基于理论模型分析，该研究发现当社会网络较小时，朋友圈的信息比陌生人网络更加准确，观察朋友的行为可以更准确地推断产品质量；当网络逐渐增大时，陌生人的网络变得更有效，其他陌生用户的行为可以提供比朋友圈更加准确的质量信息。进而针对不同产品和市场如何更好地战略性地利用用户的社会学习行为进行了细致分析，对社交网络时代如何进行市场营销和商业创新提出了一系列建议。不仅对企业在不同的社交网络中如何展开社会化营销提出了具体的理论指导建议，更重要的是提出了社交网络时代企业展开商业创新的新的战略变量，即企业可以对用户的社交网络关系进行战略管理，进而围绕社会互动的异质性程度来进行强关系或弱关系的社交网络营销。

（二）学院教师为政府建言献策

基于学术研究成果，学院教师积极为政府建言献策，参加高层次政策研讨，担任政策咨询与研究高级职务，对政府决策发挥重要影响。

国家经济体制改革顶层设计：在全国政协全体会议上，钱颖一做了“中国经济增速下行：如何看，如何办?”的大会发言，钱颖一还分别在经济体制改革与顶层设计主题座谈会和经济委员会经济形势分析会上做了重点发言。白重恩在习近平和张高丽等领导出席的分组会上，分别做了“关于供给侧改革”和“社保体制改革”的重点发言，在俞正声主席出席的医疗体制改革专题协商会上做了“关于医疗保障财务可持续性”的重点发言。

国家“十三五”规划纲要起草：钱颖一、白重恩作为“十三五”国家发展规划专家委员会委员，对规划草案提出多项修改意见；白重恩“关于经济增长潜力”的研究作为“十三五”规划成果简报呈送相关领导，对“十三五”增长目标的制定建言献策并产生影响；白重恩参与了《政府工作报告》的起草，并多次参加中财办、发改委、财政部、人社部、人民银行等部门关于重要政策制定的讨论。

国家货币政策制定：李稻葵、钱颖一和白重恩先后担任中国人民银行货币政策委员会委员，对货币政策的制定建言献策。

国家创新创业制度建设：钱颖一和高建就大众创业、万众创新的制度化研究撰写《国务院研究室决策参考》。

房地产调控政策影响：李稻葵关于加快融资体制改革、稳步推进基础设施建设的建议得到了李克强总理的关注，并得到国务院领导批示，转发给有关部门研究执行；关于建立地方政府租房基金、化解房地产库存过大的建议得到总理批示，并转发住建部。

二、学院科研机构情况与发展思路

尽管以上成绩令人欣喜，学院科研也存在不少问题，突出表现在研究资源分散，重点不够集中，研究中国相关问题与发表国际水平论文这两个发展方向尚未有效融合，研究成果的思想影响力和政策影响力还不够大。如何汇聚学院各类研究资源，进一步提高学院各学科的研究水平？

1. 学院科研机构发展情况和存在问题

目前，经管学院拥有科研机构 31 个，包括 2 个国家级科研机构、13 个校级科研机构及 16 个院级科研机构。科研机构经费主要来源有：国内企业捐赠（14 个）、国外企业捐赠（7 个）、国家/学校/学院预算经费（5 个）、自筹经费（5 个）。这些研究机构覆盖管理科学与工程、工商管理、理论经济学与应用经济学四个一级学科。这些研究中心均独立运行。

学院现有的研究机构发展情况存在一些问题：

• 研究机构数量多，研究力量分散，难以凝聚研究力量在少数重大问题上。

• 中心自主科研项目较少，研究方向大都还是依据捐赠者的当初意愿而设，没有适时调整以聚焦在新出现的有学术和应用价值的问题上。

• 研究机构结构复杂，难以管理。现有中心分别由省部级、校级、院级批建，各级均有自己的管理办法和体系，年度审查和评估口径都不一致。

• 活动繁多，操作不规范。各类学术会议、论坛、讲座、沙龙等交织在一起，各自进行宣传，而且宣传方式有不规范的情况；学术水平高、影响力大的系列学术会议不多。

- 不可持续。部分中心或因没有找到后续经费，原协议经费不到位，或因负责人退休或调离学院，没有接班人而导致停办。

2. **科研机构改革思路**

为解决这些问题，充分发挥学院科研机构的作用，学院科研办公室对国内外科研机构进行了调研，包括哈佛大学肯尼迪学院贝尔福（Belfer）中心、斯坦福大学经济政策研究院、芝加哥大学贝克尔—弗里德曼研究所。发现它们有一个共同的突出特点，就是大平台与研究项目相结合的双层治理模式。第一层是为研究人员提供各类研究资源“公共品”（包括研究经费、行政管理支持、宣传平台）的大平台；第二层包括研究中心和研究项目，它们均独立运作以保证研究人员的研究自主性和积极性。

学院思考如何借鉴这个思路，采取类似的模式，但要符合学院的具体情况，尤其是，基于学院学科现状，难以建立一个统一平台。一种设想是以“双一流”建设为契机（学院四个一级学科均进入学校一流“学科群”建设方案，且是经济、管理两大门类学科群牵头单位），对学院现有研究中心进行调整和整合，为各学科的发展均设置一个研究院，借此建立统一品牌，共享学院的研究资源，同时保证各独立研究中心的积极性。

调整后，学院的研究机构将呈现双层结构：第一层是四大研究平台（经济研究平台、金融研究平台、产业研究平台、管理科学研究平台），每一个研究平台大体对应一个一级学科；除此之外，建立一个数据平台，即中国经济社会数据研究中心，它为学院各学科开展经济管理相关研究提供一个公共数据平台。学院给予第一层的数据平台和四大研究平台部分研究经费，以支持优先发展的研究方向。在第二层，是目前的各研究中心或研究所，它们仍然独立运行，以发挥研究项目人员的积极性。

（1）四大研究平台

学院计划逐步推进此项改革，目前设想，将25个研究中心纳入四大研究平台的建设计划中，计划如下：

经济研究平台，所属研究中心包括清华大学中国经济研究中心、清华大学中国与世界经济研究中心、清华大学财政与税收研究所、清华大学—香港中文大学中国经济联合研究中心、国际经济研究中心。

金融研究平台，所属研究中心包括清华大学产业创新与金融研究院、清华大学全球私募股权研究院、公司治理研究中心、中国企业发展与并购重组研究中心、不良资产研究中心、中国金融研究中心、中国保险与风险管理研究中心。

产业研究平台，所属研究中心包括清华大学技术创新研究中心、清华大学体育产业发展研究中心、清华大学互联网产业研究院、清华大学全球产业4.5研究院、中国产业发展研究中心、清华大学二十国集团创业研究中心、中国创业研究中心、清华大学文化经济研究院。

管理科学研究平台，所属研究中心包括清华大学现代管理研究中心、互联网发展与治理研究中心、医疗管理研究中心、清华大学绿色经济与可持续发展研究中心、中国零售研究中心。

研究平台的决策机构和运行管理机构是管理委员会，管理委员会主任和成员由学院院务会任命，管理委员会主任向院务会负责并做年度运行报告。

研究平台肩负的重要管理职责包括：

- 下属研究中心的发展定位：研究院负责明确发展战略和学术方向；下设研究机构的学术活动由各中心自行决定。
- 机构设置：审议新机构成立和负责人安排；原则上，学院新设研究机构应隶属于四个研究院之一。
- 资源匹配：学院确定支持研究中心的经费，在此基础上，研究院依据下属研究机构的成果和发展需要进行资源匹配。
- 机构评估：评估下设机构年度工作，并在必要时提出整改措施。
- 人员管理：研究院根据学校人事和科研机构管理办法制定研究与管理人员聘用标准，统一招聘和管理流程。研究院和下设机构按照流程进行人员招聘。

• 行政管理：研究院设立秘书处，承担研究院和下设机构以及校院两级主管机构的沟通、协调、管理和监督工作（涉及品牌、成果、网页、沟通机制等）。

进行上述改革的必要性还体现在：某些需要发展的学科方向，特别是一些基础学科方向，未必在短期内具备充足的筹款能力。通过建立研究院并匹配学院资源，可以有效支持各学科均衡发展，以服务学院发展战略。

学院目前计划以经济研究平台为试点，开始推进工作，再推广至其他三个研究平台。学院也将依据可调动的研究资源，决定哪些研究中心进入第一批改革。

（2）顶层数据平台——中国经济社会数据研究中心

中国经济社会数据研究中心成立于 2009 年，依托于经管学院和社科学院，旨在建设国内高端、国际一流的经济社会数据开发和研究团队，建立高水平的数据服务平台，建设高端经济社会决策智囊，为建设世界一流大学提供优质的数据服务。2016 年，该中心和国家统计局合作，进行了重大改革。中国经济社会数据研究中心将作为顶层的数据大平台独立运作，不隶属于任何一个研究院。

2016 年，国家统计局面对各类科研和智库机构日益高涨的对国家统计数据的需求，决定迈出历史性的一步，开始逐步开放数据供社会使用。经管学院敏锐地捕捉到这一历史性的契机，积极促成国家统计局此项工作最终落地在清华经管。2016 年 7 月 21 日，清华大学校长邱勇与国家统计局局长宁吉喆分别代表双方在国家统计局签署协议，正式启动合作共建“清华大学中国经济社会数据研究中心”。时任国家统计局副局长、清华大学兼职教授许宪春出任中心主任（许宪春已于 2017 年 9 月受聘学院全职教授）。

2017 年 6 月 29 日，国家统计局首个用于微观数据开发应用的“数据开发中心”落户清华大学中国经济社会数据研究中心，该中心租用网络专线与国家统计局服务器连接，将首次实现社会对国家统计数据的外部使用，这将极大推动国家统计局微观调查数据产生巨大的社会效应。

基于上述改革设想和已开展的工作，学院将建立一个集中与分散相结合的科研管理模式。学院期待，这一改革思路将助力学院的研究力量形成合力、凝聚出当前中国和世界关注的重大学术和应用研究问题。钱颖一院长和学院院务会迫切希望得到各位顾问委员的宝贵建议。

第四编　学院发展历程

第九章　向校友报告

学院简讯问世

（2007年4月29日）

在迎接清华大学九十六年校庆之际，《清华经管学院简讯》问世了。《简讯》今后将每年在春季、秋季学期各出版一期，为关心清华经管学院成长的各界人士提供学院发展的最新信息。

《简讯》包括五个栏目。“经管要闻”一栏概括学院在近期取得的最重要的成就。“教学项目”栏目分别介绍本科、硕士、博士、MBA、EMBA和高管培训项目的发展。“学术研究”栏目展现学院的重大学术成果和学术活动。“国际合作”栏目报告学院与海外院校交流、合作的进展。“经管论坛”记录近期来自世界各地的各界著名人士在清华经管学院的演讲。我们希望读者能够通过《简讯》来领略清华经管学院的最新风貌。

在过去的二十多年中，清华大学经济管理学院伴同中国经济的改革、开放和发展一起成长。今天，我们继续为建设世界一流的经济管理学院而奋斗。学院集经济学科和管理学科为一体，受益于两者的融合。学院追求研究和教学的卓越，致力于创造学术新知、培育未来领袖。学院崇尚思想和理论，同时又注重实践和行动。学院将一如既往，根植中国，面向世界，为中国经济和社会的发展做贡献，为在世界范围内产生影响而努力。

---

* 为清华大学经济管理学院《2006—2007学年春季学期简讯》而写的院长致辞。

本科招生获突破

（2007 年 12 月 10 日）

在即将告别 2007 年的时候，我们出版了《清华经管学院简讯》秋季版。在上一期《简讯》中，我们报告了今年四月学院成功通过了国际商学院联合会（AACSB）的认证。此后，学院发生了一系列积极变化，这其中有几个亮点值得特别关注：

第一，学院的本科招生取得历史性突破：共有 15 名各省状元被我院录取，包括 5 名文科状元；而且有近一半新生是各省前十名。我院招生的这一突破也大大提高了清华大学整体的招生质量，使得清华录取的状元总数位居全国高校首位。

第二，学院的两个一级学科“管理科学与工程”和“工商管理”首次均被列为国家重点学科，这意味着学院涵盖的管理学科的所有领域都成为国家重点学科。

第三，今年的学院顾问委员会会议又有创新：八年来会议首次在学院的大楼中举行，并且在会议前一天还成功举办了首届 2007 清华管理全球论坛，它为来自海外的顾问委员同国内同行搭建了新的交流平台，也为学院赢得了社会上更广泛的关注。

清华经管学院在 2007 年的长足进展，都是由于全院教职员工的全心投入，都是由于院务会班子的集体领导，都是由于三位老院长朱镕基、赵纯均、何建坤的积极支持。我们对 2008 年满怀信心，将继续依靠这三个力量，为把清华经管学院建成世界一流的经济管理学院而努力奋斗。

---

* 为清华大学经济管理学院《2007—2008 学年秋季学期简讯》而写的院长致辞。

率先通过两项国际认证

（2008 年 6 月 27 日）

2008 年是中国改革开放三十周年，它注定将成为中国向全世界展示她三十年巨变的一年。清华经管学院伴随中国的改革开放诞生并快速发展，可以说，没有改革开放就没有清华经管学院。

继去年四月成功通过国际商学院联合会（AACSB）的认证之后，学院又在今年二月通过了欧洲质量发展认证体系（EQUIS）的认证，从而成为中国内地唯一获得 AACSB 和 EQUIS 两大全球管理教育顶级认证的学院。这两项认证是对学院整体，特别是对学院在国际化方面的认可，大大提高了学院的国际知名度，为学院在新的起点上进一步发展奠定了重要基础。

同全国和北京一样，学院也为奥运会在北京的召开做了各项准备工作，为保证一个平安的奥运，今年的毕业活动比往年提早进行。特别值得一提的是，我院校友杨扬担任奥运圣火境内传递的第一棒火炬手，这也是学院的光荣。杨扬是中国至今获得世界冠军最多的短道速滑运动员，她于 2007 年获得我院工商管理学士学位。

“5・12”汶川大地震后，经管学院的师生员工、离退休人员、校友在第一时间举办各种赈灾活动，积极支援灾区。我院 MBA 校友斯泽夫领导的东方汽轮机厂是这次地震中受破坏最严重的国有企业之一。当年他们艰苦奋斗在内地建厂，现在在严重的自然灾害面前顽强奋战，恢复生产。他们是学院的骄傲，我们的心同他们连在一起。

---

* 为清华大学经济管理学院《2007—2008 学年春季学期简讯》而写的院长致辞。

MBA课程改革

（2008年12月31日）

2008年是全球MBA教育100周年纪念。清华经管学院经过一年时间的研究、考察和论证，于今年9月推出新版清华MBA，引起了社会各界的广泛关注。清华经管学院于1991年在全国率先举办MBA教育，这次学院又在MBA教育百年之际，与时俱进、主动改革，再一次在全国MBA教育中起到了引领作用，表现了清华经管学院创新和求实的风格。

今年7月，清华经管学院首届经济学双学位本科生毕业。经济学双学位自2006年开办，吸引了全校除经管学院以外的各院系优秀本科生。今年学院专门为首届毕业生举办了单独的毕业典礼，为他们颁发经济学第二学位毕业证书，并欢迎他们成为清华经管的校友。

8月8日在北京举办的奥运会开幕式，给全世界带来了惊喜。同天上午，清华经管学院顾问委员会2008年年会在清华大学主楼举行。当晚，全体委员应邀观看了第29届奥运会开幕式。此次顾问委员会参会的海外委员为历年最多，顾问委员会在此时召开也产生了很大的社会影响。

2008年确实是一个难忘之年。在经历了抗震救灾、奥运盛会之后，我们又面临全球金融危机和经济衰退带来的挑战。今年“清华管理全球论坛”的主题正是中国企业如何应对全球金融风暴。对于即将到来的2009年，我们期待中国和世界经济在风暴过后出现新转机，我们也期待清华经管学院各项工作打开新局面。

---

* 为清华大学经济管理学院《2008—2009学年秋季学期简讯》而写的院长致辞。

建院 25 周年

（2009 年 7 月 6 日）

如果从 1984 年经济管理学院成立算起，今年——2009 年——是建院 25 周年。但如果从 1979 年经济管理工程系成立并开始招收研究生算起，今年应该是 30 周年。在过去的 30 年中，清华经管学院一共毕业了 1.3 万多名学位学生，此外还有 3 万多名非学位学生在清华经管学院学习过。这 4 万多名清华经管学院的校友们，汇集了全国各地的中华英才，他们从这里出发，在中国乃至全球的舞台上做出了卓越的贡献。

在今年年初揭晓的 2008CCTV 中国经济年度人物评选中，三位清华经管的校友——MBA1993 级校友、中国东方电气集团公司总经理斯泽夫，EMBA2002 级校友、中国东方航空有限公司董事长刘绍勇，以及 EMBA2008 级校友、江苏黄埔再生资源利用有限公司董事长陈光标——同时荣获“年度经济人物”称号，其中斯泽夫和陈光标还同时荣获仅有的两名“年度经济人物大奖”。他们既是从全国选出的优秀榜样，也是清华经管学院校友中的突出代表。

在庆祝清华建校 98 周年之际，一本记录清华经管学院校友的专集《行健自强——清华经管校友人生华彩录（第一辑）》首发仪式隆重举行。该书展现了学院 39 位优秀校友的事迹与风采，包括他们各自的求学经历、事业历程、人生感悟，以及对学弟学妹们的殷切寄语。这是学院首部记录校友成长足迹的采访集，今后还会出版更多的采访集。

清华经管学院珍惜校友的每一个成绩。清华经管学院永远是经管校友的家。

---

* 为清华大学经济管理学院《2008—2009 学年春季学期简讯》而写的院长致辞。

本科教育改革

（2010年1月20日）

近年来，清华经管学院在本科项目上下了大力气。三年前，在朱镕基老院长的亲自推动下，学院大幅增加了本科英语授课课程，其占比由过去的10%增加到55%左右。同时，本科生在读期间去海外大学交换学习的人数也大幅增长。2009年，2007级学生中有超过100名学生到海外大学学习一个学期，超过该年级学生总数的一半。英语授课和海外交换两项均过半，在清华各院系中独一无二。

学院的国际化举措深受学生和考生的欢迎。从2007年开始连续三年，学院的本科招生状况不仅在清华各院系中位居第一，而且在全国各高校的各学院中也名列前茅。2009年，经管学院共录取182名新生，其中就有20名各省第一名（包括12名理科第一名、8名文科第一名）、79名各省前十名。其中前十名人数超过了新生中参加高考被录取人数的一半。

2009年春季，清华大学确定把经管学院作为本科教育改革的一个试点。全国最优秀的考生进入清华经管学习，学院深感教育责任的重大。经过认真的调查研究，学院制定并于2009年秋季学期推出了新的本科培养方案。这个方案明确了经管学院本科教育的两个理念，那就是既要为拔尖创新人才脱颖而出创造优良环境，也要为每一个学生个性发展和人格养成提供充分条件。这是一个"点""面"结合、"以人为本"的教育理念。为实现这一理念，新的培养方案引入了三项具体措施：一是全面实施作为本科教育基础的"通识教育"；二是把因材施教的理念落实为具体的"优秀人才培养计划"；三是突

* 为清华大学经济管理学院《2009—2010学年秋季学期简讯》而写的院长致辞。

破教育仅仅是传授知识的旧观念，把培养学生的“批判性思维”放在重要位置并贯穿于整个本科培养过程。

2009 年 10 月 15 日，清华大学第 23 次教育工作讨论会的拔尖创新人才培养专题研讨会召开，我应邀做主题报告，介绍了经管学院为探索本科教育改革而推出的新的培养方案，引起与会教师的广泛认同。11 月 13 日，我的题为“经管学院本科教育改革：思考与方案”的署名文章在《新清华》全文刊发，引起了更广泛的关注。作为改革试点的清华经管学院，理应对本科教育有所创新，对清华乃至全国高校的本科教育改革产生积极的影响。

MBA 招生改革

（2010 年 7 月 10 日）

2010 年春季学期学院推出了两项重要举措：一项是学院完成信息战略一期建设，另一项是学院启动 MBA 招生改革。

在去年春季学习实践科学发展观过程中，学院教师与职员对信息技术提出了更高的要求。同时我们也借鉴参考了国外一流商学院特别是哈佛商学院的经验。经过一年多的调研、规划和实施，学院信息战略项目的一期建设已经圆满完成并顺利上线。当读者访问学院主页（http://www.sem.tsinghua.edu.cn）时，不仅看到全新的界面，而且会发现主页突显了思想、教授和社区的新理念。该项目一期的完成，开创了国内管理学院使用信息技术的若干第一，标志着学院信息服务的整体实力上了一个大台阶，与世界领先商学院的距离大大缩小。目前已有若干国内管理学院跟随我们的步伐，启动了他们的信息战略。

学院自 2008 年 9 月推出新版清华 MBA 课程改革，在过去两年中由试验到全面实施，收到了很好的效果。2009 年 12 月 3 日和 2010 年 6 月 9 日，我应邀分别在武汉和上海召开的全国 MBA 管理学院院长会议上介绍了新版清华 MBA 课程改革，广受好评。新版清华 MBA 在设计之初，就包含了课程改革和招生改革两个部分。学院 7 月初宣布启动 MBA 招生改革，标志着清华 MBA 改革从课程领域延伸到了招生领域。清华 MBA 招生改革体现在两个方面，一是在录取标准上实行“综合素养考评”，二是在录取方式上实行“提前条件录取”，采用申请材料评审、面试在前，笔试在后的招生方式。这一改革宣布后，引发了媒体的大量报道和管理学院及考生的广泛关注。

---

* 为清华大学经济管理学院《2009—2010 学年春季学期简讯》而写的院长致辞。

硕士项目改革

（2011 年 1 月 12 日）

2010 年可以说是清华经管学院的改革创新年。这一年中，学院启动了多项新制度、新措施、新项目、新探索，它们涵盖学院战略规划制定，内部管理体制改革，教学项目创新，学生、教师、职员、校友定期活动制度建立等多方面。在秋季学期，信息战略二期建设开始；继 MBA 和本科教学改革之后，学院又启动了普通硕士项目改革，推出了中国首个“管理硕士”（MiM）项目，一个工作经验前的综合管理的应用型硕士项目。这些改革会对学院长期发展起重要作用。

2010 年是学院顾问委员会成立十周年。在今年举行的第十一次顾问委员会会议上，顾问委员与学院的融合程度又上了一个新台阶。中共中央政治局常委、国务院副总理李克强会见了与会委员，中央电视台在《新闻联播》中加以报道。在前一天，学院以“创新时代的全球领导力”为主题举办 2010 清华管理全球论坛。麦肯锡公司董事长兼全球总裁鲍达民（Dominic Barton）做主题发言，近 20 名顾问委员参加。论坛之一是“新世纪的管理教育”，由哈佛商学院、斯坦福商学院、麻省理工斯隆管理学院、清华经管学院四位院长参加，受到极大关注。清华经管学院顾问委员会与清华管理全球论坛已经成为我们学院的品牌。

学院 10 月 30 日在上海举办了长三角地区的清华经管学院校友日活动，学院校友以及各界人士 350 多人参加。这次校友日活动是学院区域性校友活动的新开端。学院以往的校友活动多以教学项目为单位举办。在继续这些活动的基础上，学院将每年在北京、长三角、珠三角以及其他地区举办学院层面的校友活动，使不同项目的校友有机会汇聚一堂，共享学院发展喜讯，共谋学院发展大略。

---

* 为清华大学经济管理学院《2011—2012 学年秋季学期简讯》而写的院长致辞。

清华百年校庆

（2011 年 7 月 10 日）

2011 年春季学期迎来清华百年华诞。此期间学院举办多项活动，之中有 MBA 中心的“中国暨清华 MBA 教育 20 周年纪念会及论坛”，EMBA 中心的“清华一百年，重走联大路”活动，高管培训中心的“国际大学联盟 2011 年会”，学院承办的“国际经济学会全球大会”，以及由学院开启的“清华金融高端讲坛”“清华企业家讲堂”“人文日新沙龙”等系列讲座。

此外，还有三项令人激动的活动。

第一，经过精心筹备的《清华管理评论》于 4 月 9 日创刊。这是一本有刊号的中国高端管理评论。我们确定这本杂志的理念是“思想引领变革”。我相信它会成为学院连接校友、企业、政府、社会的一个智慧平台。

第二，我们学院成立于 1984 年，其源流是建立于 1926 年的经济学系。今年在庆祝清华建校 100 年之时，我们也迎来了清华经济学系建系 85 周年。经济学系是清华第一批 17 个学系之一，陈岱孙教授自 1928 年担任系主任直至 1952 年院系调整，长达 24 年。饮水思源，学院出版了《清华经济系 85 周年》一书，开启了“陈岱孙经济学纪念讲座”并由诺贝尔经济学奖获得者马斯金教授首讲，还邀请了 1952 年以前毕业的经济学系校友返校座谈。

第三，最为激动人心的是在 4 月 22 日，学院首任院长朱镕基和夫人劳安回到学院，受到经管学院千余学生的热烈欢迎，场面感人，终生难忘。朱院长担任院长 17 年，深为学院师生所崇敬和爱戴。这次他在百年校庆之际回到学院，与师生交流一个多小时，对学院工作给予很高的评价。他谆谆教导同

* 为清华大学经济管理学院《2010—2011 学年春季学期简讯》而写的院长致辞。

学们要“讲真话”“做人更重要”。他还宣布将给清华经管学院每一位学生赠送一套即将出版的四卷本《朱镕基讲话实录》。朱院长回学院是学院校庆活动的高潮，对清华经管学子是莫大的鼓舞。

我们学院举办校庆活动，不仅庆祝以往的成就，更重要的是借此时机思考存在的问题和未来的挑战，开启清华新百年的新视野，攀登新高峰。只有这样，纪念百年校庆才有意义。

学院与大学融合

（2012 年 9 月 30 日）

刚刚过去的 2011—2012 学年是清华百年校庆之后的第一个学年。在这个学年即将结束的 2012 年 6 月，学院的领导班子按期完成换届。在新班子的领导下，学院将继续以“创造知识，培育领袖，贡献中国，影响世界”为使命，为建设世界一流的经济管理学院而努力。

这一期《学院年报》的主题是学院与大学融合。过去，经管学院与清华大学校内其他院系的合作并不多。其实不仅在清华，在国内外其他大学也一样，大学中的商学院通常自成体系，与大学中的其他学院融合不够。为了建立大学中的商学院不同于独立商学院的竞争优势，为了继承和发扬清华办学风格中的“会通”特色，我们把“学院与大学融合”作为经管学院的一个发展战略，并开始逐步落实。

我在此举几个例子来说明。

第一，在教学方面，学院于 2012 年春季推出了“MBA + X”双学位项目，参加的学生可以同时获得经管学院的 MBA 学位和清华另一个学院的硕士（比如工程硕士）学位。在 EMBA 项目上，学院已经设计完成并将在 2012 年秋季开设一门新课程“清华探究”，内容包括清华人文历史探究和清华实验室科技创新探究。这将使 EMBA 学生有机会走进坐落在清华的众多国家级实验室。

第二，学院与清华其他院系联合举办了“走进商学院”和“走出商学院”两个系列论坛，并以此建立学院之间的紧密合作关系。学院先是与社会科学学院合作，前后举办了“心理学走进商学院”“社会学走进商学院”“政

＊ 为清华大学经济管理学院《2011—2012 学年年度报告》而写的“院长的话”。

治学走进商学院”论坛。在 2012 年春季学期，学院又分别与美术学院、电子工程系、医学院联合举办了“管理学走出商学院”系列论坛，探讨管理与设计融合、管理与信息技术融合、管理与医药融合的前景。

第三，学院建立了一个跨院系的创业平台。在 2012 年校庆期间，学院联合校内八个单位举办了首届清华创业年会，共同为经管学院和清华其他学院的学生创造一个更加广阔的提供创业教育、把握创业机会的渠道。

在过去一年中，学院在各方面都取得了长足进步，我在此提及其中意义较大的三件事。

一是本科教育改革历经多年，在过去这一年中开始得到越来越广泛的认可。2012 年春季学期，清华大学刊登了学院本科教育改革简报“经管学院的本科教育改革之路：探索中前行”，学院的“通识教育与个性发展相结合的国际化本科教育体系建设”也获得了学校教学成果一等奖。2012 年 4 月，在教育部委托清华大学举办的高等学校文化育人研讨会暨第五次文化素质教育工作会议上，我应邀在“校院长论坛”上介绍了经管学院本科教育改革的实践。在此之后，《中国教育报》于 2012 年 4 月 24 日清华百年校庆一周年之际，在头版头条发表了“培育学生自由生长的‘土壤’——清华大学经济管理学院试点本科教育改革纪实”专文，充分肯定了学院“通识教育与个性发展相结合”的本科教育改革思路与实践。这些都是学院多年的本科教育改革获得认可的例证。

二是学院的 EMBA 教育项目有新举措。学院的 EMBA 教育自 2002 年开始举办已经走过十年历程。2012 年 5 月 18 日学院举行了隆重的庆祝清华 EMBA 十周年的纪念活动，总结 EMBA 教育十年的收获与成就。十年来，清华 EMBA 以“培养产业领袖，塑造企业未来”为使命，从诞生到成熟，成绩卓越。同时，我们也保持清醒头脑，满意不满足，自豪不自满，并借此时机，及时启动了针对新十年 EMBA 教育创新发展的研讨。至今，EMBA 教育中心已经举办了八场研讨会，除了 EMBA 教育中心的老师之外，EMBA 在校生、校友、授课教授以及学院其他部门老师也都参加了研讨。大家集思广益，就 EMBA

教育的整体思路、招生推广、课程体系、海外研学、教学手段以及后 EMBA 学习展开系统研究，讨论形成了 EMBA 教育的创新发展计划，并从 2012 年秋季学期开始逐步推出实施。

三是学院的教师人事制度改革取得新突破，并获得学校的高度认可。随着 2012 年 1 月 1 日起开始实施的教师“长聘”（tenure track）制度，学院经过六年努力，以年薪制、公共服务、学术假、讲席教授制度、长聘制度为核心内容的教师人事管理体制系统改革取得了阶段性成果。学校在春季学期正式批复学院关于教师人事制度系统改革的报告，高度评价学院多年来的教师人事制度改革。学校认为经管学院已经初步形成了既符合学院实际又学习借鉴国外高校先进管理经验的教师管理体系，并将学院列为学校深化人事制度改革的试点学院，支持学院不断创新和完善人事制度改革和教师聘任体系。在 2011 年 11 月举行的清华大学首次人才工作会议上和在 2012 年学校暑期干部会议上，我两次介绍了经管学院教师人事制度改革和教师队伍建设的情况，受到校内各院系和各部门的广泛关注和积极肯定。

学院三年战略规划

（2013 年 9 月 30 日）

在过去的 2012—2013 学年中，学院践行“创造知识，培育领袖，贡献中国，影响世界”的使命，为建设世界一流的经济管理学院继续不断努力。

这一期《学院年报》的主题是学院三年战略规划（2013—2015 年）。在 2007—2009 年和 2010— 2012 年的两个三年规划中，学院初步搭建起了一个符合现代大学制度的管理框架。这个框架包含很多方面，如教师人事制度、职员人事制度和内部管理制度等。在 2012 年举行的暑期院务工作会上，院务会成员集中讨论了学院的下一个三年战略规划，提前对未来三年做出战略性部署。在 2012 年秋季学期，全院教师参与了这个三年战略规划的讨论，并且逐步形成了共识。在此基础之上，在 2012 年 12 月底，学院院务会正式通过了这个三年战略规划的最终文本，为 2013—2015 年的学院发展提供了蓝图。

这个三年战略规划明确提出，学院的长远战略目标是既要保持国内领先，又要成为世界一流。国内领先就是要确保学院在中国内地公认的领先者位置，其主要方面是发挥思想引领作用（intellectual leader）。世界一流就是必须做世界认可的一流的研究，办一流的项目，吸引一流的教师，培养一流的学生。为了把这个战略目标落到实处，战略规划按照六个维度确定了参照基准，具体列出了当前可比组和未来追赶组的海内外院校。这个战略规划还确定了未来三年中学院的六项重点工作，分别为建楼、资深教授、博士项目、经济学科建设、管理学与大学融合以及全球战略。可以看出，这个战略规划有远见，有标尺，有重点。

---

* 为清华大学经济管理学院《2012—2013 学年年度报告》而写的“院长的话”。

在过去的这个学年中，学院在很多方面均取得了长足的进步，我在此提及三件事。

一是学院的教师人事制度改革进一步落实。至 2012 年底，历时六年多时间，学院已经建立起一套系统的、与现代大学制度接轨的，并且符合学校、学院实情的教师人事制度。在 2012 年秋季学期，学院按照规范的制度规则第一次评选出长聘教师。2013 年 4 月我在《清华大学教育研究》上发表了题为“大学人事制度改革：以清华大学经济管理学院为例”的论文，详细描述了六年多来学院在教师人事制度改革上的思路与实践。

二是学院 EMBA 全新课程体系正式推出并开始实施。2012 年 12 月，学院的 EMBA 教育中心正式发布以“天、地、人、通”命名的由四大模块组成的全新课程体系。“天、地、人、通”指的是清华 EMBA 教育中的四个方面，即知晓“天时”、把握“地利”、创造“人和”、“会通”八方，正所谓知晓“天时”有高度、把握“地利”有深度、创造“人和”有温度、“会通”八方有广度。这个全新课程体系充分彰显了清华 EMBA 项目的独特优势，是一个具有清华风格、中国特色同时又是世界一流的全新 EMBA 课程体系。

三是学院的全球战略又有新的突破。学院与 INSEAD 联合举办的 EMBA 双学位国际项目（简称“TIEMBA 项目”）自 2007 年开办以来已经五年。2012 年该项目第一次参加英国《金融时报》的 EMBA 项目排名，在 10 月公布的 2012 年百强中获得全球排名第四、中国内地排名第一的成绩。这是中国内地商学院迄今为止在《金融时报》各类项目排名中所取得的最好结果。在 MBA 项目方面，学院与麻省理工斯隆管理学院长期合作的 MBA 国际项目又有新的进展：2013 年 7 月，学院与麻省理工斯隆管理学院共同启动清华—麻省理工全球 MBA 项目，这是 MBA 国际项目的升级版。

即将到来的 2013—2014 学年将是激动人心的，学院将迎来风采卓然的建院三十周年。届时，学院将举办“三十风采”系列院庆活动。我诚挚地邀请大家在 2014 年 4 月的校庆之际，齐聚清华经管学院，呈现思想，营造欢乐，共享荣耀，感怀情谊！我期待着你们。

建院三十周年：三十风采

（2014 年 7 月 31 日）

走过“十年风雨”，经历“二十风华”，2014 年学院迎来了建院三十周年——“三十风采”。

《学院年报》这一期的主题就是建院三十周年。1984 年，作为在 1952 年院系调整后清华大学成立的第一个按照学科划分的学院，清华大学经济管理学院诞生，朱镕基出任学院首任院长。三十年来，清华经管学院抓住中国经济改革、开放、发展的机遇，锐意改革、快速发展。自 2004 年以来的十年，学院在过去二十年积累的基础上，在稳定教学项目种类、稳定学生规模的情况下，在建设世界一流经济管理学院的道路上加速前行，核心是围绕教育理念和教育内容现代化，推进治理体系和管理制度现代化，尤其突出反映在教育理念、教学项目、教师人事制度和学院治理四方面的改革创新。

在 4 月 26 日举办的清华经管学院建院三十周年师生校友重聚共叙活动上，朱镕基院长来信说，清华经管学院“已经成为国内一流，世界有名的经济管理学院，成果丰硕，我甚感欣慰”。这是对学院工作的一种肯定，更是未来学院不断前行的动力。

在过去的几个月，学院围绕建院三十周年举办了 30 余场活动并出版了 3 本出版物。三十周年系列活动简朴，但具学府气派，重思想、重学术、重影响力，真正体现了“低调精致有内涵”的学院风格。其中的四个系列活动特别值得一提。

第一个是“朱镕基院长智慧重温”座谈会系列。在学院发展历史上，朱

* 为清华大学经济管理学院《2013—2014 学年年度报告》而写的“院长的话”。

镕基院长有着卓越的贡献。我们借座谈会的举办，重温他的教导，向他致以最崇高的敬意。

第二个是“思想·引领”学术论坛系列。清华经管学院共有全职教师166名。他们在学院的七个系当中。“思想·引领”系列学术论坛是分别由这七个系教师组织的学术论坛。

第三个是“院长论坛”系列。清华经管学院集经济学科和管理学科于一院，同时又十分重视本科教育。经济学院院长论坛、管理学院院长论坛、本科学院院长论坛，正是学院“三位一体”办学方式的体现。

第四个是“师恩难忘”座谈会系列。学院举办七场“师恩难忘”系列座谈会，每一场邀请一位学院退休老教师。在4月26日的建院三十周年师生校友重聚共叙活动中，也特别设置了“师恩难忘”环节，共同回忆首任院长朱镕基与学院的故事。

建院三十周年系列活动的举办和出版物的编辑出版，系统梳理了学院三十年，特别是近十年的办学历程，展示了教师的研究成果，密切了学院与校友的联系，扩大了学院在学界同行中的影响，提高了清华经管学院的品牌知名度。

在过去的一年中，清华经管学院同样出现过很多具有历史性意义的时刻。我在此提及三件事情，与大家分享。

一是推进学院治理现代化。建立现代大学制度是建设世界一流大学的制度基础。学院积极探索学院治理现代化。2013年9月学院通过了“关于建设现代大学制度基础上的学院治理的决定”。这标志着学院在治理改革方面迈出了关键的一步。

二是学院顾问委员会迈向发展新阶段。2013年顾问委员会会议又有创新。在会议期间，学院安排顾问委员分别走进清华经管学院的13个课堂，与来自不同项目的500多名学院学生进行面对面对话、交流，场面热烈。2013年10月23日，在顾问委员会会议期间，国家主席习近平会见学院顾问委员会海外委员。会见中，习近平主席对顾问委员在促进中国经济管理教育事业和中外交流合作中做出的贡献给予高度评价。

三是开启创新创业教育新模式的清华 x-lab 第一年发展势头迅猛。在 2013 年 4 月，由经管学院发起创建了清华 x-lab。截至 2014 年 7 月，清华 x-lab 已接受创新创业项目 330 多个，有效运行 290 多个，注册和正在注册公司的项目 90 个，获得投资的项目 20 余个，其累计融资额超过 5 000 万；已有 5 500 多人次的学生和校友参加了清华 x-lab 组织的各类课程、讲座、训练营和实践活动。

校友们、同学们、老师们、朋友们，过去的一年是激动人心的一年。三十岁，对于一个人而言是而立之年。三十年，对一所学院来说只是开始，仍然年轻。让我们共同努力，期待学院的下一个十年，下一个三十年！

教育改革在路上*

（2015年8月31日）

在过去的一年中，学院在推进治理现代化、树立核心价值、实现讲席教授资金筹款目标、扩大学院国内外影响力等诸多方面都取得重大进展。不过特别值得提出的是，学院的教育改革与创新，经过多年积累，获得国内和国际的认可与殊荣。

《学院年报》这一期的主题就是教育改革。过去这些年中，我们在清华经管学院各个教学项目，包括本科、博士、硕士、MBA、EMBA中都进行了深入的改革。虽然各项目的学生群体不同，学习阶段和学习目标不同，但是这些改革有一条一致的主线，就是把传统的、以知识为核心的教学方式，改变为"三位一体"的教学方式，即价值塑造、能力培养、知识获取。在这个"三位一体"之中，我们首先强调价值塑造，之后是能力培养，最后才是知识获取，并且在实施中更加侧重长期有用的，以及有助于"育人"的知识。这种"三位一体"的教学，是多年来我们对"学什么、怎样学、为什么学"这三个教育基本问题的回答，是我们这些年来从教育改革实践中悟出的教育理念。

2014年9月，学院的本科教育改革《通识教育与个性发展相结合——经济管理本科教育改革的理念与实践》获得了2014年国家级教学成果奖一等奖。国家级教学成果奖每四年举办一次，这是学院建院三十年来首次获得国家级教学成果奖一等奖。这项成果以"培养每一位学生成为现代文明人，同时使杰出人才能够脱颖而出"为教育目标，以价值塑造、能力培养和知识获

* 为清华大学经济管理学院《2014—2015学年年度报告》而写的"院长的话"。

取的“三位一体”为教育内容，以通识教育课程、批判性思维培养和优秀人才培养计划的三大支柱为路径，有效地实践育人与育才这两个教育目标。国内媒体对这项成果给予了高度的关注和积极的报道。

2014 年 12 月，学院的“清华 MBA 教育改革和创新实践”获得了 2014 年国家级研究生教育成果奖一等奖。这是清华经管学院的研究生教育首次获得国家级奖励。这项成果包括 MBA 课程改革和招生改革，以及与大学融合战略和全球战略，升级开办全日制“清华—MIT 全球 MBA 项目”，并启动 MBA 在线课程。

2014 年 10 月，英国《金融时报》公布了 2014 年全球 EMBA 百强排行榜，清华经管学院与 INSEAD 联合举办的 EMBA 双学位项目排名全球第三，中国内地第一。该项目连续三年参加此项排名，三年平均全球第三。清华 EMBA 再一次获得国际权威机构的高度认可，表明了清华 EMBA 国际项目持续稳定的全球领先地位。

过去一年学院在很多方面成绩斐然。我在此提及三件事情，与大家分享。

一是全球化战略取得新进展。在提高国际合作办学水平方面，学院与美国哥伦比亚大学签署了商务分析双学位硕士项目合作协议，这是中美高校在商务分析领域联合开设的首个双学位硕士项目。学院还与新加坡管理大学签署了首席财务官高级管理硕士项目合作协议，以培养有财务深度、金融广度、战略高度的具有全球视野的未来财务管理领袖。在扩大校友工作方面，学院于 2014 年 11 月在新加坡成立东南亚校友会暨新加坡校友分会，并于 2015 年 4 月在美国旧金山、纽约、加拿大多伦多和温哥华相继成立学院北美校友会以及美西分会、美东分会、加东分会和加西分会。

二是学院国内外影响力获得进一步提升。学院在这一学年举行了一系列具有重大国内和国际影响力的活动。2014 年 10 月的顾问委员会会议期间，Facebook 创始人兼 CEO 马克·扎克伯格（Mark Zuckerberg）走进清华经管课堂之清华 x-lab 课堂，全程用中文进行对话和交流。苹果公司 CEO 蒂姆·库克（Tim Cook）做客清华管理全球论坛，对话精彩且深入。2015 年 4 月，财政部部长楼继伟到学院做了“中高速增长的可能性及实现途径”主题演讲，受到热议。在2015年6月举行的2015毕业典礼上，Facebook公司首席运营官谢丽尔·桑德伯格（Sheryl Sandberg）做了毕业典礼演讲，分享了她对领导力的四点感悟。这些活动引起公众巨大关注，并获得了国内外媒体的广泛报道，进一步提升了学院的国内外影响力。

三是“三创”教育迈向发展新阶段。2015年1月，在成功创立清华x-lab的基础之上，学院启动了“清华经管创业者加速器”（Tsinghua SEM X-elerator），一个体现清华精神，为全球优秀创业者和团队成长服务的创业加速平台。清华x-lab在2014年12月创立了清华x-lab创业DNA基金，为从“0”到“1”阶段的创新创业项目提供实质性的支持。清华x-lab还在2015年5月成功举办了第二届清华大学“校长杯”创新挑战赛。

在这个学年即将结束的2015年7月，学院院务会按期完成换届。学院将继续践行“创造知识，培育领袖，贡献中国，影响世界”的使命，为建设世界一流的经济管理学院不断努力。

建设世界一流学院

（2016年7月31日）

在过去的2015—2016学年中，学院本科生共毕业658人（包括第一学位和第二学位），研究生共毕业962人（包括博士、硕士、MBA和EMBA），学院总共毕业学生1 620人。学院在科研引领、创新创业教育、扩大学院国内外影响力等诸多方面都取得新的进展。

这一期《学院年报》的主题是学院三年战略规划（2016—2018年）。在2015年秋季学期，学院在清华大学总体发展和综合改革规划框架之下，结合专项报告《创建世界一流学院：清华大学经济管理学院2025战略思考》，制定了新的三年战略规划。制定过程中，院务会多次讨论并认真听取了教师和职员意见。2016年3月，学院院务会正式通过了这个三年战略规划的最终文本，为2016—2018年的学院发展提供了蓝图。

新的三年战略规划与上一个三年规划相衔接，提出的发展总体目标是学院在研究、教学、社会服务等方面都要成为一流。这个战略规划延续上一个规划中建立的六个维度的参照基准（benchmark），分类确定可度量的横向比较依据。三年战略规划对学院的各项工作，从教师与研究到人才培养，从外部关系到内部管理，都有详细要求。战略规划还确定了未来三年中学院的三项重点优先工作，即学院文化建设、教师发展以及建楼。

学院文化有三个基本要素，就是学院使命、学院愿望以及学院核心价值。学院使命是“创造知识，培育领袖，贡献中国，影响世界”；学院愿望是“成为世界一流的经济管理学院”；学院核心价值是“正直诚实，敬业尽责，尊重

---

* 为清华大学经济管理学院《2015—2016学年年度报告》而写的“院长的话”。

宽容”。在三年战略规划中，我们首次把这三个要素综合在一起，构建了我们学院的核心价值。

在学院过去一学年所取得的成绩中，我与大家分享三件事情。

一是学院 EMBA 国际项目排名全球第一，为中国内地商学院首次。2015 年 10 月，英国《金融时报》公布了 2015 年全球 EMBA 百强排名。学院与 INSEAD 联合举办的双学位 EMBA 国际项目（TIEMBA）排名全球第一。这是中国内地商学院教学项目首次排名全球第一。学院 EMBA 国际项目连续四年参加此项排名，2012 年、2013 年和 2014 年分别位居全球第四、全球第二和全球第三。2016 年 6 月，学院和 INSEAD 在合作十年基础上续约，继续下一个六年合作伙伴关系。

二是学院教师人事改革方案完成。教师队伍建设是一个学院发展的根本。学院于 2010 年起陆续建立了教师年薪制、讲席教授制度、教师学术休假制度、教师无薪假制度等，并于 2012 年被学校列为教师人事制度改革试点院系，在教师队伍中试行准长聘制度。在学校教师人事制度全面改革的背景下，学院经过了一年半的反复讨论、调研，形成了与学校教师人事制度相衔接的《经管学院人事制度改革与教师聘任管理办法》，并于 2016 年 1 月获校务会议通过。该办法从学科规划及发展目标、与学科目标相适应的教师队伍水平和标准、教师分系列管理、薪酬方案、组织机构等几方面规定了教师人事制度，为学院更加制度化地保证学术标准，建设世界一流、国内顶尖的师资队伍建立了制度基础。

三是学院在这一学年邀请数位海内外世界知名企业家和学者到学院为师生演讲并授课。2015 年 10 月顾问委员会会议期间，特斯拉（Tesla）联合创始人、CEO 兼产品架构师、SpaceXCEO 兼首席设计师、SolarCity 董事长埃隆・马斯克（Elon Musk）做客清华管理全球论坛，对话精彩且深入。Facebook公司创始人兼 CEO 马克・扎克伯格（Mark Zuckerberg）走进清华经管课堂，全程用中文授课。2016 年 3 月，著名创业投资家、畅销书《从 0 到 1》作者彼得・蒂尔（Peter Thiel）来到学院，讲授“创办新企业：中美新观察”

学分课程，并以创新创业为题对话。5 月，哈佛大学历史系劳伦斯·蒂施讲席教授尼尔·弗格森（Niall Ferguson）在学院开设学分课程《中国与世界：历史视角》。6 月 1 日，微软公司 CEO 萨提亚·纳德拉（Satya Nadella）来访清华，并围绕技术创新等话题展开对话。6 月 5 日，美国财政部部长雅各布·卢（Jacob J. Lew）来到学院，以中美经济关系为题对话。7 月举行的2016 毕业典礼上，中国发展研究基金会秘书长卢迈做毕业典礼演讲。这些演讲和授课不仅使清华师生受益，还引起公众巨大关注，并获得了国内外媒体的广泛报道，进一步提升了学院的国内外影响力。

除此之外，在过去的学年中，学院的新教学楼的建设工作和校友组织均取得一定的进展。新教学楼建筑设计评选出优胜方案。2015 年 10 月，学院新教学楼建筑设计方案征集及评审工作结束，国内各方面顶级专家深入参与建筑设计方案征集、评审工作，提出了各自的建议和意见。经投票，建筑事务所 Gensler 公司设计的“知识之桥”方案胜出。2016 年 4 月，学院新教学楼建筑设计方案获得大学基建规划委员会批准。2016 年 7 月，学院新教学楼项目通过清华大学立项审批。

与此同时，学院校友组织在这一年中也有了进一步的完善：按照教学项目成立了本科、博士、硕士、MBA、EMBA、高管教育六个校友会；按照地区国内有上海、深圳、四川、沈阳四个校友会，海外有香港校友会、东南亚校友会、北美校友会以及欧洲校友会；按照领域、专业相继成立了创业联盟、读书协会、户外协会、摄影协会、互联网协会以及足球联盟。

展望未来，学院将继续践行“创造知识，培育领袖，贡献中国，影响世界”的学院使命，弘扬“正直诚实，敬业尽责，尊重宽容”的学院核心价值，为实现“成为世界一流的经济管理学院”的学院愿望继续不断努力。

大学为学生

（2017 年 8 月 21 日）

这一期《学院年报》的主题是“大学为学生”，这是学院多年来一直坚守的教育理念。清华经管学院按照学生人数来说是全校最大的学院。在过去的 2016—2017 学年中，学院共毕业学生 1 714 人，其中第一学位本科生 262 人，第二学位本科生 477 人，研究生（包括博士、硕士、MBA 和 EMBA）975 人。

“大学为学生”也是我在 2016 年 9 月出版的两卷本《大学的改革》中的主题。这本书记录了过去十年中，清华经管学院在学校和学院教师职员的支持下，在学院层面探寻大学改革之路的思路和历程，其中有如下一些亮点：

● 大学改革包含两个内容——实践现代教育理念，建设现代大学制度。前者关系教育教学的内容和效果，后者有关大学治理和管理的制度和规则。

● 教育问题可以概括为两个维度：“人”与“才”。把握“人”与“才”两个维度，并进一步强调育“人”重于育“才”，有利于把握大学改革的方向。

● 用统计学中“均值”和“方差”两个度量可以刻画中国教育中的成绩与不足。在育“才”上，我们的均值高、方差小，即平均水平不低，但杰出人才不多；在育“人”上，正好相反，均值低、方差大，即整体素质还不够高，且一些人素质较差。这种状况显然不利于创新驱动，也与中国在世界文明中应有的地位不相称。

● 大学中的教育教学改革希望达到两个目标，既要培养每一位学生成为有良好素养的现代文明人，又要创造一种环境使得杰出人才能够脱颖而出。

* 为清华大学经济管理学院《2016—2017 学年年度报告》而写的“院长的话”。

实现前者要在育“人”上“提高均值，减少方差”，方法是关注每个学生，实行通识教育，恪守道德底线。实现后者要在育“才”上“保持均值，扩大方差”，方法是创造环境，促进个性发展，让突出人才能够“冒”出来。两者兼有就要通识教育与个性发展相结合。而通识教育和个性发展背后的一个基本理念就是“大学为学生”。

● 自2009年以来，学院在通识教育方面为本科生开设了中国文明、西方文明、批判性思维与道德推理、艺术与审美、基础社会科学、中国与世界、物质科学、生命科学八个课组。特别值得一提的是批判性思维与道德推理课，它结合批判性思维与道德伦理，为全国首创。

● 为鼓励个性发展，学院为学生创造了更宽松和宽容的环境，让他们根据个性特点成长。比如，学院为本科三、四年级学生设立了学术、创业和领导力方向的“优秀人才培养计划”；联合全校14个院系，创立了清华 x-lab，搭建创意创新创业教育平台，以培育学生的创造力；举办“学院与大学融合”跨学科研讨会，邀请清华的文理工医科院系参加，以促进学科会通。

● 经过几年的努力，到2012年，学院在清华率先完成包括薪酬制度在内的教师人事制度改革。这一改革的成功不仅为学院的健康发展奠定了基础，也为之后在大学范围内全面开展的教师人事制度改革提供了参考。

● 在学院治理建设方面，学院从内部治理和外部治理两个方面努力。学院内部治理的理念是教师治学和行政管理职业化，即学术问题主要由教师决定，而行政工作主要由职业的管理和行政人员完成。在外部治理上，学院积极发挥校友会、顾问委员会、商学院组织等的作用，既促进了学院的发展，又扩大了学院的影响。

在学院过去一学年所取得的成绩中，我与大家分享三件事情。

一是开设学分课程“朱镕基经济管理理论与实践”。在学院首任院长朱镕基出版《朱镕基讲话实录》五周年之际，学院于2016年秋季学期开设了1学分16学时的“朱镕基经济管理理论与实践”课程。课程由学院教授、院外著名学者和专家担任主讲嘉宾，分别围绕教育思想、宏观调控、搞好企业、产业发展、财政税收改革、建立社会保障体系、金融改革、对外开放与交流、粮食流通、农业发展、城市管理与建设、住房改革、政府机构和职能转变以及领导方法和工作作风共十四个专题展开。学习和研讨朱镕基经济管理理论与实践是学院课程体系中的一门特别课程，对学院学生进一步深刻理解中国经济改革开放发展的历程，理解朱镕基院长作为主导中国经济改革开放发展的国家领导人的思想和实践，都具有重要意义。

二是举办首期“中央企业领导人员经营管理培训班”（EMT）。受中共中央组织部及国务院国有资产监督管理委员会委托，学院于2016年秋季学期举办了为期两个月的“中央企业领导人员经营管理培训班”。这是为了贯彻落实中共中央组织部、财政部和教育部于2016年9月30日联合印发的《关于进一步规范和加强中央企业中长期经营管理培训工作》的通知而举办的首期培训班，旨在帮助中央企业领导人员在经济发展新常态、供给侧结构性改革、经济全球化等新时代背景下，开阔视野，更新观念，拓宽思路，树立战略思维，使其成为引领中央企业发展的德才兼备、善于经营、充满活力的领军人才，从而进一步提升中央企业管理水平和竞争力。这是清华经管学院为服务央企、服务国家战略的又一有力举措。

三是开设与Facebook合作课程“创新与创业：硅谷洞察”。2017年春季学期，由学院发起，清华x-lab与Facebook公司联合设计并推出了一门2学分的全校性选修课程“创新与创业：硅谷洞察”。学院创新创业与战略系副教授李纪珍与Facebook公司七位高管，以及来自各相关领域的本土嘉宾、创新创业导师进行授课，帮助学生洞察美国硅谷最新的创新与创业实践。来自清华大学21个院系的中外学生构成多元化的学生群体，组成跨院系项目团队，开展基于项目的实践学习，创业项目涵盖了VR（虚拟现实）、AR（增强现实）、人工智能、手术机器人等方面。在5月24日举行的商业计划十强赛中，致力于打造基于人工智能技术的心脏疾病影像智能诊断平台的AiHrt团队获得了一等奖。此课程的开设不仅是Facebook与学院合作关系新的里程碑，也标志着学院创意创新创业教育进入新的发展阶段。

除此之外，在过去的学年中，学院在国际认证、新教学楼建设和校友组织发展工作方面均取得新的进展。2017 年 4 月，学院再次通过 AACSB（国际商学院联合会）商学院认证维护。新教学楼完成建筑设计方案优化，报批工作顺利开展。2016 年 10 月，学院日本校友会和韩国校友会成立，标志着学院在海外地区校友组织的进一步完善。

坚持不懈地推动教育改革与创新

（2018 年 8 月 20 日）

在 2017—2018 学年中，学院共毕业学生 1 782 人，其中本科生 252 人，第二学位本科生 495 人，硕士生（包括 MBA 和 EMBA）980 人，博士生 55 人。

2017—2018 学年是我担任清华经管学院院长的第 12 个学年。这些年来，学院致力于教育改革和创新，且思且行，稳步前行，逐渐积累，取得阶段性成果。在今年的学院年报中，我聚焦本科通识教育和管理教育创新，并报告学院顾问委员会最新进展。

一、本科通识教育九年

学院于 2007 年起步调研本科教育，并于 2009 年秋季学期起实施新的本科培养方案，已经整九年。通识教育和个性发展是学院推动本科教育改革的两驾马车，其中引入通识教育是具有根本性的改革。

学院新开设的通识教育课程包括中文写作、中文沟通、中国文明、西方文明、批判性思维与道德推理、物理学简史和生命科学简史等多门课程。

中文写作与中文沟通这两门课从 2009 年秋季学期开始开设，是在清华大学乃至全国高校范围内的初次探索。2018 年 5 月 17 日，清华大学校长邱勇宣布，清华大学将在 2018 级新生中开设写作与沟通必修课程并于 2020 年覆盖所有本科生。学院过去 9 年在中文写作和中文沟通这两门课程中的探索，为在全校开设写作与沟通课程提供了参考经验。

---

* 为清华大学经济管理学院《2017—2018 学年年度报告》而写的“院长的话”。

批判性思维与道德推理这门课也是从2009级本科生开始开设的，它的英文名称是“Critical Thinking and Moral Reasoning”，同学们将它简称为“CTMR”。这门课结合批判性思维与道德伦理，为全国首创。在这门课上，同学们学习经典著作，辩论热点问题，从提出疑问到收集证据，从逻辑推理到考察其他可能的解释。每年这个时候，我都会问经管学院本科毕业生一个问题：四年中经管学院的哪门课对你们影响最大？我听到最多的回答是批判性思维与道德推理。现在CTMR已成为清华经管学院的一张名片，以至于清华经管学生会下意识地问：你对这个问题CTMR过了吗？

2018年春季学期，在“自然科学”类通识课程中，新增加了物理学简史和生命科学简史。与传统的“概论”和“导论”课不同，这两门简史课程重点介绍主要科学发现的历史脉络，以及科学对社会的挑战、对哲学的冲击，让同学们理解科学的精髓，而非公式或实验的细节。它们帮助学生懂得科学的精神、科学的价值，以及科学的局限。

大学本科教育应该以通识教育为基础，这正在成为中国高校的共识。不过通识教育关键在落实。学院九年来执着地、专注地实践通识教育，坚持至今，在一个“最功利”的学院进行这种“最不功利”的改革，走到今天，实属不易。今年7月4日，学院发布“‘中文写作’和‘中文沟通’课：清华经管学院九年思索与实践”一文，总结这两门课程九年来的经验。7月5日，我在清华大学生命科学学院毕业典礼演讲中，以培养学生的批判性思维能力为主题，介绍了学院的批判性思维与道德推理课以及生命科学简史和物理学简史课，引起广泛关注。7月8日，在经管学院毕业典礼上，著名物理学家潘建伟以“科学的价值”为题做毕业典礼演讲，获得热烈反响。这是自2010年举办学院毕业典礼以来第一位科学家应邀演讲。

二、清华 x-lab 创意创新创业教育五年

在2011年MBA教育在中国开启20周年之际，学院开启探索管理教育创新。经过两年的调研，2013年4月25日，学院联合清华校内十几个院系，牵

头创建清华 x-lab，至今已有五年的实践。今年 6 月 14 日，我在武汉举行的第八届“中国管理研究国际学会（IACMR）2018 年会议”的“院长论坛”上以“商学教育创新的思与行：清华 x-lab 五年历程”为题的演讲，受到与会听众的高度认可。

从一开始，我们就把清华 x-lab 定位于创意创新创业的教育平台。之所以把创意放在创新之前，就是为了体现我们关注创新思维和能力的培养。这些年来，从清华 x-lab 中走出了一些出众的创业企业，但是，清华 x-lab 的定位始终是以育人为中心，而不是以育项目为中心。

清华 x-lab 打破了传统的管理学院的教育模式，精心建设了三个平台：学生的教育平台、团队的培育平台以及资源聚集和学科交叉的生态平台。

第一，学生的教育平台。它提供本科优秀创业人才培养计划、本科管理学第二学位创新创业领导力方向、研究生创新力提升证书等教育项目。这些项目的价值来源于三个方面：一是融合校内多种学科，现有共建院系 15 家，覆盖理科、工科、医科、文科、艺术等院系。二是整合校外各种资源，包括专业机构、投资机构、清华企业家协会、清华科技园、清华控股和旗下企业。三是提供商业模式和社会价值实现的方式和路径。

第二，团队的培育平台。我们注重对团队早期创业模式，体验式学习的培育。我们创办了首个由清华大学校长冠名的，面向学生、校友的真实创新项目的比赛——清华大学“校长杯”创新挑战赛，至今已经举办到第五届。

第三，生态平台。通过五年时间，清华 x-lab 已经发展成为一个生态系统。这个生态系统中有投资机构达数百个，创新中心与功能服务中心 15 个，从垂直领域和功能服务两个维度持续对团队进行辅导与帮助。

清华大学副校长、教务长杨斌在清华 x-lab 成立五周年大会上的讲话中，指出清华 x-lab 五年历程对于创新人才培养工作有四条启发：第一，以单纯知识传授的形式培养创造性人才行不通，一定要把知识的逻辑和行动的逻辑结合起来，形成强有力的“双螺旋”结构；第二，用单一学科专业的模式来培养创造性人才走不远，必须采取跨界学习、多元交融、开放联动的综合学习育人模式；第三，单纯由学术型专家执教创意创新创业教育做不实，要高度重视来自产业界的教练、实践导师、驻校天使，即“教师+”的作用；第四，创意创新创业教育本质上是一种领导者教育，要把领导力教育、创造力教育、思想力教育、执行力教育和学生的自我激励与管理教育有机融合，着眼长远。

培养具有创造力的人才是未来中国教育的一个焦点，培养创意创新创业人才是管理学院义不容辞的责任。管理学院要超越过去只为大公司或者某些行业输送人才的定式，也要培养创业人才，并为各类企业培养具有企业家精神的人才。

三、学院顾问委员会第18次年会

2017年10月30日，学院顾问委员会举行自2000年10月成立以来的第18次年会。国家主席习近平当天下午在人民大会堂会见清华大学经济管理学院顾问委员会海外委员和中方企业家委员。这是十九大召开之后习近平主席第一次会见海外来宾。他在会见中听取了顾问委员的建议，并为他们讲解了十九大报告及其背景。习近平主席赞赏学院顾问委员为促进中国经济和管理教育事业发展、推动中外交流合作做出的积极贡献。

在38位参加顾问委员会会议的委员当中，顾问委员会主席布雷耶（Jim Breyer）、保尔森基金会主席保尔森（Henry M. Paulson，Jr.）、黑石集团董事长苏世民（Stephen A. Schwartzman）、苹果公司CEO库克（Tim Cook）、Facebook创始人兼CEO扎克伯格（Mark Zuckerberg）、微软公司CEO纳德拉（Satya Nadella）、史带集团董事长格林伯格（Maurice Greenberg）以及中方企业家李彦宏、马云、马化腾等委员参加了会见。会见活动在当晚《新闻联播》头条播出，次日各大媒体头版头条刊发相关新闻报道。这次学院顾问委员会会议在海内外都引起迄今为止最大的反响。

第十章　与媒体沟通

首次新年媒体茶话会

（2010 年 1 月 21 日）

欢迎各位媒体界朋友。今天是新年茶话会、闲谈会，主要是沟通。一些在座的朋友是我们 EMBA 媒体班的同学或者校友。

2009 年学院发展非常健康，我举三个例子。教学是我们的主业。第一是本科项目，一年招 180 人左右，其中有 30 人左右是保送生，不参加高考。在参加高考的考生中，有 20 个是各省状元，79 个各省前十名。第二是 MBA 项目，尽管我们只招收 360 人，其他主要商学院都招收 400 人以上，但是报我们的人数是最多的。第三是 EMBA 项目，最近《经理人》杂志排名我们仍然第一。本科、MBA、EMBA 是清华经管学院的主要教学项目，应该说发展势头非常健康。

今天我想轻松地谈一些有意思的话题，话题有关学校、学院。

一、学校

清华很快迎来建校百年。大家可能认为谁都了解清华，都是老生常谈，后来我发现不尽然。我是 1977 级“文革”后第一届大学生，1978 年 3 月迈进清华。别看我是清华毕业、别看我在清华工作，但是我对学校的好多理解，真的是在慢慢加深。在 2009 年暑期之前有一个学院的毕业典礼、暑期之后有若干开学典礼，我一共做了五次讲话，讲的就是我对清华的理解。

清华是现在国内为数不多的从建校校址和校名都保持不变的重点大学之一。比如北大原来的校址是在北京城里的沙滩，不是在现在的地方。还有好

* 在清华大学经济管理学院 2010 新年媒体茶话会上的开场讲话。

多学校的校名都变了。清华还是叫清华，还是在清华园这个地方，而且外面没有其他校区。你看现在有不少大学，老校区和新校区不在一个地方。所以很多清华校友回来会找以前的那些地儿。当我看有关曹禺在清华念书时候的文章时，读到他当时追求女朋友，在校园的某一个地方时，我就可以跑去看一下，这个地方现在还在。

我在清华念书的时候，清华并没有恢复“自强不息、厚德载物”的校训。那时候清华的二校门也没有恢复，在那个位置是一座毛主席塑像。我们当时根本不知道清华还有个二校门。1988 年我到台湾新竹清华大学访问，第一次看到二校门，就照了一张照片寄回给清华的老师。据说这对后来在 1991 年恢复二校门还有点贡献。

清华历史确实很值得追溯，这些年来已经有很多文章。清华在中国现代化历史上起了非常大的作用。“两弹一星”的 23 位功勋中有 14 人是清华毕业或与清华有关的。那到底什么是清华精神？一些东西可能是暂时的，或者说符合某个时期、某个时代的，而另一些东西却可以长存。我在清华念书时的口号是“严谨、勤奋、求实、创新”这八个字。据说全国有八十多个大学都以此为校训，没有任何特色。而“自强不息、厚德载物”，尽管中间有很多年不提了，但可以长存。我觉得这八个字很重要。

最近清华大学校长顾秉林开始讲“独立精神、自由思想”。这八个字出自王国维纪念碑，就在“一教”和“二教”之间，是陈寅恪题的碑文。我曾经在演讲中说，这个碑在小山坡上，后来我自己去看了，发现不在山坡上，而是在平地上，在“一教”北边、“二教”南边的平地上。“独立精神、自由思想”对大学来讲，是非常重要的。随着时间的推移，我们会越来越意识到，这是永不磨灭的精神。

还有就是清华的老校歌。20 世纪 20 年代的时候清华学校征集中文校歌，国文教员汪鸾翔的歌词被采纳，也即现在的清华校歌。这里边有一句话我觉得非常概括当时的清华不同于国内其他大学的特点，就是“东西文化、荟萃一堂”。1925 年清华才开始招收第一批大学本科生，在此之前是培养留美预备生，相当于中学和大学一二年级。1925 年本科生第一级中就有后来的“两弹一星”功勋王淦昌，第五级中有曹禺、钱钟书，到 1937 年撤出北平之前总共招了 12 届。清华当时的本科教育水平已经跟世界一流相当接近了。应该看到，清华从 1925 年起招收本科生，在全国已经是非常晚了。清华现在才庆祝建校一百年，在此之前有不少大学，北京大学、武汉大学、天津大学、复旦大学等，都早就庆祝建校一百年了。而且清华建校是从 1911 年开始算，但那时不是真正的大学，清华成为真正的大学应该从 1925 年招收本科生开始。但是，清华能够后来居上，这里边确实很有意思。其中一个重要原因就是老校歌中的这句话：“东西文化、荟萃一堂”。

“自强不息、厚德载物”是梁启超在 1914 年来清华为学生做的演讲中首次提出的。“独立精神、自由思想”是陈寅恪在 1929 年 6 月 3 日为王国维写的碑文。就是在这一年的 6 月，清华国学院关门，只存在了四年时间。“东西文化、荟萃一堂”的校歌大概是在 1925 年左右被采纳的。这三句话，经得起时间的考验。

除此之外，我在给 2009 届毕业生做毕业典礼讲话时，还特别强调了另外八个字，我觉得它们也反映了清华作为最高学府的一种精神，就是“探求真理、追求卓越”。这非常重要，是学校有别于公司或其他机构，也是清华有别于其他大学的特征。首先我觉得探求真理很重要，大学是探求真理的地方。其次，虽然大学都探求真理，但不同学校的定位不一样，对于清华来讲我觉得它的定位就是追求卓越。我的毕业典礼讲话，《清华人》杂志全文转载。

以上这 32 个字是我理解的清华精神的核心，是这么多年来我学习和琢磨的结果。现在恰逢清华百年校庆，大家都在探讨什么是清华精神，各自都有自己的看法。我觉得“自强不息、厚德载物”“独立精神、自由思想”“东西文化、荟萃一堂”“探求真理、追求卓越”这 32 个字是清华一百年来经得起时间考验的精华。

过去这一年我对老清华阅读和思考了很多。比如我读清华的历史，知道了清华校园中那些“斋”的名称的来历，知道了《大学一解》是 1941 年纪念清华三十年校庆时梅贻琦校长的文章，其中第一句引用了《大学》中的第一句话。对清华的深入了解需要很多思考，原因是我们这么多年来动荡较大，使得好多好东西看不清楚了。有一位学者写过，清华可能是中国历史上第一所现代意义上的大学，对此他是有一些证据的。清华的校园文化很像美国的大学：清华地处城外郊区，美国多数大学也是这样；清华对学生要求比较严格，重视体育，这些特点与美国大学相近。

二、学院

聊过清华大学之后再聊聊清华经管学院。我从2005年起担任近一年的第一副院长，2006年起担任院长，至今三年多。说到我们学院的源流，就要追溯到清华在1926年成立的经济学系。清华在1925年开始招收本科生，当时还不分系，一年后就成立了第一批17个系，包括经济学系。

对经管学院来说，我一直讲有两个人有非常重要的影响。

第一个是陈岱孙。他1900年出生，与世纪同岁，福建人。1918年到1920年期间他在清华学校读书，是1920级毕业生。清华大礼堂前面的广场南端有一个日晷，就是他们1920级毕业生赠送的。他到美国威斯康星大学插班读本科三年级，两年后毕业，从1922年到1926年他在哈佛读经济学，拿到博士学位。与他同期在哈佛经济系的同学当中就有以垄断竞争出名的张伯伦（Edward Chanmalin），以及国际贸易理论的鼻祖俄林（Bertil Olin）。陈岱孙从哈佛获得博士学位之后又到欧洲游学半年，之后先回福建，不久就回到母校清华任教，从1928年起任经济学系系主任。

1929年清华成立法学院，按照当时的做法，经济学系和政治学系都设在法学院。陈岱孙又同时担任法学院院长。抗战时清华撤退到云南，抗战结束后从云南回来的时候，他又先遣回来从日军手中接收被侵占的清华园。他一直在清华大学担任很重要的管理工作。他是中国经济学界泰斗，1997年去世，是对清华的经济学科影响非常深的人。

我很有幸，在20世纪90年代在北大兼职授课期间，曾在1993年专门去燕园他的住所拜访过他，当时我们聊得很开心，我对此记忆深刻。我们都是清华校友，又都在哈佛经济系读过博士，也可以说是很有缘分的。

对清华经管学院影响深远的第二个人是朱镕基。

我们进伟伦楼大厅时看到正面有朱镕基为学院的题词。我们计划把这个大厅改造一下，把题词放到右侧的墙上。朱镕基是1947年到1951年在清华电机系就读，电机系当时所在的楼就是现在清华新闻学院的楼，它的旁边就是清华大礼堂。他是从湖南考上清华的，在这里念了四年，还担任过校学生会主席。他后来跟我说过，他虽然读的是工科，但一直对文科有兴趣，特别喜欢英语。

后来我发现这一点与办学思路很有关系。他说他那时候在清华上课，课本都是英文教科书。在2006年10月底，我刚当院长后的那次顾问委员会会议上，他就集中谈了关于用英语授课的事。他在会上问我，经管学院有多少课是用英语授课的。我回答在10%左右。他很严肃，说这怎么可以。学生不会英语，就不能同世界交流。当时国务委员、教育部长、清华校长和书记都在，他非常严肃认真地提出这个问题。我们在会后就立即抓了这件事，结果本科专业课中英文授课的比例，就从2006年的10%左右增加到2007年的55%，并一直保持。后来我同他说，我不想搞到100%英文授课，因为我们的学生也要会用中文沟通，这样才能竞争过哈佛毕业生。所以英文授课这件事是朱镕基亲自推动的。当然他对学院的影响绝不止这一点，比如组建顾问委员会，邀请世界一流管理学院院长、跨国公司CEO来担任顾问委员。在教学课程设计上，他的理念很清晰，就是要培养学生既要懂得市场经济一般规律，又要懂得中国国情。这与清华传统“东西文化、荟萃一堂”一脉相承。

2009年朱镕基出版了他的第一本书《朱镕基答记者问》，个人风格非常鲜明。人民出版社的一位社长来学院参加座谈会，亲身感受到我们的学生和老师对朱镕基的敬仰。

我当院长时，经常想到陈岱孙和朱镕基这两位清华学长，他们对清华经管学院的发展有着极其重要的影响，是理解我们学院的两把钥匙。他们的想法、他们的精神要在这个学院延续。

改革之年成果丰硕

（2010 年 12 月 28 日）

我们是从去年开始举办第一次媒体茶话会，今年是第二次。我们想借这个机会，感谢媒体朋友在过去一年中对清华经管学院的关注。在过去一年中，清华经管学院又有了长足的进步。这些进步也是在社会各界的关心和支持下，特别是媒体界和在座各位朋友的支持下取得的。下面我想简略回顾下经管学院过去一年中的大事，让大家对经管学院的整体状况有一个了解。

首先我想强调，我们学院是经济学和管理学两大学科合在一起的学院。这同国内其他一些大学不一样，它们那里经济学院和管理学院是分开的。

教师是学校最重要的资源，我们的研究和教学都要依靠教师。经过这几年的发展，学院的师资有一个非常高的提升。学院在过去几年中教师招聘力度很大，一共招聘了 55 位教师，除了两位之外，全是海外博士。在我们的教师中，也有若干位完全不会说中文的外国人。这对我们的工作有很大挑战，我们内部的沟通要用双语了。

我们学院的学生将近 4 000 人。清华全部在学学生 34 000 人左右，我们一个学院占到全清华学生的八分之一到九分之一。从学生人数来讲，我们学院在清华中规模最大。我们的教学项目从本科到硕士、博士、MBA、EMBA。本科生 1 000 人，硕士生加博士生 500 多人，MBA 学生 1 300 多人，EMBA 学生接近 1 000 人。国际 MBA 项目学生 250 人，其中有近一半是外国学生。我们的国际 EMBA 项目学生 80 多人，其中 80% 是外国学生。除此而外，我们还有非学位的高管培训项目。

---

* 在清华大学经济管理学院 2011 新年媒体茶话会上的开场讲话。

一、教学项目

过去一年我们在每一个教学项目上都有了很大发展，很多改革属于国内首创。

我先从本科项目说起。我们的本科项目有三个专业：经济与金融、会计学、信息管理与信息系统。招生人数一年不超过200人。过去连续数年都极其火爆，可以说，不管文科、理科，我们学院的本科专业最有竞争力，是最难进的。在很多省，如果你考不进前十名，即使能进到清华，也进不到我们学院。过去四年我们学院高考录取的文理科平均分数在清华所有院系中都排第一。

这其中有很多原因。清华大学的品牌非常重要，还有经济管理专业的吸引力。同时，我们学院的国际化在清华十几个院系中走在前面。我们学院一半以上的课程采用全英文授课，据说全清华三分之二以上全英文授课的课程在我们学院。我们超过60%的本科生在大三可以去海外院校交换学习一个学期。这在清华其他院系做不到。所以我们学院非常有吸引力。

我们从2009年秋季学期开始系统性的本科教学改革，经过2010年有了持续推进。在本科教育方面，我们是清华大学的一个试点学院。我们的试点强调两个方面：一是通识教育，二是个性发展。通识教育强调宽的知识面，而个性发展强调根据每一个人不同的个性情况来发展。

通识教育中我们强调价值塑造、能力培养、知识获取三个方面，这超越了过去认为的上大学就是念书，念书就是学知识的旧观念。我们觉得知识获取不能替代能力培养，能力培养也不能代替价值塑造。随着社会进步，人们越来越强调素养，素养包括价值、能力、知识。我们的本科教育改革理念经过多年思考，日趋成熟。

在人才培养方面，我们的毕业生平均水平并不低，但是他们中缺乏有个性的杰出人才。这与我们的培养模式很有关系。所以我们就探讨怎么能够让学生获得个性发展。我们推出了若干措施。第一，每一名本科新生都有一位指导教师，进行个性化指导。第二，我们为一年级学生开设新生研讨课，是必修课，每一个课堂大概十几个学生，小班讨论。第三，我们鼓励学生选本科第二学位，有数学第二学位、法律第二学位等，希望有助于学生根据不同兴趣走不同的发展道路。第四，我们从去年开始推出了“优秀人才培养计划”，开设三个方向：学术方向、创业方向和领导力方向。我们在三四年级本科生中选一部分同学进入这个计划。有些人愿意走学术道路，那么我们就按学术的优秀人才培养计划来培养；有些人想创业，我们借助清华科技园的优势，帮助他们学习创业知识；有些人有做管理和领导的抱负，我们作为经济管理学院，要培养各领域的领导者，不一定是商界，也可以是政府、非营利性组织。所以我们根据学生不同的兴趣和志向，开创了三个不同方向的优秀人才培养计划。

我们现在的一二年级主要是通识课程，三四年级主要是专业课程。在通识教育方面，我们也在探索到底什么样的课程对学生的整体素养是有帮助的。这跟专业没有关系。在通识教育的基础技能课程中，我们特别重视中文写作、中文沟通等课程。我们在这方面下大力气。我们发现，以往的学生毕业后，基本的沟通能力很弱，包括与上级的沟通，与同级的沟通，与下属的沟通，与媒体的沟通。我们现在的学生也缺乏写作能力。尽管他们高考作文的分数很高，但是实际写作能力不行，写一篇几百字的文章写不好。我们对传统上一致重视的英语和数学继续重视。在通识教育的核心课程中，我们新开设了中国文明、西方文明、心理学概论等。我们原来在这方面是很缺乏的。这样的一整套本科通识教育思路和实践应该说在国内院校中是非常领先的，不仅是在经济管理学院，在其他学院也一样。

这几年我们在 MBA 教育改革上也下了很大功夫。我们引入四项改革措施：品德培养和软技能开发、体验式学习、整合性学习、全球化视野和经历。我们也力求达到三项平衡。知识与品德、能力的平衡，学术严谨性与实践相关性的平衡，中国根基与全球视野的平衡。

2010 年我们使 MBA 第一年的核心课程更加清晰和完善，分成五块。第一模块是软技能，我们整合成三门课程，包括管理思维与沟通、领导力开发与组织行为、伦理与社会责任，都是新开的。第二模块是分析基础，是以前就有的，包括会计学、管理经济学、数据模型和决策。第三模块是管理基础，是商学院的标准课程，比如公司金融、营销管理、运营管理、战略管理。第四模块强调中国国情和全球视野。我们是中国商学院，我们对中国的情况最了解。现在不少国外商学院，包括斯坦福、哈佛，都开了一门“在中国做生意”的课，而我们应该最有资格讲好这方面的内容，所以我们把它整合成中国制度环境、中国与世界经济以及全球化企业的管理这三门课。现在我们的企业走出去，非常希望有这方面的人才。全球化的企业到底怎么管理，跨文化的管理到底有什么特殊性？这些课程要讲授这方面内容。最后一个模块是整合实践项目。这是我们的学生真刀真枪做一个企业的项目，相当于医学院里面的临床实习。

2010 年我们的重点是在 7 月份推出 MBA 招生改革，这在国内也是率先的。其中的核心内容是录取标准的改变，改变过去以笔试成绩为主的方法。改革后的标准是以考察综合素养为主，笔试成绩为辅，既考虑显性指标，又关注隐性指标。具体的操作是我们引进了提前条件录取的方法。因为国家有统一的研究生入学考试，我们必须遵守这个规则。我们采用了下面的办法，分为三个环节。第一个环节是申请材料评审。第二个环节是面试，在国家的研究生入学考试之前的 10 月份。我们根据面试情况发出条件录取通知。之后考生还要参加全国联考。MBA 很重要的是领导潜质和工作经验。我们遵守国家的联考制度，给予条件录取的意思是承诺你只要通过全国联考国家最低录取分数线就可以被录取。这就改变了过去只是按照联考分数高低来录取的标准，但是又不违反国家规定。今年我们推出这项招生改革，情况很好。仅从一个指标来看，申请者与录取名额之比，今年高于去年。而且从报考学生的情况来看，也是非常之好。

然后是我们的硕士项目。我们这里讲的硕士项目是指工作经验之前的硕士项目，不包括 MBA，MBA 要求有至少三年的工作经验。我们过去有八个从本科直接升上来的硕士项目，定位很不清晰。今年我们把它们整合成五个，其中三个都是应用型硕士，占80%。我们重点建设管理硕士项目（Master in Management，MiM），在今年10月份推出。这是中国首个管理硕士项目，它是综合性的。这个项目有很好的国际合作前景，将和管理硕士国际联盟（CEMS）合作。另外两个应用型硕士项目是金融硕士和会计硕士。

今年的另一项教学改革是博士项目的改革。我们非常明确地把博士培养定位于学术研究导向。过去我们的博士培养有各种各样的，除了学术导向之外，也有应用导向、实践导向的。现在我们把硕士项目定位应用，把博士项目定位学术。我们还打破了过去按博导招生的办法，把报考博导改为报考基于八个系的八个博士项目。它的好处是什么呢？你不必马上就选定导师。在入学两年之后，你的知识更多了，你的选择也更多了，然后再来选择。美国大学中的博士项目都是这样。

应该说，无论是本科项目，还是MBA项目、硕士项目以及博士项目，我们现在的教育理念既与国际接轨，又根植于中国现实。为什么这么说？比如我们的管理硕士项目，美国就没有此项目，他们只有MBA。但是中国的情况不同。我们的很多大单位，包括政府机关和国有企业，他们对招聘本科毕业生不太热衷，他们希望招硕士毕业生。所以在我们国家，对大学毕业后直接念硕士的需求非常大，而在美国则没有。美国是本科毕业后就工作，工作几年后可以念MBA，对工作经验之前的硕士需求不大。在第一届管理硕士项目中，我们招收了5个我们学院2007级本科生，他们2011年本科毕业，秋季开始正式上课。

二、国际化

现在讲一下学院的国际化。国际合作的第一个方面，是学院非常注重与商学院国际组织的合作，特别是六大组织。第一个是国际商学院联合会（AACSB），总部设在美国。两年前我成为这个联合会的理事会理事，这是联合会的最高决策机构。第二个是欧洲管理教育发展基金（EFMD），这是

EQUIS（欧洲质量发展认证体系）认证的主办单位，我在认证委员会担任委员。第三个是亚太商学院联合会（AAPBS），清华经管学院是发起单位之一，现在已经有100多个商学院会员。第四个是刚才提到的管理硕士国际联盟。除此之外还有两个组织，一个是PIM，是学生海外交换的商学院网络，另一个是GMAC，是为MBA入学考试测试GMAT的机构。我们是这六个组织的资深会员，而且在里面发挥着重要作用。

国际合作的第二个方面，是与若干所世界最顶尖的商学院的战略伙伴关系。与我们学院合作的海外商学院很多，但其中有六所是最重要的，包括哈佛商学院、斯坦福商学院、麻省理工斯隆管理学院、沃顿商学院、法国高等商学院（HEC）以及INSEAD。我们与这六所学院都有深度合作，但都不一样，因为它们都有各自的特点。我们与哈佛商学院的合作在高管培训，与斯坦福商学院的合作是MBA学生交换学习，与麻省理工斯隆管理学院的合作是举办国际MBA项目，与沃顿商学院的合作是本科生交换，与法国高等商学院的合作是教师访问和培训，与INSEAD的合作是国际EMBA项目。

我们与这些世界顶级商学院的合作非常顺畅，我们的执行力很强，定位也跟它们非常吻合。我们的国际合作伙伴不追求多，而是瞄准世界顶级商学院，并且都是深度合作，不光是签一份意向书。今年10月20日我们在这里举办了清华管理论坛的一个分论坛“新时期的管理教育”，我同哈佛商学院院长、斯坦福商学院院长、麻省理工斯隆管理学院院长一起参加。虽然国内举办的商学院院长论坛很多，但是这样的高层次论坛还是比较少见的，即使在世界上都是很难得的。今年3月我在这里同沃顿商学院院长签署了本科生交换合作协议，已经有好几位本科生在沃顿商学院交换学习。我们同麻省理工合作的国际MBA项目，从1996年开始，明年要庆祝15周年。我们每一年为清华—麻省理工国际MBA项目单独举办毕业典礼。我们同INSEAD联合举办的双学位EMBA项目也进入了第四年。

国际合作的第三个方面，是我们有一个举世无双的学院顾问委员会。

我自己现在是哈佛商学院顾问委员会委员，我觉得那是属于世界顶级的，我已经参加了四五年的会，在那里认识了不少人。但是我觉得我们学院的顾问委员会与国外商学院顾问委员会比起来还是有所不同。国外商学院的顾问委员会有一个基本规则，就是委员基本上都是本学院的校友。而我们的学院还比较年轻，校友也都很年轻，所以我们的顾问委员会没有这个限制。

我们的顾问委员会是十年前的2000年成立的，当时朱镕基担任院长，是在他的推动下成立的，并由他担任顾问委员会名誉主席。现在我们有五十余位委员，都是国际国内知名企业的董事长或CEO，世界知名商学院院长，以及我国政府及财经部门的领导人。这个顾问委员会越办越好，大家都愿意来，其中非常重要的一点，就是我们一直保持在最高水平。比如我们只允许全球董事长或CEO参加，而且如果不能参会，不允许副手或高管替代参加。顾问委员会第一任主席是保尔森，当时他是高盛董事长兼CEO，后来担任美国财政部部长。第二任主席是布朗勋爵，他当时是BP集团CEO。第三任主席是李斯阁，他是沃尔玛CEO。现任主席是桑顿。

今年的顾问委员会会议在10月20日举行，备受瞩目，受到了很高的评价。那天国务院副总理李克强会见了参会海外委员，会见活动上了《新闻联播》。在顾问委员会会议上，我报告了学院教育改革的内容，包括前面说到的各教学项目改革，获得委员们的一致好评，可以看得出他们的赞许并不是出于礼貌。这是因为他们知道我们做的事情确实对中国将来非常重要，他们也知道我们的学生都是中国最优秀的学生，而我们正在进行的教育改革，一方面与国际接轨，另一方面根植于中国。在顾问委员会会议的前一天，我们还举办了清华管理全球论坛，由麦肯锡全球董事长鲍达民做主旨演讲，非常成功，媒体界也来了很多朋友。

以上是我们学院国际化三个方面的情况。应该说我们在跟国际企业界、国际商学院方面的合作已经进入良性循环。我们举办的论坛、顾问委员会会议、讲堂，高层次的定位已经十分清晰。

三、文化建设

学院在与学生、教师、校友的沟通方面，经过这几年的建设已经比较规范化。一个学院，学生是最重要的，教学是我们的首要任务。我们现在每一年要举办六场新生开学典礼，这已经形成惯例。以今年2010年为例，我参加了六场开学典礼，并做开学典礼讲话。第一场是本科生开学典礼，在8月26日。9月1日是研究生开学典礼，包括硕士生和博士生。由于今年硕士和博士项目都有很大改变，所以我在研究生开学典礼上介绍了我们的改革理念。接下来是MBA开学典礼，今年的MBA开学典礼与MBA入学导向周结合在一起，是入学导向周的开启，而过去这两个是分开的。接下来是EMBA开学典礼。实际上我们的EMBA开学典礼每年有两次，秋季一次，春季一次，春季是在3月份，这是第四场和第五场。我们还有一次专门的国际EMBA开学典礼，与INSEAD联合举办，这是第六场开学典礼。这是每年固定的六场开学典礼，让学生从进入学院开始，就对学院有强大的认同感。

同时，我们每个学期举办五场院长下午茶，这是一个院长与学生无拘束地沟通交流的平台。本科生一场，双学位本科生一场，研究生一场，MBA有两场，一场是中文场，一场是英文场，后者主要是国际学生。通过下午茶，与学生一起探讨教学改革，听取同学们的反馈意见。比如同本科生的下午茶，沟通本科通识教育问题，如果学生不理解，我们的改革就不能成功。同MBA学生的下午茶，一起探讨我们的新版MBA课程的落实情况。现在院长下午茶也成了我们学院的一个品牌。每一个学期每个项目一次，使得学生在任何一个学期都有机会能同院长一起面对面交流。

此外，经管学院每年举办六场新年联欢会。昨天、前天、大前天连续三场，分别是本科生、研究生和MBA，接下来还有三场。本科生那场体现的是二十岁人的风采，研究生那场是二十多岁人的风貌，MBA学生则是三十岁的同学，而EMBA学生则是四十岁。第五场是高管培训联欢会。最后一场是教职员工，通常在每年寒假前的最后一周。

再有就是毕业典礼。学生入校有开学典礼，在校期间有院长下午茶和新生联欢会，离开的时候有毕业典礼。我们一年有好几场毕业典礼。首先是一场全学院的毕业典礼，今年首次举办。今年的毕业典礼有 1 000 多位毕业生参加，1 000 多名亲友参加，在清华大学体育馆举行，邀请了招商局集团董事长秦晓做毕业典礼演讲。从今年开始，我作为院长要同每一位毕业生单独照一张合影，这对院长的体力很有考验，但是我觉得单独合影对学生来说感受是不同的。

除了全院毕业典礼，我们的一些教学项目还有一些单独的毕业典礼或学位授予仪式。我们的本科经济学第二学位就有单独的仪式。我们与麻省理工合作举办的国际 MBA 项目也有一个特殊的毕业典礼。EMBA 每年都举办专门的毕业论坛，今年是由吴小莉主持，她是我们的 EMBA 校友。我们同 INSEAD 联合举办的国际 EMBA 项目也有单独的毕业典礼。

接下来讲讲学院的校友活动。以前我们的校友活动都是按照教学项目划分，比如本科校友、MBA 校友、EMBA 校友等。今年我们举办地区性的校友日，把所有项目的校友都聚在一起，突出学院的整体凝聚力。10 月 30 日我们在上海举办了长三角地区清华经管校友日，有三四百人参加，来自学院的各个教学项目，从本科生、硕士生、博士生，到 MBA、EMBA 以及高管培训校友都来了。这样的校友活动，让我们的学院与校友的关系更加密切，让校友了解学院的最新发展。我作为院长，向校友们报告学院的发展，校友们听了以后非常振奋。很多校友说，以前只是零散地通过媒体了解学院的某些情况，但是不知道学院的整体情况。校友和学院的关系就好像买了一只锁定期是无限的股票，永远卖不了。当校友们看到学院蓬勃发展，就会像看到股票增值一样，感到非常高兴。当然这只股票价值不是体现在货币上，而是体现在人脉、声望上。我们学院对校友工作极其重视。

除了以上活动之外还有一场很重要的活动，就是今天这样的新年媒体茶话会，是学院与媒体界朋友的沟通。

今年还有非常重要的一个举措，就是在 4 月的时候，我们宣布了信息战略建设一期完成。这个信息战略对学院来讲极其重要，我们把它作为学院的核心竞争力。我刚担任院长的时候，哈佛商学院的教授就跟我们讲，20 世纪 90 年代末信息战略成为哈佛商学院的核心竞争力。我当时并不理解，经过一段时间就理解了。我们下定决心采用国际知名软件公司套装软件，专业团队，实行外包模式。我们的信息战略一期已经完成，二期准备启动。我们已经把信息系统运用于所有的教学项目。随着信息技术的不断进步，随着 iPhone 4、iPad 的出现，一定会有很多新发展。这样的信息战略基础设施对学院的发展十分重要。

＊＊＊

刚才简要地向大家报告清华经管学院在 2010 年做的一些大事。学院有今天，与过去历任院长，特别是创始院长朱镕基的领导分不开，与学院师生员工的努力分不开，与社会各界朋友的支持分不开。朱镕基院长对我们的要求很高，他说我们要做到公认的第一，而不是排名的第一。我们一直朝着这个方向努力。

明年是清华百年校庆，也是经管学院的源流清华经济学系成立 85 周年。我们也想借这个机会来回顾清华经济学系的历史，举办清华经济学系 85 周年系列活动，也会推出一些新的举措。让我们共同期待清华百年校庆。

百年校庆中的学院

（2011 年 12 月 27 日）

非常欢迎大家来。去年我们在楼上那个房间开茶话会，我感觉不是很温馨，所以今年换了一个房间。

一、百年校庆相关活动

2011 年是清华的百年校庆年。我们学院在此期间举办了很多活动。其中最重要的一场活动是 4 月 22 日朱镕基老院长回学院，那天的气氛非常热烈，一些讲话内容传到了网上，引起很多关注。他那天对学院的成就充分肯定，他说清华经管学院真是培养出了一代天骄。大家可能不知道这其中的背景。我们学院有个 2007 年入校的本科生叫戴天骄，也是湖南长沙人，与朱镕基是老乡，她即将在 2011 年夏天毕业。朱镕基在 2007 年秋天来学院的时候她刚入校，是湖南省理科状元，朱院长就记住了她的名字。朱院长真是聪明，他说清华经管学院不是培养了一个戴天骄，而是一代天骄。我从来没有想过她这个名字可以这么来造句。他还说清华经管学院有成就，为清华增了光，也为我增了光，深感骄傲。他还说要讲真话，并反复讲，为人比为学更重要。这些教育思想在我们的教学改革中都有体现。

经过三年的准备，我们在今年推出了《清华管理评论》。我们对这本杂志有非常清晰的定位，叫作“思想引导变革”。到现在为止，《清华管理评论》已经出了五期。国内有几本类似杂志，但多不是学院主导。我们是集全院之力，由我担任主编，调动学院老师的资源，每一期中都有学院老师

---

* 在清华大学经济管理学院 2012 新年媒体茶话会上的开场讲话。

的文章。

今年也是经管学院的源流清华经济学系成立 85 周年，我们举办了一系列活动。我们开启了陈岱孙经济学纪念讲座，这是我们学院经济学最高层次的学术讲座。第一次讲座我们邀请了 2007 年诺贝尔经济学奖获得者，也是我的博士导师马斯金来讲。我们出版了一本书《清华经济系八十五周年》，汇集了很珍贵的历史资料，以纪念经济学系成立 85 周年。我们还举办了一次全国性的经济学院院长论坛，举办了一次清华 1952 年以前经济学系毕业生返校活动。最大的一场活动是在清华举办的由上千名经济学家参加的国际经济学会全球大会（World Congress）。这样的会每三年举办一次，这是第一次在中国举办。

1926 年，清华成立了第一批 17 个学系，除了经济学系，还有政治学、心理学、社会学系。这四个系都是社会科学，但在过去不太受人们关注。一说到老清华的文科就是国学院，一说到国学院就是四大导师。国学院的领域是人文，是文学、历史、哲学。三年前我们启动了一个研究项目，由我和人文社科学院院长李强牵头，清华的这四个系系主任参加。我们是借清华百年校庆，梳理社会科学的这四个学科在老清华的历史。

经过这几年的努力，《老清华的社会科学》终于在今年出版了，希望这本书让大家对老清华的社会科学有所了解。那时候清华的经济学、政治学、社会学、心理学这四个学科在全国高校中都是领先的。这四个学科都是社会科学，都是借助于研究自然科学的方法和统计方法研究社会问题，这些方法论都是从欧美学来的，由欧美留学生带回了当时经济学、政治学、社会学和心理学最前沿的学问。院系调整后清华的这四个系都没有了。改革开放后逐步恢复，现在这四个系已全部恢复，但分在两个不同的学院，经管学院和人文社科学院。我们这几位学者，学问高低不敢说，但是有一条，我们都自认为是正直的学者。当时政治学系的系主任张奚若说过要将学生培养成三种人：第一种人可以改变中国与世界；第二种人是做正直学者；第三种人是做一个快乐的普通人。这是很有意思的观点。

在百年校庆期间，经管学院开启了若干系列讲座，我们希望这些系列讲座可以持续下去。除了陈岱孙经济学纪念讲座以外，还开启了清华经济高层讲坛，举办了三次，清华金融高端讲坛举办了六次，清华企业家讲坛举办了五次，人文日新沙龙举办了四次。人文学院的学生来参加我们的人文日新沙龙，觉得很奇怪，认为我们经济管理学院不务正业。我相信他们来过之后就不会奇怪了。我们每次邀请的都是非常重要的嘉宾。金融讲坛邀请了周小川、李荣融、楼继伟等。企业家讲坛邀请了李彦宏、徐航、邓锋等。人文日新沙龙第一场请了曹禺的女儿万方，曹禺是在清华图书馆写成的《雷雨》。后面还请了余隆、黄延复。上个星期请的是《上学记》作者何兆武，他已 90 高龄，讲述了他在西南联大的求学经历。他还翻译了康德的不少著作。今年我们还邀请了哈佛大学教授桑德尔，讲授批判性思维与道德推理。

今年举办了三场全院校友活动，北京、深圳、杭州各一场，共有 1 700 多人参加。这是学院所有教学项目合在一起的校友活动，都是由我来做院情报告，是学院十分重视的一件事情。除此之外，不同教学项目还都有各自的校友活动。

今年的全院毕业典礼邀请了吴敬琏做毕业典礼演讲。包括台子的设计，我们都同国内其他院校的毕业典礼不同。比如台上就座的都是老师，不是官员，而且不是一排桌子上面放着茶杯、热毛巾，那是人民大会堂的风格，不应该是大学的。今年还改变了一个细节，就是不把学生亲属称为家长，因为学生在 18 岁以后是成年人了。我们的毕业典礼邀请所有毕业生的亲属和朋友参加。从去年开始，我同每一位毕业生单独照一张合影。当然，毕业典礼的重点是毕业典礼演讲，吴敬琏是著名经济学家，他的演讲非常富有启发。他 1954 在复旦大学经济系毕业，被分配到北京，在中国科学院经济研究所工作。他在这期间有迷茫，也有探索，更有执着。现在的毕业典礼演讲中讲官话的多，用网络语言的也不少，但缺乏思想性。吴敬琏老师的演讲没有官话，而且有思想性。这才是大学应该传递的信息。

二、顾问委员会会议及相关活动

今年是百年校庆，在今年的顾问委员会会议上，朱镕基名誉主席向顾问委员赠送了《朱镕基答记者问》。在今年的会见中，他听取了每一位顾问委员的意见，所以会见时间比往年要长。

在今年举行的清华管理全球论坛上，桑顿做了演讲，主要讲中美关系，但是放在历史的大环境中来看。桑顿原来是高盛的总裁，本科在哈佛读历史。他在演讲的结尾时说，三十年前，邓小平让中国人民做了两件事，第一件是实事求是，第二件是解放思想，所以中国有了现在这样的变化。今天在中美关系上，我们也要做这两件事。他的演讲既讲了中美之间的很多矛盾，又讲了两国之间的很多共同点，最后落在中国人都懂的实事求是和解放思想上。

在全球论坛上有一场关于未来人才培养的讨论。哈佛商学院院长、麻省理工斯隆管理学院院长、李荣融，以及麦肯锡全球总裁鲍达民均出席。麦肯锡几年前曾经发表过一篇关于中国人才短缺的报告，很有影响。麦肯锡在这方面的研究超过很多学术机构，报告很有前瞻性。李荣融讲得非常精彩，他是基于自己多年的经历来看人才培养问题。这场讨论非常热烈。论坛上还有两场讨论很有意思，一场上有李彦宏，另一场上有胡舒立。我们关注 21 世纪各种各样的新兴力量，既有网络，又有媒体。

三、教学工作

学院的教学工作在今年也有了突飞猛进的发展。

首先是我们的本科项目。我们在 2007 年进行本科招生改革，2007 年入校的学生今年毕业。刚才举了戴天骄的例子，她现在在麻省理工学院读经济学博士。今年毕业的 2011 届本科生直接申请出国的情况很好，一些获得美国前十名学校的博士项目录取和奖学金。2011 年本科招生情况也非常好，我们通常每年招 180 人，但很多学生报了清华以后，非经管不上，所以扩招到了 208 人，其中一半是各省前十名，20 多名是各省状元。今年考上清华的状元中有一半在我们学院，另一半在清华所有其他学院。我们若干年积累做本科教育改革，到今年有了突破，受到了学校的肯定和积极评价。8 月份我在全校干部大会上做了专题介绍。

我们这些年推动本科教育改革，主要是抓落实。比如通识教育，我们有 16 门课程，每一门课都要落实。这其中基础技能课八门：中文写作、中文沟通、英语口语、英语写作以及四门数学和统计课程；核心课程八门：西方文明、中国文明、批判性思维与道德推理、艺术与审美、心理学概论、中国与世界、生命科学导论和物理学导论。经过三年的努力，这 16 门课程全部落实，而且除了个别课程以外，每一门课至少有两个课堂，由两个不同老师任教，学生可以自由选择。

中国与世界这门课的一个课堂我们请到了一位在香港工作的律师来讲。他是我三十年前在美国哥伦比亚大学认识的朋友，是学法律的，非常博学。他讲中西法律传统的比较，通过实际判例来讲。他提出的问题都很有挑战性。比如他问学生三个问题：在美国，政府支持宗教是不是违宪？在美国，诽谤政府官员是不是触犯刑法？在中国，反垄断法是否适用于国有企业？每一个问题都需要讨论和争论，而且并非有唯一正确的答案。我们的教学方法发生了深刻的变化，不是过去的做题和解题，也不是简单的对和错，而是要思考分析。

中文写作这门课，我们花了很大的精力找老师。虽然很多清华其他学院都觉得应该开中文写作这门课，但到目前为止，清华大学仍然只有我们一个学院开这门课。我们费了很多精力，才从首都经贸大学找到一位老师来教这门课。我们也请他为我们的职员培训写作。西方文明这门课，我们请到两位老师，一位是清华历史系的老师，一位是北大历史系的老师。讲授中国文明这门课的两位老师，一位是清华的老师，另一位是社科院哲学所的研究员。

我们的本科经济学第二学位项目从 2006 年开始，今年从每年 150 人扩大到 300 人。由于清华每年本科生一共 3 300 人，这就大约占了清华本科生的十分之一。今年主要落实硕士和博士项目的改革。我们集中力量办好三个硕士学位项目。管理硕士项目的第一批学生今年入学，金融专业硕士项目的学生也是今年入学。在改革之后，所有免试推荐的学生一定要经过夏令营才能录取。博士改革今年有重大突破，不再报博导，这改变了三十年来的博士招生惯例。现在我们跟北美大学一样，按照我们的八个系分为八个博士项目，学生申请其中一个博士项目，一年后通过资格考试，之后再选导师。我们酝酿了多年，今年终于出台。

今年是中国开启 MBA 教育二十周年，我们学院举办了一个规模很大的论坛，全国有一二百家商学院老师前来参加。我在主题演讲中提出了对 MBA 未来二十年的思考，有三大新主题：领导力、企业家精神以及体验式学习。参会的院长和老师都非常认可。

我们从 2009 年开始全面开展 MBA 课程改革，今年是实施新课程后的第一届学生毕业，同时也是我们招生改革后的第一届学生入学。今年，国内的更多学校也开始了 MBA 招生改革。在这个意义上，我们学院确实起到了一定的引领作用。MBA 课程改革形成五个模块：软技能模块、分析基础模块、管理基础模块、中国与世界模块、整合实践项目也即体验式学习。

EMBA 项目今年招收了 409 人，除此之外还有双学位国际 EMBA 英文项目 47 人。除此之外我们举办清华—花旗媒体班第七期，这是一个公益性 EMBA 课程项目。我们的 EMBA 项目建立了 29 个同学会，其中 27 个是按照省建立的地方同学会，其余两个，一个是媒体班同学会，一个是国际 EMBA 全英文项目校友会。每一个 EMBA 同学会都组织很多活动。

借清华百年校庆，EMBA 中心组织了一场“重走联大路”活动。活动从长沙起步，最后抵达昆明的云南师范大学，那里是西南联大的旧址。我也跟着徒步走了最后一段，并且在云南师范大学做了一场报告，讲联大传统与清华精神。

高管培训从 2001 年中心成立到 2011 年一共经历了十年，培养了大约 4 万多名学员。今年各方面都是创历史新高，比如授课学时超过一万。今年我们举办了一些高层次的培训班，比如为中投公司和重庆国资委办了高层次的培训班。

四、学院沟通工作

最后我想介绍一下学院对外沟通的变化。我们的沟通工作在这一年中有了长足进步。首先，这一年中学院网页发生了变化，现在的网页突出了教师的核心地位，在明显位置介绍教师的研究成果。将来大家想获取教师的信息，学院网页是一个重要来源。大家可以看到，学院的网页风格是一种乔布斯式的简约，改版后的网页清晰、简洁。

学院的定期出版物过去有院册和简讯。从今年开始学院新出版了学院概览，简明扼要地列出与学院相关的最主要的数字，每学期更新一次。此外，从今年开始我们出版学院年度报告，这在国内经济管理学院中还是首例。学院年报是以学年为单位系统梳理一年内的重大事件。我们的院册、简讯、概览、年报以及校友通讯都可以从网页上下载。

我们是国内商学院中最早开通微博的，现有粉丝 13 万。今年 1 月份，我邀请了新浪的曹国伟到我们学院演讲。那时微博刚开始，还没有那么火。3 月份我们专门开了一次研讨会，邀请了一位新浪的副主编介绍微博，我印象特别深。研讨会之后，清华经管学院的官方微博和各项目的微博就全开通了，比其他学院先行一步。

我们的 EMBA 媒体班办得很好，还有今天的新年媒体茶话会。所有这些都是学院与媒体沟通的方式。希望通过这些方式能够让学院和媒体之间更加融洽，互相支持。

教师人事制度改革年

（2012 年 12 月 28 日）

首先我要欢迎各位媒体朋友，感谢你们长期以来对清华经管学院的关注和支持。谢谢你们在年底极为繁忙的时间来到清华。这是经过时间考验的友谊。

今年是学院第四年举办新年媒体茶话会。回想起来，在六年前的 2006 年 12 月，我刚刚就任清华经管学院院长，与新浪的艾勇有过一次专谈，2007 年 1 月 1 日新浪首页发表了这篇专访，题目是“钱颖一：清华大学经济管理学院国际化的新舵手”。一晃就是六年。清华的院长是一届三年。2009 年第一次换届，今年是第二次换届，我继续担任院长，这已经是第三届了。

过去六年我在清华经管学院的工作概括起来就是一件事——办学。在清华经管学院的办学工作有两条主线：教学项目改革和教师人事制度改革。这两项工作是办学的根本。能把这两项工作做好，就做好了教育的基础工作。

让我先简略回顾一下教学项目改革这条主线。在 2008 年，经过一年时间的研究，在全球 MBA 一百周年之际，我们推出了“新版清华 MBA”，它包括四项内容，强调软技能、整合式学习、体验式学习以及全球化经历。经过更长时间的研究，在 2009 年我们学院开始实施新的本科课程方案，我们称之为“通识教育与个性发展相结合的国际化本科教育体系”。去年《文汇报》发表了清华经管学院本科教育改革报道，今年 4 月 24 日《中国教育报》在头版头条发表了清华经管学院本科教育改革试点纪实，都是对我们改革的认可。

2010 年我们又改革了硕士项目，侧重于“管理硕士”（MiM），这是我们

* 在清华大学经济管理学院 2013 新年媒体茶话会上的开场讲话。

的首创，还有“金融硕士”（MoF）。从2011年开始，我们对博士项目又进行了大幅度改革，从招生时不分导师，到严格的资格考试，再到论文指导的三人小组，把博士项目真正办成学术研究导向的项目。2012年是清华暨中国EMBA十周年，我们制定了“清华EMBA创新发展2012计划”。12月19日，我们发布了清华EMBA全新课程体系，它是这个计划的六大措施中的核心。新课程体系由“天”“地”“人”“通”四大模块组成，为企业家和企业高层领导者提供追求“天时”“地利”“人和”“会通”的新境界，我们致力于打造：知晓天时有高度，把握地利有深度，创造人和有温度，会通八方有广度。这是一个具有中国特色、清华风格，同时也是世界一流的课程体系。

经过六年时间，清华经管学院对所有五大类学位项目（本科、硕士、博士、MBA、EMBA）的课程体系都做了系统性改革。我们在今后还会继续不断创新发展。

今天我想讲的主题是办学工作的第二条主线，就是教师人事制度改革。我还记得在去年的新年茶话会上，一位记者问我有关学院教师人事制度改革的问题，我说还没有做完，不能讲。现在这项工作已经取得了阶段性成果，可以讲了。过去描述清华的风格是“行胜于言”。朱镕基对我说过，“‘行胜于言’不是不要言，古人说立德、立功、立言，就是要言。”我也这样认为。我们的风格不能再像清华过去那样“只行不言”。我们的风格是“言行并举”“先行后言”。这既不是“只言不行”，也不是“先言后行”。在教师人事制度改革上，我们经过六年时间的不间断改革，已经取得了阶段性成果，现在可以言了。不过，我想提醒各位，今天是新年茶话会，不是新闻发布会。所以，今天只是对媒体朋友的座谈，不是发布新闻。

关于清华经管学院在过去六年的教师人事制度改革这个话题，我分四部分做介绍。

一、历史回顾

大学教师人事制度改革一直备受关注，争议颇多。2003年春，北京大学教师人事制度改革方案曾经成为舆论热点。我当时还在美国的大学任教，也非常关注。卷入争论的不乏各领域的教授学者。

大学教师人事制度改革无疑是大学改革中的核心问题之一。但是它的背后，如同任何改革一样，面临多个环节。为什么教师人事制度改革困难？在我看来，这项改革要成功，同其他改革一样，要有三个条件：第一是理念必须有正确的方向，正确的认识，正确的把握；第二是方案、规定必须可行、可操作；第三是执行力必须到位，并注重细节的落实。

同时满足这三个条件是不容易的。第一条取决于对最佳实践的现代大学制度的深入理解和认同。第二条取决于对国情、校情、院情的感知和了解。第三条要做细工作，既要坚决有力，又要细致入微。

二、改革理念

大学教师人事制度关系到大学的使命，因为教师是大学最重要的财富。教师人事制度直接影响教师的选择和激励，关系到大学的质量。六年来，清华经管学院对教师人事制度改革进行了深入思考，形成了一整套改革理念。理念是第一重要的，首先要想清楚。我们的改革理念可以概括为：本着三个毕竟，秉持两个兼顾，坚持一个公正。

在思想层面上，要本着三个毕竟：我们毕竟是大学，我们毕竟是大学教师，我们从事的毕竟是创造性、思想性的工作。我们毕竟是大学，所以我们就不是企业和公司，我们也不是政府机关，因此我们就不能用思考企业和政府机关的思维模式来思考大学。我们毕竟是教师，所以我们就不是工人，不是农民，不是经营管理者，也不是党政干部。对教师的聘用和职称评定，为教师设计的薪酬体系，不能等同于工人、农民、经理、干部。我们从事的毕竟是创造性、思想性的工作，所以它就不是流水线上或程序化强的工作，也不是容易度量其质量的工作。因此我们不能套用适用于企业或政府机关的制度。大学、教师、创造性工作这三条就意味着，教师人事制度必须创造宽松的环境，必须更关注长远，同时聘用和晋升教师的机制既要非常严格，又要有充分的时间上的考虑。

在设计层面，要秉承两个兼顾。第一个兼顾是既要与规范的现代大学制度接轨，又要符合国家、大学和学院的实际情况。要做到这个兼顾，就要有聪明才智去发现在各种约束条件下实现国际接轨的路径。第二个兼顾是既要考虑长远目标，又要有合适的过渡措施。长远目标要清晰明确，不能妥协。过渡期政策可以平滑，但不能阻碍长远目标。建设现代大学制度的高远目标与循序渐进的改革步骤相结合是改革成功的关键。

在操作层面，要坚持一个公正，就是程序公正。在学院层面，我们遵循的程序是：初步方案先经过院务会充分讨论，然后交给全体教师讨论。有些特别重要的方案要个别听取教师意见，听取教代会、工会意见，听取党支部意见。所有方案都经过反复修改。整体方案要经过全体教师大会的通过或同意。另一方面，细则方案则由院务会通过。

程序公正还涉及学院与大学的关系。在大学中，学院不是一级法人。程序公正意味着，教师人事制度改革方案的形成过程中需要经常与大学主管校长和部门保持沟通。如果改革方案涉及改变大学现有的规则，就必须经过学校批准。这些年来，我们一直坚持这些原则，我们的改革也得到了大学的支持。

三、方案与实施

从 2006 年到 2012 年六年期间，我们分三步设计和实施了一系列有关教师人事的新制度。第一步是在 2006—2009 年，最重要的是确立了职称晋升的学术基本条件（2007 年 1 月 1 日起执行）。第二步是在 2009—2011 年，最重要的是在全体教师中实行了年薪制（2010 年 1 月 1 日起执行）。第三步是在 2011—2012 年，最重要的是在全体教师中实行了“长聘轨制”（或称“准聘长聘制”）（tenure track）（2012 年 1 月 1 日起执行）。其中第一步和第三步是有关教师聘用和晋升的制度，第二步是有关教师薪酬与考核的制度。

改革前的教师人事制度有两大特征：

（1）聘用和晋升制度。教师职称分为讲师、副教授、教授。讲师在三个合同期（九年）内若没有升聘到副教授，就要离开当前岗位。副教授和教授虽然也签合同，但是具有隐含的长期聘用，尽管学校并没有明文规定。从讲师提为副教授，从副教授提为教授时的评审程序是自我介绍，教授投票。职称提升的重要制约因素是学校给学院下达的副教授和教授名额。

（2）薪酬和考核制度。教师都是月薪制，月薪中包括很多项，大致可以分为三类：第一类是由教师的职称和年资决定的一个固定数。第二类是“计件制”，比如每小时课时费乘以授课小时数，就得出报酬数额。第三类是奖励，或因从事的非教学工作，或因工作突出等。虽然是月薪制，但都是以年度为单位计算，“计件制”或“工分制”是它的标志。对这一制度的最大修改是近年来对海外招聘的教师实行年薪制，但通常只适用于少数教师。年薪制是固定的年度薪酬，对应固定的授课小时数。

教师人事制度改革的根本是引入两个新制度：在教师聘用和晋升制度中实行“长聘轨制”，和在教师薪酬和考核制度中实行“年薪制”。

（1）我们实行的长聘轨制与多数北美研究型大学一致。教师分为四个级别：助理教授（原讲师）、无长聘的副教授、有长聘的副教授和教授。助理教授都不是长聘，教授都是长聘。一位教师通常应在担任助理教授和无长聘的副教授最多9年内获得长聘，如到期不能获得长聘，则不能延续其合同，这就是“非升即走”。

评聘长聘的学术标准是与同一学术领域内、同一学术资历阶段的学者（通常是从获得博士学位时间开始算）进行比较。只有在一定区域范围内的最高水平之一的教师才能获得长聘。一旦满足标准，则不受名额的限制。究竟是什么区域（中国、亚洲、世界），什么是最高水平（世界一流，国内领先，兼而有之，或其他），则由教授提名委员会根据学院使命和当时条件确定。

评聘程序不同于过去的评职称程序。本人申请后由三名有长聘的教师组成专门小组（ad hoc committee）。教师本人提供有关研究、教学、公共服务的全面总结报告。由院长代表学院邀请国内外同行进行学术评价。专门小组在综合以上信息的基础上，写出评审报告和推荐意见。学院教授提名委员会讨论并投票决定是否向学院专业技术职务聘任工作小组推荐。

我们对 2012 年 1 月 1 日的时任教师设计了过渡措施。所有时任正教授均被认定为长聘。所有时任助理教授都不是长聘，但可以将获得长聘的年限延长一个聘期（3 年）。时任副教授维持现状：既不是“长聘”，也不是“非长聘”，而且他们在评长聘时不受 9 年的年限限制。

（2）年薪制。这关系到薪酬、责任、学术假等一揽子事务，而不仅仅是薪酬方面，我们简称为年薪制。年薪合同规定教师的基本年薪和工作任务组合，期限一般为三年。教师的工作任务由教学、研究、公共服务三部分组成。对于所有教授和副教授而言，我们规定研究占 50% 的工作量，教学占 40%，公共服务占 10%。这就从根本上扭转了过去公共服务只由少数教师承担的不公平状况。助理教授公共服务时间减半，助理教授第一年、第二年的教学工作量也有减少，这是有利于青年教师的做法。

年薪制不是不奖励工作成绩，而是在三年薪酬合同到期时进行全面审核。这给教师更加宽松的环境，有利于避免短期行为和追逐数量的倾向。这一做法不仅与国际接轨便于引进师资，而且也在心理上让教师少斤斤计较，算大账，看长远。

基本年薪由薪酬委员会决定。薪酬委员会由至少五人组成，在充分讨论后进行无记名投票。薪酬委员会建立了一个意见反馈程序：如果教师对薪酬委员会确定的基本年薪有不同意见，可以在规定期限内向薪酬委员会提出复议。薪酬委员会应再次讨论并做出最终决定。在过去两年中，我们一共确定了一百多人次的基本薪酬，其中有极少数提出复议。至今为止薪酬确定机制运行非常平稳。

实行全员年薪制后就可以实行全员学术假制度。全职教师在学院服务年数每满六年，可以享受半年期全薪或一年期半薪学术假（sabbatical），可以去任何教学研究机构从事教学研究活动。这是与国际接轨的学术假制度。2011 年春季学期至 2012 年秋季学期的四个学期，学院共有 8 位教师休了学术假。

我们还建立了讲席教授制度，授予学术带头人。由院务会决定授予讲席教授称号，任期三年，可连续获得。由薪酬委员会决定在薪酬之外的额外补贴数额，资金来源于冠名讲席教授席位的捐赠。目前全院共有 9 位教授获得讲席教授称号。

四、深度思考

清华经管学院的教师人事制度改革，思想先导，整体设计，分步实施，历经六年，已经取得阶段性成功。这一改革经历对于其他院校也具有一般性的参考价值。这是因为在高校中，教师人事制度改革的起点都很相似，改革中遇到的问题也类似。清华经管学院的改革经历告诉我们，首先要明确改革理念。具体的改革历程和制度设计可能因校而异，具体的实施也可能有所差异，但是背后的基本原理应该是基本相同的。需要指出的是，改革主要不是经费问题。事实上，因薪酬制度改革而额外支出的成本很小。重要的还是改革的动力问题。如果认同教师人事制度改革是大学使命的必然，那就已经迈出了第一步。

经济学家从事教育体制改革具有一定优势，但同时也应有一个警觉。优势来源于经济学家对体制改革的系统性思维方法：这里既有来自机制设计一般经济学理论的学术力量，也有来自中国经济改革和企业改革实践的经验教训。警觉是要深刻理解大学与企业、政府的不同，教师与工人、经理、干部的不同。在此警觉之下，经济学家虽然不具备教育学家的专业长处，但是在中国目前的情况下，在设计和实施教育改革方面，特别是大学人事制度改革上，却有另一种专业和实践的优势。

建院三十周年的经管学院

（2014年12月18日）

这是第六次新年媒体茶话会，参加的人数最多，一共有三十多人。今年是清华经管学院建院三十周年，特殊的年份活动也比较多。我还记得前年的媒体茶话会是在2012年12月28日，我的印象特别深，因为那一次讲教师人事制度改革，我们从两点开始，一直到晚上八点结束。

自建院以来的三十年间，清华经管学院有四任院长。朱镕基是第一任院长，从1984年到2001年；赵纯均是第二任院长，从2001年到2005年；接着是何建坤常务副校长兼任院长近一年。我从2006年开始担任院长。

学院的使命是“创造知识，培育领袖，贡献中国，影响世界”。原来的使命陈述很长，现在我们把它精炼成十六个字。今年国家提出社会主义核心价值观。学院是一个社区，经过老师们的多次讨论，我们确定了学院的核心价值：（对己）正直诚实，（对事）敬业尽责，（对人）尊重宽容。

今年学院的工作有四类十二项。第一类是今年的重大活动，其中有两项，建院三十周年和顾问委员会第十五次会议。第二类就是我们学院的教学，这特别重要，国内很多大学都没有把教学放在最重要的位置。第三类是教师和制度。第四类是未来，要有大楼和大师。

一、建院三十周年活动

首先是今年的大活动，上半年是建院三十周年活动。清华经管学院在1984年5月19日举行成立大会。学院经过了三个十年。第一个十年我们叫作

* 在清华大学经济管理学院2015新年媒体茶话会上的开场讲话。

十年风雨，从1984年到1994年，中间风风雨雨，曾经有过困难时期，甚至出现了生存危险。第二个十年是从1994年到2004年，叫作二十风华。第三个十年是从2004年到2014年，叫作三十风采。对于建院三十周年的活动，我们在一年之前就确定了基本想法，比如我们要重思想、重学术、重内涵、重参与、重影响，特别是要显示学府气派。我们不在乎高端大气上档次，我编了一个词叫“低调精致有内涵”，大家觉得很好。我们的建院三十周年活动分为四大类。

第一类是呈现思想。我们搞了七场学术论坛，我们有七个系，每一个系要组织跟学科相关的学术论坛。我们有两场朱镕基重要讲话座谈会。一场是围绕朱院长在十周年院庆时讲的话“你们每一个人搞好一个企业，中国经济就有希望了。”另一场是围绕他对会计教育的指示。同时我们还有三场院长论坛。我们学院实际上是三个学院的组合，一个经济学院，一个管理学院，还要加一个本科生院。所以我们分别开了三场院长论坛。我们还有三场企业家论坛，其中有一场与中信书院合办，有柳传志等企业家来参加。有两场国际会议，是我们参加的国际组织放在中国举行的年度会议（EMBA理事会和CEMS），还有一场是美国前国务卿赖斯走进清华经管课堂跟学生交流。我们创刊一本学术期刊《经济学报》，出了三本出版物：《新清华》学院专刊、《三十风采》画册、《师者》第二版。

第二类是感怀情谊。我们举办了七场师生难忘活动，每一场围绕一位退休教师展开。我们成立了三个校友会：博士校友会、本科校友会和学院校友会。我们还举办了一个合作学位校友证书颁发仪式，就是我们学院与海外大学合作，学生获得海外大学学位的项目。我们还有国外校友活动，在纽约。

第三类是营造快乐。现在不允许搞任何大型文艺活动，那怎么办？我们搞了一个校园歌手演唱会，全部是学生，所以这是自娱自乐。我们也不能搞宴会，就想了一个很好的创意，叫经典怀旧菜午餐，每一个人20元标准，去清华的学生食堂。我们事先征求了意见，西红柿炒鸡蛋、鱼香肉丝、红烧茄子、青椒土豆丝都入选了。最精彩的是每张桌子放上一瓶北冰洋汽水。我们还赠送每人一个定制冰箱贴。大家都很开心，所以创意非常重要。

第四类是共享荣耀。最重要的活动是在4月26日，我们叫师生校友重聚共叙活动。大家可能注意到了，我们避免用院庆这个词，因为现在不许搞庆祝活动。师生校友重聚共叙，是个描述性用语。那天本来朱镕基院长要来，后来他写了一封热情洋溢、充满肯定的信，他写道："三十年来经管学院在清华大学领导和支持下，全院同仁锐意改革，艰苦奋斗，已经成为国内一流、世界有名的经济管理学院，成果丰硕，我甚感欣慰……希望大家以此为新的起点，坚持改革创新、自强不息，追求完美，尽快把清华经管学院建成世界一流的经济管理学院。"我们那天还举行了新楼的奠基仪式。

二、顾问委员会会议及相关活动

2014年后半年最受媒体关注的是顾问委员会会议。我把来龙去脉讲得透彻一些，因为很多人对此感兴趣。经管学院顾问委员会于2000年10月6日成立，当时朱镕基还任院长，他是在2001年6月辞去院长职务的，是在成立顾问委员会之后。他担任顾问委员会名誉主席，一直到现在。第一任顾问委员会主席是亨利·保尔森，时任高盛CEO。顾问委员会委员主要是国外跨国大公司董事长或CEO，也有国内财经方面的官员，当时国内企业家只有一人，就是柳传志。朱镕基一共创立过两个顾问委员会，还有一个是1990年成立的上海市市长国际咨询委员会。他到中央工作后就不参加那个委员会了。

去年2013年顾问委员会期间，习近平主席会见了顾问委员会海外委员。这是自2000年以来第一次由国家主席会见顾问委员，当时受到了很多关注。我记得《南方都市报》发了一篇报道，标题是"解密清华经管学院顾问委员会"。那次之后很多人都问，这次都见到主席了，接下来还怎么搞？做院长就要考虑这个问题。实际上我们今年做的事情就用事实回答了这个问题。

我们这个顾问委员会每年都有新变化。《财富》全球500强中排名第一、第二、第六的沃尔玛、壳牌、BP集团，《财富》美国500强排名前十的沃尔玛、苹果、通用、福特，都是我们的顾问委员单位。最受赞赏的前十名当中有两个，苹果和可口可乐，是我们的顾问委员单位。在我们的46位海外委员中有5位女性，其中包括最有影响力的商界女性的前三位：IBM的罗睿兰、通用汽车的玛丽・博拉、百事公司的卢英德。还有一类叫40岁以下最有影响力的企业家，如扎克伯格。我们对这些人加入顾问委员会感到由衷自豪，这对我们的学生都是很大的激励，因此非常重要。

这其中岁数最大和最小的是两个伯格。格林伯格明年就90岁了，仍然像青年小伙一样在创新创业，去年在上海收购了大众保险，现在还在武汉担任市长名誉顾问。扎克伯格今年30岁，他是1984年出生的，与经管学院同岁，只比经管学院大5天，他的生日是5月14日，学院是在5月19日召开成立大会。

我们这个顾问委员会不仅仅是每年开一次会，顾问委员每年要参加学院的其他活动，要给学院传授经验和知识。在今年6月29日学院的毕业典礼上，我们邀请马云来做毕业典礼演讲。为什么要请他来？这里有重要的意义。我们学院的学生都是全国高考考分最高的。而马云三次考大学，第三次才考上，第一次数学考了1分，第二次考了19分，第三次考了80多分。他是在1984年学院成立那年考上杭州师范学院的。起初是大专生，后来由于本科生没招满，才给他升格到本科。这里的反差很大。请他来讲，会给我们的学生群体带来不同的思考。他现在如此有名，会给学生激励，特别是在创新创业方面。

10月22日扎克伯格走进清华经管课堂。我知道他会说几句中文，原来的预期是可能刚开始的一分钟讲中文，没想到他在对话全程30多分钟都讲中文。对话视频迅速在网络上传播开来，变成了世界性的新闻。最受刺激的是下面的国际学生，他们以为一定是用英文讲的，结果他们听不懂。但我觉得对他们来说，这是一堂最好的课。扎克伯格都学中文了，你为什么不学呢？扎克伯格说他学中文有三个原因。第一，他可以同岳母说上话，这是他学中文的动因。大家以为他太太是华裔，其实他太太说广东话，而他学的是普通话。第二，学习中国文化，只有学习中文，才能深刻理解中国文化。两年前，劳伦斯·萨默斯曾经说过我们现在不需要学外文，因为对美国企业家来说，一是英文是世界语言，二是我们有机器可以翻译。但是扎克伯格认为，只有通过学习另一种语言，才能理解那种文化。第三，他说学中文是一种挑战，而他喜欢挑战。这就体现出他的企业家本色。美国国务院把外语按照难度分为五类，最简单的是第一类，比如西班牙语和法语，最难的是第五类，包括阿拉伯语、中文、韩语。所以他要学习最难的。

扎克伯格走进清华经管课堂的视频在全球迅速传播。《参考消息》的标题是“扎克伯格清华演说秀中文”，“扎克伯格中文有多牛，根本停不下来”。CNN 的标题是“扎克伯格讲中文：愚蠢还是勇敢”。新闻中也有批评的，说他连七岁的中国小孩的发音都不如，但是大多数人都很肯定。路透社的标题是“扎克伯格用中文交谈让 CEO 哑口无言”。这变成了一个全球性的新闻，是事先没有想到的。我觉得外媒挖掘得还是比较深，上升到 CEO 应该怎么对待外文的问题，这是理解不同文化的重要性。

10 月 23 日有 11 位顾问委员走进 11 个清华经管课堂，这里面每一个人都有很多有意思的故事。我们组织他们走进各种课堂，有本科生的，MBA 的，EMBA 的，还有后 EMBA 的，都是小课堂，四五十人左右，之后有一个私密的晚餐继续交谈。雅各布是高通的创始人，他应该是全世界的教授中创业最成功的人。他曾是圣地亚哥加州大学电子工程教授，后来创立了两家公司，60 年代创立的 Linkabit 是第一家，80 年代创立的高通是第二家。扎克伯格大学没有读完就创业了，而雅各布是当教授后创业。我们这个委员会中既有现在当红的苹果、Facebook、阿里巴巴等公司，也有十多年前非常红的索尼、摩托罗拉、诺基亚这样的公司。所以学生可以看到比较完整的商业发展图景。其中有一场管理教育论坛。我们的顾问委员有四位来自商学院：哈佛商学院、麻省理工斯隆管理学院、斯坦福商学院、沃顿商学院。我们特别安排了一场专门讨论管理教育。麻省理工斯隆管理学院院长、斯坦福商学院院长、沃顿商学院院长和我一起参加讨论，由杨斌老师主持。我们也邀请了国内管理学院院长和教师一起来听，这是一个非常好的学习机会。

10 月 23 日晚上我们举行清华管理全球论坛。去年我们请了百事可乐 CEO 卢英德做主旨演讲。今年跟苹果沟通的时候他们说希望是对话，我们尊重他们的意见，所以我跟蒂姆·库克做了一场对话。组织这样的活动要求很高，苹果是世界第一大市值公司，他们对场地的设计要求，简直就是极致。我们通常的习惯是在两人之间摆一张桌子。那一场对话，台上没有摆桌子，没有桌子不就感觉更近吗？事先我做了很多研究，准备了 16 个问题。那一天库克谈得兴致很高。结束时我送他礼物，一台特殊的 iPad。两年前，我们推行改革，把 EMBA 的所有课程都放在 iPad 里，实现了无纸化。这台 iPad 的外壳是我们精心设计的，跟我们原来纸版课程外壳非常像。iPad 提供的是一个器具，而我们提供的是内容和思想。所以我就把这个礼物送给了他。我们敢给苹果 CEO 送 iPad，因为这里面有内容，有思想，同时也给清华 EMBA 做了广告。大概有 1 300 多学生人次参加顾问委员走进课堂和全球论坛活动，学生受益良多。

我们的顾问委员会会议就在清华主楼接待厅举行。按照惯例，我要向顾问委员会做一年工作进展报告，然后讨论一两个议题。在此之后，我们有一个非常重要的机制——闭门会议（executive session），就是所有清华内部人员都离场，只有外部人参加。这样他们的发言可以更加直截了当。闭门会议上每一位委员都要发言。

今年是建院三十周年，所以我们的议题是未来十年的战略思考。麦肯锡是我们的顾问委员单位，给我们做了一个公益性的咨询项目。他们为我们设计了一个三个层次的战略框架，包括战略定位、战术定位、保障基础。委员们在会上对此提了很多好的意见，我们将在此基础上与麦肯锡沟通和修改。

顾问委员会会议茶歇期间也有很多有趣的故事。马云和库克之前从来没有见过，这是第一次，有照片为证。马云对库克评价很高，认为他做得非常好。2011 年 10 月库克接替乔布斯担任苹果 CEO，至今整三年。这期间中国市场打开了，iPhone 6 出来了，Apple Watch 也出来了。

下午先是王岐山会见。很多人觉得王岐山是中纪委书记，为什么他会见学院顾问委员会委员？其实王岐山是在2004年加入顾问委员会的，当时他是北京市市长。他后来担任国务院副总理，现在担任中纪委书记。所以他同我们这些委员都很熟。之后是朱镕基名誉主席和他的夫人会见所有顾问委员。朱镕基说，“今天经管学院和经管学院的顾问委员会取得这样大的成绩，我真是感到无比骄傲。”国务院副总理刘延东说，“清华经管学院顾问委员会和清华经管学院不仅对清华大学的改革发展起到作用，对中国的教育也起到很大的推动作用。”教育部长袁贵仁说，“教育部非常重视清华经管学院的一些做法，清华大学的很多改革都是在经管学院起步的，包括人事制度改革、教育方式改革和学生实习改革等，目前教育部正在考虑今后把它作为清华的经验向全国进行推广。”

我同马云、库克和扎克伯格有张四人合影。这张合影传递了一个很重要的信息，就是我们学院对创新创业的高度重视。这三人都是全球风云人物。库克今年很风光，苹果的市值达6 000多亿美元。这三个人管理的三家公司的市值加起来超过1万亿美元。当然，我们重视的还不是市值，而是创新创业精神。这其中马云和扎克伯格是创业的，库克是具有创新精神的职业经理人。这三人既有中国人，也有外国人，既有自己创业的，也有接班创业的。

后来《环球人物》杂志上发了一篇文章，被广泛传播。这篇文章说，清华经管学院的学生很幸运，因为对于多数人来说，只是听到这些名字，但一辈子都见不到他们。

三、以学生为中心

下面讲教学，这是我们学院的主业。我想从以学生为中心这个主题开始讲。这不是简单的一句话，而是体现在我们的所有教学项目上。从这张《新清华》专刊讲起。我们这期学院30周年专刊与清华大学其他学院的专刊非常不一样。通常的专刊第一页是校长、书记、国家领导人的贺词和题词，然后是论文发表、国家基金的数字。在我们专刊的第一页上，“经管学院为学生”几个大字写在中间，四个象限写了四个主题：育人重于育才、学院与大学融合、全球视野、关注每一个学生。每一项都是经过深思熟虑的，反映了我们的教育理念，也反映了我们的教育实践。

从学生人数上讲，我们学院是清华第一大学院，本科、硕士、博士、MBA、EMBA 项目学生加起来共 4 533 人。除此之外还有本科第二学位学生 1 306人。每一年我们为每一个项目单独举行开学典礼。每个学期我都参加院长下午茶活动，至少四场，从不间断。我一定要与学生当面沟通，不然就不能了解他们的想法，也无法传递学院的教育理念，这非常重要。学院举办经济、金融、企业家讲坛和人文日新沙龙，邀请各行各业的知名人物来讲。其中有诺贝尔经济学奖获得者马斯金，他也是我、白重恩、李稻葵的博士论文导师；有企业家郭广昌，复旦大学毕业创业者；艺术家余隆，中国爱乐乐团指挥；等等。我们的新年晚会也丰富多彩，本科生、研究生、MBA、EMBA 分别举办，风格各不相同，同样精彩。从 2010 年开始，我们举办学院的毕业典礼，刚才说了今年我们邀请马云做毕业典礼演讲。之后我同每一个毕业生单独合影，所以我说当院长也是个体力活。

我们为每一个项目精炼出一句话，或是办学宗旨，或是办学特色。本科：通识教育，个性发展；博士：追求真理，崇尚科学；硕士：经世济民，追求卓越；MBA：根植中国，面向世界；EMBA：培养产业领袖，塑造企业未来；高管培训：百战归来再读书。下面我介绍一下主要教学项目在这一年的发展。

四、本科教育

我们学院对本科教育非常重视。今年我们获得了 2014 年国家教学成果奖，该奖每四年评一次。据说今年是最后一次由教育部评，以后这个教学成果奖就不由教育部评了，而是由三个协会，分别是基础教育、本科教育、研究生教育协会来评。这是我们学院第一次获得国家教学成果一等奖，是对我们教学改革的一个认可。

我们在 2009 年就确定了本科教育目标，即培养每一位学生成为有良好素养的现代文明人，同时创造一种环境使得杰出人才脱颖而出。我们没有用

“培养人才”，也没有用“拔尖创新人才”这些词。我们强调“每一位学生”、“良好素养”和“现代文明人”。人才可能不是培养出来的，而是在一种环境中“冒”出来的，是熏陶出来的，所以创造环境很重要。我们在 2009 年也确定了本科的教育内容，就是“三位一体”：价值塑造、能力培养、知识获取。我们讲价值塑造，不是讲空洞的东西，而是很具体，要有人文精神、人格养成，对人生发展要有思考。能力培养包括好奇心、想象力和批判性思维。知识获取不是指所有知识，因为知识太多了，主要指基础知识、核心知识以及“无用”知识，而不是我们通常说的专业知识。

顺便说，“三位一体”的教育思路现在写进了清华大学章程的方案中。不过在清华大学提出的“三位一体”中，用的是价值塑造、能力培养、知识传授。我们为什么用知识获取？因为价值塑造和能力培养的主语都是学生，所以如果主语一致，就应该是学生的知识获取，而知识传授的主语是教师。

在“价值”“能力”“知识”的三个维度中，我们有这样的理念：在价值层面上育人重于育才，在能力层面上思考重于知识，在知识层面上长期重于短期。也恰巧，我的三篇本科生开学典礼讲话正好对应了这三个问题。这不是我事先计划的，而是事后发现的。2012 年开学典礼讲话的题目是“‘无用’知识的有用性”。很多知识在短期看是无用的，但是从长期看是有用的。但是我们的学生太注重马上有用的知识，而不愿意去学看似无用的知识。2013 年讲的是“学好与好学”。我们的学生能考上清华，一定是学得很好的，但我不敢说他们都好学。我特别讲了要好奇、好问、好读、好思、好言的“五好”。这是讲“能力”。今年我讲的是“人重于才”，育人和育才不是一回事，人不仅是工具，人有自己的“价值”。

本科教育的第一个重要方面是通识教育。我们具体落实通识教育就是从 2009 年开始实行的课表。我们的通识教育课程中有基础课程和核心课程。基础课程中的数学是我们的传统强项，不能丢掉，国外大学没有这么多数学课。但是我们比较薄弱的还是英语和中文，特别是中文写作。有意思的是，我 2009 年在清华院长系主任会议上交流的时候，大家一致认为学生的中文写作差，每一个博士生导师都深受其害，要帮学生修改论文。其实这在全世界都一样。哈佛本科生只有一门课是必修的，就是英文写作。哈佛每年有本科生1 600多名，每12人一个课堂上写作课，一个学期要开70多个课堂。英文写作课上要写三篇短文，从三页到六页，到九页，教师要一个字一个字修改。我们现在是20～30人一个课堂。写作课不是教学生公文写作，而是写论说文，比如能够在《财经》和《财新》上发表的短文，要把你的观点说清楚，让人家信服。其实这不简单。写作课是最没有争议的一门课，大家都觉得应该有，但是到现在为止清华只有经管学院开了，没有其他学院开过。

我们花了很大的精力落实课表。其实课表本身没有什么特别的，哈佛、麻省理工、斯坦福、伯克利的通识教育部分也多是8类。他们那里一类课里面可能有一二十门课供学生选择，但我们没有那么多老师，每一门课也就是有两个不同老师授课。其实课程只是一部分，还需要鼓励学生读书。两年前一个本科生告诉我，同学在收到大学录取通知书之后的一段时间比较闲。所以我就在录取通知书中寄给学生一封信，列出十本书的书单，比如《公正：该如何做是好》《乔布斯传》《中国在历史转折点：当代十贤访谈录》等。这里没有经济学专业书，大都是哲学、历史、教育、人物传记。《枪炮、病菌与钢铁：人类社会的命运》这本书对经济学家很有影响，但作者不是经济学家，而是生理学家。《寻路中国：从乡村到工厂的自驾之旅》是一个外国人写在中国的经历，所写的故事我们都熟悉，但是他切入的角度我们不熟悉。我希望我们的学生能够学会用不同视角看问题。我们要让学生有一些不同的想法。这就是通识教育。

本科教育的第二个重要方面是个性发展。2012年4月24日，正好清华百年校庆一年之后，《中国教育报》开了一个专栏，第一篇是写我们学院的本科试点情况，标题是报社取的，“培养学生自由生长的土壤”，突出讲了我们创造环境让杰出人才冒出来的想法和做法，而不是刻意培养。

我们的个性发展有很多措施，比如在140学分中留出20学分“任选课”空间；为每一名新生配备一名指导教师（mentor）和一位校友导师；学院每年开设12门新生研讨课，要求每一位一年级学生从中自选一门；从二年级开始鼓励同学攻读数学、法律、英语、新闻等第二学位；从三年级开始开设三个方向的“优秀人才培养计划”（学术、创业、领导力）；等等。

现在通识教育被认可，我觉得很好，但是，仅有通识教育是不够的，通识教育必须同个性发展相结合，必须同专业教育相融合。这里需要有一座桥梁，有一种黏合剂。这里的桥梁和黏合剂，我认为是批判性思维。批判性思维在通识教育里显而易见，在个性发展和专业教育中也非常重要。我们具体落实在一门课上，叫作批判性思维与道德推理，英文简称CTMR。这门课由我们学院的杨斌老师讲授，他一直做学院党委书记，直到上个月升任清华大学副校长，分管全校的教学。这门课在某种程度上与桑德尔在哈佛开设的“公正”课有相似之处，但是不完全一样，桑德尔那门课是纯粹的道德推理课，而我们的融入了批判性思维部分，这是考虑到了中国的情况。

这门课学生反映很好。当然，最让我震撼的是听到经管学院学生之间经常互问，你对这个问题CTMR过了吗？非经管学院的人是听不懂的。把一个名词变成动词，是了不起的事。你google了吗，你百度了吗？这些都是一家公司成功的标志。CT（计算机断层扫描）和MR（磁共振成像）都是对人的医疗诊断方式，而我们的课程CTMR是教学生对人的思维进行诊断，我觉得很妙。有一位电子系的本科生，是清华特等奖学金获得者，也是我们学院经济学双学位学生，被认为是大神。我同他聊天，知道他的女朋友是经管学院的，就问他有什么方面是他不会而女朋友会的。他说经管学院的学生会CTMR，我不会。

本科教育的第三个重要方面是国际化。《朱镕基讲话实录》中有一篇是2001年他在清华的离任演讲。他那时就说了，经管学院要用英文上课。但是后来一直没有落实。我在2006年担任院长后立即落实，到2007年的时候，超过一半的本科专业课用英文授课。这些年来的效果已经显现。刘遵义是我在斯坦福任教时的同事，后来担任香港中文大学校长。今年4月27日赖斯来经管学院与学生对话时，他就坐在下面听。结束时他出来跟我说，这几年经管学院学生的英文水平发生了质的变化。因为2006年他也来经管学院听过课，他说当时学生提问题，不仅英文不行，而且语言啰嗦。而这次就完全不同了，非常棒。

还有一个有意思的花絮。2007年起我们加大英语课力度，把原来的2学分增加到8学分。我事先做了调查，发现80%的学生说进清华以后英文水平比在高中时候退步了。前年清华大学也做了类似的调查，结果是除了经管学院的学生，80%的学生说进清华后英语水平退步了。

国际化方面的另一项措施是所有经管学院的本科生都有机会去海外大学交换学习一个学期。目前在清华只有经管学院可以做到，清华其他学院的学生可以出去一两个星期。当然，每个人都有机会，但可以选择不去。去海外交换学习，学习课程是次要的，最重要的是一种不同的学习经历。

我们的本科第二学位项目中的经济学第二学位每年招300名非经管学院的本科生。从2013年起我们又恢复了管理学第二学位，也是每年招300人。加起来每年600人，再加上第一学位的250人，一共为850名清华本科生提供本科生学位教育，而每一年全清华招收本科生3 300人左右，从我们学院获得第一或第二学位的本科生占清华本科生的四分之一还多。所以我们这个学院在清华的影响面还是非常广的。

五、本科后教育

本科后教育英文对应的是“postgraduate”，中文翻译成研究生有问题。过去所有硕士都是研究型的，但现在不是了，像MBA和EMBA都不是研究型硕士，而是职业型硕士。我们过去有错位，培养研究型硕士，但博士又有不是研究型的。几年前开始，我们就只招全日制学术研究导向的博士生了。所以现在清理党政干部念博士，我们学院没有这个问题。博士教育要以学术研究为导向，基础方法的训练就非常重要。现在的经济学、金融学、管理学都有规范的方法论。经济学有三高，即高级微观、高级宏观、高级计量。管理学有微观和宏观的研究方法。营销学、运作管理、信息管理都有自己学科的基础方法论。现在招博士生不要求有硕士学位，统一的基础方法训练至关重要。美国大学的博士教育与欧洲和中国大学的博士教育的最大差别是博士一二年级的基础训练。我们在这方面下了大功夫。

关于 MBA 项目改革，已经有很多报道，就不多说了。下面说一下 EMBA 项目。我们在两年前设计了一个全新的课程体系，很有中国特色，同时也有清华特点。我们把所有的课程放在“天”“地”“人”“通”四个模块中，强调要“知晓天时有高度，把握地利有深度，创造人和有温度，汇通八方有广度”。

我要特别讲讲这个“通”，其他三条可能很多学校都有，但是“通”在清华有传统。“通”模块中我们设计了一门全新课程“清华探究”。起源是我在参加 EMBA 毕业生座谈时听到有人说，我来清华上了两年 EMBA，除了这两栋楼之外，清华任何其他楼我都没有进去过。我就想到清华经管与中欧国际工商学院、长江商学院不同的就是我们是大学中的商学院。所以我们就在两年前开了这门课，其中有院士专场，参观八个重点实验室和十个校园风物景区。清华仍然坐落在初建时的校区，所以历史资源丰富，如王国维纪念碑、大礼堂。同方部是当年梁思成演讲“君子”的地方，今年是他做这个演讲的 100 周年。同学们对这门课评价很好。我们今年还组织了一门课，叫“行知中国”，我们到甘肃的张掖行走三天。我们不是光行走，还请了复旦大学的葛兆光老师，他是地理历史专家，讲丝绸之路，唐僧取经之路，等等。

今年我们为 EMBA 同学开辟了四条海外学习路线。原来我们有美东，今年又开辟了美西斯坦福、欧洲和中东，去以色列的特拉维夫，那是一个非常重要的创新创业枢纽地区。

去年我们启动了“后 EMBA”项目。我们为后 EMBA 项目设计了四个维度、八个模块和一个问题。第一个维度是“世”，包括宏观研判，清华探究；第二个维度是“源”，就是追求根源，包括国学智慧，西学体系；第三个维度是“心”，领导之道，修身养性；第四个维度是“势”，历史明鉴，未来大势。我们的课程体系非常严谨，而且很有深度。一个核心问题就是探讨人生的意义。对于参加后 EMBA 项目的学员来讲，他们一定要问的一个重要问题是人生的意义。我们希望能够帮助他们寻求答案。

我们 EMBA 国际项目是与 INSEAD 联合举办的全英文项目，在四地上课，北京、新加坡、法国枫丹白露以及阿联酋阿布扎比，因为 INSEAD 在后面这三个地方都有校区。从 2007 年 6 月入学的第一届，到现在已经招收了 317 人，每一届大约 40 人，他们来自 40 个国家，中国学生占四分之一，女性大约占四分之一。从两年前开始，我们参加英国《金融时报》的 EMBA 全球排名。三年下来，我们的这个项目，第一年排第四，第二年排第二，第三年排第三，三年平均是第三。这个项目为我们的国际化和品牌创造了很大的知名度。现在国内对 EMBA 有很多批评，但我和教育部的人讲，在全中国高校中的任何专业、任何学位项目中找不出一个如同 EMBA 那样能够进入全球前三名的。这里面有一些特殊原因，因为我们的 MBA 办得晚，很多第一代创业人士没有机会念 MBA，所以他们现在念 EMBA。而美国这个岁数的人在他们 30 岁之前早就念了 MBA。我们抓住了这个机会，所以后来居上。

我们的高管培训是没有学位的培训项目。它的起源是 2000 年成立的顾问委员会的建议，所以我们早在 2001 年就成立了高管培训中心。顾问委员不仅提出建议，还给我们牵线搭桥，比如保尔森，他是我们的顾问委员会主席，也是哈佛商学院 MBA 毕业生，所以我们很早就办了一个清华—哈佛高层经理研究项目，这就保证了我们做高管培训的起点高度。到现在我们已经培训了 6 万多名学员。我们的清华—哈佛—中欧联合举办的高级经理人项目，已经很多年了。我们同法国高等商学院和法国时尚学院联合举办的高级时尚和奢侈品管理项目，同苏富比和清华美术学院联合举办的艺术管理与投资项目等，都很受欢迎。我们还专门为印尼、新加坡和马来西亚培养华商举办东南亚华商课程。我们跟高盛联合举办的全球万名女性创业项目，在中国叫巾帼圆梦—女性创业，现在已经有六七百人毕业，共办了 11 期。

六、教育创新

最后讲两个教育创新项目。第一个教育创新项目是清华 x-lab。今年是清华 x-lab 蓬勃发展的一年。我们在 2012 年 11 月 16 日开会，讨论要创建一个创意创新创业的教育平台，到2013年4月25日启动，当时是联合了清华的12个院系，现在是14个。2013年10月16日，我们在清华科技园租了500平方米的场地。2014年是突飞猛进的一年，5月25日我们举办了第一届校长杯十强决赛，评委都是投资人和创业者。10月22日，这些获奖者与扎克伯格合影，算是一个奖励。

这跟我们的定位非常有关系。在第一次会上我就说我们不搞孵化器，只搞教育。我们从一开始的定位就是教育平台，而且我们非常注重要加入创意，我们不要急功近利，只搞创新创业。我说中国人最缺的是创意，所以我们要把美术学院拉进来。其实清华美术学院中的大多数老师是设计领域的，不是美术。我们的强项是可以联合清华14个院系，其中绝大部分是理工科。

英国《金融时报》的记者采访我，本来是谈EMBA项目的，最后我讲到清华x-lab，她眼睛就发亮了，说明天一定要去看看。第二天就跑到了清华x-lab，回去就写了一篇报道，标题是“点亮中国创业精神”，主要讲两个故事，一个是斯坦福的，一个就是清华x-lab的。国外记者对这件事很敏感，因为他们觉得这是商科教育中的创新。反而国内的媒体并没有那么重视，没有上升到这种高度。

第二个教育创新项目是在线教育。这件事我们从两年前就开始做了，我们学院在清华里面是比较早开始的。清华大学在2013年5月参加了国际平台edX。清华还要做国内平台。所以在2013年10月建立了学堂在线。我们学院会计系肖星老师的财务分析与决策这门课于2013年秋季学期上线，有201的国家和地区的13万人选修，4 278人获得证书。这是什么概念？这位教师从1994年开始任教，到2014年教书20年，每一年教授不超过200名学生，20年教了不超过4 000名学生。这门课的在线课程学习人数远远超过了4 000人。这201个国家和地区比联合国会员国都多，所以她现在成了明星教师。这门课的选课人数在清华在线课程中排第一位。

除了上面的公开课程之外，我们还开发小型非公开课程。为此，我们在2013年10月成立了在线教育办公室。2013年秋季学期开设了信息社会与商业变革这门课，青海大学财经学院 222 名学生选修，188 人完成课程，129 人获得证书。2014 年春季学期，我们把 MBA 第一年的两门基础课程管理经济学和中国与世界经济放到网上，其中三分之二的内容在网上，在暑假期间学生可以上网学习，秋季开学后，三分之一的内容再回到教室来，这就是翻转课堂。过去是在课上听老师讲，课下讨论。现在反过来了，学生先在家里在线上课，然后到教室与老师讨论，所以叫翻转课堂。

七、校友活动

我们学院的校友规模很大。本科生校友（包括第一学位和第二学位）有 5 700 人，研究生有 18 000 人，合作学位项目 2 400 人，还有 25 天以上的非学位项目校友 12 000 人。今年借 30 年院庆，我们成立了清华经管学院校友会，按照项目我们有五个校友会，分别是本科、博士、硕士、MBA、EMBA。按照地区，我们的第一个海外校友会在香港，成立于 2013 年。今年 11 月 16 日在新加坡成立了东南亚校友会，场面很壮观。我们邀请印度尼西亚刚刚卸任的总统做我们的名誉顾问，清华大学曾经授予他名誉博士。我们分别在北京、上海、深圳、杭州组织了校友日。

八、学院治理

两年前的媒体茶话会上，我花了六个小时讲教师人事制度改革。在过去这一年，我们集中精力推动学院治理现代化。2013 年 9 月 16 日院务会通过了《关于建设现代大学制度基础上的学院治理的决定》。我们经济学者研究公司治理，很多人知道我和青木昌彦在 1995 年编辑出版过一本关于公司治理的书，在国内很有影响。我一直认为学院治理很重要。我对学院治理问题的思考确实受到对公司治理研究的影响。参照公司治理，学院治理可以分为内部治理和外部治理。与公司治理不同的是，学院内部治理是要划分学院内部学术、行政、监督三方面的权力和责任。顺便说，大学层面是党委领导下的校长负责制，而学院层面不是。学院的外部治理是要接受大学领导，并发挥学院外部利益相关者的作用。

学院内部治理的核心是教师治学。过去我们常听到的是教授治校。教师不能治校，他们也治不了校，但是可以也应该治学。治学就是建立学术标准，保障学术自由。内部治理的支撑是行政管理职业化。这一条很难做到，因为我们清华有“双肩挑”的传统，就是一肩挑学术，一肩挑管理。在我们学院，行政管理基本上是由全时的职员来担任。

为了落实学院治理，我们建立了四套制度：内部治理制度、外部治理制度、教师人事制度、职员人事制度。制度如何落实？关键是制度和人要对接。我们把所有教师组成的委员会和行政机构的负责人列入《岗位人员名单》，这个名单不断更新。

学院的外部治理涉及大学、政府部门、专业组织、顾问委员会、校友、学生、媒体。为了更好地听取学生的反馈意见，我们成立了学生教学咨询委员会，每个学期要开两次会，分别按照本科、研究生、MBA、EMBA 来组织。再就是我们这个媒体茶话会，也是我们外部治理的一部分。去年我们尝试了晚餐形式。今年又是茶话会形式，今年的规模最大。我们把与媒体沟通作为学院治理建设的一个推手。

九、大楼和大师

最后谈谈学院的未来。当年梅贻琦校长说，大学不是大楼，是大师。我考察了一下，梅贻琦做校长是在 1932 年 12 月。那个时候，清华的大楼已经很多了。所以，他可以说非大楼也，是大师也。没有大楼怎能装大师呢？所以我们又得建大楼又要请大师，这两件事都要做。

第一件事是新教学楼的筹款和建设，两栋新教学楼的建筑面积是 5 万平方米，去年这个时候我们完成了 5.1 亿元人民币的筹款，全部是学院的校友捐赠。我们在今年 4 月举行了奠基仪式。今年 9 月，我们从 35 家建筑设计所甄选出 4 家，下个月就要审查他们的初步方案。新教学楼的位置，就在舜德楼西侧，在新清华学堂南侧。这是清华的黄金地段。最重要的不仅是建楼，而是要建适合下一个世纪教育理念的楼，要有利于教师之间、教师和学生之间的交流。椅子要可移动，走廊要很宽，随时可以坐下。我去看过芝加哥商学院的新楼，教室全部在地下一层，没有窗户。哈佛商学院的教室在地上二层，但是教室坐落在整个楼的中间，没有窗户，只有走廊有窗户。因为现在的通风设备已经足够好，不需要靠窗户通风。关于这些建筑理念，我们讨论过好几次，我们和清华校长陈吉宁的观念非常一致。我们要打破传统的教学楼观念，传统的教学楼大厅非常大，走廊里没有一个地方可以坐下来。

有大楼还得有大师。吸引大师的一个惯用机制是建立讲席教授制度。一个讲席教授通常对应一个以捐赠者命名的基金。我们在去年 10 月 24 日的顾问委员会会议上设定了一个目标，建院 30 年我们要设立 30 个讲席教授席位。当时很多人都觉得我们不可能做到这件事，那时我们只有一半，如何在一年内筹到额外的 15 个讲席教授基金？到了今年 10 月 24 日的顾问委员会会议上，我向顾问委员们报告，经过一年的艰苦努力，一共确认了 28 个讲席教授基金，还差 2 个就能达到 30 个的目标了。茶歇后是闭门会议，我们都离开会场了。后来主席告诉我，就在闭门会议上，有两位委员各承诺捐赠一个讲席教授基金。在晚宴的时候，我再次与他们二位确认。这就圆了我的一个梦，经管学院建院 30 年要有 30 个讲席教授席位。现在我们有 9 位讲席教授，所以现在筹到的讲席教授基金可以用来支撑再招聘 21 位讲席教授。

* * *

最后还是回到刚才看的建院 30 周年的宣传片。我在建院 30 周年大会上讲话中的最后几句话，我琢磨了很长时间："未来这些年，正值中国的转型，世界的变局。清华经管学院，只要抓住机遇，就能顺势而上。让我们清华经管学院的师生校友共同努力，学院的下一个十年、下一个三十年，更加值得期待。"这几句话也作为今天跟大家介绍学院的结束语。

大家听了很多，不能空手而归。我们给大家每人准备了一个袋子，里面的东西都同刚才讲的内容相关。第一个是《新清华》专刊，封面刚才讲过了。第二个是建院 30 周年的画册《三十风采》。第三个是《建院 30 周年活动资料汇编》。最后有两个视频，不是你们今天看到的 4 分半的精简版，而是给顾问委员看的完整版，所以你们享受的是顾问委员的待遇。

除了这四份建院 30 周年的资料之外，还有每一学期出版一次的学院概览、每一学年出版一次的学院院册。最后一个是专门为各位准备的，就是 2014 年清华大学经济管理学院媒体报道精选集。我们做这个也是为了梳理一下学院与媒体之间的互动，同时也是感谢你们，总得有点看得到的东西，不一定全，但是这也算是我们的一个心意，对媒体朋友的感谢。

教书育人，用心办学

（2016 年 1 月 7 日）

首先欢迎各位媒体朋友，也感谢大家在过去一年中对经管学院的支持、关注与报道。每年 12 月底或者 1 月初我们跟媒体朋友一起交流。2014 年是学院建立 30 周年，活动比较多，2015 年恢复常态，但梳理之后发现还有不少内容可以跟大家交流报告。

2015 年学院领导班子换届。清华大学严格按照程序，学院一层都是三年一届。我于 2006 年 9 月开始担任学院院长，这是第四届了。每次换届都很平稳，大家都很支持。

一、教书育人

学院的核心工作是教书育人。这看上去很显然，但是我发现一点都不显然，因为在大学对科研成果的重视，对诺贝尔奖获得者的关注度，远远高于对学生的关注度。毫无疑问，研究非常重要，特别是研究型大学。但我一直记得清华有位老教授说的话，他说你研究做不好，当然算不上一流，但如果教书教不好，连大学都算不上。我觉得他说得很有道理。我们也很注重研究，不过文科与理工科，特别是与实验学科，有差别。在经济管理学科，学院的主要工作是组织教学，研究主要是教师个人的事，这是它的学科特点。所以我们学院突出在教书育人方面，既有理念原因，也有学科原因。

学院目前共有 4 400 多名学生（不包括第二学位学生），大概占了清华学生总数的 1/9，清华共有 3 万多名学生。可是我们的教师占清华教师总数的

---

* 在清华大学经济管理学院 2016 新年媒体茶话会上的开场讲话。

5%不到。我们的本科第二学位学生 1 500 人，超过本科第一学位学生人数，两个加起来 2 500 人，全清华本科生 13 000 人，我们学院占了 1/5。清华本科生是全中国最优秀的高考生，其中有 1/5 在我们学院，或者是第一学位，或者是第二学位。这是相当大的比重，清华五个本科生中就有一个在我们学院就读。

我们这些年来一直在用心办学。学院的教学改革现在对清华大学也很有影响，因为学院的原党委书记杨斌现在是清华大学副校长，分管本科生和研究生教育。上个月他在全校做报告，从中可以看到他这么多年在学院搞教育改革的印记。我们聚焦教书育人上的很多理念是共同的。

过去九年，我们学院本科统招人数共 1 707 人，其中 10%是各省状元，一半是各省前十名。但我们从来不在外面宣传。我们从 2013 年开始不再给各省状元任何额外的奖学金，也不刻意去做工作。本科第二学位在中国有特殊意义，因为在报大学志愿时就把专业锁定了，转系特别困难，所以对经济管理第二学位的需求就大于国外的学校。现在学生高考时往往碰到选学校还是选专业的问题。我自己觉得学校比专业更重要，有了第二学位就可以弥补你对第一学位专业兴趣不大的问题。2015 年我们在本科第二学位上有两个创新，经济学本科第二学位新开了金融方向，管理学本科第二学位新开了创新创业领导力方向。

我们和 INSEAD 联合举办的双学位国际 EMBA 项目在 2015 年达到了一个新的高度，获得英国《金融时报》全球 EMBA 排名第一。世界顶尖商学院中除了哈佛和斯坦福之外都有 EMBA 项目，这两所学校没有 EMBA 项目的原因是他们要保护 MBA 品牌，不愿意被 EMBA 稀释。这是中国内地商学院各种类型教学项目中第一次获得全球排名第一。一方面，它显示了我们可以做到，也能够做到最好。另一方面，我在给全院教职员工的信中也说，这只是一个项目，我们的整体水平与世界一流的距离仍然很大，建设世界一流学院我们还要更努力。这一点必须看清楚。

与 INSEAD 合作的国际 EMBA 项目是我在 2006 年担任院长之后同海外大

学签的第一个合作备忘录。这个全英文项目九年了，一共录取了354名学生，平均每年40人，3/4是外国学生，1/4是中国学生，女性占1/4，平均年龄38岁。九年来我参加每一年的开学典礼和毕业典礼，而且每年给他们上第一模块的中国经济与宏观经济学，所以这354名学生我全都教过。

在所有面向学生的活动里，每年的学院毕业典礼是最重要的，现在它也越来越成为学院的一个品牌。2015年这次规模最大，第一次体育馆上面一层全部坐满。我们邀请了Facebook的COO桑德伯格（Sheryl Sandberg）女士做毕业典礼演讲。我们的毕业典礼是在6月29日举行，5月1日她的丈夫突然去世，这件事全球都知道。她是犹太人，她丈夫去世30天之后有一个仪式，她写了一篇悼念文章，在网上传播得非常广。我在一年前就邀请了她，4月30日我又给她发了一封信，她回信说非常期待。没有想到5月1日就看到她丈夫去世的不幸消息，所以当时很不能确认她是否能来。读过她的书的人都知道她丈夫对她有多重要，她丈夫的去世对她的打击太大了。

她按时来了，还带来了她的父母和两个孩子。她的保镖做的一件事情，就是绝对不允许对她的父母和孩子拍照。她非常关心她的两个孩子坐在哪里。开始我们把他们安排在一个玻璃窗户后面的看台，她觉得不好，一定要让他们坐在现场，能够看得真切。她的两个孩子，一个十岁，一个五岁，她希望他们看到这是全中国最聪明的一些学生的毕业典礼。犹太人就是这么教育孩子的。她坐在旁边问了我十遍，问我有没有看见他们。我说看见了，她还不放心，问在哪，反复问，一定要确保他们坐在那里。这个细节特别有意思，因为实际上她的孩子听不懂中文。但是将来她会告诉他们，你们曾经坐在那里。

她先来我办公室。我看到楼下庭院中有好多学生，我就让她走到学生中，与学生一起合影，她感觉非常好。她跟我说，通过这次露面，她的生活有了一个新的开始。这就是一个人对生活的一种态度。从5月1日到6月29日，还不到两个月。她的演讲非常精彩，讲到Facebook的一个理念，命运偏好勇者。这是一次非常重大的活动。微信视频点击10万+。我们在2015年有两个视频 10 万 +，这是其中一个。

2015 年我花了很多时间邀请知名人物来学院讲课。一位是彼得 · 蒂尔（Peter Thiel）。他在 2015 年 5 月来中国，为他的新书《从 0 到 1》中文版做宣传。我去年见了他三次。5 月份他第一次来中国，我与他在我的办公室谈了一个多小时。第二次是在 8 月份，我到他在旧金山的办公室，跟他谈了两个小时。10 月份我们一起在阿根廷参加一个会，我又跟他谈。最后他敲定今年 3 月份来我们学院开设一门 1 学分的课，共八讲，课程名为“创办新企业：中美新观察”。所以每邀请一个人，特别是这么知名的人物，都是要花很多工夫的。蒂尔是斯坦福的本科，专业是哲学，之后读斯坦福的 JD（法律博士）。他当过 PayPal 的 CEO，是 Facebook 的第一个天使投资人，当时投了 50 万美元，获得 10% 的股份，他现在还是 Facebook 的董事。他还投资了 Palantir，这不是一家上市公司，但是在大数据分析方面特别厉害。他的《从 0 到 1》在中国卖了 100 万册。这本书是他在斯坦福讲课的时候，他的助教帮助他将讲义整理成书的。

贯穿蒂尔这本书的一个思想是“逆向思维”，他认为这种思维方式才能做到从 0 到 1 的创新。他说他通常聘人的时候，总要问一个问题：What important truth that very few people agree with you on？遗憾的是中文翻译成这样了：你有哪些观点与多数人不同？应该翻译成，你相信哪些重要的真理，但是多数人不同意你？两者之间有很大区别。因为你可以有很多不同于多数人的观点，但未必是真理。你想证明你是少数人的观点，同时又是真理，这就不容易了。我问他为什么问这句话，他说希望鼓励人们逆向思维。他是学哲学的，对问题很有思考。他说一般人的才能分布是正态的，但创业者的才能分布是反的，意思是说两个极端的人很多，中间常规的人很少。我非常期待他的课程。

另一位是哈佛大学历史学教授弗格森（Neil Ferguson），将在今年 5 月来经管学院开一门 2 学分的通识课程。在我们的本科通识教育核心课程中，有一门中国与世界，我曾经邀请过很多人来讲，上个学期我请了清华政治学系的刘瑜老师。下个学期请弗格森讲。他说他会从1517年明朝正德皇帝开始讲，讲到2016年，正好要讲过去500年中国与西方互动的历史，他会聚焦八个重要事件，包括1972年尼克松访华。他要通过这八个重要事件来看西方和中国之间的互动关系。与此类似的是《人类星光闪耀时》一书，是奥地利作家茨威格写的，他写了12个事件。这个课程也是非常值得期待的。我现在头疼的是这两门课的教室问题。他们的课一定非常受欢迎，都是世界级的课程。这就是我们的教育办学，关键是要落实到每一门课上，找对人。

二、顾问委员会会议

我们的顾问委员会在2015年又有了新意。先从两本书谈起。在今年的顾问委员会上，朱镕基院长赠送给每一位海外委员一本《朱镕基讲话实录》英文版第二卷。第一卷是两年前出版的。另一本书是保尔森的《与中国打交道》（*Dealing with China*）。今年保尔森和扎克伯格都来参会了。扎克伯格每年要做一个“新年决定”（New Year's Resolutions）。2015年决定是每月要读两本书。他去年推荐了很多书，其中一本就是保尔森的《与中国打交道》。这本书的第七章“通往成功的学院”（School for Success）专门讲清华经管学院顾问委员会成立的前前后后，有些历史我也不知道。其中讲到1999年朱镕基找他，希望他帮助组建一个顾问委员会来帮助学院建设。有很多细节特别有意思。当时有些流言蜚语，说他找的都是高盛的客户。他听了以后非常烦恼，又很紧张。他在从伦敦到北京来开第一次顾问委员会会议中途在新加坡停留的时候，让秘书录了一封信给朱镕基。2000年10月6日开第一次顾问委员会会议，当时朱镕基是总理还兼着学院院长。那次会是在清华老图书馆开的。朱镕基的第一句话就是你的信我收到了，你的观点我全部同意，主席先生，请你主持会议。所以朱镕基对保尔森非常信任。后来清华经管学院与哈佛商学院的合作，成立高管培训中心等，都与保尔森的推动分不开。

这次顾问委员会会议有四位女性委员参加。我们一共有五位女性委员，通用汽车CEO玛丽·博拉这次没能来，她最近又担任了董事长。罗睿兰是

IBM 百年历史中首位女性 CEO。今天刚有一条消息，IBM 做大调整，砍掉55% 的传统业务。百事可乐 CEO 卢英德在印度读的本科，到美国念了一个硕士，然后进入百事，一直做到 CEO。华裔就没有在世界 500 强的跨国公司（非中国公司）里担任 CEO 的，现在谷歌 CEO、微软 CEO 都是印度裔。新加坡淡马锡 CEO 何晶是我们的顾问委员，她是新加坡总理李显龙的太太，李显龙的父亲李光耀刚刚去世。淡马锡 40 年来的回报在 10% 以上，所以李荣融一直推崇学习淡马锡。杨敏德是香港商界女强人，益达公司的老板。

朱镕基在这次顾问委员会会议期间会见顾问委员时说："为清华大学经管学院出了一分力的人，我们永远不会忘记他，我们会永远牢记他们做出的贡献。"IBM 董事长罗睿兰说："让我印象深刻的，不仅是顾问委员会组成阵容的强大，还有每一位顾问委员都胸怀清华大学和清华经管学院的长远利益。"壳牌和沃尔玛这两家公司轮流全球 500 强第一，取决于石油价格，石油价格高的时候就壳牌第一，石油价格低的时候就沃尔玛第一。壳牌 CEO 范伯登说："中国要很好地应对目前的变化，需要新型的企业领导者，需要技术和商业的创新者。我觉得清华大学和清华经管学院有着非常独特的优势，可以在这方面做很多的工作。"之后是俞正声主席会见顾问委员，马凯、刘延东、陈元等国家领导人参加。

三、顾问委员与清华经管学院学生

顾问委员会成立的初衷是给学院出谋划策。后来我们把它开放给学生。2015 年顾问委员会会议期间一共有 12 位顾问委员走进 12 个经管课堂。每一位委员都非常了不得。戈恩是日产和雷诺两家公司的 CEO，最近又收购了俄罗斯第一大汽车公司。他是黎巴嫩人，出生在巴西，在法国受教育。李思拓是诺基亚董事长，芬兰人。穆太康是可口可乐 CEO，土耳其人。桑顿是高盛原总裁。卡斯特是安盛 CEO，法国人，他们家原来是贵族。鲁宾斯坦是凯雷主席，现在是我们顾问委员会主席。李荣融是原国资委主任。诺利亚是哈佛商学院院长，也是印度人。麦克纳马拉是伟创力 CEO，在硅谷，与郭台铭竞争。布雷耶是风险投资家，布雷耶资本是第一个投资 Facebook 的风险投资机构，他现在是哈佛校董会成员。沈天文是苏黎世保险 CEO，瑞士人。他们同我们的学生对话，这种机会非常难得。我们的学生也准备得很好，对他们的情况都很了解。

有两场活动很特殊。一场是我跟马斯克对话，两个小时。马斯克跟乔布斯不一样，他不善言辞，所以当时他公司的人就跟我说，一定要准备很多问题问他，不然他就不愿意说话，而且涉猎的领域要非常广。我准备了很长时间，从航天到电动车，从新能源发电到人工智能。在此之前他在中国接受过两次采访，一次是 CCTV2 对话节目，另一次是在博鳌论坛之后接受杨澜采访。我看了视频之后觉得我得跟他们都不一样，要发挥在学校的特点。所以我请了几位清华教授，一位是物理系院士，一位是汽车系教授，一位是电机系教授，希望挖掘得深一些。

马斯克是南非人，高中毕业后到加拿大皇后大学读了两年商业管理。此后转学到沃顿商学院，读了三年，获得商业管理和物理学学士学位，所以是本科双学位。之后他到斯坦福读博士，但报到后三天就退学了。所以他的正规教育就是到本科为止。他除了担任 CEO，还是首席设计师、首席构架师、首席技术师。他说这些知识都可以自学。在对话中，他说物理学对他很重要，但不是具体哪个公式重要，而是物理学第一性原理重要，所谓第一性原理是指物理学一定要刨根问底，追问基本假设。他说这种思维方式对他非常有启发。他就是想把人送上火星，所以要有火箭。他最开始到俄罗斯买，但是太贵。后来他发现火箭贵是因为火箭只能用一次，实际上燃料的钱只占 1%。所以他要做可回收火箭，把火箭价格降到原来的 1%。

另外，他认为量子力学很有启发，因为在量子层面的物理规律跟宏观层面的物理规律是很不同的。比如一只猫可以同时是活的又是死的，这在宏观层面是不可能的，但在量子层面是可能的。他说这是反直觉的，但是对的。他推崇反直觉思维，而不推崇类比思维，但是人类多数都是类比思维，因为那是捷径。你已经知道一个东西，跟它类比一下，也会有所创新，但是不够深刻。物理系朱邦芬院士提问，现在教育部要砍中学的物理课，要给中学生减负，问他怎么看。他说物理课很重要，但是现在教物理的方法不对，全是让学生背公式，必须改革。

他对五个行业有兴趣：航天、电动车、清洁能源、人工智能、生物技术。那次对话一个月后，他参与创立了 Open AI，一个人工智能的非营利性组织。他与霍金联名发布了一份声明，呼吁对人工智能要有所监管，否则将来一堆机器人打起仗来，比核武器还可怕。经过一番思量，对话结束时，我用 3D 打印了一个火星，上面放了一辆特斯拉车和一个清华管理宇宙论坛的标识，作为礼物送给他。

还有一场是 10 月 24 日扎克伯格的活动。他用中文做了一场 30 分钟的演讲。这对他来说是极具挑战性的，因为他的中文水平很有限。他说我只能讲半个小时。但是我说你走进课堂，我们一堂课就是 45 分钟。最后我决定分为两段，前一段网络直播，最后要放到 Facebook 上的，全部讲中文，之后转入问答环节讲英文，不再直播。中间由我来穿插，我说前面的课讲完了，下面进入提问环节，不在网上直播了，如果你们想听的话，请报考清华经管学院，做了一个广告。

我事先没有看过他的稿子，所以完全不知道他要讲什么，但是我全听懂了。他说我今天不讲如何创业，而讲为什么创业。这第一句话就很有分量。中国人的长处是把事办成，只问如何做，不问为什么做。这就是邓小平说的不争论，我们的文化传统也是不追究。但他讲的是为什么做，讲了三个问题。第一是使命，第二是用心，第三是向前看。他还引用了马云的话，说向后看你如此伟大，向前看你很渺小。这一次的视频在我们学院微信上 40 多万点击量。在 Facebook 上的视频是 200 万点击量，而腾讯视频是 287 万点击量，从这可以看出中国的人口数量是非常重要的。

四、校友活动

2015 年我们的校友活动达到一个新的高度。我们现在按照三个维度建立校友会，教学项目、地区和兴趣领域。去年我们成立了北美校友会，包括美西、美东、加西、加东四个分会，还成立了欧洲校友会，包括英国、法国、德国三个分会。还有按照领域成立的校交会，如互联网、户外、创业等。这样我们的校友组织基本健全了。在旧金山举行的北美暨美西校友会成立大会上，顾问委员布雷耶出席。布朗勋爵是 BP 集团原 CEO，担任过顾问委员会主席，他参加了在伦敦举行的校友会成立大会。

五、创意创新创业教育：清华 x-lab 三年的进展

最后我想介绍这几年我们花力气建设的清华 x-lab，因为 2015 年是“大众创业、万众创新”的元年，这是非常重要的一个话题。我们是在 2013 年 4 月 25 日联合清华 14 个院系共同创建清华 x-lab，中文名叫清华 x-空间。从一开始我们就定位于创意、创新、创业的教育平台，是三创，不是双创，因为我们是教育机构。我们也搞得比较超前。

我们联合了清华的 14 个院系，其中绝大部分是理工科院系，覆盖了清华的一大半，它们占到本科生的 78%，研究生的 52%，教师的 67%。我们在校内的延伸程度比哈佛商学院和麻省理工斯隆管理学院更广。我们有三个战略合作伙伴，它们都与清华有关，分别占据了地财人三个方面。地是清华科技园，我们比较便宜地租了办公场地；财是清华控股，提供一些支持；人就是清华企业家协会，里面都是清华搞企业和创业的校友。到现在为止，已经有万人参与，近千个团队。团队分三类，创意阶段、创新阶段、创业阶段，是金字塔式的，创业团队只占 8%。这同现在很多高校纷纷搞创业不同。我们从一开始就是这种金字塔式的，只有一小部分人创业。

在大学，培养创意很重要。也许毕业十年后学生才去创业，但照样有我们教育的功劳。一般人不去想这个问题，只是想解决眼前的就业问题。就业对很多学校而言很重要，但像清华这样的学校，就业不是问题，主要还是要为人的一生做准备。我们的团队中，来自经管学院的最多，其次是信息学院、机械工程学院、美术学院。美术学院的中文名字很误导，应该叫美术与设计

学院。我们受到了政府和媒体的认可，还上了2015年4月30日《人民日报》内参。

我们一直坚持以育人为中心，而不是以育项目为中心。所以我们不搞孵化器，是“三创”而不是“双创”。我执意要把创意加进去，创意就是 creative ideas。我们说的三创是创意、创新、创业。在具体落实上，我们的做法是搭建一个“三位一体”的平台，一个是学生的教育平台，一个是团队的培育平台，一个是资源聚集和学科交叉的生态平台。

李克强总理在2015年10月19日的“双创周”期间到中关村参观。其中汇报人中有两个是清华 x-lab 的学生，一个是机械系的博士生，产品是智能空气净化器，还有一个是生物系的博士生，做生物塑料。

2015年年底我们开了一次研讨会。与三年前不同，我们现在面临的新情况是全国都在搞“双创”，我们不再有唯一性。以前我们是第一个，做第一个容易，但做对不容易。2014年我跟苹果 CEO 库克对话。他说苹果一直强调的是一定要做对，而不是第一个做，他说做对更难。作为教育机构，我们应该关心的是经过我们的培养，学生在10年、20年后是否会认为从中受益？我觉得这个很重要，我们不应该急功近利。

解读《大学的改革》

（2016 年 12 月 8 日）

这次是第八次新年媒体茶话会了。媒体茶话会是一个内部分享会，不是采访。这样我可以同大家聊一些在外面听不到的有趣的事，在沟通中增进与大家的友谊和感情。

以前的茶话会有点像工作汇报，但这次不太一样。这次正值我的两本书《大学的改革》出版，所以不仅是一年的事，是透视很多年。我首先要感谢在座诸位对我们学院，特别是对我本人的支持。我的脑子里一直都有一个“四面八方”图，就是教师、职员、学生、校友，还有学界、商界、政界、媒体。不管是旧媒体还是新媒体，不管是老朋友还是新朋友，我们一直都保持最密切的联系。昨天《人民日报》发了我的署名文章，我要特别感谢杨暄。前天金融四十人论坛举办了《大学的改革》读书会，《财经》的马国川担任评论人，我也要感谢他。

上周日中国经济学奖首次颁奖，授予我和许成钢，奖励我们“对在转轨经济中作用于政府和企业激励机制的研究所做出的贡献”。这是经济学学术界对我的学术研究的认可。我专门把我的获奖讲话印发给大家。这一讲话受到一些关注，可能有三个原因：一是对获奖本身的好奇，这是一个非常学术性的奖项，而且第一次颁发。二是好多媒体专门摘出我讲话中一段对计划经济的评论，特别是财经界人士对此敏感。这后面有一个背景，就是两周前在上海的一个论坛上，马云说因为大数据和人工智能，计划经济可能又可行了。正好我们的研究是计划经济向市场经济转轨，所以讨论计划经济是我们的研

---

* 在清华大学经济管理学院 2017 新年媒体茶话会上的开场讲话。

究领域。从计划经济向市场经济转轨有两大问题，一是资源配置问题，一是激励问题。其实在20世纪30年代就有类似讨论，是不是有了计算机，计划经济就可行了？这几十年的研究成果，重要的进展是在信息不完全、不对称的情况下，人有激励问题，解决这些问题，计划经济不如市场经济。三是我在讲话中的最后一段，关于学术研究动机的阐述。昨天知识分子公众号也转载了我的这篇讲话，这个公众号的读者大部分都是自然科学学者。关于这个问题，我考虑了很长时间。《中国青年报》大概在两三年前专访我的文章，标题就是关于短期功利主义，这个词是我编的。我又编了另一个词，长期功利主义，还有内在价值的非功利主义。我对短期功利主义批评较多，但作为经济学者，不能批长期功利主义，因为这是经济学的基础。在科学研究上，仅仅是长期功利主义的境界是不够的，应该有更高的境界。我专门引了爱因斯坦的话，就是想说明科学探究的动机，不能只是在功利主义层次上。

我的获奖研究工作都是在我回国之前做的。我过去三十年的职业生涯，大致可以分成前十五年和后十五年。前一半时间在美国，主要做经济学学术研究。我在获奖讲话里做了一些概括。后一半时间主要在国内从事教育工作，特别是过去十年担任清华经管学院院长。《大学的改革》一书，特别是书的引言，对我的教育工作做了概括。所以这两篇是两个概括，一篇是我的获奖讲话，是对我做学术研究的概括；一篇是书的引言，是对过去这些年我从事教育改革的概括，不能说是全面，但总是一个概括。

做经济学学术研究与做经济管理学院院长，至少在我的这种做法中，两者之间是有联系的。这种联系似乎前人还没有做过，所以也算是一种创新。当然，我自然会想到，我这十多年的机会成本很高，因为我没有时间做学术研究。如果我不做教育工作，不当院长，或不这么投入做院长，可能我在学术上能有更大成绩。吴敬琏老师也这么说。但我不后悔，我认为我过去十几年做的事非常有意义。我不是教育改革的开创者，而是探路者。在中国，经济学家很多，能做经济学贡献的人可能比能做教育改革贡献的人要多。但是推动教育改革的人相对较少。《财经》的马国川现在是中国教育30人论坛秘书长，他也发现了推动教育改革是一个受众更广，更根本，需求很大，但供给相对较小的领域。如果用经济学术语来讲的话，我在教育改革上的边际贡献可能大于在经济学研究上的边际贡献。

一、书的背景

首先我要特别感谢《比较》编辑室的吴素萍，她是这本书的策划编辑，比责任编辑还重要。吴素萍劳苦功高，但是同时也受尽“折磨”。经过了折磨，才有今天的这本书。大家都觉得这本书做得很简朴，很精美。那天马国川一看就说，这本书做得非常好。吴素萍昨天在朋友圈吐槽，她说我“对学生宠爱有加，在学生面前总是满面春风；但对工作人员的工作要求，尤其是和学生相关的工作，要求之严苛只能用挑剔来形容”，后面跟了三个龇牙的图标，抓狂。我们学院办公室主任教方兴的回复是“哈哈哈哈哈哈哈”，深表赞同。

我从 2002 年开始担任清华经管学院特聘教授。实际上做特聘教授这件事是从 2001 年 6 月开始谈的。朱镕基在 2001 年 6 月 9 日来清华做演讲，辞去院长职务，之后赵纯均接任院长。那时候正好我在国内。经管学院副院长薛镭是我在清华的本科同班同学，就联系我与赵老师见面。赵老师刚当院长，想做点事。从《朱镕基讲话实录》中可以看到，学院顾问委员会于 2000 年 10 月 6 日召开第一次会议，于 2001 年 4 月召开第二次会议，在那次会上朱镕基讲教师是根本推动力。很自然地赵院长接任后想推动经管学院的教师引进，所以想找我聊聊。当时的清华经管学院的学科中，管理科学与工程比较强，但是经济学很弱，所以就找到我。我是清华数学系毕业，但之前国内联系的主要学校是北大，与清华经管学院没有太多联系。1993 年我在北大教过一门课，后来与人大也联系比较多。

当时经管学院希望能招一些海外教授全职回来工作，我说这比较难。在讨论中我想出了一个办法，就是先从访问做起，但要做得比较正式，就是每年来清华三个月，相当于四分之一时间。这是因为美国的大学只发九个月薪酬，三个月是假期，所以这样做不违反美国大学的规定，又能在清华工作的时间比较长。2001 年秋季学期我回美国后就开始联系，到年底时便有了些眉目，经济学科我找了 15 位，都是从中国大陆到北美留学并在海外获得终身教职的。我们都是 20 世纪 80 年代最早一批从中国到美国学习现代经济学，获得博士学位后在大学担任正教授或者有终身教职的副教授。这就是特聘教授的起源。

2002 年 4 月 28 日是清华校庆日，那天在清华经管学院召开了特聘教授聘任大会。我在会上代表特聘教授做了发言，收录在这本书中。那时清华大学是王大中担任校长，陈希刚刚上任书记。那次被媒体炒作了一把，即所谓的“百万年薪”。实际情况是一个人只拿四分之一，其中还有一部分是研究经费。

那天在经济学、金融学、管理科学三个领域一共聘任了 28 人，其中经济学 15 人，超过一半。经济学的 15 人中现在有 10 人在国内高校担任院长。除了我担任清华经管学院院长、白重恩担任清华经管学院副院长、李稻葵担任清华苏世民书院院长外，谢丹阳担任武汉大学经济与管理学院院长，周林担任上海交大安泰经济与管理学院院长，洪永淼担任厦门大学经济学院院长，田国强担任上海财大经济学院院长，李奇担任首都经贸大学国际工商管理学院院长，白聚山担任南开大学金融学院院长，王一江担任长江商学院副院长。这在当时是没有想到的。所以好多事都不是计划的。

这本书分为两卷，是根据讲话场合区分的。在清华大学之外或主要面向清华之外听众和读者的，放入第一卷；在清华经管学院和清华大学内的讲话，放入第二卷。在同一个主题之下，都是按时间排序。为什么按照时间排序很重要？因为从中可以看到改革想法、改革措施是一步步演化的，不是一蹴而就的。

这本书是原始讲话和文章的历史实录。讲话实录都是原文，可以看到很多提法以及课程表都是在不断变化的，是有历史演变过程的。每次讲话，由于对象不同，需要重复一些内容，过于重复的删掉了，但是有些重复还是必要的。结果就是现在呈现的将近 90 万字的两本书。

前天马国川在金融四十人论坛读书会的评论中总结了我做经管学院院长有三个背景优势。第一是在国外学习任教时间比较长，第二是有经济学的学术背景，第三是有中国经济改革的参与经历。我觉得他说的这三条是有道理的。

第一，跟其他从海外回国任教的学者相比，我在美国待的时间和经历属于长的。我1981年去美国，在出任院长之前有25年的时间在美国，而且全部都在大学里面。我曾经在美国的六所大学学习任教，既有私立大学，又有州立大学，既有东海岸，又有西海岸。而且，我的起点是清华，又回到清华。这就给了我一个比较广阔的全球化视野，特别是对美国一流大学的了解。这个了解是建立在比较的基础之上的。

我经历的学校多，学科训练也较多，从数学到统计，再到运筹学和管理科学，再到经济学。绝大部分出去的留学生是学习理工科，从学科上讲单纯一点，不少主要是在实验室中做研究。而学习社会科学就需要对国家、社会、制度、历史都有更多了解。这是自然的。另外，我在国外经历从学生到助理教授再到教授的完整过程，也对后来学院的工作非常有帮助。

第二，我从事的学科是经济学。经济学是社会科学，是介于自然科学和人文之间的学科。国内的分法是文科与理科，这不是很科学。文科中有社会科学和人文之分，而人文通常不叫人文科学，而叫人文学科。所谓科学就一定要有理论框架，并有事实检验。社会科学研究的对象是人和社会，但是用的方法与自然科学相似。特别是经济学，自认为是社会科学中发展最成熟的，使用的科学方法也是最前沿的。经济学的视角、理论分析框架对我思考教育问题，对推动大学改革，起到了意想不到的作用。经济学中很重要的思路是在约束条件下最优化。人是理性的，所以要最优化，但是有约束条件。什么是约束条件？技术条件不能超越，资源禀赋是给定的，还有制度约束和文化传统约束。给定这些制约条件，如何优化和改进，这就是经济学的思路。经济学的基本原理之一是人对激励有反应，所以必须考虑人的激励问题。但学校与公司不同，不能完全用物质激励的办法。实践中必须考虑历史和现实条件，往往不能取得最优，但要争取次优，要有所改进。

第三，我从20世纪80年代起参与了中国经济改革，虽然我当时在海外。中国经济改革的经验和教训为教育改革、大学改革提供了有益的参考，这是一个优势。1983年我在耶鲁大学认识吴敬琏老师，当时我是研究生，他是访问学者。我那时对经济学一窍不通，对中国经济更是一无所知。他推荐我读科尔奈的《短缺经济学》。那时没有钱买书，我就把整本英文版复印下来。我第一次见到科尔奈是在耶鲁，他来做学术报告，他把计划经济的问题说得最清楚。1984年夏天吴敬琏老师回国，就投身于中国的市场导向的改革。1985年我们在美国的留学生成立了留美经济学会，我是创始人之一，并担任了第二任会长。当时我与国内的中青年经济学家关于中国经济改革有很多交流。

1988年我同吴敬琏老师一起参加了北京四通公司股份制改革的课题研究。也是在1988年，我到中国工商银行上海静安寺储蓄所调研，那是中国在股票交易所创办之前唯一可以买卖国库券的地方。1993年我和吴敬琏老师一起写过一篇题为“关于公司化”的文章，发表在《经济日报》上，也参与过有关财政改革、税收改革、金融改革、企业改革等的改革方案讨论。经济改革过程中有很多经验可以参照，比如双轨制就是一个例子，有其内在逻辑。我们在推动教师人事制度改革时，不仅是用双轨制，有时还用三轨制，否则，改革就推动不下去。

除了以上三条外，在过去十年推动教育改革还有三个很重要的优势因素。第一个因素是国家层面的优势，主要是中国经济的快速发展。2005年中国GDP占全球5%，2015年占15%（按美元计价）。中国的经济增长部分在全球经济增长中占比就更大了，约30%。水涨船高，中国的大学、商学院都在享受中国经济增长的红利，这一条不能忽视。

第二个因素是学校层面的优势，是大学的支持。我们是清华大学中的一个学院，学校对我们学院相当支持。比如本科教育改革这件事，学校并没有给任何资源，但是主管副校长允许我们搞试点。这种认可还是很不容易的。所以我也对此深怀感激。另外，我是清华毕业的本科生，清华认“出身”，而且我毕业得早，是 1977 级的，“文革”后第一届，清华有按照毕业年次排序的传统。我的这个资历在清华做事也是一个优势。

第三个因素是个人层面的优势，就是朱镕基老院长的大力支持，这非常重要。当然，这一支持的后面很重要的还是理念上的相通和一致。朱镕基 1947 年进清华，1951 年毕业，是在 1952 年院系调整之前，从这点上讲他是老清华毕业的。老清华有很多理念他是非常认同的，比如英文授课。朱镕基讲得非常清楚，他说他念清华的时候只有一门课是中文教的。所以传承是很具体的，不需要太多争论。在其他学校，没有这个传承就很难推进。

下面介绍一下书评，还会陆续出。吴敬琏老师在中国经济学奖颁奖会上对我有这样的评价：

> 这些年来，颖一忙于清华经管学院的院务管理，这无疑减少了他用在经济学上的精力，也减少了我们从他的经济学研究中得到的享受，但是我们收获了一位教育家。

其实我自己从来不说我是教育学家或者教育家，我只不过是教育改革者、参与者。

顾明远是老一辈的教育学家，他比吴敬琏还大一岁，是教育界的泰斗级学者。他写了一篇书评，让我感动。他在书评的结尾处说：

> 这本书的书名虽然为“大学的改革”，实际上论述了教育的根本问题，而且紧密结合了我国教育的实际，既指出了当前我国教育存在的问题，又提出了改革的路径，特别重视教育理念的变革。这本书不像一般教育学者那样板着面孔讲教育的理论，而是引用他在几十年大学教育实践中思考的和经历的故事，引用了清华大学的历史传统故事，用他经济学、管理学学者的眼光侃侃道来，非常有可读性。著作反映了时代的要求，提出了大学现代化建设的路径，称得上一部在讲教育故事中渗透着教育哲理的教育学著作。

我不是教育学界的人，能够得到他这么高的评价，实在是受宠若惊。我们第一次见面是在两年前中国教育30人论坛首次年会上，我关于均值与方差的演讲，给他留下了很深的印象。他觉得我说得很对，而我们的看法很一致。他一直说中国教育有高原，无高峰，这与我说的均值高方差小是一致的。他说的是比喻，我是用一个统计变量来刻画。

刘瑜写的那篇书评是另外一种风格。书评的开头是："曾经看到过一个摄影作品，某场战争的废墟上，一个衣衫褴褛的士兵在弹奏一架被废弃的钢琴。阅读钱颖一老师的这本书，让我想起这个画面"。结尾是："废墟上的钢琴声，划破灰暗，格外动人"。很有意境。

二、书的框架

我下面讲讲书的整体框架，就是一个理念、两项内容和一个结果。

1. 一个理念

一个理念就是"大学为学生"。这几个字很简单，但其中道理并不显然。特别在顶尖的研究型大学，创"双一流"（一流大学，一流学科）是主旋律。现在和十年前不同，有的是资源。在这种情况下，教师的研究论文发表被极其重视，但是学生培养被轻视。即使在学生培养方面，注重的也是学生参与研究和论文发表。最近几年，清华评选出来的特等奖学金获得者全是理工科的。

今年诺贝尔经济学奖获奖的两人都是研究激励的。其中霍姆斯特朗（Bengt Holmostrom）关于多重工作的激励对我们很有启发。他发现，当一个人面临两项工作的时候，如果一项工作的结果可以度量得很精确，而另一项工作的结果无法度量精确，在这种情况下，如果对第一项工作的结果给很强的激励，就会造成第二项工作没有激励。因此整体最优激励是降低对第一项工作的激励，而不是加强。他举的例子就是教育。假如教育里有两项工作，一项是考试，一项是培养创造力，前者的结果很容易被度量，后者不容易。在这种情况下，并不是对考试的激励越强越好，因为如果考试的激励很强，培养创造力的激励就没有了。所以对第一项的激励不要太强，有可能是好事。

大学的使命是多重的。教书育人，研究探索，服务社会，服务国家，都是现代大学的使命，这没有疑问。在这四项之中，教书育人的结果最难度量。所以一旦其他三项的激励越强，学生就越被忽视。所以经济学的激励理论就可以用来思考这个问题。清华对学生培养的要求是要看一生，而不仅仅是就业，因此很难度量。所以要以学生为中心，一定需要其他的激励，比如坚定的信仰，热爱教育事业，爱学生。这不容易。

我坚信，大学必须为学生。这一理念具体体现在这两本书的封面上。这是在编辑们的坚决反对下一意孤行才定下的封面。我为什么坚持？第一卷封面照片是从网上扒下来的，不是在清华校园。第二卷封面照片是我在 2008 年 9 月给经管学院本科新生上经济学原理课的照片，右侧是我站在那讲课，被我截去了，因为我要突出学生。我之所以选这两张照片，就因为这里只有学生，是校园里的学生，教室里的学生。照片里没有放大楼，也没有放大师，甚至没有放图书馆。这里就是人，活生生的人。活生生到什么程度？学生还拎着包子，这里还有人抠鼻子。这就是我想要的，就是要突出真实的学生。

2. 两项内容

从内容来讲，就是两类。一类是实践现代教育理念，要解决学什么，怎样学，为什么学，什么是教育，什么是研究等一系列问题。还有一类是建立现代大学制度，有关教师人事制度、治理制度等问题。第二卷学院篇分为四编，第一编是学院整体，第二编是教学，第三编是研究，这三编回答的是第一类问题，而第四编就是治理，回应第二类问题。

这其中分量最重的第一卷第三章的五篇文章，都是发表在《清华大学教育研究》上的论文，都是该期第一篇。前两篇《谈大学学科布局》和《论大学本科教育改革》是关于实践现代教育理念的，后三篇《大学教师人事制度改革》、《学院治理现代化》和《大学治理：美国、欧洲、中国》是关于建立现代大学制度的。这五篇是比较有系统性、比较严谨的论文。

后来我发现，在教育界，我在 2003 年发表的第一篇文章可能影响最大。

这篇文章讲现代大学中的学科布局。自 1952 年中国高校院系调整以后，大学学科布局效仿苏联。比如清华就是工科。改革开放后，逐渐恢复人文社科，但只是作为补充。这篇文章的起因是 2003 年 1 月，时任清华大学党委书记陈希让我给清华大学领导讲一次课。之后他说我应该写一篇文章。我在文章中的图是我的“专利”，描绘了在一所综合性大学中，基础学科和应用学科（上、下），理科和文科（左、右）的学科关系。为什么这张图对清华的冲击大？我把工科摆在四个象限的左下象限（理科、应用），而我认为作为综合性大学，最核心的部分是上面的基础学科部分。同时，我又把文科分为社会科学和人文。在下面的应用部分，我提出四个学院分量最重：工学院、医学院、商学院和法学院。至今我遇到其他高校的老师，都还会提到我的这篇文章。比如上个月北大哲学系一教授评论我的书时就提到这篇文章。

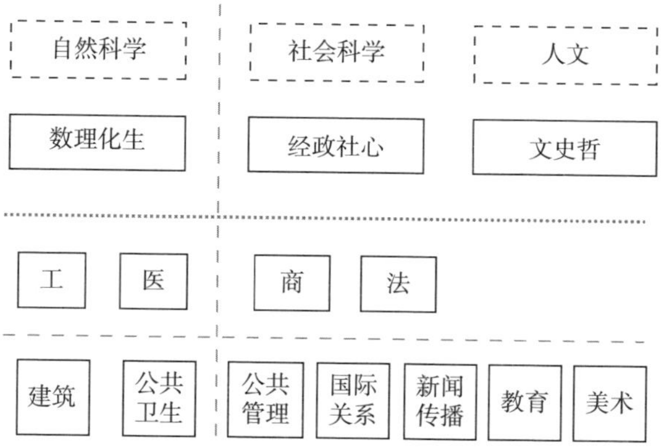

图 1　学院、学科之间的关系

这一篇是我回清华工作之前写的，主要是根据我对美国大学中学科布局的观察和思考，包括我经历过的六所大学。为了写这篇文章，我还专门研究了麻省理工学院，因为它在工科大学中的地位很高。我还特别举例圣地亚哥加州大学（UCSD）。为什么？因为哈佛、耶鲁等美国名校历史悠久，又是私立学校，与我们的大学情况太不同。但是圣地亚哥加州大学是 1960 年建校，比清华晚多了，而且也是公立大学。关键是它在很短时间内就成为世界一流大学，还出了好几位诺贝尔奖获得者。

第二篇是关于本科教育改革的。这是基于我担任院长后的改革经历，也是我在各教学项目改革中花精力最多的，因为本科是大学中最基础的教育。这篇的起因是2009年开始的第23次清华大学教育研讨会，我参加了关于本科教育改革的研究小组，与一些清华教授有过很多讨论。经管学院的本科教育改革就是以这些讨论研究为起点，提出了一整套改革措施，并且加以落实。这篇文章就是对本科教育改革从理念到实践的全面梳理。本科教育是大学中最为重要的。这篇文章也最能体现我的教育理念。

后面三篇均关于建立现代大学制度，其中的第三篇和第四篇是以清华经管学院为案例，第五篇是关于大学治理的国际比较。最后这篇《大学治理：美国、欧洲、中国》实际上我早就写完了，一直到去年才发。这篇的标题受弗莱克斯纳在20世纪30年代一本书名的影响，那本书就是《大学：英国、德国、美国》，我十年前读过。在某种意义上，我的这篇《大学治理：美国、欧洲、中国》有点像他的书的当代版，当然是局限在治理问题上。

欧洲大学治理的一个特点是民主化，比如大学校长和院长是选举出来的。而美国则不是，香港原来是，后来也改了。我在文章中论述为什么大学治理不能用这种民主方式。大学的学术问题是由教师（faculty）决定的，所以是民主化的。比如要由教师投票决定某个人够不够教授的学术资格。但是大学管理不能用民主的方法。简单地说，大学的资源配置问题和企业一样，必须有科层关系。而且大学的资源配置要为未来负责，但是现有教师的眼光通常是过去的。即使你获得了诺贝尔奖，也是对你过去学术贡献的认可。但是学科发展要为了未来。未来的教师还没有来呢，这些人没有投票权。我在哈佛的博士生导师之一是西班牙人，他后来回到巴塞罗那的大学，没有当上校长。虽然教师投他票了，但学生没有投他票。我在这篇文章中提出教师治学，而不是教师治校。《新华文摘》后来发表了我的文章的部分内容。当然我在这篇文章中提出的一些改革设想在现在还不能实现，但是应该研究。这篇文章还追溯了中国在1949年之前的大学体制，回顾了20世纪50年代和60年代的大学体制。我觉得第一卷第三章中的五篇是比较系统的，也有深度。

第一卷第二章中的几篇有历史感和比较视野。这里有讲联大精神和清华传统的，有讲老清华的社会科学的，有我在莫斯科讲的中国教育转型，也有我在伯克利加州大学讲的中国大学的演变。西南联大那篇我思考了很长时间，当时我读了好多老清华和西南联大的书。西南联大很有标志性的学生是杨振宁，他成为第一位获得诺贝尔奖的华裔。杨振宁在西南联大读了四年本科，接着在清华读了两年硕士。他 1938 年入学，1942 年本科毕业，1944 年硕士毕业。他 1945 年到美国留学读博士，1957 年获得诺贝尔物理学奖。我的兴趣是想还原他在西南联大和清华的成长过程。他的硕士导师是王竹溪，后者是 1929 年入学清华的本科生，就是著名的第五级学生，后来出国留学，又回清华任教。而那个时候清华理学院和物理系的重要人物是叶企孙，他是 1918 年入清华学校，留美回来后担任过清华物理系系主任，理学院院长。柴静写了一篇“我今天才知道他的存在”的博文，就是写叶企孙。而叶企孙之前是梅贻琦，他是 1909 年第一批庚子赔款留美学生，1915 年到清华任教，是叶企孙的老师。可以说，杨振宁 1945 年出国，在 20 世纪 50 年代做出成绩，1957 年获得诺贝尔奖，这个土壤是在 50 年前就开始积淀的。所以我说教育是长期的，不能太急功近利。获得诺贝尔奖需要很多代人的积累。多看历史就会得到有意思的不同看法。

3. 一个结果：思行合一

一个结果，就是思行合一。第一卷学校篇有两编，第一编是思想与思路，第二编是行动与实践。我是有意分成这两编的，就是要分别专门谈思和行。这其中有什么道理呢？我知道清华和北大这两所学校都有各自的优点，但也都有各自的问题。我的理想就是把两边的优点结合。清华的执行力强，我就是行胜于言的践行者。但是清华缺思想，不是今天才这样，1949 年前就是这样，这是很大的问题。北大正好相反，有思想，但是缺执行力。我在引言中专门引用了一句话，就是北大有想法，清华有办法。这是客观事实。在我看来，要做任何大事业，必须既有想法，又有办法。同时，我又推崇思行合一。

要有想法，就要更多地问为什么（why）。要有办法，则更多地问如何做（how）。我这本书，既是为何改革的书，又是如何改革的书。教育是容易被批评的，但是光批评不够，还要有建设性的办法，那就得知道如何做，这个如何做是与为什么连着的。

读者容易关注思想理念部分，这是重要的。但是，这本书之所以成为一本书，除了思想理念之外，还有行动与实践。这不是回忆录，回忆录的问题是事后的记忆不一定准确，而且会系统性地“事后合理化”，更不要说有意识或无意识“标榜”或“涂脂抹粉”。我的书都是当时的讲话和文章的记录。

* * *

我用了将近两个小时讲了一些这本书的背景，文章的背后是怎么想的，为什么要这么编排，经济学思路如何与教育改革连在一起，等等。这些信息在书中可能没有，希望对大家更多理解这本书有所帮助。

2017 年的清华经管学院

（2017 年 12 月 22 日）

一年一度，欢迎各位媒体界朋友，以这样内部交流的形式跟大家报告我们学院一年来的发展以及背后的故事。今天是冬至，是中国传统节日。今天以后，每一天光明的时间会越来越长。

我送给每人一本我的新书《现代经济学与中国经济》，它与在座的很多人相关。这本书是吴素萍策划的，对她的最大夸奖是我至今还没有找到一个错，这很了不起。这里面的一些文章在你们的媒体上首次刊登，像《财经》、《财新》、《比较》、知识分子公众号等。其中有一篇我特别想说，是 10 年前的 2007 年 4 月《中国企业家》杂志的执行主笔李岷在伯克利加州大学采访我和萨克森尼安。这篇文章是关于创新创业的，萨克森尼安是美国最早研究创新创业的学者之一。10 年之后李岷自己创业了，并且在我们学院与腾讯联合举办的“清华—青腾未来科技学堂”培训班上，今天她也来了。我想借这个机会感谢在座各位。

一、顾问委员会会议相关活动

下面我向大家报告过去一年学院的发展，2017 年我们有不少亮点。这其中受到国内外特别关注的是学院顾问委员会相关活动，今年是第十八次会议，应该说达到了一个新的高潮。顾问委员会会议分成三部分。第一部分是半天会议，10 月 30 日上午在清华主楼举行。会议是非常实质性的。在会上我先做一年工作进展汇报，之后讨论了两个议题：一是教师队伍发展，一是教师科

---

* 在清华大学经济管理学院 2018 新年媒体茶话会上的开场讲话。

研，分别由学院常务副院长白重恩和副院长徐心介绍。之后是顾问委员讨论，每一位委员都要发言。在闭门会议中，与清华相关的人员退场，这样顾问委员可以更加坦率地发言，尖锐地批评。

我跟大家介绍一下几位出席这次会议的顾问委员。保尔森是顾问委员会第一任主席。朱镕基在2000年发起成立顾问委员会的时候就是找保尔森共同商量的。关于这一段历史保尔森的书《与中国打交道》第七章中有详细介绍。

桑顿也曾经担任过顾问委员会主席。桑顿获得过“友谊奖”，这是中国政府给予外国人的最高奖。我在《金融时报》中文版上看到消息说，十九大前桑顿引荐班农见王岐山。他是一位非常有全球眼光的人。

最年轻的是扎克伯格，今年33岁。格林伯格岁数最大，今年92岁，还在全天上班。他在会上跟我说，他在纽约全天上班，下班后晚上坐飞机到北京，在参加我们会议和晚餐之后就前往机场返回纽约。第二天上班后就给我打电话。格林伯格现在是史带CEO，史带曾经是美国国际集团（AIG）的母公司，而美国国际集团在格林伯格的领导下曾经是全球最大的保险公司。史带将在2019年庆祝诞生100年。它在哪诞生的呢？是在上海。格林伯格1975年就来过中国。

苏世民现在名气很大。10年前的2007年我把他请进顾问委员会的时候，他说他连“清华”这两个字都不知道怎么发音。现在清华已经有了苏世民书院，苏世民书院的第一届学生今年毕业了。今年特朗普上任后任命他为商业顾问委员会主席，到夏天又把这个委员会解散了。

马斯金是诺贝尔经济学奖获得者，是我的博士导师，也是白重恩、李稻葵的导师。迈克尔·斯宾塞也是诺贝尔经济学奖获得者，我在哈佛读书时他是文理学院院长，后来到斯坦福商学院当院长。

微软现任CEO纳德拉，是印度裔。郭台铭是台湾首富，富士康的老板。今年新加入的一位顾问委员是宝马CEO克鲁格，他是首位来自德国制造业的顾问委员，德国工业4.0很重要，而宝马很有代表性。瓦伦伯格也是今年第一次加入，瓦伦伯格是瑞典最著名的商业家族，没有之一。他是第五代家族企业掌门人。卢克希奇也是家族企业掌门人，是唯一来自拉美、来自智利的顾问委员。

今年另一位新顾问委员是罗伯茨，康卡斯特公司 CEO。说康卡斯特大家可能不知道，但只要说到康卡斯特下面包括 NBC 和环球，大家都知道。他们在通州投资了 70 亿美元建环球主题公园。2022 年冬季奥运会转播权也被 NBC 拿到。所以媒体界肯定知道这家公司。

高尔文的祖父创建摩托罗拉，他也当过摩托罗拉 CEO。杨敏德是香港的一名女性企业家。冯国经，是香港著名的企业家。苹果公司的库克大家都很熟悉。BAT 的三人，李彦宏、马云、马化腾都到齐了。

顾问委员会活动的第二部分是下午和晚上国家领导人的会见。这次是习近平主席会见。特殊之处在于这是习主席在十九大之后第一次会见外宾。十九大是在 10 月 18—24 日举行，10 月 25 日召开十九届一中全会。会见我们的顾问委员是在 10 月 30 日。从时间上来讲，既是紧接着十九大结束，又是在特朗普访华之前两周。特朗普访华是在 11 月 18 日。

参加会见的顾问委员的层次非常高。在全球七大市值企业中，第一是苹果，第三是微软，第四是 Facebook，第六是阿里巴巴，第七是腾讯，这五家的 CEO 都来了。保尔森、桑顿、苏世民等委员既有商界背景，也有政界人脉，保尔森担任过美国财政部部长，苏世民是非常接近特朗普的人，桑顿在中美两边经常跑。参加会见的顾问委员既有来自科技大企业的，又有政治和经济相交的，他们来自亚洲、欧洲、拉美，当然还是来自美国的最多，占了三分之二。

我作为院长，组织这次顾问委员会活动有挑战。因为十九大召开的时间直到 8 月 30 日才宣布，所以我们要调整会议时间，要同顾问委员沟通。这些人的时间表很多都是一年之前就确定的，要做临时调整。我们能把这么多人请来，很不容易。他们也特别想了解十九大的情况。

习主席第一次会见经管学院顾问委员会委员是在 2013 年 10 月 23 日。当然这次情况不同，因为这是十九大之后，中国各方面的情况都发生了很大变化。这次会见的是顾问委员会海外委员及中方企业家委员，顾问委员会中方官员委员并不参加。会见本来计划45分钟，实际一共进行了1小时15分钟。习主席先请顾问委员发言。顾问委员会主席布雷耶先总结介绍顾问委员会会议情况，然后保尔森、苏世民、库克、扎克伯格相继发言。扎克伯格发言前三句用了中文，然后就换成英文。本来没有安排桑顿讲话，但习主席点名要他讲讲，桑顿很讲政治，说我们特别想听您讲十九大精神。习主席一共讲了45分钟，介绍十九大的情况以及背景，很长时间脱稿讲。以前会见都是中英文交传，这次是同传翻译，所以时间上等于加倍。还有一个细节，就是这次桌椅的摆法不是通常会见外宾时的摆法，而是按照开座谈会那样的摆法。BAT三位委员坐第二排。所以标题党就说，什么样的会议BAT只能坐第二排。

接下来是朱镕基夫妇会见顾问委员。10月30日那天是农历九月十一，是朱镕基农历生日，虚岁90，周岁89。学校送给他一张生日卡。非常巧的是上一次习主席会见顾问委员是在2013年10月23日，那天是朱镕基阳历生日。这两次都不是有意安排，正好碰上了。这些年朱镕基会见都是在钓鱼台国宾馆的芳菲苑举行。这次会见一个多小时，很多顾问委员发言，对学院工作提出了建议。会见结束之后王岐山加入，并由他主持晚宴。这次晚宴没有按照以前的西式长桌的布置，而是摆了三个中式圆桌。王岐山跟每一位顾问委员都长时间交谈。本来晚宴计划从6点半到8点结束，结果到9点半才结束。

顾问委员会活动的第三部分是顾问委员与学生的交流。今年的规模是历年来最大的。今年的清华管理全球论坛是我同康卡斯特CEO罗伯茨对话。康卡斯特是他父亲在1963年创立的，他是作为“二代”接班，从美国南方1 200户的有线电视公司发展成全美第一大有线电视网和全球第一大媒体与娱乐公司，他担任CEO也有二三十年了。

今年有16位顾问委员走进17个清华经管课堂，是历年来最多的。跟大家介绍一下这些顾问委员都讲了哪些主题，进了哪些课堂。

扎克伯格走进清华x-lab，点评学生创业团队的项目。之后我同他有一个关于创业的对话。

桑顿的兴奋点在中美关系。所以他跟学生的交流话题是关于中美关系的。他有非常多有意思的洞见。

罗伯茨是讲企业家精神。他的这一场是跟 EMBA 学生的专场。

李思拓是诺基亚董事会主席。现在诺基亚也处在转型时期。他最近跑到斯坦福学了几个月人工智能和机器学习。他讲的是机器学习革新创造价值。

杨敏德作为一名做制造业的女企业家，很不容易。她讲的主题是制造业怎么能在现在的情况下创造社会价值。

苏世民的私募基金很成功，社会公益也做很多，政治方面也有介入，比较全能。他今年 70 岁。他讲课的主题是如何在全球经济中获得个人成功。

冯国经是香港企业家，他讲全球供应链管理的变化。他原来在哈佛商学院当教授，后来他父亲的企业让他接班，20 世纪 70 年代从哈佛回到香港。现在又把企业交给了他儿子。

高尔文是摩托罗拉的第三代。他讲的主题是创新与信任。

格林伯格那天讲人生和职业经验，讲得特别兴奋。他非常了解当年朱镕基强调要用英文教学的事，所以这次交流后专门给朱镕基写了封信，说清华学生的才华以及完美的英语。

戈恩是日产和雷诺的 CEO，现在包括三菱。他在亚洲和欧洲之间奔波。他讲的是全球领导力及新技术对汽车产业的影响。

马斯金这一场是与学院的青年教师和博士生共进早茶，谈如何成就学术人生，对学生和教师非常有启发。

盖瑞特是沃顿商学院院长，他一个人做了两场。一场是跟青年教师共进早茶，谈如何平衡研究与教学工作。另一场讲中美关系，他的学科背景是政治学，他还兼任政治学系教授。

微软 CEO 纳德拉与微软执行副总裁沈向阳对话。沈向阳是在微软任职最高的中国人，负责研究开发。他原来是微软亚洲研究院院长。现在人工智能各创业公司的骨干很多都是从那里出来的，包括商汤科技、旷视科技等。

清华大学校长邱勇作为顾问委员会委员和副主席为我们的企业家学者项目做了一场“21 世纪的大学使命”的讲座。

卢克希奇谈家族企业与企业家精神。我们有一个培训项目，专门针对“二代”。所以这场是专门为他们讲的，很有针对性。

布雷耶对话熊小鸽，谈中美两国创新创业。他们是在 IDG 资本的老搭档。熊小鸽本科学的是新闻，后来做投资。他虽然没有太多准备，但是主持得非常出彩。

今年的顾问委员会走进课堂不仅规模是历年最大的，而且在组织方式上也与往年不同。往年基本都是经管学院学生参加，但今年参加顾问委员走进课堂的学生中 42% 是清华其他院系的。全球论坛参与者也有三分之一是清华其他院系的，所以影响力应该超越了经管学院。

总而言之，顾问委员会的相关活动非常丰富，并且紧紧围绕着学院的使命。发展到今年，顾问委员会已经具有广泛的全球影响力。

二、顾问委员相关活动

顾问委员除了在年度会议期间有特别集中的活动之外，在一年之中还有其他很多活动，我跟大家梳理一下从上一次顾问委员会年度会议到这一次顾问委员会年度会议之间的活动。

今年 3 月 18 日我和库克在中国发展论坛上有一场对话。中国发展论坛是每年上半年在“两会”之后的一场重要活动，由国务院发展研究中心主办，由卢迈主持。中国发展论坛有很多跨国大公司参加，但他们希望引进一些新兴的科技公司，所以我就把库克、扎克伯格引荐给他们。

在过去一年，我们继续安排经管学院学生走进顾问委员企业系列活动。今年活动由宝马、IBM、微软、百威、可口可乐。我们从去年开始举办这个系列活动，让学生对这些著名企业有所了解。企业也为学生提供实习和就业机会。今年我们第一次把顾问委员企业纳入校园招聘。今年 11 月举行的校园招聘会有 80 多家单位参加，是历年最多的，其中有八家顾问委员企业参加，这八家企业包括百度、阿里巴巴、腾讯、IBM、BMW、保尔森研究院、史带、雷诺—日产—三菱联盟等。

7 月 2 日是我们学院一年一度的毕业典礼。今年我们邀请的毕业典礼演讲人是顾问委员楼继伟，他现在卸任财政部部长了，担任全国社保基金理事长。这也是我们历年邀请的毕业典礼演讲人中第一位清华校友。我和楼继伟是清华 1977 级的同学。今年正好是恢复高考 40 周年。

9 月我同麦肯锡总裁鲍达民对话。对话的背景是过去 6 年麦肯锡同我们合作，开设了一门全球领导力的 MBA 课程。鲍达民在每年课程的开始和结束时都来参加。课程由麦肯锡邀请他们的合伙人和一些客户企业的高管来讲课，结合当今全球管理的实践。今年是第六年了，所以我和他有一场关于领导力的对话。

顾问委员会从 2000 年 10 月成立到现在 17 年了，已经成为举世无双的学院顾问委员会。包括哈佛商学院院长、斯坦福商学院院长都公认，我们的这个顾问委员会绝对是世界上唯一的。其他商学院顾问委员会以校友为主，而我们这个顾问委员会依托的是中国和中国经济，这个背景非常重要。当然，如何抓住机会来做，也是不容易的。我在这一年拜访了几乎每一位顾问委员，同他们沟通，向他们介绍学院情况。

三、“双一流”学科建设

“双一流”学科建设是今年高校的大事，是新的国家战略。关于大学建设有三大工程：第一大工程是 1995 年启动的“211 工程”，就是面向 21 世纪建设 100 所大学。刚开始是 100 所，后来变成了 116 所。1998 年又开始推动“985 工程”，就是为了落实 1998 年 5 月 4 日江泽民主席在北大建校 100 周年讲话中提出要建设若干所世界一流大学。最开始时只有两所大学，北大和清华，后来不断增加，现在是 39 所。现在“211”和“985”不仅代表了国家支持的力度，也成为学校等级的一种标志。

今年 9 月份教育部正式公布了“双一流”大学和学科的名单，这就取代了“211”和“985”。建设一流大学一共有42所，其实就是39所“985”大学新加3所，这三所是云南大学、河南大学和新疆大学。建设一流学科一共包括了140所大学，这些大学覆盖了“211”中所有的116所大学，并增加至140所。清华有34个学科列入一流学科建设。“双一流”建设背后有资源支持。我们文科得到的支持比较少，但是理工科就比较多。

在经济与管理领域，清华大学有4个学科进入一流学科建设：管理科学与工程、工商管理、会计与金融、经济学与计量经济学。北京大学有3个：理论经济学、应用经济学、商业与管理。上海交大有一个，商业与管理。在几所主要大学中，清华经济管理学院涵盖的一流学科建设是最多的。

“双一流”建设目标是什么呢？国家的目标是：到2020年，中国若干所大学和一批学科进入世界一流行列，若干学科进入一流学科前列。到2030年，更多的大学和学科进入世界一流行列，若干所大学进入一流大学前列。到21世纪中叶，一流大学和一流学科数量和实力进入世界前列。具体到清华的目标是：到2020年，一批学科达到世界一流水平，若干学科进入世界一流前列。到2030年，更多优势学科进入世界一流学科前列，部分学科达到世界顶尖水平，迈入世界一流大学前列。到2050年前后，办学声誉获得世界公认，成为世界顶尖大学。

自然科学领域发表的论文比较容易度量。相对于自然科学，人文和社科比较难度量。这是我们的难点。比如说我们的顾问委员会是世界顶尖的，但是在学科排名中未必就能体现出来，这是我们的难处。

对商学院来说，还有各种教学项目排名。我们学院有三个教学项目参加了全球排名。我们的EMBA国际项目参加英国《金融时报》的排名，过去五年一直保持在全球前三。今年我们又有两个教学项目第一次参加了全球排名。管理硕士（MiM）在《经济学人》排名中位列全球12，金融硕士在《金融时报》排名中位列全球18。我们学院从今年开始不再宣传排名。我们对排名的态度是排名中的很多指标可以帮助我们改进，是有用的，但是我们不以排名为目标，也不做宣传。

下面我给大家介绍一下我们今年在教学项目中的新举措、新发展。我们的教学项目分本科、本科第二学位、博士、硕士、MBA、EMBA。其中全日制的有2 200人，非全日制（在职MBA和EMBA）有2 700人，本科第二学位有1 700人，这三类加起来，截至今年9月30日在我们学院攻读学位项目的学生共有6 631人。

四、本科教育亮点

今年清华大学重点推动“大类招生”。清华原来按照49个专业招生，经管学院有3个，经济与金融、会计学、信息管理与信息系统。今年清华按照16个大类招生，经管学院是一个大类，叫经济金融与管理。大类招生有分流问题，就是在明年5月份要分专业。我们学院的规则是学生自由选择专业，全校所有学院中我们是唯一这样做的学院。其他学院不敢让学生自由选择的原因是担心学生都会选择热门专业，而冷门专业就没有学生了。比如说机械类，热门的专业是汽车，不热门的专业是内燃机。由于教育领域还是“计划经济”，每个专业多少人都是规定的，所以大类招生就会出现分流这样的问题。

其次就是本科教学评估。本科教学评估十年一次，不同学校在不同时间。现在本科教学评估也有所改进，根据每个学校自己提出的使命定位进行考核。比如清华说要做世界一流，那就按世界一流来考核。这次来清华参加评估的就有外国人，伯克利加州大学原校长、英国的一位教授。最后评估主席做总结的时候还点了经管学院，特别是对我们的通识教育给予了很高评价。

我们学院现在的本科教育理念，我把它凝练成了“231”。“2”就是我们的教育目标有两条：培养每一位学生成为有良好素养的现代文明人，同时创造一种环境使得杰出人才脱颖而出。“3”是指教育的三项内容，也叫“三位一体”，即价值塑造、能力培养、知识获取，这已经在全清华推广，但是从我们学院起步的，而我们学院是从2009年开始的。最重要的是“1”，指的是一个教育途径，或者说实现目标的路径和机制，我们把它叫作通识教育与个性发展相结合。我们的这一整套教育理念在2014年获得了国家教育一等奖。概括地说这个“231”教育理念包括了目标、内容和途径三个方面。

通识教育课程建设永远在路上。今年我特别花功夫抓了四门课：中文写作、批判性思维与道德推理、物理学简史、生命科学简史。

中文写作这门课我们早就在做，但挑战很大。我专门把今年学生的高考作文拿了两篇来看。一篇是60分满分，还有一篇是58分，都是全国高考考卷Ⅲ，作文题目是“我看高考”。这两篇作文文采飞扬，这是中学作文的要求。到了大学，写作的要求是要有说服力，怎么提出问题、陈述观点、组织证据、反驳不同观点是最重要的。其实写不好的根本原因是想不清。所以中文写作实际上是批判性思维与写作的结合，是把批判性思维显性化。哈佛商学院的一位校友回顾说，哈佛商学院主要不是教你会计、金融、营销，甚至都不是教领导力，而是教如何使你的论点有说服力。我觉得这很有道理，这应该成为我们写作课的目标。我们原来只是一位老师教中文写作，今年扩大到三位老师，七个课堂，平均20多人一个课堂，还是偏大。我去听过三位老师讲课，还是不太满意。

批判性思维与道德推理这门课比较成熟，原来是杨斌一个老师教，他当副校长后就不教了。我们现在有三位老师教，有一位是校外的。今年我们跟美国ETS（出TOEFL、GRE考题的机构）合作，使用他们的一套批判性思维测试题。去年11月他们到清华宣讲的时候我去听了，我是听众中唯一的一位院长。正好宣讲人是我在伯克利加州大学任教时的一位学教育学的中国学生，她现在是ETS的研究主管。我们在9月秋季学期开学时对大一大二的学生做了一次测试，还准备在1月秋季学期结束前对大二学生再做一次测试。由于批判性思维与道德推理课程是在大二秋季学期开设，我们想看一下这门课的效果，也包括不同教师的授课效果。

我们的通识教育课程中一直有物质科学和生命科学两个课组。由于学分有限，效果不是很理想。比如物质科学，我们一直有给理科生开的物理学导论和给文科生开的物理学概论。我们下个学期新开一门物理学简史，我请中国科学院物理所的一位研究员来教这门课。生命科学也类似，我们一直有生物学导论课程，下学期将增加一门生命科学简史，由清华生命科学学院的老师讲。

今年我们学院的本科国际学生剧增，这实际上反映了清华对招收国际学生的新要求。以往每年不到 10 人，今年一下子增加到 55 人，占全清华当年招收国际学生的五分之一。这对我们是很大的挑战。国际学生的中文水平和数学水平参差不齐，给他们授课不容易。国际学生数量是衡量世界一流大学的重要指标，所以学校有很大激励招国际学生。

我们的本科第二学位项目每年从清华其他院系招 600 人，约占当年入学本科生总数的五分之一。我们在经济学第二学位中开设了金融方向，在管理学第二学位中开设了三个方向，创新创业领导力方向、财务分析与控制方向，以及商务数据科学方向。现在全清华本科第二学位学生中，读经管学院第二学位的占三分之二。

五、研究生和高管教育亮点

首先谈谈 EMBA。大家都知道，2016 年 3 月教育部出台文件，从 2017 年起 EMBA 考生都要参加 MBA 全国统一入学考试，由教育部划定全国统一录取分数线。这对 EMBA 招生产生了严重影响。过去一年我们做了很多工作，最后的结果是清华和北大的 EMBA 考生参加两校联合单独命题的考试，并由两校自己划录取分数线。

我们可以对比一下政策变化前后的全国 EMBA 招生情况。在政策改变前，EMBA 招生由各校自己命题。2016 年的招生情况是：清华 600 人，北大 600 人，这都是教育部给的名额限制。全国一共有 63 所高校获准开办 EMBA，除清华北大外还有 61 所高校（中欧国际工商学院的 EMBA 不是教育部的学位，所以不受名额限制），一共招收 9 946 人，平均每所大学 163 人。加上清华北大的 1 200 人，总计 11 146 人。政策改变后，由于清华和北大不参加全国 MBA 联考，所以各自仍然招收 600 人，一共是 1 200 人，与往年持平。而所有其他 61 所高校加起来招收了 1 317 人，平均每所高校只招收 22 人。由此可见这一政策对整个 EMBA 项目的重大影响。现在能够保住清华和北大两所学校已经非常不容易了。留一个口子，将来其他学校还有机会。

今年春季学期我们同 Facebook 联合开设了一门课——“创新与创业：硅谷洞察”，Facebook 派了 7 名高管来清华上课。其中包括 Yann LeCun，他是人工智能三大教父之一。人工智能背后是算法，他发明的算法叫 CNN，就是卷积神经网络。他现在是 Facebook 人工智能研究院院长，同时也是纽约大学教授。他上次的讲课安排在清华大礼堂，由姚期智来介绍他。另一人是戴晓亮，他是清华本科毕业生，现在是 Facebook 副总裁，是在 Facebook 职位最高的中国人。

选修这门课的有 200 多人，编成了 36 个团队。每一个团队中有清华不同院系的学生，打乱院系是为了能够学科交叉学习。每一个团队要从头开始设计一个项目。最终胜出的团队是做医疗项目的，他们不仅拿到了 10 万元奖励，还拿到了一张 Facebook 每年 5 月举行的全球设计大会的入场券。

此外，我们在今年秋季学期与中关村发展集团联合开设了一门根植于中国的课程“创新与创业：中国洞察”，邀请国内创业者来讲课。在过去的一年半中，我们受中组部委托，举办了两期中央企业领导人员经营管理培训班（EMT），每期 60 人，都是来自央企的管理人员。今年 4 月，我和马化腾共同开启了清华与腾讯联合举办的清华—青腾未来科技学堂，学员中包括一些现在很火的独角兽创业者，如摩拜、商汤科技、知乎、云知声等。

六、学院文化建设

经过一段时间的广泛讨论，我们学院确定了使命、愿望和核心价值。学院的使命是：创造知识，培育领袖，贡献中国，影响世界。愿望是：成为世界一流的经济管理学院。核心价值是：正直诚实，敬业尽责，尊重宽容。需要特别说明的是，我们把成为世界一流经济管理学院称作愿望，而没有称作愿景，因为愿景应该更高。

在今年秋季学期，我们组织了一个领导者文化训练营，这是在麦肯锡的指导下组织的。我们还组织了一个学院跨系的双周学术报告会。每一个系都有固定的学术报告会，但我们希望打破系的界限。同时我们也组织了职员的双周学习活动，比如公文写作。从今年秋季开始，我们为每一位新聘助理教授安排一位资深教师担任导师（mentor）。

还有一项学院文化建设就是我们推出了一套教师行为准则和职员行为准则的线上测试题，有好几十道。比如，接受外部邀请进行演讲、交流或授课等都是我自己的事，不需要学院同意吗？按照我们现在的规定，授课是需要批准的。再比如，某教师通过微信群或微信的私信功能发送了学院内部会议中使用的一张 PPT 截图，这样的行为是否违反了学院《教师行为准则》的要求？答案是违反的。又如，当你受到来自学院内部人员的骚扰或歧视应该怎么办？只能忍了和以牙还牙，都不是正确的答案，而是向教师或职员行为准则委员会投诉，寻求解决途径。我们希望通过做这样的题，让大家更加了解我们的行为准则。

七、基础设施建设

我们计划建造新的教学楼，设计方案已经完成，争取尽快开工。新楼就位于舜德楼西侧，同舜德楼可以连接起来。我们在本周一成立了学院基础设施建设专家委员会，其中既有建筑专家，也有土木、供电、营养等方面的专家，而且都是清华校友，包括清华建筑学院院长，他们也都希望为母校做点贡献。

学院决定要在深圳进一步发展。深圳是非常重要的金融和创新创业中心，清华大学在深圳有研究生院和研究院。经管学院在 9 月份与深圳宝安区签署了一份备忘录，宝安区将在核心位置为我们提供三层楼的设施。我们希望在那里设置教学和研究设施，最终建成深圳院区。

八、本周特别活动

最后要向大家介绍这周的两个特别活动。大家都知道我们一直举办院长下午茶活动，昨天举办了我当院长后的第 100 场，第 100 场来的同学比较多，他们还专门做了一个蛋糕，以示庆祝。我参加的第一场院长下午茶是在 2006 年 11 月 9 日举办的。在第一场院长下午茶时我还没有一根白发，有照片为证。虽然我每一年都在变老，但是跟我照相的人的岁数永远不变。这就是在学校工作的特点。

还有一件事，也是在这周。这个周一和周二，由我们学院牵头，在红杉假日酒店举办了首次中国高校经济金融领域教师招聘会。15 年前，2002 年底到 2003 年初我来清华做特聘教授时，学院首次赴美招聘教师。现在全国几十家学院都到美国招聘教师。今年我们又率先推出了新的教师招聘模式，把美国的教师招聘模式搬到了中国，有国内近 30 个院校参加。在这次会上还召开了院长会，制订了明年的计划。这会是一个非常有意义的开端。

最后给大家放几张我们历年新年媒体茶话会的照片。第一次是在 2010 年 1 月，这是第九次，还有一次是外媒专场。这十次新年媒体茶话会，每一次我都印象深刻。

第五编　回顾与反思

第十一章　改革之路

用经济学视角思考和推动教育改革

（2016 年 12 月 6 日）

这次“CF40 · 孙冶方悦读会”是由中国金融四十人论坛与孙冶方经济科学基金会共同主办的。我担任中国金融四十人论坛的学术委员会主席已有六年时间；同时，我也是孙冶方经济科学奖评选委员会的一名委员。

这是“悦读会”的第五期，主题为教育改革与大学改革。前四期的主题分别涉及金融改革、国企改革、农村改革和银行改革。在座的多数是财经界、金融界的人士或学生，我想大家对本次主题感兴趣的原因，首先可能是各行各业特别是财经、金融领域，对高端人才的需求非常旺盛，因此会密切关注教育问题；其次，大家对自己子女的教育问题十分重视；再次，由于我的专业背景是经济学，经济学涉及的背景很广泛，涵盖了金融等诸多领域。人们往往好奇，经济学界的人士如何推动教育方面的改革？这是一个有趣的话题。

此次演讲围绕我的新书《大学的改革》展开。本书有两卷，今年 10 月刚刚出版。我非常高兴由中国金融四十人论坛主办本书的第一次读书会。

一、为什么要关心教育？

本书共计近 90 万字，主题是“大学为学生”。本书封面的两张照片是我亲自挑选的，一张是国内一所大学校园里的照片，另一张是我 2008 年在清华大学上课时拍摄的照片。这两张照片最大的好处在于都体现了学生的风貌，与本书主题十分契合。而本书的内容，则记录了过去十年间我担任清华大学

---

* 在第五期 CF40 · 孙冶方悦读会“大学改革之路：大学为学生”上所做的主题演讲。部分内容原载于澎湃新闻 2016 年 12 月 11 日。

经济管理学院院长时的相关经历。

我是经济学者，并不是教育学家，但是因为身为院长，所以我在本职工作的位置上一边学习，一边思考，一边改革。我特别想跟大家分享的是，作为经济学者，如何在教育领域推动改革。实际上这受益于经济学的训练，以及我们熟知的经济改革、金融改革、企业改革。教育改革和大学改革尽管与经济改革和企业改革情况不完全一样，但你会发现还是有不少类似的地方。

在介绍这本书的整体框架之前，我先要说一下教育和大学的重要性。这可以从两个层次来理解。第一个层次是从经济发展的角度看。我一直认为经济的竞争最终是创新的竞争，创新的竞争最终是人才的竞争，而人才的竞争最终就是教育的竞争。这个链条是这样连接上的，因为我们很关心经济问题，所以最终一定会对教育问题非常感兴趣。中国想要跨越中等收入陷阱，教育是关键。

中国高等教育规模在过去 17 年飞速发展。现在我们的大学包括本科和专科，一年招收 700 多万人，在校生达到 2 000 多万，在学人数达到 3 000 多万，毋庸置疑规模属全球第一。但是我们的教育质量与世界一流还相差甚远。

第二个层次是从非功利主义的角度。教育关乎人的发展，不管是否成才，教育对于每一个人自身都有意义。大学教育对人类文明、人类命运，是至关重要的。所以无论从哪个角度看，教育都是一件很重要的事。据我所知，我们熟知的一些企业家都在思考办大学的事。例如马云就最喜欢别人称呼他为马校长，他创办了湖畔大学。这个领域有需求，也有供给。新大学不是那么容易办起来，因为这个领域是高度管制的，比金融行业的管制还要多。

二、为什么是“大学为学生”？

我为什么将这本书的主题定为“大学为学生”呢？这五个字听上去非常简单，但我很吃惊，之前没有人提出来。现代大学的使命是多重的，特别是研究型大学，要创造知识，要培养人才，还要服务社会，服务国家。这里包含不同的利益相关者，教师非常在乎研究，学生是在学习，社会、商界、政府、媒体等都希望通过大学对他们有所贡献。

我之所以把学生提到这么突出的地位，是因为我发现其他的利益相关者都比较强势。所谓强势是有原因的，里面包含着强有力的激励。比如说，教师做研究、发论文有很强的激励。发论文能够提高学术声誉，同时也带来很多其他好处。教师申请到国家项目也会拥有很多经费，国家和社会会给他很多荣誉。而学生似乎在各种评价中都很难有突出的声音。大学不同于研究所、政府机构或者其他机构，最重要的就是“教书育人”。我觉得这是一个没有受到特别重视的方面，因此我将“大学为学生”定为这本书的主题。

这两本书的封面从美学上来看不那么美，图片里人多且杂，有的学生拎着包子，有的学生还在抠鼻子，但很真实。封面我没有选大师的照片，图书馆的照片，大楼的照片，是因为它们都不能确切地反映我想传递的信息。我想传递的就是“大学为学生”这个主题，所以选择的就是这两张都是学生的照片。我不是说大学不要服务于研究、服务于国家、服务于社会，这些也很重要，但在目前的情况下，学生总是最容易被忽视的。

三、经济学思维如何应用于教育改革？

书中所有的内容遵循两条线，概括了我这十年在清华经管学院所做的工作。一条线是实践现代教育理念，包括我们在教学项目上的努力，为学生做的事情就是为了实践现代教育理念。另一条线是建立现代大学制度，比如教师人事制度、学院治理制度等，这是制度建设的问题。第一条线是有关我们的“产品”，第二条线是需要配套的制度。

就整本书的结构而言，第一卷“学校篇”分成两部分，第一部分“思想与思路”，第二部分“行动与实践”。这反映了我想通过这本书传递的另一个信息，就是“思行合一”。办教育应该首先具有教育理念、教育思想。有了想法后还要实践和落实。我花的大部分时间是在落实上。比如，我发现连落实找一位老师来教一门课，都是非常不容易的。大学、学院和企业最大的差别在于，商学院教的是为企业和金融机构所用的激励工具，在大学和学院对教师来讲基本上都不能用。你能做的只是说服。

第二卷“学院篇”包含四部分：学院、教学、研究、治理。我们一所学院提供的学位项目，从本科、本科第二学位，到博士、硕士、MBA、EMBA，所有学位项目学生加起来有6 000多名，规模非常大。这两本书的覆盖面涉及所有学位项目。而且，我们是经济管理学院，按照学科来讲，我们既有经济学科，又有管理学科。

在思想和思路方面，经济学的视角和中国经济改革的经验对我在学院里推动教育改革特别有帮助。经济学是一门社会科学，经济学看问题的出发点是要把复杂的问题简化。我们假定人是理性的、资源是稀缺的，这是经济学基本的出发点。在分析框架中，我们习惯于在约束条件下做优化，约束条件包含技术条件约束、财务约束、资源约束、制度约束等。在约束条件下，我们不一定能达到最优，但是努力可以达到次优。经济学讲求效率，所谓效率就是把产出做得尽可能大。再者，经济学非常重要的一点是理解人对激励做出反应。激励问题很重要，也许别人推动一项改革时不会考虑其他人怎么想，但我们会考虑。将这些思路放在一起，使得我们在考虑改革问题时，会比较现实。

中国经济改革包括企业改革、金融改革，到如今我们积累了一系列在中国行之有效的办法，比如“双轨制”。实际上，我在学院推行教师人事制度改革的过程中曾经实行过“三轨制”。再比如公司治理问题。20世纪80年代后期开始我就在这方面做研究，到企业做过很多调查，明白中国企业里公司治理是复杂的。我们从那里知道了有外部治理和内部治理之别。当然，不能把所有方法原封不动地搬到大学来，因为大学里有一个群体叫教师，有一个问题叫学术。在学术问题上，要教师说了算，要由教师决定。这就是“教师治学”的含义。在这里，教师的判断是非常重要的。在企业里，不存在像学术自由、学术争论、学术判断这样的问题，这是大学里的特殊问题。但是在大学的行政管理方面，跟企业实际上是很相似的，也需要科层制度才能把事情落实。大学同样也有外部治理的问题。企业的外部治理中有股东，但是大学没有股东，却有校友。大学也有外面的监管机构。

因此，经济改革中的不少思路对我非常有帮助。这本书在写到很多方面时，经常提到我们在经济、金融、企业改革中一些可以借鉴的经验。这是我的一个优势。

清华大学的前身是留美预备班，所以与美国的学校有特殊的关系。我在美国学习执教 25 年后回到清华担任院长。这 25 年我都在大学里，一共经历了六所大学，位于美国东部和西部，包含私立和公立大学。这段从学生到教授的经历对我日后很有帮助。

身为院长有很多操作性的事情要做，不能光有理念。例如实行教师长聘制，经管学院是最早的试点，现在清华全校都完成了，其他学校也开始实行。我们遇到的一个具体问题是，从哪个教师职称开始授予“长聘”？我经历过六所大学，遇见过三种情况：第一种情况是哈佛，只授予正教授长聘，除此之外还有耶鲁、芝加哥等少数大学。第二种是所有副教授及以上全部都授予长聘。伯克利加州大学就是如此，但这种情况也很少。第三种是在副教授中有长聘，也有非长聘。斯坦福大学和大多数大学是这种情况。

倘若你要问我经验上的事实，三种模式在国外都有，都能找到例子。但我们所要解决的问题是，在中国的国情下，哪一种模式最适合？根据我的分析，在中国的国情下，第三种模式最合适。

如果只授予正教授长聘，由于在中国评上正教授需要很长的时间，万一拿不到长聘，岁数太大就不好再找工作。而选择给所有副教授长聘，在中国会带来很大问题，因为我们的副教授人数很多，如果副教授都给长聘，不能再解聘，大学的成本就会很高。综合考虑，第三种模式是最符合国情的，一部分新升的副教授不是长聘，但过一段时间后，在评为正教授之前，可授予长聘。即使在副教授时没有拿到长聘，老师还比较年轻，还有机会可以到其他地方找到工作。这是一个简单的例子说明，参考国际经验，一要了解多种情况，二要考虑中国国情。

再比如，我们熟悉的常春藤大学，其中绝大多数之中的商学院不招收本科生。所以很多人马上推理得出，美国好大学本科都没有商学院。这句话对不对呢？常春藤大学里面有一所大学——宾州大学，本科是有商学院的，而哈佛、耶鲁等确实没有。但是这几所大学在几千所大学里面只是属于少数，而所有州立大学商学院都招收本科生。我们研究经济学的方法很在乎样本的选取。

所以经济学看问题的方式对思考问题是很有帮助的。其实国内有不少学校也在推进大学改革，但碰到了一些阻碍，其中一个原因就是没有思考清楚。为什么强调思考？就是因为想清楚了操作起来成本才会比较低。中国经济改革、企业改革当中有大量的例子，只有想清楚了，改革成本才会低，这是非常现实的问题。

对教育进行批评是很容易的，而非常难的是做一些建设性的改革。要把事情做成并不容易，必须考虑现实约束条件。虽可能无法获得最优的解决方案，却可以做出改进，达到次优的效果。

所以，一方面要吸取世界上所有先进的想法，另一方面是在中国做事，就要跟中国的经济改革和企业改革一样，必须考虑在约束条件下优化。虽然改革未必马上就能达到最优解，但是只要努力，是可以达到次优解的。

* * *

马国川（《财经》主笔）：

在十多年的观察中，我发现教育问题远比经济问题更重要，所引起的社会关注和社会争议也最大。

但是在这么多关心和研究教育的人里面，像钱老师这样以一个经济学家，一个教育学界的门外汉，却做出这么富有成效的成绩，能够成为一个有自己见解、有独特气质的教育学家，是什么原因呢？我想可能是这样几个原因：

首先是他非常丰富的海外一流大学的教育教学经历，使他站在一个非常高的位置来审视中国教育问题。今年 111 岁高龄的老一辈学者周有光说过一句话，我非常认同，他说要站在世界看中国，不要站在中国看世界。高度决定视野，只有具有世界视野，才能更好地审视我们自身的问题。钱老师提出的中国教育的急功近利问题、无用知识的有用性等命题，对于教育界的人都是很有启发的。

原因之二，是钱老师深厚的经济学专业素养，这一点非常重要。钱老师特别提出来，经济学作为一门最接近自然科学的社会科学，发展出一套非常有用的分析问题的框架和方法。钱老师在 2014 年中国教育 30 人论坛首届年会上发表演讲“中国教育的‘均值’与‘方差’”时，我切身感受到他的观点对当时在场的 500 多位听众，主要是教育界人士的巨大冲击。因为他用一个非常基本的统计学和经济学概念，把中国教育问题分析得非常透彻。这篇演讲后来在网上传播很广，说明他的观点获得了社会高度认同，引起了巨大的共鸣。

第三个非常重要的原因，就在于钱老师深度参与中国经济改革进程，积累了大量改革经验，这一点是非常独特的。钱老师从 20 世纪 80 年代后期就开始参与中国经济改革进程，尤其在 90 年代他和吴敬琏老师等很多经济学家一起为推动中国建立社会主义市场经济体制做出了非常大的贡献。而在近十年中，他很大程度上把很多行之有效的经济体制改革的方式、方法、思路引入教育体制改革，从中能看出他这些改革思路深受经济体制改革的影响。

一方面，中国已经是世界第二大经济体，但是中国教育却远远落后于经济发展要求。另一方面，中国经济、社会、政治的进一步转型和改革，也依靠中国教育的引领。在这种巨大的矛盾之下，中国需要涌现出一大批像钱颖一老师这样的教育家来引领中国的教育改革，这才是中国的希望所在。

提问：

我们知道无论是金融改革还是大学改革，都会面临很多阻挠。您在清华经管学院的改革是否遇到很多困难？您当时是如何解决的？是坚定不移地继续推动，还是选择短时间内放弃这项改革，而进行一些比较容易的改革？

钱颖一：

改革就会改变现状，教育改革和经济改革是一样的。改革中会有很多不同意见，需要仔细分析，有的是属于理解问题，特别是大学里面每个老师都有自己看问题的方法。我的经验告诉我，沟通非常关键，你会发现其实通过沟通很多方面能达成一致。

在大学里面，教师间的相互尊重极其重要。比如一位教授反对改革方案，并不一定是说他对这个方案本身有意见，很多情况下是觉得你没有事先跟他沟通，听取他的意见，感觉没有受到尊重。后来我发现，为什么在大学推动一件事情花的时间要长，其中相当多的时间是要在教师之间沟通取得共识。所以，沟通是改革中非常重要的方面。

提问：

在 2003、2004 年左右，张维迎教授也写过一个北大的教改方案，甘阳和李猛写了《中国大学改革之道》一书。您今天讲的“之道”容易谈，但是“之路”很难走。坊间说北大的改革方案是失败的，但是清华没有。您怎么看这个问题?

钱颖一：

《大学的改革》第一卷第三章和第二卷第四编“学院治理”中的文章，详细介绍了清华经管学院的教师人事制度改革是怎么做的，从中你会知道方向是多么重要，细节又是多么重要。清华经管学院在 2012 年完成教师人事制度改革，然后清华大学全校开始做，到去年年底全部完成了这项改革。

还有一个重要方面，这和中国经济改革也很类似，就是改革容易引发争议，最好是做完了再说。我的文章，特别是公开发表的文章，都是在改革完成之后发的，而不是在改革之前。这也是一个很重要的改革规律，是从经济改革里面学到的。中国的很多改革要先做，然后再说。要是先说了，可能就做不成了。

大学为学生

（2016 年 12 月 7 日）

在国内，关于高校改革的话题总会引发关注。近期北大传出要取消院系行政级别的消息后，引发媒体热议。而此前清华也不断释放改革消息，也将高校综合改革的话题持续发酵。

关于改革，不同的人有不同的解读。作为经济学者，我习惯于用经济学的视角、分析方法以及中国经济改革的成功经验，来思考大学改革。

经过 30 多年高速增长，中国经济发展步入从中等收入向高收入迈进阶段。与之对应，中国高等教育在迅速发展成为世界最大规模后，关注点转向提高教育质量，特别是从知识传授和技能培养转向更加注重培育创造性人才，以适应创新驱动发展。

大致上，我把教育问题概括成两个维度："人"与"才"。人们习惯把"人才"看作一个词，这就会导致一种倾向：培养"人才"，就是重育"才"、轻育"人"。区分好"人"与"才"两个维度，并进一步强调育"人"重于育"才"，有利于把握大学改革的方向。

统计学中的"均值"和"方差"两个度量，用来刻画中国教育中的成绩与不足非常合适。据我观察，在育"才"上，我们的均值高、方差小，即平均水平不低，但杰出人才不多；在育"人"上，正好相反，均值低、方差大，即整体素质还不够高，且一些人素质较差。这种状况显然不利于创新驱动，也与中国在世界文明中应有的地位不相称。

---

* 原载于《人民日报》2016 年 12 月 7 日。原标题为"大学育人，要提'均值'减'方差'"。

大学的改革应当达到两个目标：既要培养每一位学生成为有良好素养的现代文明人，又要创造一种环境使杰出人才能够脱颖而出。实现前者就要在育“人”上“提高均值，减少方差”，方法是要关注每一个学生，实行通识教育，恪守道德底线。实现后者就要在育“才”上“保持均值，扩大方差”，方法是创造环境，促进个性发展，让杰出人才能够“冒”出来。欲二者兼得，就要让通识教育与个性发展相结合。

通识教育和个性发展背后的一个基本理念是“大学为学生”。但是，这个理念并非显而易见。

学生、教师、社会、国家，是大学的“利益相关者”；教书育人、研究探索、服务社会、服务国家，是大学使命的组成部分。实际中，在兼顾四个方面的同时，不同时期总会有不同的优先和侧重。而国内高校的通常情况是，学生培养往往被轻视，另外三者更容易获得优先考虑。

近年来，中国学者发表的论文快速增长，中国大学在全球排名中的位置也加速上升。虽然这值得欣喜，但需要注意的是，这些排名主要与教师研究密切相关，而与教学的关联并不紧密。如何处理好研究与教学之间的关系，是国内高校普遍遭遇的难题。

大学如果没有论文发表，当然不能算一流；但是大学如果没有培育出好学生，那就很难称作大学了。在目前的情况下，很有必要强调“大学为学生”的理念。在我的新书《大学的改革》中，这个理念是主题，这么多年，我心心念念，不敢或忘。

《大学的改革》的清华根基

（2016 年 12 月 16 日）

在清华大学教育研究院中，除谢维和副校长外，我同史静寰老师接触最多，经常在一起开会，特别印象深刻的是2009—2010 学年清华大学第23 次教学研讨会。我要特别感谢王孙禺老师，我这本书中最具学术性的五篇论文都发表在他担任主编的《清华大学教育研究》上。我最近同文雯老师在批判性思维教育方面有些交流。张羽是我们学院的本科、硕士生。在座的都是教育学专家，我只是一个教育实践者，在实践中悟出一点道理，推动一些改革。有很多道理我还搞不懂，有很多改革我也推动不了。今天我壮着胆子，来班门弄斧，请大家指正。

一、书的背景

我是清华 1977 级本科生，是“文革”后第一届大学生。在 35 年前的 1981 年我从数学专业本科（提前）毕业，到美国留学。从 15 年前的 2001 年开始经常回国讲学，自 2002 年起任清华经管学院特聘教授，2006 年 9 月开始担任经管学院院长，至今已经超过 10 年了。

这本书共收录了 211 篇文章和讲话，其中 10 篇是从 2001 年到 2006 年我担任院长之前的，其余 201 篇都是 2006 年我担任院长之后的，截至 2016 年 8 月底。本书分为两卷，是根据讲话场合区分的，不是根据内容区分的。在清华大学之外或主要面向清华之外听众和读者的，放入第一卷；在清华经管学院和清华大学内的讲话，放入第二卷。

---

* 在清华大学教育研究院的演讲。

中国教育30人论坛秘书长马国川在上周二举行的《大学的改革》读书会上总结了我做经管学院院长的三个背景优势：一是在国外学习任教时间很长，二是经济学学科和学术背景，三是对中国经济改革的参与经历。

回想我担任院长的这十年，从我自身来说，有三个特点：

第一，我做院长投入、专注、执着。投入：投入时间，不做其他事，但机会成本很高。专注：即使投入时间，不专注也不行。一次只能做一件事，不能都做。学院的老师都知道，每年我的关注点在哪里，那些办公室就忙得不得了。执着：请人求人要坚持不懈，做事要持之以恒。院长下午茶已经90多场了。媒体茶话会8场。

第二，我用做学问的态度和方式做院长。做学问都要主题明确、严谨准确、细节无误。要熟读文献，要学习。比如读清华历史，读教育学、心理学书籍。虽然读得不多，但读过的一些是重要的、相关的。我的讲话稿都是自己写的，也是尽量用写论文的方式，找出处，找文献。

第三，我对工作的期许是Vision、Passion、Action，就是愿景、激情、行动，缺一不可。这与我们这一代人的使命感有关。我是文革后第一届大学生，读清华时极为珍惜学习的机会。我在上大学之前插队四年，下乡八年。我又是最早出国留学，最早改学经济学，最早获得终身教授，也是最早全职回国。愿景、激情、行动是必不可少的。

我对这套书的期望是在书的勒口上写着的这句话：这是目前中国教育领域中独特的一本书。

二、书的框架

1. 一个理念

“大学为学生”。这几个字很简单，但其中的道理并不显然。特别是在顶尖的研究型大学，在创“双一流”（一流大学、一流学科）大潮中，教师的研究论文发表极其受重视，但是学生培育被轻视。即使在学生培养方面，也偏重于论文发表。大学的使命是多重的。教书育人、研究探索、服务社会、服务国家，都是大学使命的组成部分。然而，国内高校的现状是，学生培养往往被轻视，另外三者更容易获得优先考虑，原因是激励机制的作用：其他目标都较容易度量，也有很高的物质回报和精神回报。但是培育学生的结果——除了学生当时的论文发表外——往往体现在将来，是很难度量的，更难给予回报。

但我相信“大学为学生”的教育理念。这在书的封面上就有体现。这套书两本的封面照片都是我选的，是我坚持的。编辑们说不好看，太乱。我之所以选这两张照片，就是因为这里只有学生，是校园里的学生，教室里的学生。而且是很多学生，在奔走，在上课。虽然画面显得乱，但是这是“学生”，是活生生的“人”。我没有放大楼，也没有放大师，甚至没有放图书馆。第一张照片不是在清华校园。第二张照片是2008年9月我在给本科一年级学生上经济学原理课，在美术学院的C528教室，右侧是我站在那里讲课，被我截去了，因为我要突出学生。

2. **两项内容**

我把大学的改革问题分为两大类：一是实践现代教育理念（学什么？怎样学？为什么学？什么是大学？什么是教育？什么是研究?）；二是建立现代大学制度（教师人事制度、治理制度）。内容大都可以归为两者之一。这本身就是一种对大学改革的思路：从这两方面入手。

3. **一个结果：思行合一**

这里面有三个东西：“思想”、“行动”、“思行合一”。

清华“行胜于言”的文化，渗透在校园的各个角落，体现在师生校友的每一个人中。这是一个优点，它使得清华人的执行力强。我本人就是“行胜于言”的践行者。但是，另一方面，清华的思想性不够强，这也是事实。

我在书的“引言”中引用了“北大有想法，清华有办法”这句话，这是一个客观描述，说明了两校各自的强项，同时也隐含了两校各自的缺点。我从实践中形成的看法是，教育改革，或者是做任何大事业，要想做成功，就必须既有想法，又有办法，不然是做不好的。

如果这是对的话，那么在清华，我们特别需要推崇的，就是思想和理念，就是思想的力量。同时在思想的力量的推动之下的“思行合一”。这正是我这本书试图传递的信息。比如，第一卷·学校篇分成两编，其中第一编的标题是“思想与思路”，第二编的标题是“行动与实践”。这两编合在一起，就是“思行合一”。当然，这种分法也有些人为。有些文章侧重于思想，有些文章侧重于行动，更多的文章兼而有之。

我认同和践行的是：想法 + 办法；既要思，也要行，更要思行合一。所以这既是“为何改革”（why）的书，又是“如何改革”（how）的书。

一方面，我们中国人总喜欢问“how”，不喜欢问“why”。整个中国都是这样，清华更是极端。这有它好的一面，就是不争论，干起来再说。但是，这是有局限的，因为“如何改革”只能在“为何改革”的框架下进行。“how”要受到“why”的限制。

另一方面，我也发现一般读者更容易关注思想理念部分，这是重要的。但是，这本书除了思想理念之外，还有行动实践的细节。这本书都是当时行动的记录，有演变的过程。比如前后两张课程表不完全一样，第一张是具体课程，第二张才成为课组。这是因为有了更多的课程后才能组成课组，这是现实情况。

因此，不要把“思”与“行”割裂开，应该“思行合一”。

三、七篇文章介绍

《大学的改革》一书中有五篇发表在《清华大学教育研究》上，而且都是每期第一篇。这其中我认为“学科布局”“本科教育”“大学治理”这三篇最重要，原来计划单独出册。我后来又写了两篇关于经管学院教师人事制度改革和治理建设的文章。其实我还写了一篇，是关于大学使命与清华传统的，给朱邦芬教授看过，但是我自己不满意，所以没有投稿。

我这本书里比较通俗又传播广泛的是我在 2012 年、2013 年、2014 年这三年的本科生开学典礼讲话："无用知识的有用性""学好与好学""人重于才"。

下面介绍一下这本书中的七篇文章，其中有五篇与清华直接相关。我打印出来了，供大家参考。

1. **"谈大学学科布局"**

2002 年秋季开始我到清华大学做特聘教授，开始讲经济学原理课。我那时还在伯克利加州大学担任教授。当时与陈希接触较多，与他谈到的一个问题是大学学科布局。他觉得这个问题重要，就在 2003 年 1 月安排我在学校党委常委扩大会上讲了一次。后来他让我整理成一篇文章。为了写文章，我又花了些时间充实内容。这是我第一次在《清华大学教育研究》上发表文章。

这篇可能是我写的文章中对国内高校（不仅是清华）冲击最大的一篇。由于历史原因和后来的发展路径，中国大学的学科布局是非常扭曲的，而这个扭曲影响到教育质量等各个方面。在我之前没有人这么系统地来讲这个问题。因为我在美国的六所大学里学习和工作过，加上我当时在美国读了一些关于美国大学演化的书，比如，弗莱克斯纳的《大学：美国、英国、德国》(1930)①、鲁道夫的《美国学院和大学的历史》(1962)②、科尔的《大学之用》(1963)③、罗索夫斯基的《大学：所有者手册》(1991)④。

第一位作者弗莱克斯纳曾经担任普林斯顿高等研究院第一任院长，但他最大的历史功绩是在此之前以他命名的有关美国医学教育的报告（Flexner Report），这份报告彻底改变了美国医学教育，把医学教育附属于大学。第二位作者鲁道夫是美国最著名的研究美国教育史的历史学家，他的书让我知道中国高等教育在 1998 年后快速发展与美国在 19 世纪末的情况很相似。第三位作者

---

① Abraham Flexner, *Universities: American, English, German*, 1930.

② Frederick Rudolph, *American College and University: A History*, 1962.

③ Clark Kerr, *The Uses of the University*, 1963.

④ Henry Rosovsky, *The University: An Owner's Manual*, 1991.

科尔和第四位作者罗索夫斯基分别是伯克利加州大学校长和哈佛大学文理学院院长，都是教育管理者，又都是经济学家，而两所学校我又都很熟悉。

读了这些书，又结合了中国的情况，我就写出了这篇文章。其中最重要的是一张图，有四个象限：上面是基础学科，下面是应用学科，左边是理科，右边是文科（见本书第441页）。我把原来作为“补充”的自然科学、社会科学、人文放到了最基础的位置，这对清华这样的原工科大学冲击很大。直到今天，还有人见到我时会提到这篇文章。

2. “论大学本科教育改革”

这篇文章的背景史静寰老师知道。2009—2010学年清华大学举行第23次教育研讨会。我、史静寰、朱邦芬、姚强、薛澜都是主要参加者。有三个主题：大学使命、本科教育、大学治理。我参加的是本科教育组。

会后，我把讨论本科教育改革的主要内容整理出来，发表在《清华大学教育研究》上，就是这篇。这里面第一次提出本科教育的两个目标：既要培养每一位学生成为有良好素养的现代文明人，又要创造一种环境使杰出人才能够脱颖而出；第一次提出实现的路径是“通识教育与个性发展相结合”；第一次提出实现的方式是“三位一体”（价值塑造、能力培养、知识获取）；第一次把“批判性思维”作为重要问题提出来。

我在哈佛读博士时的校长德里克·博克（Derek Bok）在2006年出版的书《回归大学之道：对美国大学本科教育的反思与展望》（*Our Underachieving Colleges: A Candid Look at How Much Students Learn and Why They Should Be Learning More*）对我的大学本科教育理念，特别是思考批判性思维教育有很大影响。

这篇文章的重要性不仅是理念上的，关键是建立了一个标尺，经管学院从那以后就是按照这个思路一步一步走的。而清华大学现在也参考了这个标尺。

3. “教师人事制度改革：以清华大学经济管理学院为例”

这里有一个绕不过去的背景，就是2003年北京大学试图推行的教师人事制度改革。当时引起很大关注和争议，最后改革还没有开始就终止了。不少人说这是经济学家搞教育改革的问题。我的这篇文章就是证明：经济学家搞教师人事制度改革是完全可以成功的。

仔细读这篇文章，就可以知道改革要成功，既要有正确的想法，也要有可行的办法。比如，把“长聘”设在正教授岗位上合适吗？定量的“门槛”和定性的主观判断是什么关系，各自用在什么地方？教师的学术判断作用怎样落实？学科之间的不同如何体现？“增量改革”如何体现？等等，这些问题都要想清楚。我在美国25年的时间，而且经历了从学生到终身教授的各个阶段，为我提供了可供参考的经验。

更为重要的是，这篇文章是在经管学院2012年完成薪酬制度和长聘制度改革后的2013年发表的。是事后的回顾，详细的回顾，对细节的回顾。先做，后说，是不少改革要想成功的必要顺序。清华大学后来的教师人事制度改革，部分参考了经管学院的改革。当然也有不同的地方，但事实证明，有一些不同的地方在后来遇到了问题，比如对公共服务量的核定，薪酬结构的公式等。这更说明我们做的改革是想得清楚、想得仔细的。

4. “大学治理：美国、欧洲、中国”

这篇文章的起源是2009年10月我在伯克利举行的哈佛—伯克利高等教育研讨会上的发言，原文是英文。在此基础上，我2010年8月就写成了中文稿初稿。中间修改多次，直到2015年9月在《清华大学教育研究》上发表，之后被《新华文摘》转载。

这篇文章的跨度很大：从美国到欧洲，再到中国，并且追溯中国大学的三个阶段：1949年前、“文革”前、“文革”后。我用六个维度来分析和比较不同国家和不同阶段的大学治理的详细内容：（1）大学自主权；（2）管理者选择与任命；（3）大学内部的学术权力与行政权力；（4）教师挑选、待遇与流动；（5）学生挑选与流动；（6）学费确定与学校经费。这样就有一个可比较的丰富内容。有意思的是，我在其中引用的一些研究，不少是国外经济学家对教育的研究。一来我可以接触到这些文献，二来我对其中的思路和方法熟悉。

这篇文章有丰富的内容，既有跨国比较，又有历史回顾，还有与中国经济改革的对比，最后提出大学治理的改革设想。这些设想可能是超前的，很难在现在实施，但这正是学术研究的意义。

5. **“联大精神与清华传统”**

了解清华历史很重要。我在清华读本科的时候，对清华历史是完全不了解的，那时也没有文献可以阅读。我是在回到清华任教之后才“恶补”的。其中一个原因是与王岐山在2008年初的一次谈话，他讲了老清华的很多人和事。后来才知道，他父亲是老清华1929年入校（五级）的土木工程系毕业生。这让我自愧不如。我后来读了几十本有关清华历史的书。我多次登门拜访黄延复先生，他是研究校史的专家，把我视为知己。我从他那里学到很多。可惜他在2013年去世了。我还经常拜访我的邻居何兆武先生，也从他那里了解一些老清华和西南联大的趣事。

“联大精神与清华传统”是2011年4月8日我在云南师范大学的讲话。那是在清华百年校庆之际，清华经管学院EMBA组织的“清华一百年，重走联大路”活动中，到终点站昆明的云南师范大学（前身是西南联大师范学院）时，我为师生做的报告。

我把联大精神概括为“爱国奉献、民族责任”和“独立精神、自由思想”。文章中有详细解读。

我在其中引述了不少当时的故事。特别是我追踪杨振宁先生的成长轨迹，是我自己的“推测”，有点意思。杨振宁是西南联大1938—1942年的本科生，1942—1944清华硕士研究生。杨振宁的硕士论文导师是王竹溪，他是1929—1933年的清华大学本科生。而王竹溪的老师叶企孙是1918年清华学校的毕业生（那时还不是大学）。而叶企孙在清华学校读书的时候，梅贻琦从1915年起已经在清华教物理。而梅贻琦本人是1909年获得庚子赔款奖学金第一期的留美学生。从1909年梅贻琦赴美留学，到1945年杨振宁赴美留学，中间相隔四代清华物理学人，36年的时间。再到1957年杨振宁获得诺贝尔物理学奖，又过了 12 年。我以此来说明联大精神与清华传统的关系。培育杨振宁的土壤在 50 年前梅贻琦出国时就已经开始积淀。我在上个月拜访杨振宁先生时，也讲给他听过。

6. “老清华的社会科学”

这篇是我同社会科学学院院长李强教授合著的，也是在 2011 年清华百年校庆时为我们出版的《老清华的社会科学》（2011 年 12 月出版）一书写的序言，是讲老清华的经济学、政治学、社会学、心理学这四个社会科学学科的辉煌时期。

说到老清华的文科，人们熟知的是“国学研究院”和“文史哲”的人文学科。但是很少知道社会科学。“国学研究院”名义上只存在四年（1925—1929 年），而实际上四位导师都在的时间很短暂：王国维 1927 年 6 月去世，梁启超在 1926 年就患了肾病，1929 年 1 月去世。现在清华国学研究院成了一个“神话”。

鲜为人知的是老清华的社会科学同样辉煌，同自然科学与人文学科一样，而且也在很短的时间内取得全国领先的学术地位。我们要知道，清华直到 1925 年才开始招本科生，在此之前是留美预备学校，是中学加两年大学预科。那时中国的许多大学早已成熟。短短十几年，从 1925 年到抗日战争前的 1937 年，清华已经成为国内一流。到 1941 年清华 30 年校庆时（作为大学只有 16 年历史），清华已经在国际上知名。我们把老清华的社会科学（有别于人文学科）的特点归纳为四条：（1）科学的研究方法；（2）国际视野和国际学术标准；（3）注重对当时中国问题的研究；（4）独立之精神。正是这四条，让清华的社会科学在很短时间内走到国内前沿。这四条在今天都值得我们遵循。

7. “大学使命的三个根本问题”

这是第一卷第一章第一篇，是我在 2010 年 11 月在北大举行的哈佛—伯克利高等教育研讨会上的发言，之前没有发表过，是从英文翻译过来的。这篇更多的是提出了有关大学使命的根本性问题。

我当时在会上提出三个问题：什么是大学？什么是教育？什么是研究？

它们针对我认为在中国高校中普遍存在的三个偏向：在大学使命中重研究，轻教学；在教育中，重专业知识传授，轻通识教育和思维教育；在研究中重实用研究，轻基础研究。

从那次会议到现在已经过去六年。情况有所变化，有向好的方向发展，也有向不好的方向发展。我们看一下 2016 世界大学排名，清华和北大排名得到了大幅提高：

	世界大学学术排名	QS	泰晤士高等教育	美国新闻与世界报道
北大	71	39	29	53
清华	58	24	35	57

根据《自然》杂志引用的数据，中国学者论文发表占全球比例从 2005 年的 13% 增加到 2015 年的 20%，仅次于美国。从经济学家的视角看，这并不令人惊讶。中国 GDP 目前也是仅次于美国，中国在世界的 GDP 占比从 2005 年的 5% 增加到 2015 年的 15%，似乎更显突出。经济学家之所以用 GDP 这个指标，是因为它是一个国家综合实力的度量，很能说明问题。

随着中国经济的继续增长，我完全相信，中国的 GDP 很有可能在 15 年内超过美国成为世界第一。我也相信，在同一时期，中国学者发表的论文的数量也会成为世界第一。在未来二三十年，中国最好的大学在世界排名会进入前列。而且，也会有一些中国学者获得诺贝尔科学奖。看看日本就知道了。我们现在的经济发展水平相当于日本 20 世纪 70 年代。自然科学的发展也相当于那个年代。日本正是在 70 年代算起的 20 ~ 30 年后开始收获诺贝尔科学奖。

但是即使这些都发生，也没有什么可惊讶的。中国的人口是日本的 10 倍还多，中国对教育和科技投入这么大，在这种情况下，即使获得与日本类似的成绩，也还是说明中国教育中存在很大的问题。

但是，我更关注的是，所有的大学排名基本上都与理工医科的论文发表相关，而与人文、社科，与教育、与学生没有太大关系。世界大学学术排名衡量“教学”的唯一指标是该校培养的学生中获得诺贝尔奖的人数。当然这是一个相关的指标，但这是对教育太狭窄的度量。

我坚持认为，大学为学生，而且不仅是为学生能否发论文，大学是为学生的一生做准备，是大学使命中最被轻视，最需要大声疾呼和重视的。困难的是大学和教师没有激励这么做，激励都在其他方面。

我最早听到清华一位老教授说的一句话，觉得很有道理：“大学如果没有论文发表，当然不能算一流；但是大学如果没有培育出好学生，那就很难称作大学了”。我在这篇文章中引用了这句话，在上周发表在《人民日报》上的文章中也引用了这句话。

在这篇讲话的六年之后，又是在北大，在 2016 年 11 月的北大—斯坦福世界一流大学研讨会上，我又延伸了我在这篇讲话中的想法，并提出了这样一个“猜想”：中国的大学是不是越来越向“世界一流”靠近（指论文发表），却越来越远离“大学”了（指教育理念）？我在会上说，答案完全取决于我们对“大学的本质”的理解。

在我看来，大学的改革，最终是我们对“大学的本质”的理解。在今天这样的历史时刻，究竟应该如何理解它，这是我今天留给大家思考的问题。

实践现代大学理念，建立现代大学制度

（2017 年 1 月 17 日）

我是经济学者，并不是教育学家。我的两个背景对推动教育改革有帮助。

首先是我在大学学习和任教的经历。我是清华本科毕业，又回到清华工作。从 1981 年清华毕业到 2006 年担任清华经管学院院长，我在美国的 6 所大学学习和任教 25 年。比较丰富的海外大学学习、任教经历，对我从事教育工作很有帮助。

其次是我的学科背景是经济学。经济学是一门社会科学，由于其学科、学理特点，我习惯于试图用一些逻辑的、抽象的、简洁的理论来描述解释复杂的现象，并通过经济学的视角和分析工具来分析教育问题，会有一些比较有新意的观察。经济学的理论和实践经历对我思考和推动大学改革留下了非常深的痕迹。我研究的重点是中国经济改革，包括中国企业改革、金融改革、财税改革等重大的经济改革。讲到教育改革或者大学改革，也可以从经济改革和企业改革中收获很多启发，其间很多逻辑有惊人的相似之处。

我在《大学的改革》一书引言中提到“思行合一”。这会让我们联想到王阳明的“知行合一”。但是“知”很容易被理解成“知识”。而我们的偏颇就是简单地把教育理解为知识传授和知识获取。其实“思”更为重要。爱因斯坦说过，大学教育的价值不在于了解多少事实，而在于训练大脑去思考，就是讲“思”。教育需要多思考，要有思想性；其次要有行动，但行动也需要有思想的指导。例如，大学人事制度改革很难推行，其中既有行动的问题，也有思考的局限。

---

* 在中国教育 30 人论坛读享会上的演讲。原载于搜狐教育《智见》。

一、刻画中国教育中的问题

我通过“均值”与“方差”描述中国教育中的问题，这其实是把经济学视角和最基本的描述经济变量的统计概念用于教育问题。“均值”与“方差”大部分学生都知道，但是运用在教育问题上，却出人意料地产生了很大共鸣。我的观察是，从培养“才”的角度看，中国学生的“均值”是比较高的，基础知识普遍比较扎实；但中国学生中突出人才不多，统计上的衡量就是“方差”小。顾明远先生所说的“中国教育教出来的人才有高原，无高峰”；杨振宁先生所说的“中国的教育体制培养90分以下的学生很成功，但是很难培养出90分以上的学生”，都是表达相同含义的比喻，而我是用了统计学中的概念做了更一般性的概括。

从培养“人”的角度看，中国学生又是“均值”低而“方差”大。所谓“均值”低，就是说普遍素质不够高，所谓“方差”大，就是说品质坏的人很坏。

从这两个维度可以概括中国教育中的两类问题，一类是“成才”问题，一类是“成人”问题。用不同的角度看教育领域里的问题，并且把复杂问题抽象到比较简单，这样就有新意，就会引起人们的共鸣。

二、通过推行通识教育与批判性思维教育实践现代大学理念

《大学的改革》的实质内容是两个方面：一是实践现代大学理念，二是建立现代大学制度。现代大学理念包括课程体系、育人方式、教学方法、教学内容等从方法到手段的内容，这就要求我们具备长远眼光、世界眼光和现代眼光。

如何实践现代大学理念？我觉得大学教育要重视两个方面：一个是通识教育，一个是批判性思维和创造性思维。通识教育不同于专业教育，具有一般性。但关键是通识教育要能够与个性发展相结合，通识教育与专业教育相融合，这就包括思维训练，特别是批判性思维教育，再延伸一步就是创造性

思维教育。批判性思维是桥梁，可以连接通识教育和个性发展，也可以连接通识教育和专业教育。批判性思维和创造性思维既有比较功利的一面，比如它们对现在特别强调的创新非常关键；也有不功利的一面，就是每个人都应该独立思考，这是健全人格的体现。聚焦批判性思维和创造性思维也有利于突破“教育只是知识传授”的旧观念。

从2009年秋季开始，清华经管学院在本科教育中开始实践通识教育，引入了批判性思维与道德推理等课程。有一些证据表明这些课程还是对学生产生了影响。比如2016年罗德奖学金获得者黄钦就是清华经管学院的本科生，正是因为经管学院的通识教育课程，让他上了中国文明、西方文明、批判性思维与道德推理等课程，他忽然发现自己对政治哲学特别感兴趣。他获得罗德奖学金去牛津大学攻读相对冷门的政治哲学。

清华经管学院的批判性思维与道德推理（Critical Thinking and Moral Reasoning，简写为CTMR）课很独特，在美国大学中并没有这样一门课。在美国，批判性思维并没有专门课程。但是有一门写作课，哈佛所有本科课程只有一门课是必修课，就是英文写作，英文写作课实际上将批判性思维训练融入写作中。我们将批判性思维与道德推理结合在一起，是因为纯粹的道德推理对于学生来讲可能比较难，而批判性思维如果单独开课，很可能变成纯粹的逻辑课。这种结合是一种创新。当然，授课老师的作用非常重要。我经常问即将毕业的学生和校友对在学校学的哪门课印象深刻，或者使你改变了你的想法，或者使你发现了你的潜力？我听到比较多的答案是这门批判性思维与道德推理课。比如黄钦说，这门课让他学会对同样一个问题从不同角度来思考来分析。

三、通过教师人事制度改革和学院治理改革建立现代大学制度

如何建立现代大学制度？中国的经济改革、企业改革都是在很多约束条件下推进的，有技术约束、财务约束、市场约束、制度约束、文化约束等。所以一次改革可能不一定达到最优，而是次优，或者哪怕只是部分改进，也

都要努力。教育改革和大学改革也是类似情况。

建立现代大学制度，有两个方面非常关键。第一是教师人事制度，包括薪酬制度、准聘长聘制度。其次是大学或学院治理改革，包括内部治理、外部治理。在教师人事制度改革方面，我们学院从2010年开始实施新的薪酬制度，从2012年开始实施教师准聘长聘制度。什么样的职位开始采用长聘即终身聘用合适？是正教授还是副教授？在美国可以找到三种例子，例如哈佛只有正教授才是长聘，加州大学所有副教授都是长聘，但是大多数学校副教授中有长聘，也有非长聘。哪一种最适合中国国情？我们的选择是第三种。此外，在中国实行薪酬制度改革也一定要考虑中国的具体情况。

第二是学院治理改革。讲到治理，我马上会想到20世纪90年代中期提出现代企业制度。当然，大学和企业不一样，但是可以从中受到启发。例如研究企业有内部治理和外部治理制度之分，大学治理也可以通过这样的方式研究。

大学和政府的关系、大学和社会的关系、大学和校友的关系等都属于外部治理问题。在内部治理中，大学和企业也有不同的地方。企业内部基本上是科层制的，CEO布置任务员工完成，是完全行政化的。大学不同于企业，学术问题应该由教师决定，这是提出“教师治学”的原因，这是一种民主决策机制。在学术问题上“去行政化”是对的。但是，在资源配置问题上，就不能泛泛讲“去行政化”了。在清华经管学院我有两个身份，一个是院长身份，一个教授身份。作为教授我跟其他教授一样，投票时一人一票。但是作为院长，在决定资源配置时，就必须依靠行政的力量。

* * *

杨东平（北京理工大学教育研究院教授）：

我们讲高等教育时通常说有三个基本矛盾，第一是行政和学术的关系，第二是教学和科研的关系，最后是通识和专业的关系。

就目前而言，中国高校的通识教育尽管概念已经普及了，但具体实施方面还乏善可陈，没有实质性的改变，很多学校还是以政治理论、思想教育为主。1988 年我出版了第一本教育学的小册子《通才教育论》，当时国内很少有人关注这个话题。培养优秀人才毫无疑问需要批判性思维，但是面向大多数人的大学本科教育，有另外一个功能，就是教学生做一个正直的人和实现人生的幸福，这同样是一个非常重要的目标。

钱颖一院长能够在清华做一场实质性的教育改革，这是非常了不起的事情。刚开始听说钱院长做通识教育课程改革的时候，我内心还有些怀疑。但钱院长花很大的工夫去聘请名师，亲力亲为，一步一步推动，形成了一个非常有效的体系。同时，他并不把通识教育和专业教育作为一对矛盾，他把专业教育用个性发展来替换，提倡“通识教育 + 个性发展”。而且这些经验都是清华经管学院在教学实践中归纳出来的，因为我们的学生需要有多样化的发展，有的经商、有的做学问。怎样在本科教学中为不同的学生提供不同的条件和环境，做到通识教育加个性发展，这应该作为一种基本的大学教育理念。从《大学的改革》一书中可以看到钱颖一院长作为思考者和行动者对高等教育问题的独到认识，而且这些认识来自实践。

中国的高等教育改革、现代大学制度的建立很难从教育部直属院校中产生，我认为要发展和探索新的路径，最有可能是新兴的大学，在成立之初就制定一套全新的制度。尽管体制内的高等教育总体而言并不令人乐观，但是高等教育领域还是有一些亮点，除了西湖大学、湖畔大学、武汉学院外，南科大也在努力。目前企业家办大学是一个热潮，但是办学的权限还没有真正打开，所以我个人对高等教育体制改革的呼吁就是要进一步开放教育，下放权力，允许民间办学，促进教育的多元化。

史静寰（清华大学教育研究院常务副院长）：

中国的教育改革在中国整个社会改革和发展过程中关注度、争议度都很高，但是教育研究的门槛好像显得比较低，因为其复杂特性不是一个学科所能涵盖的，所以大家对教育问题的讨论常常已经超出教育研究自身的边界。

教育学、经济学、物理学等学科都是人类为了方便研究而创造出来的。这个世界本身是一个丰富的整体，人作为一个社会存在，它的复杂性并不因为学科的划分而分门别类地存在，而且我们现在把这些学科等级化了。

2009 年上海学生 PISA 考试成绩公布的时候很多人非常振奋，但是在我们教育学研究界有一个“中国学习者悖论”说。首先是中国学生在外面的形象是基础教育条件差，但学习成绩又很好。其次是在基础教育阶段中国学生表现出色，但到了大学、研究生阶段就会逊色不少。我最早听到钱颖一解释这个悖论时说，这是因为中国的教育特点可以概括为学得“多一点、早一点、深一点”。“早一点”就是说中国教育比较超前，恨不得让两岁孩子背古诗，学算术，将知识下放，很多中国孩子小学学习的知识是欧美国家中学的知识。所谓“多一点”“深一点”就是中国孩子的作业、学习内容远远超出国外学校的，这就相当于我们用青年队去踢国外少年队，用成年队去踢国外青年队，结果真正到踢成年队的时候实力却跟不上了。

清华大学的教师人事制度改革是从经管学院开始的，但很多人是观望者或者观察者，是置身度外地去评论，但是清华经管学院钱颖一院长不仅是一个评论者、观望者，他还是一个记录者，一个设计者。钱颖一院长能够把这些行动记录下来，加上自己的反思，就成为非常有价值的记录，贯穿着改革过程的记录。作为一个真正的社会科学研究工作者，作为一个大学基层的领导者，影响的范围或者影响力可能不会很大，传统的大学也受到很多的局限或者约束。但是不能否认，如果有一些成功的例子的话，可能会产生更大的社会辐射和社会影响力。钱颖一院长是真正的用跨界的视角、综合的视角来看待教育。面对一个复杂的社会问题，一个人能够真正贡献的力量可能有限，但这些有限的力量如果能够结合在一起，就会形成一种积极的建设性的力量。大学的改革还有很多障碍，有很多约束性的调整，但只要我们在路上，只要每个人都有健康、积极的心态，我相信每个人都能够在力所能及的范围内做成一些事儿。

大学教育改革的思与行

（2017 年 6 月 30 日）

现在正是高考出分、录取阶段。整整 40 年前的 1977 年，是“文革”后恢复高考第一年。1977 年 12 月考试，1978 年 3 月入学，唯一的一次。中断了 11 年的高考恢复，积累了 12 年的 570 万考生参加高考，只录取了 27 万人，录取率是 4.8%，历年来最低。我在插队的农村参加高考，幸运地成为 1977 级大学生，入读清华大学数学专业。

我于 1981 年出国留学、执教。从数学转学经济学，从做学生到做教授。2001 年开始经常回国讲学，2002 年起任清华经管学院特聘教授，2006 年 9 月起担任清华大学经济管理学院院长，至今已经 11 年。

《大学的改革》不是回忆录，也不是论著，收录的全部是讲话和文章的原稿，截止到 2016 年 8 月，这个时间点正好是我当院长满 10 年。这是一个在学院层面教育改革历程和历史的实录。

这本书是关于教育的。不同于其他关于教育的书，《大学的改革》有两个独特之处。特点之一是我的学科是经济学，特别是研究中国经济改革，这就带来一个特点，就是用经济学的视角、方法，并运用从中国经济改革和企业改革中获得的经验，来思考教育改革。近期有一些采访文章，标题诸如：经济学家“跨界”做教育改革、从经济学家到教育改革者、教育改革实践中的经济学原理等。

特点之二是我在清华经管学院担任院长，是一个基层学院的教育实践者、教育改革者。所以我的角度是做事，我是一个行动者。我没有受过教育学的

* 在北京大学教育学院的演讲。

系统训练，所以不能说是教育学的专家。如果说对教育改革有些感悟、有所作为的话，完全是基于实践的思考和行动。

这两个特点的结合，用经济学家的思考方式观察和思考教育问题，同时又行动。思考者中的行动者，行动者中的思考者。我把它叫作“思行合一”。

《大学的改革》围绕两项内容展开，也正是我思考中大学的改革的两项主要内容：一是实践现代教育理念，二是建立现代大学制度。现代教育理念涵盖现代教育的目的、内容、方法和手段。现代大学制度包括政校关系、治理结构、管理方法等。我今天只讲第一项内容，就是实践现代教育理念，讲五个在我看来相关的问题。

一、中国教育问题中的“均值”与“方差”

我把教育教学问题概括为两个维度：“人”与“才”。我们习惯上把“人才”作为一个词，这就容易把培养“人才”简单理解为育“才”，从而导致轻育“人”的倾向。区分教育问题的“人”与“才”两个维度，并进一步强调育“人”重于育“才”，这是重要的出发点。

我用统计学中的“均值”和“方差”两个度量来刻画中国教育中的成绩与不足。我总结出，在育“才”上，我们的均值高、方差小，即平均水平不低，但是杰出人才不多。这个描述引起共鸣，比如顾明远、杨振宁。

在育“人”上，正好相反，均值低，方差大，即整体素质还不够高，而且其中有些人素质很差。这种状况显然不利于创新驱动，也与中国在世界文明中应有的地位不相称。

这是传播很广的一篇文章。原因有三：一是与现实贴近，形成共鸣；二是简洁；三是听上去很科学。

这是刻画问题的方式，聚焦在可观察到的现象上。如何针对这些问题进行教育改革呢？那就是下面我要讲的，是现代教育理念的实质性内容。

二、从以知识为核心的教育到“三位一体”的教育

我们的传统教育观念是这样的：教育的核心是知识。知识各种各样，包括基础知识、专业知识，也包括前沿知识。教师的职责是教知识，传授知识，学生的任务是学知识，掌握知识。

在2009—2010学年举行的清华大学第23次教学研讨会有三个主题：大学使命、本科教育、大学治理。我参加的是本科教育组。我把那次讨论本科教育改革的主要内容在之后整理出来，发在2011年2月的《清华大学教育研究》上，就是“论大学本科教育改革”。在这篇文章中，我第一次提出教育应该是“三位一体”：价值塑造、能力培养、知识获取。

这篇文章的重要性不仅是理念上的，关键是建立了标尺，经管学院从那以后就是按照这个思路一步一步走的。后来的清华大学教育四十条就采用了这个提法：从“知识”到“三位一体”：价值塑造、能力培养、知识获取。

知识获取、能力培养、价值塑造这三个方面，从学生角度看，就是学什么、怎样学、为什么学。我在2012年、2013年、2014年在清华经管学院本科生开学典礼上的三次讲话正好对应了这三个问题。

2012年本科生开学典礼讲话，“‘无用’知识的有用性”，是关于学什么。这个命题并不是我最先想出来的。1939年，美国普林斯顿高等研究院首任院长弗莱克斯纳（Abraham Flexner）在《哈泼斯杂志》上发表了一篇文章，标题就是“The Usefulness of Useless Knowledge”，即“‘无用’知识的有用性”。

我在这次讲话中用三个例子告诉学生，对知识有用性的认识不能过于短视。当然，短视在全球都是一个问题，不过在我们中国人中尤其突出。我们心目中的“有用”，往往是指立竿见影式的马上有用。我把这种急功近利式的功利主义叫作“短期功利主义”。短期功利主义使得我们把知识的“有用性”局限在极其小的范围内。

2013年本科生开学典礼讲话，“学好与好学”，是关于怎样学。在中学阶段，“好学生”就是“学得好的学生”，而学得好就是学习成绩好、考试成绩

好。中国的应试教育，使得学生磨炼出一套怎样学好的方法，可以概括为：文科靠死记硬背，理科靠大量做题。

进入大学后，“好学生”就不应该是这种类型的“学得好”的学生了，而应该是“好学”的学生。“学好”与“好学”有很大区别，是两种完全不同的学的境界：“学好”是学习中被动地接受，而“好学”则是学习中主动地探索；“学好”是今天学习的一个结果，而“好学”则是今后学习的一种习惯；“学好”只是对学习已有知识的一种度量，而“好学”则是对学习未来知识的一种态度；“学好”是为了掌握知识，而“好学”是为了探索问题；“学好”得到的是答案，而“好学”追求的是真理。“好学”远比“学好”更重要。“好学”是懂得怎样学的一种能力，我着重强调了五好：好奇、好问、好读、好思、好言。我对新生们说，在大学，“好学”远比“学好”更重要，务必在大学中养成好奇、好问、好读、好思、好言的习惯，并让好学伴随一生。

2014 年本科生开学典礼讲话，“人重于才”，是关于为什么学。中华文化的传统、中国教育的传统，从来都是重视“人”的传统。但是，这个重“人”的传统后来发生了变化，使得重“才”逐渐压倒重“人”。直接原因是，近代以来，中国经济发展落后于西方了，落后就要挨打。因此，教育就转向科学知识、技术知识、专业知识的传授，转向对“才”的培养。这种由“人”向“才”的转向近年来在中国走向了极端。改革开放以来，中国以经济建设为中心，经济增长似乎变成了唯一的价值和目标。即使当下讨论的转变发展方式和创新驱动，也仍然是把经济发展作为目的。在这种思维中，“人”是推动经济发展的力量，“人才”就成为加速经济发展的动力，“育才”也随之变成了教育的最终目的。

教育如何体现“育人”？在我看来，作为目的的“人”包括人文、人格、人生三个方面，所以，关于“人”的教育，应该包括人文精神的教育、人格养成的教育和人生发展的教育。在我们当前的教育中，相对而言，我们更缺乏对人文精神、人格养成、人生发展的教育。理解人文价值，坚守人格底线，反省人生意义，应该成为每一个受过教育的人的必修课。

三、在本科教育中实现“三位一体”的途径：“通识教育、个性发展”

“论大学本科教育改革”这篇中还第一次提出“通识教育与个性发展相结合”。

关于大学本科教育的定位，我们过去有很多提法，从专业教育到宽口径专业教育，再到通识教育基础上的专业教育。我提出通识教育与个性发展相结合就是为了突破在专业教育上打转转。在这里有几点需要说明：

第一，通识教育不是专业教育的基础，通识教育本身就是目的，特别是当教育使命是为学生一生的情况下。

第二，避开通识教育与专业教育的矛盾，提出通识教育 + 个性发展，更为宽泛，因为在本科阶段专业是一个很不清楚的概念，特别是现在大学教育已经大众化了。

第三，全面发展当然好，但是容易理解为各方面都好，这是不可能的。英文叫作 all-rounded，但是含义并非全面发展，而是“全人发展”“整体发展”。不过，不如个性发展更好。个性发展是以个人为基础的教育。

如何把通识教育落实在课程设计和提供上？自 2009 年以来，清华经管学院在通识教育方面为本科生开设了中文写作、中文沟通、中国文明、西方文明、批判性思维与道德推理、艺术与审美、基础社会科学、中国与世界、物质科学、生命科学等课程或课组。

大学中的教育教学改革希望达到两个目标，既要培养每一位学生成为有良好素养的现代文明人，又要创造一种环境使得杰出人才能够脱颖而出。

这与前面发现的中国教育中的“均值”与“方差”的问题直接有关。实现前者要在育“人”上“提高均值，减少方差”，方法是关注每个学生，实行通识教育，恪守道德底线。实现后者要在育“才”上“保持均值，扩大方差”，方法是创造环境，促进个性发展，让突出人才能够“冒”出来。两者兼有就要通识教育与个性发展相结合。这就与前面的关于“均值”与“方差”

的问题结合起来了。

四、批判性思维教育

美国大学校长评论到美国留学的中国学生时指出，中国学生的强项是基础知识扎实，而弱项是缺乏批判性思维。

从“知识”到“思维”是一个跨跃。爱因斯坦的名言：大学教育的价值不在于了解多少事实，而在于训练大脑去思考（“The value of a college education is not the learning of many facts but the training of the mind to think.”）。如何思考？我们第一次把“批判性思维”作为重要问题提出来，把批判性思维当作通识教育和个性发展、通识教育和专业教育之间的桥梁。

什么是批判性思维？我在2011年的文章中是这么写的。批判性思维有两大特征。第一，批判性思维是善于对通常被接受的结论提出疑问和挑战。无条件地接受专家和权威的意见不是批判性思维。第二，批判性思维又是用分析性、创造性、建设性的方式对疑问和挑战提出新解释、做出新判断。所以，批判性思维不是对一切命题都持否定态度。批判性思维也不是认为所有命题都同样有道理，它是能够判断哪个更有说服力。

后来我逐渐认识到，批判性思维有两个层次。在第一层次上，它是有别于知识的一种能力。这一层次的批判性思维能力是可以传授的，也可以度量。美国的ETS和Insight Assessment都有测评批判性思维的考题。其实GRE中的一些考题也是这种性质的。这与逻辑有关，但不完全是逻辑，特别不是形式逻辑，可以是非形式逻辑。加拿大的董毓教授的书《批判性思维原理和方法——走向新的认知和实践》是这方面的教科书。其中对分析的思考、清晰的思考、真实的思考、充足的思考、深入的思考、开放的思考，都有很好的解读。重点是以理性、科学的方式进行推理，这对去除常见的推理过程中的误区，很有意义。

但是批判性思维还不只是一种能力。在第二层次，它是一种习惯、一种心态，也即心智模式（mindset），它与价值取向相关。斯坦福大学心理学教授卡罗尔·德韦克（Carol Dweck）在《心智模式：成功的新心理学》（*Mindset: The New Psychology of Success*）一书中比较了两种心智模式：成长型和停滞型。

很多年前，当我在比较中国人和印度人的差别时，我想到一些词：语言、文化等，但是觉得最好的词是心智模式。去年，微软CEO、印度裔的萨提亚·纳德拉（Satya Nadella）访问清华，我同他对话之后，他送给我德韦克的这本书。这本书有中文版，但是中文书名叫“看见成长的自己”，没有翻译mindset这个词。中文有时翻译成思维模式，但是心智模式更好。第二层次的批判性思维比较难教，而且也难测评，但学生可以从周边的环境中“感悟”。

在一定程度上，第一层次是怎样思考。怎样思考是能够教和学的，比如逻辑上不犯错误。第二层次是思考什么。思考什么就难教了。不过，通过这样的讲座，可以启发学生去寻找，去探索，进入过去的“盲区”，走出过去的“误区”。

批判性思维的重要性在多年前就提出了。如何做？特别值得一提的是我们开设的批判性思维与道德推理课，它结合批判性思维与道德伦理，为全国首创。在清华经管学院学习过的本科生，经常会问“你对这个问题CTMR过了吗”？CTMR是批判性思维与道德推理英文名称的缩写。在学生即将毕业时，我都会询问学生在大学四年中印象最深的课。不少学生提到CTMR，认为它改变了自己的思维方式。

五、创造性思维教育

创新的核心是具有创造力的人才。而具有创造力的人才的核心是创造性思维。创造力确实需要有知识，但不仅仅是知识。关于创造力，心理学、教育学、管理学都有很多系统的研究。我并非从学术角度来谈，而是从教育实践中的观察来谈。

爱因斯坦有两句话一直对我影响很深，一句是“我没有特殊的才能，我只是激情般地好奇”，另一句是“想象力比知识更重要”。他在这里都没有讲知识本身，而是超出知识以外的东西，特别是好奇心和想象力。这正是我们忽视的。我们有理由相信，儿童时期的好奇心和想象力特别强。但是随着受教育的增多，好奇心和想象力很有可能递减。在我们的应试教育下，情况会更糟。

创造性思维不仅取决于好奇心和想象力，还与价值取向有关。所以，当我们讨论创新人才教育时，不仅仅是一个知识和能力的问题，也是价值观的问题。我们现在面临的一个具体问题是急功近利，更一般地说，是短期功利主义的价值取向。这对创造性思维是有害的。

《探索的动机》一文是 1918 年 4 月爱因斯坦在柏林物理学会举办的普朗克 60 岁生日庆祝会上的讲话。他在那时说，在科学的殿堂里有各式各样的人，他们探索科学的动机各不相同。有的是为了智力上的快感，有的是为了纯粹功利的目的，他们对建设科学殿堂有过很大的甚至是主要的贡献。但是科学殿堂的根基是靠另一种人而存在的。他们总想以最适当的方式来画出一幅简化的和易领悟的世界图像，他们每天的努力并非来自深思熟虑的意向或计划，而是直接来自激情。

我看到科学探索和创新的动机有三个层次，分别代表了三种价值取向：短期功利主义、长期功利主义、内在价值的非功利主义，后者比前者有更高的追求。我们的现实情况是，具备第一类动机的人很多，具备第二类动机的人也有，但具备第三类动机的人就寥寥无几了。我们之所以缺乏创新型人才，除了前面说的缺乏好奇心和想象力之外，就是在价值取向上，太急功近利，太功利主义。急于求成的心态，成王败寇的价值观，导致的是抄袭、复制，而不大可能出现真正的创新，更不可能出现颠覆性创新、革命性创新。因此，创造性思维还取决于价值取向。

《大学的改革》中的创新性理念与实践

（2017 年 12 月 27 日）

我申报的成果是我出版的《大学的改革》，两卷本共 90 余万字。《第一卷·学校篇》是面向清华外受众，《第二卷·学院篇》是面向清华内受众。全书收录了 211 篇文章和讲话原稿，其中 201 篇是我在 2006 年至 2016 年担任清华大学经济管理学院院长的十年间发表的，而另外 10 篇是我在 2001 年至 2006 年担任清华经管学院特聘教授讲学期间发表的。这是我在清华 15 年期间对教育改革思考，特别是实践的实录。本书既有很多创新性见解，又有很多创新性实践，可以说是目前中国教育领域中独特的一本书，也是一本关于清华自身变革的书。

根据要求，因为时间关系，只讲创新点。本书有以下四个方面的创新点。

第一个创新点是三种跨界。第一种跨界是从经济到教育的跨界。我运用经济学视角和方法分析教育问题，同时参考中国经济和企业改革经验，用以推动中国教育改革。第二种跨界是我在过去 40 年间从清华到美国再回到清华的经历，40 年间我的全部时间都在七所海内外大学学习和工作：1977 级在清华读本科，1981 年起在哥伦比亚大学、耶鲁大学和哈佛大学研究生院学习，1990 年起在斯坦福大学、马里兰大学、伯克利加州大学任教，2006 年回到清华担任院长至今。第三种跨界是我从学者到管理者和改革者。

第二个创新点是它覆盖了大学改革的两项最基本的内容——“实践现代教育理念”和“建立现代大学制度”。“实践现代教育理念”的内容覆盖教学

---

* 在清华大学 2017 年亮点成果评审会上的答辩。该成果入选清华大学 2017 年 10 项亮点成果。

和研究两个方面，前者包括经管学院的各类教学项目，包括本科、博士、硕士、MBA、EMBA、后EMBA、创意创新创业教育、国际化办学等内容，后者包括经济学、管理学、学院与大学融合等内容。“建立现代大学制度”的内容体现在学院治理，其中包括内部治理（比如教师人事制度改革）和外部治理（比如校友工作、顾问委员会等）。应该说这两项基本内容是任何大学改革都要包括的。

第三个创新点是全书体现了一个主题：大学为学生，为学生一生。这个主题并非显而易见，因为大学使命是多重的，包括教书育人、研究探索、服务社会、服务国家。但是，由于在目前的激励体制下，学生是最容易被忽视的，所以我认为很有必要突出强调“大学为学生”的办学理念，并将它作为这本书的主题。这是针对当前最薄弱的环节有针对性地提出的。我在书中引用了一位清华老教授的话：大学如果没有论文发表，当然不能算一流；但是大学如果没有培育出好学生，那就很难称作大学了。《大学的改革》这两卷书的封面就体现了这个主题，两个封面分别是校园中的学生和教室中的学生，没有其他。

第四个创新点是全书重点体现“思行合一”。也就是在阐述教育改革思想的同时，真实记述教育改革行动，而且两者是统一的。一方面，这本书是关于改革“想法”的书，包括说明了改革的思想与思路。另一方面，这本书又是关于改革“办法”的书，它记录了改革的行动与实践。所以，它不仅是一本理念上“为何改革”的书，更是一本实践中“如何改革”的书。

最后讲一下本书的社会影响力。《大学的改革》自出版以来，两卷共印刷5万册，并受到媒体的广泛关注。《中华读书报》发表了这本书的书摘。教育学家顾明远、经济学家田国强、经济学家王则珂、法学家季卫东、政治学家刘瑜写的书评分别发表在《中国青年报》、《中华读书报》、FT中文网、《文汇报》和“知识分子”微信公众号上，给予很高的评价。教育学家顾明远先生在书评中说，“《大学的改革》反映了时代的要求，提出了大学现代化建设的路径，称得上一部在讲教育故事中渗透着教育哲理的教育学著作”。此外，诸如《人民日报》《光明日报》《中国青年报》《21 世纪经济报道》《经济观察报》《财经》《南方都市报》、新华网、新浪网、澎湃新闻等主流媒体也为该书写过专文和专访。

至今为止，我分别在清华大学内的各种场合演讲 11 场，包括在教育研究院、在经济管理学院举办的媒体茶话会及各教学项目校友活动、在研究生会举办的真人图书馆等。我还应邀在国内其他高校演讲 9 场，包括北京大学教育学院、北京师范大学教育学部、华东师范大学教育学部，以及浙江大学、中国科技大学、哈尔滨工业大学、宁夏大学（2 场）、暨南大学，以及在其他社会场合演讲 8 场，诸如中国金融四十人论坛、中国教育 30 人论坛等。

经济学家吴敬琏说，“这些年来，颖一忙于清华经管学院的院务工作，这无疑减少了他用在经济学上的精力，也减少了我们从他的经济学研究中得到的享受，但是我们收获了一位教育家。”我虽然是经济学者，在经济管理学院推动教育改革，但是清华经管学院的改革理念、经历和实践具有超越经济学科和管理学科的一般性。这本书不仅对经济学院、管理学院（商学院）、经济管理学院有意义，还对所有从事并关注中国教育改革和大学改革的人都有意义。

写作使人思辨，沟通让人连接

（2018 年 7 月 4 日）

2018 年 5 月 17 日，在首场“清华名师教学讲坛”上，清华大学校长邱勇宣布，清华大学将在 2018 级新生中开设“写作与沟通”必修课程，计划到 2020 年，该课程将覆盖所有本科生。这个消息发布后，受到社会和媒体的广泛称赞。

九年前的 2009 年，清华经管学院开启本科教育改革，推出以“通识教育与个性发展相结合”为教育途径的本科培养方案。五年后的 2014 年，《通识教育与个性发展相结合——经济管理本科教育改革的理念与实践》获得每四年评选一次的国家级教育成果一等奖。而在新培养方案的课程设置中，就包括“中文写作”和“中文沟通”两门课。这是在清华大学乃至全国高校范围内的初次探索。九年来，清华经管学院积极思索与实践，中文写作和中文沟通这两门课程取得了一定的成绩，也为清华大学在全校范围开设写作与沟通课程提供了参考经验。

认识中文写作和中文沟通课

在 2008—2009 学年，清华经管学院聚焦本科教育改革，为此系统调研国内外大学本科教育情况，并认真总结学院自 2000 年以来的本科教育实践。在 2009 年春季学期，学院为 2009 级本科生制定了新的本科培养方案。与此同时，学校也把经管学院列为全校本科教育改革的试点学院，率先探

---

* 为清华大学经济管理学院网页写的新闻稿。原标题是“‘中文写作’和‘中文沟通’课：清华经管学院九年思索与实践”。

索改革措施。

2009 年 8 月 27 日，在清华经管学院 2009 级本科生开学典礼上，钱颖一院长公布了新的本科培养方案。这个方案延续了清华百年办学中的优良传统，同时结合了经济管理学院的特点，又吸收了国际上优秀大学的经验，突出体现了通识教育在大学本科教育中的基础性作用。在通识教育课程“基本技能类”中，该方案在保持数学和英语这两项基本技能的同时，增设中文这项基本技能，并具体落实在中文写作和中文沟通这两门新课程上。

写作课，这是一门目前在国际高校，包括顶尖学府哈佛大学、耶鲁大学开设的大一新生必修课。在哈佛大学，“英文写作”（Expository Writing）是对本科生要求的唯一必修课。按照哈佛大学的要求，写作课作为通识教育的一个重要内容，是培养学生批判性思维的重要方式之一。课程旨在训练学生就一个主旨话题正确地提出问题，找到强有力的论据，清晰有效地表达自己的观点，并能客观评估他人观点的能力，最终培养的是学生的理性思维和书面表达能力。这是从高中阶段的作文写作过渡到大学阶段的论说写作的必要训练。一手研究、文本细读、批判性思维是贯穿其中的教学方式。要达到训练目的，以哈佛大学为例，12 个人一个小班，一个学期要开设 70 多个课堂，两个学期方可覆盖每年入校的 1 600 名学生。

这样的训练，在中国的大学教育历程上是一个短板。一方面，从国内一些高校的中文课来看，更多的是文学课、文化课，偏向文学阅读和写作以及提高文学素养，更多关注的是写作方法和技巧，而不是写作内容以及论说表达能力的训练。另一方面，从教师和用人单位的调研中可以看到，高校毕业生表现出的沟通能力差、会议总结或纪要写不好、实验结果表述词不达意等现象，均凸显了在高校中加强中文写作和中文沟通训练的必要性和重要性。

把写作和沟通作为一个切入点，提高大学生写和说的能力，提高运用文字语言的基本能力，就成为中文写作与中文沟通课程的基本功能。清华经管学院开设的中文写作课程，既不是文学创作，也不是公文写作，而是基于逻辑和证据的说理写作。通过高挑战度的小班训练，提升学生的写作表达能力，培养逻辑思维和批判性思维。尤其重要的是，清华经管学院致力于培养面向未来的领导者，能够运用独立思考去写作、沟通、表达，正是领导者的必备素质之一。服务于这个目的，课程讲授更要关注构思布局，组织思想，搜集证据，取舍素材，用准确的语言加以表达，并通过提炼观点展示结论。这是一种思想和论据的组织过程，而在此过程中，批判性思维作为通识教育与专业教育相结合的黏合剂得到了充分体现。

中文写作和中文沟通课程的内容和实施过程

清华经管学院开设的中文写作包括写作基本知识与论说文写作，以写作为中心，特别强调写作的说理性、思想性和批判性思维的体现。在学习过程中，同学们渐渐发现，中文写作课不单是技术性的写作技巧，更是批判性思维的呈现。一篇不佳的作品，或者是由于材料搜集不充分，或者是由于逻辑论述不严谨，或者是由于理论应用不足。日常的思维训练和文章剖析成为学生的自觉。

中文写作的授课方式采取课堂讲授、小组讨论和“面批”三种形式。课堂在 30 人左右；小组讨论通常是 5 个人左右的小组；“面批”是老师与学生一对一，为学生讲解文章的修改。学生写作的主题由老师确定，具体内容根据学生兴趣自由选择。实现小班授课，是相当大的工程。仅“面批”一个环节，按照每次每个学生 30 分钟与老师沟通计算，全院 200 个学生每人沟通一次就需要授课教师 100 个小时的时间。

中文沟通课旨在帮助学生提升有效沟通的意识与技巧。这门本科课程借鉴了学院 MBA 项目中比较成熟的商务沟通课程。课程内容主要着眼于职业生涯中最常用的沟通常识和技巧，包括沟通策略、讲演技巧、倾听、团队合作、会议谈判技巧以及跨文化沟通等。

中文沟通的授课过程中学生需要高度互动、参与，采用包括案例讨论、游戏、录像等多种教学方式。考核方式包括个人视频演讲、集体讨论、实践活动报告。通过课程的学习，学生能够有策略地针对不同人群进行顺畅沟通，能够学会作为团队成员或团队负责人进行有效沟通，能够意识到跨文化环境中的文化差异给有效沟通带来的挑战，还能够自行设计演讲结构、内容、辅助资料，要有一定的专业性，能产生良好的演讲效果。

就师资供给看，寻找与此教育理念相匹配的老师并不是一件容易的事情。特别是中文写作课没有现成的教材、中文书籍和授课模板可以适用，一切都在摸索中前行。改革推进了九年，中文写作课的老师从一位扩展到了三位，而中文沟通课的老师稳定在两位。

在过去九年的历程中，中文写作和中文沟通这两门课受到了学生的认可。关于这两门课程，学生发表了如下感言。2010 级本科生陈大鹏这样描述：

> 这两门课程跟一般的知识性课程不同，尤其重视同学之间的互动。在中文写作课上，我们可以阅读到其他同学的文章，分析同一主题大家的主要观点、切入点以及论述方式等有何异同。在中文沟通课上，我们有全程录像的群组面试。观察、比较同学们的做法，有助于跳出自己固有的沟通（包括写作和口头交流）模式，探索更优的沟通策略。

写作和沟通有其模式，也就是“套路”，有助于清晰明确地表达自己的想法，也有助于理解别人的想法。但这两门课程并非要打造“流水线产品”，还强调“有亮点”、鼓励个性化。在这个过程中，我们其实是探索“套路”与“个性”的最佳匹配。

最后，除了“形式”（“术”的层面），这两门课程还着力培养“思维”（“道”的层面）。例如，中文写作课老师强调独立思考能力，“我思故我写”，而不是八股文；中文沟通课老师强调换位思考，从受众角度想想，针对性地调整沟通方式。

刚刚上完中文写作和中文沟通这两门课的 2017 级本科生、广西壮族自治区文科状元、高考作文获得 58 分（满分 60 分）的韩思雨同学感叹道：

高考写作是应试，不是为了探索，不是为了了解自己，不是自己与天地、与古今中外的对话。现在，通过“中文写作”与“中文沟通”的学习，学习批判性思维，是一个内省的学习，是对自身的否定之否定，给自己的是一种修养。学到了不同沟通风格没有好坏，而是要认识自己，要将自己风格的发挥与情景进行匹配。无论是从对自己人生审视的角度，还是对自己职业发展的角度，这两门课都是必备的。

的确，写作使人思辨，沟通让人连接。这也是中文写作和中文沟通这两门课开设的初衷，即教会学生如何思辨和如何与他人连接。

改革依然在路上

清华经管学院经过九年思索与实践，在中文写作和中文沟通两门课程上积累了一些经验。但是，钱颖一院长并不满足于目前的成绩，他认为这两门课距离他心目中的一流水平依然有相当的距离，改革依然在路上。

在实施 2009 年版本科培养方案七年之后，自 2016 年秋季学期起至 2018 年春季学期的两个学年中，经管学院组织了七场有关本科教育的座谈会和研讨会，认真总结经验，寻找不足，提出整改方案，并组织落实。在 2017 年春季学期和秋季学期，学院教学办公室对通识教育课程组织专项调研，钱颖一院长把重点放在中文写作和中文沟通这两门课程上。一方面，他通过组织座谈会、与学生个别交谈等方式，听取在校生的意见。另一方面，他到中文写作的三个课堂和中文沟通的两个课堂听课，与授课教师交流，共同探讨改进教学的方法。之后，他同学院分管教学的副院长徐心老师以及教学办公室的老师们多次研究改进措施。为中文写作课聘请院外和校外新教师，增加“面批”环节的时间和要求，改进中文写作课教学大纲等，都是在调研后形成的新举措，并已经落实。

在调研中发现，这两门课，尤其是中文写作课最大的困难仍然是师资匮乏。与美国一流大学通常只包括十几个人的小班授课相比，现有的中文写作和中文沟通课堂规模仍然偏大。而要想做到十几个人一个课堂，必须增加教师。除此，目前学生投入仍然偏少，为提高课程效果，需要学生增加投入的时间。在更深层次上，学生的写作水平受制于他们的批判性思维能力。写作是把批判性思维显性化，而写不好往往是因为想不清。写作的成效是看文章是否有说服力，而这仅靠写作课是不能达到的，还需要学生的知识功底和思辨能力。

钱颖一院长曾表示，衡量对学生培养的成功与否至少需要 20 年或更长的时间。十年树木，百年树人，好的教育要经得起时间的检验。清华经管学院中文写作和中文沟通的功效，也可能还需要更长时间的检验。

清华经管学院本科通识教育九年

（2018 年 8 月 20 日）

2018 年 5 月 17 日，在首场“清华名师教学讲坛”上，清华大学校长邱勇宣布，清华大学将在 2018 级新生中开设写作与沟通必修课程，计划到 2020 年，该课程将覆盖所有本科生。这个消息发布后，受到社会和媒体的广泛称赞。

2018 年 7 月 8 日，清华大学新雅书院举行首届毕业典礼。清华大学副校长、教务长杨斌在致辞中赠给新雅 2014 级毕业生三个词——“初心”“首届”“新雅 ing”，作为临行寄语。清华大学副校长、新雅书院首任院长郑力表示，新雅书院的理想教育模式，新雅的教育理念，体现在通识课程与学院各项活动中。

无论是中文写作与中文沟通课程的开设，还是本科教育引入通识教育，清华经管学院从 2009 年开始，已经积极实践了九年。2009 年 8 月 27 日，在清华经管学院 2009 级本科生开学典礼上，钱颖一院长首次公布了以“通识教育与个性发展相结合”为教育途径的新的本科培养方案。2014 年，由钱颖一、白重恩、杨斌、朱玉杰、钟笑寒五位教授负责主持的《通识教育与个性发展相结合——经济管理本科教育改革的理念与实践》获得国家级教育成果一等奖，这是我国教育领域中唯一的一项国家级奖励。九年来，清华经管学院在本科通识教育上积极思索与实践，取得了阶段性成绩。

本科教育改革——调研和思考先行

从 2008 年开始，学院展开调研，为本科教育改革做准备。学院先后组织召开了学院在校生、辅导员和毕业生（2001 级和 2002 级）的座谈会，并与清

---

* 为清华大学经济管理学院 2017—2018 学年年报写的专栏。

华大学国家大学生文化素质基地的老师访谈。同时，学院对国内重点高校的本科教育改革做了调研，包括北大元培学院、复旦大学复旦学院和浙大竺可桢学院，也研究了国际一流大学，如哈佛、耶鲁、伯克利加州、麻省理工、芝加哥、威廉姆斯学院、剑桥等大学的本科教育情况。基于这些调研，学院制定出了新的2009级本科生培养方案。该方案延续清华百年办学中的优良传统，同时结合学院特点，并吸收国内外优秀大学的经验，是一个在保持清华和经管学院现有优势的前提下，瞄准世界一流本科教育水平的方案。

通识教育成为本科教育的基础

2009年开始启用的新的本科培养方案是一个注重“价值塑造、能力培养、知识获取”的“三位一体”的本科教育课程体系。在这个课程体系中，第一部分是通识教育，第二部分是专业教育，第三部分是任选课程。方案保持学校统一要求的140总学分，但是扩大通识教育部分至70学分；降低专业教育部分学分至50学分；另外的20学分是任选课程。

在具体操作上，新培养方案以三大支柱为核心，一是全面实施“通识教育”作为本科教育基础，占一二年级课程的主要部分；二是具体落实三个方向（学术、创业、领导力）的“优秀人才培养计划”；三是突破教育仅为传授知识的旧观念，把培养学生的批判性思维放在重要位置并贯穿于整个本科生培养过程。

学院从2009年秋季学期开始推出的通识教育课程体系包括三大类课程：除了国家统一要求的思想政治理论课之外，有通识教育基础技能课程和通识教育核心课程两类。在基础技能类课程中，除了传统的英语和数学外，重点是新开设的中文写作和中文沟通两门课，这在清华大学，甚至在全国高校也属首创。

通识教育体系中的通识教育核心课程类包括八个课组，覆盖人文、社会科学、自然科学三类基础学科。与清华已有的“文化素质教育课”不同的是，这八个课组都是基础学科而非应用或实用学科。通识教育不仅仅为了扩大知识面，更需要在相当长时间内不会过时的基础性课程。因此学院确定的八个课组是：人文类包括中国文明、西方文明、批判性思维与道德推理、艺术与审美四个课组；社会科学类包括基础社会科学、中国与世界两个课组；自然科学类包括物质科学、生命科学两个课组。

本科通识教育效果初见端倪

尽管大学本科教育中通识教育的重要性正在成为共识，可难点是落实。开设通识课程时遇到的第一个困难就是师资问题。“在北京，找教西方文明的老师已经不容易了，但找教中国文明的老师还要难。同样也很难找教中文写作的老师。”钱颖一院长在提及师资难题时说。“在现行体制下，聘任通识课教师的政策并不完善。”第二个困难就是学生对通识教育课程的接受和投入程度。由于受社会大环境中的短期功利主义影响，很多同学并不能完成通识课程的大量准备和阅读量，从而收获会深浅不一。

九年来，学院在通识教育上下了大功夫，一直坚持了下来。中文写作和中文沟通课程在探索中不断改进。清华大学决定把写作与沟通作为全校本科生的必修课，说明了经管学院率先开设的这两门课获得了全校认可。批判性思维与道德推理这门课是学院通识教育课程中最具创新，也是同学们评价最高的一门课。在这门课上，同学们学习经典著作，辩论热点问题，从提出疑问到收集证据，从逻辑推理到考察其他可能的解释。这门课的英文名称是“Critical Thinking and Moral Reasoning”，因此简称 CTMR。现今，经管学生的一个口头禅是：你对这个问题 CTMR 过了吗？意思是你对这个问题是否做过不同的分析思考。如果说 CT（计算机断层扫描）和 MR（磁共振成像）是两种医疗诊断手段，那么在经管学院，CTMR 就是对思维的诊断，这已经成了学院的专属词。

2018 年春季学期，在自然科学类的通识课程中，新增加了物理学简史和生命科学简史。这两门课程重点介绍重要科学发现的历史脉络，让同学们理解科学的精髓，而非记住公式或实验的细节。

经管学院的通识教育已经坚持了九年。但在钱颖一院长看来，这只是起步。也许，要在毕业十年、二十年甚至更长远的时间里，才能看到通识教育对学生们的影响。

清华 x-lab 创意创新创业教育五年

（2018 年 8 月 20 日）

2018 年 6 月，在由武汉大学经济与管理学院承办的第八届中国管理研究国际学会（IACMR）年会的“院长论坛”上，北京大学光华管理学院院长刘俏、浙江大学管理学院院长魏江、香港大学经济及工商管理学院院长蔡洪滨、清华大学经济管理学院院长钱颖一围绕“商学教育的挑战和机遇”这一主题先后发言。其中，刘俏院长就“新型全球化下商学教育的挑战和机遇”，魏江院长就“传统商学院是否会被颠覆?”，蔡洪滨院长就“中国商学教育的发展与展望”分别阐述了他们对商学教育面临的挑战和机遇的思考，而钱颖一院长以清华 x-lab 五年历程为案例发表了“商学教育创新的思与行”的主题演讲，他讲的不仅有思考，更有实践经验的分享。

钱颖一院长首先提出对中国商学教育创新面临的“what”（教什么）和“how”（如何教）这两类问题的思考。他指出，商学教育内容的重点正在从“商”（business）和“管理”（management）转向“领导力”（leadership）和“企业家精神”（entrepreneurship），而商学教育的方法也正在从“通过课堂讲授学习、通过案例教学学习”转向“体验式学习、行动中学习”。

钱颖一院长通过讲解清华 x-lab 五年发展历程的案例，展示清华经管学院在商学教育创新中，在“教什么”和“如何教”这两个方面的行动。他说，未来中国需要的商业人才是中国商学教育的创新方向，要致力于培养具有企业家精神、具有领导力的人才，清华 x-lab 是致力于培养这类人才方面的尝试。钱颖一院长的演讲在与会嘉宾中引起了很大的反响。与会者认为清

* 为清华大学经济管理学院 2017—2018 学年年报写的专栏。

华 x-lab 五年发展历程凸显了清华风格。

清华 x-lab 的诞生

经过近三年的思考和筹备，在五年前的2013 年4 月25 日，清华经管学院联合清华大学十几个院系发起成立了一个创意创新创业的教育平台——清华 x-lab。这是国内高校中第一个定位为创意创新创业教育平台的机构，服务对象是清华全校的学生、校友、教师，并以学生为中心。时任清华大学党委书记胡和平在清华 x-lab 的启动仪式上致辞。在2014 年5 月25 日清华 x-lab 成立一周年之时，首届清华大学“校长杯”创新挑战赛举办，时任清华大学校长陈吉宁点评并为获奖者颁奖。

清华 x-lab 的五年成长

五年来，清华 x-lab 打破了传统的商学院和管理学院的教育模式，精心建设了三个平台：学生的教育平台、团队的培育平台以及资源聚集和学科交叉的生态平台。

作为学生的教育平台，清华 x-lab 依托清华经管学院做了三件事：一是面向清华经管学院本科生的“优秀创业人才培养计划”；二是面向清华非经管学院本科生管理学第二学位的“创新创业领导力”方向；三是面向清华所有研究生的创新力提升证书项目。五年来，近 3 万人次清华学生和校友参加清华 x-lab 组织的各类课程、讲座、训练营和实践活动。

作为团队的培育平台，清华 x-lab 注重早期创业模式和体验式学习。时任清华大学校长陈吉宁非常支持体验式学习的激励，清华大学首个由校长冠名，面向学生、校友的真实创新项目的比赛——清华大学“校长杯”创新挑战赛诞生，2018 年，清华大学“校长杯“ 创新挑战赛举办到第五届。五年来，在清华 x-lab 诞生了一批出众的创业团队。在 1 200 多个入驻创新创业团队中，创办公司的有 494 个，获得融资的 159 个，融资总额达到 27 亿元人民币。清华 x-lab 培育的团队，还在国内外大赛中斩获殊荣。

作为生态平台，清华 x-lab 创办之初，一批清华校友成为驻校天使投资人（AiR）和驻校创业导师（EiR）。如今，与清华 x-lab 合作的投资机构已达数百个，驻场服务机构从银行扩展到律师事务所、会计师事务所、知识产权事务所等。他们以公益服务的方式帮助团队学习商业领域的概念。清华 x-lab 创新中心与功能服务中心的数量增长到了 15 个。

清华 x-lab 展现的特点

五年来，清华 x-lab 逐渐展现了如下特点：

第一，积极推动学科交叉。引导学生把艺术和科学结合起来，把工程和商业结合起来，把技术和生产结合起来，让学生在掌握专业知识的基础上，学习管理思维、创新创业思维，以及相关的技能和方法，从而建立“技术 + 管理”的复合型认知体系。

第二，倡导体验式学习方法。清华 x-lab 平台组织的 AI 研习社、AI 马拉松、Innovate 48 创业马拉松、x-Camp 加速营、x-Cute 创业学习营、居住升级加速营、环保能源创业加速营、医疗创新马拉松等各类活动，均通过体验式学习培养学生的能力。

第三，探索与企业合作的教育模式。清华 x-lab 邀请了彼得·蒂尔（Peter Thiel）开设“创办新企业：中美新观察”课程；与 Facebook 合作设计并开设了“创新与创业：硅谷洞察”课程；与中关村发展集团合作开设“创新与创业：中国洞察”课程等。全校不同院系学生在跨学科、跨文化的学习氛围中共同为一个创新项目制定商业方案，走出校园，走进企业实地学习，从理性思维的层面深入身心感知的境界。

第四，利用清华经管学院与国内外商界的联系，举办多种高层次活动，包括清华经管学院顾问委员会委员走进课堂活动。钱颖一院长与多位知名企业家对话，如 Facebook CEO 马克·扎克伯格（Mark Zuckerberg）、微软公司 CEO 萨提亚·纳德拉（Satya Nadella）、今日头条 CEO 张一鸣、红杉资本全球执行合伙人沈南鹏等。清华 x-lab 还举办了“TED 前沿科技论坛”“北极光创新系列讲座”“ACT TALK：艺术、创新力与科技系列讲座”，启发学生思维与认知。

第五，致力于拓宽学生的国际视野，组织了多个创新创业国际化实践项目。组织学生参加欧洲创新学院（EIA）夏令营，组织创新创业团队参加美国、德国、以色列、新加坡、瑞士、印度等国家的实践学习，探寻国际化商业真谛。

五年历程，清华 x-lab 也是一个创业过程。可以说，清华 x-lab 是用创业者的心态和激情，打造了一个创意、创新、创业的教育平台。

第十二章　继往开来

对清华文科发展的期望

（2018 年 1 月 21 日）

我今天获聘清华大学首批文科资深教授，有一点特殊的、与众不同的感受，是因为今年是我入学清华 40 周年。我是 1977 级恢复高考第一年的清华本科生，我们那届是在 1977 年 12 月考试，1978 年春节后入校，至今正好 40 年。可以说，我当时走进清华时，做梦也不会想到，40 年后我会获聘清华文科资深教授。我当时读的是清华数学专业。

清华的文科在改革开放后的发展，如果从 1979 年成立经济管理工程系开始算，有近 40 年的历史了；如果从 20 世纪 90 年代末开始的大力度推动算起，也有 20 年的历史了。中央工艺美院是在 1999 年并入清华的，在座多位都是在 1999 年左右来到清华的。也是在 1999 年，借一个经济学国际研讨会在香格里拉酒店召开，时任清华大学校长王大中组织了一次座谈会，听取我们这些从国内大学毕业、在国外任教的“留学生”对清华大学发展经济管理学科的意见。我参加了那次座谈会，所以 1999 年也是我最早接触清华文科建设的开始。

经过这些年的努力，清华文科有了长足的发展，今天聘任首批文科资深教授就是一个明证。再往下发展，清华的文科应该再上新台阶。基于过去十几年我在清华担任经管学院院长的经历，我借此机会提出我希望看到的清华文科进一步发展的三个变化，同时提出与此相关值得我们思考的三个问题。我想特别说明，我今天讲的这三方面与学科评估和排名没有什么关系，但是，它们与清华文科在学术界的声望、口碑、认可度极为相关。

---

* 在清华大学首批文科资深教授证书颁发仪式座谈会上的发言。

第一，我期望今后在清华的本科生中涌现更多的文科资深学者、学术大师。在座的18位清华大学首批文科资深教授中，我是唯一的清华本科毕业生（也是唯一的清华毕业生）。这当然是与历史条件有关：40年前清华还没有文科，而我是从数学转学经济学的。我们都知道，清华本科生群体非常优秀。清华本科毕业生在理工科领域已经涌现不少学术人才，在文科领域也应该走出更多学术人才。但是目前还面临不小的挑战。举一个例子来说明。2017年清华大学本科生特等奖学金——这是清华本科生最高荣誉——10名最终获得者中9人是理工科学生，只有1人是文科学生，他是经管学院体育特长生班的王子宁，清华男篮的核心队员，为清华在历史上获得第一个全国大学生篮球联赛总冠军立下功绩。我们以他为骄傲，但是同时也看到了问题：清华应该有更多的文科本科生获得认可。我们需要思考的是：学校的评价体系是否存在问题？理工科学生在校期间可以发表不少论文，但是文科生没有可能在此方面与他们比较和竞争。既然清华文科教师已经占到全校教师的三分之一，将来本科生特等奖学金10名中，是否可以有2~3名文科学生？虽然培养本科生成为未来的资深学者对评估和排名没有什么作用，但是它有关大学教书育人的声誉。

第二，我期望今后更多的重要文科学术成果，特别是成名作，是在清华校园中产生的。在座的18位教授，基本上都是在来清华任教之前就有突出学术成就；特别是那些受到学术界认可的成名作，它们并非在清华校园中产生。清华能够引进成名的人才，说明清华有吸引力，但是这不够。必须要有在清华园里产生的成果，才会让学术界认可这里是学术重镇。至少在社会科学领域，通常的成名作都是在中青年学者中产生，也就是在博士后到获得正教授之间的时间段内。我们需要思考的问题是：在清华园里产生重要文科学术成果，特别是成名作，需要哪些适合文科学者成长的学术氛围、学术土壤、学术环境，特别是对未成名的中青年教师产出成名作的学术环境？很有可能成名后的一些人去了其他地方，所以这对学科评估和排名没有太大作用，但是这有关在学界的认可度。

第三，我期望今后清华的文科成果，不仅有学术性，也有思想性。只有有思想性的学术，影响力才会大，才会深远。十多年前，时任清华中文系系主任徐葆耕写的《谈谈清华的人文传统》一文，对清华文科传统有中肯的分析。清华传统中有优势，也有弱势。当时他就观察到，清华 90 年历史上的弱势，就是有思想性的成果少，有重要影响的思想家少。他分析说："学术巨人与思想巨人还是有区别的。清华在未来的三五十年内能否为世界提供卓越的思想巨人，是清华能否成为一流著名大学的关键所在。而思想巨人的产生又依赖于自由和创造的思想氛围。过于急功近利的办学思路不可避免地抑制形而上的创造性思维的培育。"这是值得我们深思的。我在 2006 年刚担任经管学院院长时，就听到了这样一个故事：在 90 年代末，当一位北大教授来到经管学院做评估时，听了很丰富的汇报之后，问了这样一个问题：你们学院的研究成果有思想吗？研究成果不仅要有学术性，也要有思想性。我们需要的，是有学术的思想，有思想的学术。这是王元化在 20 世纪 90 年代推崇的。王元化是在照澜院里长大的，他父亲是清华教授。要想出有思想性的成果，有重要影响的思想家，就不能急功近利。这一点又是与学科评估和排名的关系不那么密切，但是学术界很看重思想性。

最后，让我再重复我所期待清华文科今后发展的三个变化。第一，清华本科生中应该涌现更多文科资深学者、学术大师。第二，更多的重要文科学术成果，特别是成名作，应该在清华校园中产生。第三，清华的文科成果，不仅要有学术性，更要有思想性。这三点背后，都有值得我们深思的地方。虽然这三点都不一定能帮助学科评估和排名，但是它们对清华文科在学术界的声望、口碑和认可度，都是极为重要的。

西湖大学治理体系的三个根本特征

（2018 年 4 月 16 日）

今天，西湖大学首届校董会正式成立并召开第一次会议，这是继 4 月 2 日教育部正式对外公布西湖大学获批成立之后，西湖大学历史上的又一重要节点。

依据《西湖大学章程》相关规定，第一届校董会成员候选人由西湖教育基金会推荐、地方政府推荐、顾问委员会推荐、大学教职工代表大会选举、学生选举等程序产生。会议根据此规定确定 21 位候选人为西湖大学首届校董会成员。作为西湖大学创校校董，我们深感荣耀，更感责任重大。会议确定由我担任西湖大学首届校董会主席，我感谢大家的信任，并将尽我的力量，与各位创校校董一起，认真履行校董会的职责。

西湖大学是中国高等教育改革创新的产物，是探索依靠社会力量举办研究型大学的尝试。根据《西湖大学章程》，西湖大学实行校董会领导下的校长负责制。因此，校董会在西湖大学的治理结构中具有领导责任。办好西湖大学这一新型研究型大学，就要以此制度安排为基础，展开大学的各项工作。

我借此机会提出在西湖大学落实校董会领导下的校长负责制，明确校董会在大学治理中的定位和职责的三条建议，与各位校董共同探讨。

第一，校董会要以制度为基础按规则治校。这里的规则包括国家法律法规、大学章程、大学内部管理规定等。我们这个校董会，由学者、官员、企业家和来自学校各方面的代表组成。我们遵守共同认可的制度规则，是校董会工作的基石。

---

* 在杭州举行的西湖大学首届校董会第一次会议上的讲话。

第二，办好西湖大学，要给校长最大的理校空间。校董会任免校长，考核校长，同时要在制度约束条件下，放手让校长管理学校，给校长最大的工作空间。当然，校董会对校长也会提出很高的要求。

第三，办好西湖大学，要给教师最大的治学自由。大学是研究探索、教书育人的场所，不是政府机关，也不是企业。只有当教师有最大的治学自由时，才能最大程度地发挥他们的聪明才智，才能使大学成为名副其实的学府。

在我看来，以上三条，校董会以制度为基础按规则治校，给校长最大的理校空间，给教师最大的治学自由，应成为西湖大学治理体系的根本特征。

最后，我对西湖大学未来发展提出两点期望，与大家共勉。一是要立足长远。上市公司以季度为尺度，非上市公司以年度为尺度，而大学要以十年、百年为尺度，所以我们不要急功近利。二是要低调行事。现在西湖大学受到社会很大关注，既是好事，也容易带来各种议论。在这种情况下，我们更要践行低调、踏实的办学风格，切忌浮躁。

西湖大学是我们共同的事业。让我们齐心协力，共同努力。

入学清华四十年后的忆和叙

（2018 年 4 月 29 日）

我是基础课教研部数师七班的钱颖一。当年清华招这个班，是为了培养清华数学师资。今天我与老同学分享我们班的两个故事，先“忆”后“叙”。

第一个故事是“忆”。在 1981 年 10 月，我们班六个同学（吴宪、叶扬波、籍传恕、穆野、曹怀东和我）在出国留学之前在清华学堂前面照了一张照片，是用叶扬波的海鸥 120 照相机，放在自行车后架上自拍的。我们怎么会在毕业之前一年出国？当年我们的一位外请教师，是科学院数学所的戴新生，一位台湾有志青年，美国博士毕业后在“文革”期间回到中国大陆。他在 1980 年就指导并推荐我们申请美国大学和奖学金，这在国内非常早，我们都很感激他。现在这六位同学中，有四位成为数学、统计学的教授，不过都是在美国大学。而我成为清华师资，但不是在数学，而是在经济学。今年初，我被授予清华大学首批文科资深教授，是首批 18 人中唯一清华毕业的，也算为清华填补了一项空白。

第二个故事是“叙”，叙说我们数师七班与经济管理学院的不了情。我们在清华读本科时，还没有经济管理学院，它是 1984 年成立的。经过三十多年的发展，经管学院已经成为清华园中按照学生人数排位最大的学院。清华“文革”后本科生中第一位院士王浩学长，本科是 77 级水利系毕业的，而他的博士学位是从经管学院获得的。

1982 年毕业时，我们班有两位同学，韩亦舜和薛镭到了经管学院的前身——经济管理工程系。韩亦舜当时读硕士，并担任第一任团委书记。后来

* 在清华大学 1977 级入学 40 周年纪念活动上的发言。

韩亦舜离开经管学院，他的太太，我们班的钱小军从美国获得博士学位后到经管学院任教，长期从事 MBA 教育、国际化工作，是现任学院副院长。薛镭一直在经管学院工作，在他担任副院长期间的 2001 年夏天，他把我拉到学院，动员我回清华，那时我是美国伯克利加州大学经济学终身教授。在 16 年前的 2002 年校庆时我接受了清华特聘教授聘书。从 2006 年起，我全时担任经管学院院长至今 12 年，成为清华目前所有现任学院院长中担任院长时间最长的。现在我在清华办事主要靠这个资历和 77 级这个最高级次了。

除了我们四人外，我还要提及我们班的老大姐华苏，华罗庚的女儿。她从美国留学回国后一直在清华数学系任教。我担任经管学院院长后推动教学改革，专门请她来为我们的文科生讲授微积分。她兢兢业业，直到退休。遗憾的是，她身患重病多年，无法来参加今天的活动。但是我们不会忘记她对清华数学系和清华经管学院的贡献。

这两个故事说明我们班同学没有辜负清华招这个班的期望，当然结果与计划有所不同。一转眼我们入校 40 年。记得 1978 年 3 月入校后我们参加的第一个大活动是徒步到天安门广场，庆祝第五届人大和政协召开。40 年间经历了八届人大、政协，我现在是第十三届全国政协委员。

今天我作为清华的 77 级校友、清华的教师、清华的院长来参加纪念入学 40 年的活动，百感交集。但因时间关系，就此打住。

一项事业，竭尽全力

（2018年8月23日）

刚才学校党委常委、组织部部长许庆红宣读了清华大学关于经管学院行政班子换届的决定。学校党委书记陈旭亲自来参加今天经管学院的全院大会，充分显示了学校对学院换届工作的高度重视。陈旭书记的讲话对学院过去的工作给予了高度肯定。学院取得的成绩是在学校领导下，全体教职员工共同努力的结果。陈旭书记也对学院未来的工作提出更高的期望和要求。学院会一如既往，不断向更高的目标迈进。

我自2006年9月担任学院院长以来，一共经历了四届任期共12年。今天，在我卸任清华经管学院院长之时，我向学校领导和学院老师表达由衷的感谢。感谢你们给了我为学院服务和工作的机会，感谢你们12年来对我的信任和支持，使我获得持续不断的信心、鼓励、启迪和鞭策。在学院行政换届之际，我感谢上一届行政班子成员和党委班子成员，大家团结协作和卓有成效、愉快舒心地工作，令人难忘。

在2006年我被宣布担任清华经管学院院长的全院大会上，也是在这个报告厅，我曾说，担任清华经管学院院长“不仅仅是一项工作，更是一项事业”，“我会为清华经管学院的事业竭尽全力”。正是“一项事业”和“竭尽全力”这两条承诺，成为我这12年间在清华经管学院院长岗位上工作动力的源泉。这12年是我职业生涯中深感自豪的12年。

清华经管学院是一个非同一般的学院。这里有百年历史的清华大学，有清华经济学系的源流，更有学院前身经济管理工程系和学院建院34年以来的

---

* 在清华大学经济管理学院行政换届大会上的讲话。

辉煌。能够在清华经管学院工作，是我们的荣幸和福分。

为了学院的长远发展，我曾多次向清华校领导表示，应该让更年轻的人来承担院长的工作。在学校的领导下，在老师们的支持下，这次学院行政换届工作进展顺利。我对由白重恩教授担任院长的学院新的领导班子引领学院未来发展充满信心。

感谢学校安排我加入清华经管学院顾问委员会并担任顾问委员会副主席。能够成为这个独一无二的顾问委员会的一员，我深感荣幸。我将继续为学院发展贡献力量。

学院发展到今天，离不开清华大学的领导，离不开经管学院朱镕基院长、赵纯均院长、何建坤院长领导学院打下的基础，离不开学院教职员工的努力，也离不开学院同学、校友和朋友的贡献。我相信，在大家的共同参与和支持下，学院的未来一定会更加美好！

致　谢

首先感谢朱镕基老院长，是他推荐我担任清华大学经济管理学院院长，并从始至今都给予我巨大的支持、指导、鞭策、教诲。

第二感谢清华大学历任校长、书记和学校各位领导。由于他们对经管学院和对我本人工作的领导和支持，我才有可能做成一些事情。特别感谢2002年聘任我为特聘教授时的王大中校长和2006年任命我为院长时的顾秉林校长和陈希书记。

第三感谢清华经管学院的教师、职员，尤其是各届院务会成员。他们对我工作的支持至关重要。特别感谢聘任我担任特聘教授的赵纯均院长；特别感谢杨斌教授，他从2006年我担任院长起就是学院党委书记，直到2014年底出任清华大学副校长；特别感谢白重恩教授，他从2009年起担任学院副院长，从2016年起担任学院常务副院长，从2018年起担任学院院长。

第四感谢清华经管学院的学生和校友。没有你们就没有学院。

第五感谢清华经管学院顾问委员会委员，其中既有海外委员，又有国内委员，他们对我的工作的肯定和支持，不可低估。

第六感谢清华校内兄弟院系、部门的老师，清华校外兄弟院校的老师，以及很多朋友的支持和帮助。

感谢清华经管学院院长办公室允许我把学院三年战略规划和学院顾问委员会会议所用案例收录在本书中。

感谢下列机构的邀请，为我的讲话提供了机会：中国企业家论坛、中国人民大学附属中学、国务院参事室、中国管理研究国际学会（IACMR）、中国金融四十人论坛、中国教育30人论坛、全国MBA教育指导委员会、北京大学教育学院。

感谢清华大学出版社、中信出版社允许我收录发表过的文章。

感谢中信出版社，特别是肖梦、吴素萍、包敏丹，为编辑此书尽心尽力。